1 MONTH OF
FREE
READING

at
www.ForgottenBooks.com

By purchasing this book you are eligible for one month membership to ForgottenBooks.com, giving you unlimited access to our entire collection of over 1,000,000 titles via our web site and mobile apps.

To claim your free month visit:

www.forgottenbooks.com/free732093

ISBN 978-0-364-10195-7
PIBN 10732093

Jahrbuch

für

jüdische Geschichte und Literatur.

Herausgegeben

vom Verbande der Vereine für jüdische Geschichte und Literatur in Deutschland.

Mit Beiträgen von

A. Berliner, Georg Brandes, C. H. Cornill, Ulrich Frank, Ludwig Geiger, M. Güdemann, Seligmann Heller, Gustav Karpeles, David Kaufmann, M. Kayserling, Leopold Kompert, M. Lazarus, M. Levin, Martin Philippson, B. Placzek, Peter Smolensky, H. Steinthal, August Wünsche.

Berlin 1898.

Verlag von Albert Katz

Inhaltsverzeichniß.

Vorwort.

Der Verband der Vereine für jüdische Geschichte und Literatur in Deutschland, der seit dem 26. Dezember 1893 besteht, hat den Beschluß gefaßt, ein Jahrbuch für jüdische Geschichte und Literatur herauszugeben, dessen Bedeutung schon aus dem Titel hervorgeht und einer weiteren Erläuterung wohl kaum bedarf.

Dieses Jahrbuch, das zunächst für die Mitglieder der achtzig in Deutschland bestehenden Literaturvereine bestimmt ist, wendet sich aber auch an weitere Kreise, ja, an alle Diejenigen, die für den Fortschritt und die Entwickelung der Wissenschaft des Judenthums Interesse haben.

Von diesem Standpunkte aus hat die unterzeichnete Redaktionskommission ihre Aufgabe erfaßt und durchzuführen versucht. Das Jahrbuch soll alle Gebiete der Geschichte und Literatur des Judenthums gleichmäßig und in objektiver Weise erörtern, ohne irgend eine religiöse Richtung zu verletzen. Aber es versteht sich von selbst, daß wir der Meinungsäußerung der Herren Mitarbeiter darum doch keinerlei Schranken auflegen durften, und ebenso selbstverständlich ist es, daß wir deshalb eine Verantwortung für die Ansichten und Aussprüche in den Aufsätzen dieses Jahrbuchs nicht übernehmen können.

Trotz der Schwierigkeiten, die also zu überwinden waren,
glauben wir doch unsere Aufgabe erfüllt zu haben und über=
geben dieses Jahrbuch der wohlwollenden Beurtheilung aller
Derer, die Sinn und Herz für unsere heilige Geschichte und
für unser leider nur zu sehr verkanntes Schriftthum sich be=
wahrt haben.

Berlin, im Dezember 1897.

Die Redaktions-Kommiſſion.

Jahresrückblick.

Von Martin Philippson.

Die Israeliten West- und Mitteleuropas sind seit nunmehr zwei Jahrzehnten in einem Kampfe begriffen, der freilich sie nicht unmittelbar an Leib und Leben bedroht, wie im Mittelalter, aber sie sonst um so schmerzlicher erregt, je überraschender er sie traf, und je empfindlicher im letzten Jahrhundert ihr Ehrgefühl und ihre Vaterlandsliebe geworden sind. Ein übertriebenes, falsch verstandenes Nationalitätsprinzip verfolgt sie allerorten als Fremde, als Eindringlinge — gerade wie infolge desselben Chauvinismus die Deutschen in Rußland, Böhmen, Ungarn angefeindet, die Deutschen, Belgier, Italiener in Frankreich bekämpft werden. Ueberall eine schwache, in manchen Ländern eine verschwindende Minderheit, haben die Juden dem Haß und Hohn keine anderen Waffen entgegen zu setzen, als Beharrlichkeit bei ihrem Stamme und Glauben sowie die Berufung auf die ewigen ethischen Grundsätze der Gerechtigkeit und Wahrhaftigkeit, der Freiheit und Menschenliebe. Indeß wir dürfen nicht vergessen: diese Prinzipien tragen schließlich in der Neuzeit immer den Sieg davon, aber oft erst nach langem, vielleicht Jahrhunderte währenden Ringen. Ein Jahrhundert ist wenig für die Weltgeschichte, aber sehr viel für das Leben der einzelnen Generationen. Also brauchen wir Ausdauer und Geduld, Enthaltung von voreiliger Zuversicht und von Unterschätzung der Kraft unserer Gegner.

In Deutschland hat der aktive, lärmende Antisemitismus offenbar Niederlagen erlitten. Die persönliche Unwürdigkeit vieler seiner Führer, wie sie sich in den gerichtlichen Verurtheilungen eines Hammerstein und Stöcker, eines Leuß und

Ahlwardt, eines Sedlaczek und Paasch deutlich kund gethan, hat alle anständigen und besonnenen Menschen von ihrer Partei abgestoßen. Der innere Zwist dieser Sekte, deren einzelne Leiter sich ununterbrochen mit Koth bewerfen, hat ihre Zerrüttung sowie die Antipathien der Außenstehenden gesteigert. Selbst die Konservativen verleugnen allmählich solche Freunde. So haben die jüngsten Landtagswahlen in Sachsen, wo nur ein einziger Antisemit es knapp zu einem Mandate brachte, den Niedergang der antisemitischen Partei deutlich an den Tag gelegt.

Allein wir dürfen uns durch diese Vorgänge nicht in Sicherheit wiegen lassen. Die Hauptsache ist den Antisemiten gelungen. Sie haben in den weitesten Kreisen gerade der gebildeten Klassen Deutschlands die Ueberzeugung verbreitet: die Juden sind eine fremde Rasse, die wir als Fremde freundlich behandeln, aber durchweg von uns aus- und abschließen müssen. Deshalb die immer wachsende Ausscheidung der Juden aus der nationalen Geselligkeit, vom Privatverkehr bis zu den studentischen Verbindungen und allen Arten öffentlicher Vereine. Deshalb die Zurückweisung jüdischer Dozenten durch viele Fakultäten. Deshalb kein Jude im preußischen Landtage, kein Jude — mit Ausnahme einiger namensjüdischer Sozialdemokraten — im Reichstage; deshalb kein Jude mehr in zahlreichen städtischen Vertretungen; deshalb kein Jude mehr Reserve- oder Landwehroffizier. Diese stillschweigende Eliminirung des jüdischen Elementes ohne Rücksicht auf Verdienst und Vorzüge des Einzelnen regt im Augenblicke die Gesammtheit unserer deutschen Glaubensgenossen weniger auf, schädigt sie aber in Wirklichkeit viel tiefer, als der wüste und abstoßende Radau-Antisemitismus.

Was läßt sich dagegen thun?

Die öffentliche und stille Thätigkeit der Abwehrskomites hat sich, trotz rühmlichster Anstrengungen und unzweifelhafter Einzelerfolge, doch im ganzen als machtlos erwiesen gegenüber dem fest eingewurzelten Vorurtheil vieler Hunderttausende unserer christlichen Mitbürger, daß wir eine fremde, ja antinationale Masse seien, die nicht organisch mit dem Deutschen Volksthum verwachsen könne. Also was dann?

Zunächst eine würdige Haltung. Keine Zudringlichkeit christlichen Kreisen gegenüber, ruhiges Abwarten etwaiger Annäherungen, aber auch keine scheue Abkehr und übermäßige

Empfindlichkeit. Zweitens und vor allem: suchen wir unsere Eigenthümlichkeiten, soweit sie nicht aus dem Wesen unserer Religion hervorgehen, abzustreifen. Wir besitzen ein lebhafteres Temperament als die Germanen. Das ist an und für sich kein Fehler und kein Unglück. Aber dem Ruhigen ist der Lebhafte, Bewegliche störend, ja verächtlich. Also bemühen wir uns, unser Aeußeres dem anzupassen, gemessener und stiller zu sein, das überlaute Reden und das Unruhige der Geberden zu vermeiden. Unsere Frauen geben mehr auf Geschmack und Glanz der Kleidung als ihre deutschen Schwestern, die in ihrer Gleichgiltigkeit gegen die äußere Erscheinung sicher zu weit gehen. Indeß wir leben nun einmal unter diesen deutschen Frauen, mit ihren zahlreichen Vorzügen neben den kleinen Mängeln. Mögen deshalb unsere Damen sich in ihrem Anzuge größter Einfachheit befleißigen, die ja bei Leibe keine Geschmacklosigkeit zu sein braucht. Aehnliches ist von der ganzen Lebenshaltung zu sagen. Wenn unsere Männer und Frauen wüßten, welche Summe von Abneigung gegen sich und die Judenheit überhaupt sie durch anscheinend prahlerisches Gebahren an öffentlichen Orten und zumal in Sommerfrischen und Bädern hervorrufen, sie würden ihre Eitelkeit, die nur das Gegentheil erreicht von dem, was sie anstrebt, gründlich bei Seite thun. Einfachheit und Würde im Auftreten wird sehr viel zur Bekämpfung der gegen uns gerichteten Vorurtheile wirken.

Freilich dürfen wir nicht an der Oberfläche bleiben. Wir müssen die Fehler, die fünfzehnhundertjährige Knechtschaft und Mißhandlung naturnothwendig unserer Stammesseele eingeprägt hat, möglichst abzuthun suchen. Eingedenk unserer gerade wegen ihres opfermuthigen Heldenthums so ruhmreichen Vergangenheit sollen wir uns nicht schämen, sondern Stolz fühlen und bethätigen, Israeliten zu sein. Dazu gehört aber auch das Bestreben, dem Judenthum Ehre zu machen, jede Handlung in Produktion und Verkehr zu vermeiden, die nicht den strengsten Anforderungen der Sittlichkeit und Rechtlichkeit entspräche. Hier giebt es bei vielen unserer Glaubensgenossen leider ein allzu dehnbares Gewissen, ein Umstand, den die traurige Unterdrückung unseres Stammes hinreichend erklärt. Aber hier muß auch jeder Einzelne für sich und Alle, auf die er Einfluß üben kann, die bessernde Hand anlegen, ohne Schonung für sich und für andere.

Endlich müssen wir mehr als bisher für die geistige Weiterentwickelung des Judenthums arbeiten. Barmherzigkeit und Wohlthun waren von jeher in Israel zu Hause, sie werden noch heute in schönster und umfassendster Weise bethätigt. Das sind gewiß rühmliche Tugenden, aber sie gehen doch zum großen Theile aus einer gewissen Weichheit und Nervosität hervor und dürfen nicht das ganze Wesen ausschließlich beherrschen. Die jüdische Gemeinschaft kann nicht nur eine gegenseitige Versicherungs= und eine Wohlthätigkeitsanstalt sein. Vor allem gilt es die Lehre des Judenthums weiter zu bilden und zu verbreiten. Und da fehlt es noch sehr. Am 27. Mai dieses Jahres feierte die „Lehranstalt für die Wissenschaft des Judenthums" zu Berlin ihr fünfundzwanzigjähriges Stiftungsfest. Sie hat im Einzelnen Tüchtiges und Erfolgreiches geleistet, infolge der Vorzüge und rastlosen Thätigkeit der an ihr wirkenden Lehrer.

Aber wie gering sind ihre Mittel! Sie reichen kaum aus, zwei oder drei Dozenten eben zu besolden. So ist es nothgedrungener Weise aus dieser Anstalt, die als jüdische Hochschule, als Pflegerin und Förderin der gesammten jüdischen Wissenschaft gedacht war, im Wesentlichen ein Rabbinerseminar geworden, wie die anderen, in dieser Richtung verdienstlich wirkenden Anstalten in Breslau und in Berlin. Selbst in der Hauptstadt haben unsere Reichen und Wohlhabenden für die Pflege jüdischer Wissenschaft keinen Sinn. Mehr Idealismus! Das muß für Gegenwart und Zukunft unsere Parole sein.

Fortschritte in der inneren Gesundung sind nichts desto weniger unverkennbar. Während der Antisemitismus diejenigen Elemente unter uns, in denen jedes jüdische Gefühl erloschen ist, zum Abfall treibt, hat er in allen Herzen, die noch Anhänglichkeit und Ehrerbietung für ihre viertausendjährige Glaubens= und Stammesgenossenschaft empfinden, das jüdische Bewußtsein neu belebt. Zahllose anscheinend Gleichgiltige sind wieder zu treuen Söhnen Israels geworden. Die Zersplitterten und Vereinzelten treten zusammen, schaaren sich um das alte Banner Judas zu gemeinsamer Vertheidigung. So bildeten sich die jüdischen Abwehrkomites, so der von tüchtigen Männern geleitete Centralverein Deutscher Staatsbürger jüdischen Glaubens. So sucht die preußische Judenheit der Auflösung, der sie das Gesetz vom Jahre 1847 absichtlich preisgiebt, abzuhelfen. Schon früher existirten einzelne Bezirksverbände von Synagogengemeinden Preußens. Der Thätigkeit des deutsch-israelitischen Gemeindebundes seit dem Herbste 1896 war es vorbehalten, diese Bezirksverbände über fast alle Provinzen des alten Preußen vor 1866 aus= zudehnen. Ebenso schloß sich die überwiegende Mehrheit der israelitischen Lehrervereine zu dem großen deutsch-jüdischen Lehrerverbande zusammen. Auch die noch Widerstrebenden werden folgen. Denn Einheit und Gemeinschaft sind noth= wendig, wenn unser schwaches Häuflein sich mit Erfolg gegen innere und äußere Gefahren vertheidigen will.

Nicht genug zu rühmen ist die Wirksamkeit der überall entstehenden Vereine für jüdische Geschichte und Literatur, der jüdischen Lesehallen und Bne-Brith-Logen. Hier erhalten Hunderte und Tausende anregende und eingehende Kenntniß der großen Geschichte Israels, seiner herrlichen und unver= gleichlichen Lehre, seines reichen Schriftthums; sie lernen die gegenwärtige Lage ihrer Glaubensgenossen, deren Kämpfe und Bedürfnisse verstehen; sie erfüllen sich mit lebendigem Interesse für das Judenthum und mit berechtigtem Stolze, diesem an= zugehören. Freilich sind es mehr die mittleren Schichten, die sich an diesem Vereinsleben betheiligen. Es gilt noch, die Höchstgebildeten gleichfalls dafür zu gewinnen.

Der Antisemitismus Oesterreichs befindet sich jetzt in einem ähnlichen Stadium, wie der reichsdeutsche vor fünf Jahren. Er trägt äußerlich große Erfolge davon, ja weit größere, als je seine deutschen Anhänger, aber er trifft noch auf die entschiedene Gegenwirkung liberaler christlicher Elemente, die bei uns so ziemlich aufgehört hat. Sein Führer Lueger hat das Ziel seines Ehrgeizes erreicht, er ist erster Bürger= meister Wiens geworden. Die antisemitischen Fraktionen sind so selbstbewußt, die Konferenz mit anderen Parteien abzu= lehnen, wenn Juden sich in diesen befinden. Dagegen sehen wir im cisleithanischen Abgeordnetenhause noch elf Israeliten sitzen und die bekannte Vorurtheilslosigkeit des Kaisers Franz Josef hat sich von neuem in der Berufung eines Juden — Prof. Grünhut — in das Herrenhaus glänzend bewährt. In Oesterreich, wo Lauheit und Gleichgiltigkeit unter den Juden noch größer war, als in Deutschland, hat endlich der Anti= semitismus auch unter ihnen anregend gewirkt und es hat sich, nach dem von Deutschland gegebenen Beispiele, ein österreichisch=

israelitischer Gemeindebund gebildet, der hoffentlich dem·er=
starrten österreichischen Judenthum wieder warmes Leben ein=
flößen wird. Die moralische Verächtlichkeit einzelner anti=
semitischer Führer ist übrigens im Donaustaate nicht minder
auffallend als in Deutschland. Einer der hervorragendsten
und lärmendsten dieser „Ehrenmänner“, Vergani, ist durch
einen schmachvollen Prozeß zur Niederlegung seines Reichs=
raths=Mandates genöthigt worden. Und wie in Deutschland,
befehden sich dort die verschiedenen Sekten der Antisemiten,
die Luegerianer und die Schönererianer, und schleudern gegen
einander die gemeinsten Anschuldigungen und Beschimpfungen.
Man möchte sagen, wie Friedrich der Große beim Anblicke
gefangener Kosacken: „Und mit solchem Gesindel muß man
sich herumschlagen!“

In der anderen·Reichshälfte, in Ungarn, hat das kernige
und politisch reise, kluge Volk der Magyaren dem Liberalismus
und der parlamentarischen Freiheit zu glänzendem Siege ver=
holfen. Hier ist kein Raum für den Antisemitismus und die
Israeliten erfreuen sich, trotz der Gegnerschaft der verbissenen
Klerikalen, vollkommener Gleichstellung. Dreizehn von ihnen
sitzen unter den Abgeordneten; einer von ihnen — Siegmund
Brody — ist neuerdings durch die Gnade des Königs in das
Magnatenhaus berufen worden.

Dagegen sehen wir in dem klassischen Lande religiöser
Freiheit und Gleichberechtigung, in Frankreich, mit schmerz=
licher Ueberraschung den Antisemitismus im Vorschreiten be=
griffen. Es sind die gleichen Faktoren, die ihn hier begün=
stigen, wie in Deutschland und Oesterreich: die religiöse Un=
duldsamkeit der streng kirchlichen Elemente; der hypernationale
Chauvinismus und gewisse Bestandtheile der radikalen und
sozialistischen Parteien, die in den Juden die Vertreter einer=
seits der positiven Religion und andererseits des Kapitalismus
hassen. Schon gelang es dem berüchtigten Wortführer des
französischen Antisemitismus, Drumond, mit Hilfe der Kleri=
kalen einen antisemitischen Kongreß in Lyon zu Staude zu
bringen, der gegen die Israeliten Ausschließung und geradezu
Verfolgung forderte. Allein diese verderblichen Bestrebungen
treffen doch bei dem hochherzigen und längst an religiöse
Freiheit gewöhnten französischen Volke auf überlegenen Wider=
stand. Die Gerichte greifen schnell und kräftig gegen alle
antisemitischen Ausschreitungen ein. Die Regierung hat sich

durch den Mund der hervorragendsten Minister mit vollem
Nachdruck grundsätzlich gegen jede religionspolitische Ungleich=
heit erklärt und untersagt den Bürgermeistern die Förderung
antisemitischer Bestrebungen. Am gefährlichsten sind diese in
Algier, wo sie sich mit dem trügerischen Mantel des nationalen
Franzosenthums gegenüber dem fremden Semitismus umgeben
und sich in wunderlicher Inkonsequenz der wilden arabisch=
berberischen Massen zur Erregung von Unruhen gegen die
Israeliten bedienen. Zumal in Oran nahm die Emeute einen
geradezu gefährlichen Charakter an. Nach anfänglichem be=
dauerlichen Zögern hat nunmehr die Kolonialverwaltung in
Algerien eingesehen, daß, wenn die Eingeborenen erst gegen
die Juden losgelassen sind, sie sich bald auch wider die Herr=
schaft der christlichen Ungläubigen empören werden und hat
mit Entschiedenheit und Strenge die Ordnung wieder herge=
stellt. In Frankreich selbst haben die Juden keinen Grund,
sich über Hintansetzung zu beschweren. Maurice Loewy wurde
zum Direktor der Pariser Sternwarte ernannt — dem ersten
Würdenträger der astronomischen Wissenschaft in Frank=
reich —, Salomon Reinach in die Akademie der Inschriften
berufen.

Das zweitwichtigste romanische Land, Italien, hat die
Pest des Antisemitismus, die sich auch dort heimisch machen
wollte, im Keime erstickt. Die kleine Schaar italienischer
Israeliten nimmt in dem jungen Einheitsstaate eine glänzende
Stellung ein. Nicht weniger als zwölf von ihnen sitzen im
Abgeordnetenhause, zwei sind kürzlich von König Humbert zu
Senatoren ernannt. Unser Glaubensgenosse, der berühmte
Nationalökonom Luzzatti, bekleidet in dem Kabinet di Rudini
abermals den Posten des Schatzmeisters.

In England hat ein Israelit, Sir Faudel Philipps,
wieder die höchste städtische Ehrenstellung, die eines Lord=
mayors von London, eingenommen. Während seines Amts=
jahres hat er nicht weniger als vierzehn Millionen Mark für
wohlthätige Zwecke gesammelt: ein glänzendes Ergebniß, das
die englische Presse einstimmig dem persönlichen Ansehen,
dessen er genießt, sowie seinem Eifer und Taktgefühl zu=
schreibt.

Auf der Balkanhalbinsel gewähren Serbien und Bul=
garien unseren Glaubensgenossen Freiheit und Recht. Anders
steht es leider noch immer mit Rumänien. Wenn es dort

auch von eigentlichen Verfolgungen ziemlich still geworden ist, so ergötzen sich doch die Judenfeinde an Ertheilung schärferer Gesetze, die die geistige Ausbildung und die Erwerbsthätigkeit der Israeliten mehr und mehr einschränken. Es ist sehr traurig, daß das vorgeschrittenste und zukunftsreichste Volk jener Gegenden durch Neid und Mangel an Selbstvertrauen sich dauernd zu so kulturfeindlichen Maßregeln fortreißen läßt. Dagegen erweist der Sultan seinen treuen und fleißigen jüdischen Unterthanen fortgesetzt Gerechtigkeit und Gunst. Deshalb haben jene auch während des diesjährigen griechischen Krieges in Patriotismus und begeistertem Opfermuth mit den Mohammedanern gewetteifert und zahlreiche Freiwillige zum tapferen türkischen Heere gestellt. In derjenigen osmanischen Provinz, die unserm Herzen so nahe steht, in Palästina, haben die jüdischen Ackerbaukolonien sich auch in jüngster Zeit kräftig fortentwickelt. Man weiß, wie infolge der vorjährigen Ausstellung in Berlin eine regelmäßige Ausfuhr landwirth= schaftlicher Erzeugnisse dieser Kolonie, zumal von Wein, sich nach der deutschen Hauptstadt herausgebildet hat.

Anders leider sind die Zustände in den beiden weiteren mohammedanischen Hauptreichen, in Persien und Marokko. Hier verhängt islamitischer Fanatismus über die unglücklichen Israeliten kränkendste Mißhandlung und blutige Verfolgung. Die Regierungen dieser Länder sind zu gleichgiltig und zu schwach, um solchen Schändlichkeiten zu steuern. Wann werden die Kulturstaaten Europas dieser Mißwirthschaft ein Ende machen? Berauben doch die marokkanischen Küstenbewohner ganz ungescheut die europäischen Schiffe und die eisen= und kanonenstarrenden Kriegsgeschwader, die den abendländischen Völkern jährlich ungezählte Millionen kosten, thun nicht das mindeste, um die schändlichen Piraten zu züchtigen.

Das wichtigste Land für die Juden ist zweifellos Ruß= land, wo ungefähr die Hälfte von ihnen ihren Wohnsitz hat. Die Politik Alexanders III. führte bekanntlich dahin, diese vier Millionen Unglückliche wie schädliches Gewürm in engsten Raum einzuschließen, sie damit in ihrer ungeheuren Mehrzahl aller menschlichen Lebensbedingungen zu berauben nnd zu dem furchtbarsten Kampfe um das Dasein zu verdammen, der ihre materielle und moralische Kraft zugleich ersticken mußte. Der neue Zar Nikolaus II. hat noch nichts Wesentliches gethan, ihr Loos zu erleichtern. Indeß er hegt offenbar menschlichere

und gütigere Gesinnung als sein Vater, dieser Fanatiker des
Russenthums und des griechisch-orthodoxen Glaubens. Ein
milderer Wind weht in den höchsten Regionen; die bestehenden
Ausnahmegesetze werden weniger scharf gehandhabt, einzelne
Ausschreitungen eines verblendeten Pöbels werden streng gezüchtigt, neue Hoffnungen beleben die armen Hebräer. Als
ein Zeichen erträglicherer Zustände mag es gelten, daß die
jüdische Auswanderung aus Rußland beträchtlich abgenommen
hat. Freilich gehen hier durch die Schuld einer verderbten
und beschränkten Bureaukratie Reformen in liberalem Sinne
immer langsamer vorwärts, als Maßregeln des Rückschritts
und der Unterdrückung. Ein vorzüglicher Gedanke des Zen-
tralausschusses der russischen Israeliten nnd des Baron Hirsch-
schen Komites ist der, die russischen Glaubensgenossen, anstatt
sie mit ungeheuren Kosten nach dem fernen und so anders-
gearteten Argentinien zu führen, vielmehr im Inlande zur
Ausübung der Handwerke und des Ackerbaues in den Stand
zu setzen. Nur so kann, wenn auch langsam und allmählich,
eine Besserung in den materiellen und zugleich in den moralischen Zuständen der russischen Juden bewirkt werden.
Der große Staat jenseits des Wassers, die nord-
amerikanische Union, ist Hunderttausenden von Israeliten
eine wahre Heimath geworden. Unter dem segensreichen Ein-
flusse der Freiheit entfaltet sich das amerikanische Judenthum
in glänzender Weise. Ueberall herrscht in ihm reges und
kräftiges Leben, von dem unter anderem die zahlreichen
israelitischen Kongresse jeder Art Zeugniß ablegen. Auch ein
israelitischer Frauenkongreß tagte in New-York und bewies,
daß in unseren Schwestern der neuen Welt religiöses Gefühl,
Sinn für hingebende Wohlthätigkeit und vorwärtsstrebender
Muth obwalten. Solche Erscheinungen sind übrigens echt
amerikanisch und thun von neuem dar, wie sehr sich allerorten der jüdische Charakter dem nationalen anpaßt und mit
ihm ausgleicht. Diese sonst als reine Nützlichkeitsapostel und
Dollarjäger geschmähten Amerikaner, auch die jüdischen Glaubens, zeigen dabei eine Begeisterung für geistige Interessen,
die uns Europäer beschämen muß. Das vor einigen zwanzig
Jahren auf freiwilligen Beiträgen begründete amerikanische
Rabbinerseminar — Hebrew Union College — besitzt ein
eigenes großes glänzendes Heim und besoldet neun eigene
Professoren! Der Vergleich mit unseren deutschen Anstalten,

mit ihren ſchwach bezahlten drei oder vier Dozenten, fällt nur zu Ehren Amerikas aus.

Es iſt natürlich und ſogar in mancher Beziehung recht erfreulich, daß die Anfeindungen des europäiſchen Antiſemitis= mus und die langſame Ausſchließung der Juden vom nationalen Leben zumal in Deutſchland eine kräftige Gegenwirkung bei den dortigen Israeliten erzeugt haben. So entwickelt ſich, beſonders bei einem Theile der jüdiſchen Jugend, gleichfalls ein chauviniſtiſcher Geiſt, der ſich in Stiftung ſpeziell jüdiſcher Studentenverbindungen, dann in ſpezifiſch jüdiſchen Wohl= thätigkeits=, Bildungs= und Geſelligkeitsvereinen ausſpricht. Es iſt das immer beſſer, als wenn die jüdiſche Maſſe den Widerſachern gegenüber ſich völlig ſtumpf und gleichgiltig be= nähme. Indeß von allgemeinerem und weiterem Standpunkte aus iſt dieſe, allerdings von den Gegnern hervorgerufene immer ſchärfere Selbſtabſonderung der Juden von den uns umgebenden Völkern ſehr zu beklagen. Wir ſind eine kleine Minderheit und können in geiſtiger wie materieller Beziehung durch die Einpferchung in ein unſichtbares, aber dabei ſehr reelles Ghetto nur ſchwere Einbuße erleiden. Unſere Religion iſt und bleibt ein großartiges Kulturelement für uns ſelbſt und für die anderen; allein ſonſt iſt die chriſtliche Welt des Abendlandes die Trägerin der Kultur und wenn wir wieder mehr und mehr von ihr getrennt werden, kann das nur in jeder Beziehung zum Nachtheile gereichen. Gewiß, wir wollen treue, eifrige, ſelbſtbewußte Juden bleiben, aber zugleich auch patriotiſche und hingebende Söhne desjenigen Volkes, dem wir Bildung, Sprache und Geiſtesrichtung verdanken, das uns ehedem in ſich aufzunehmen verhieß und dem die fort= ſchreitende Geſittung und Zivilifation auch ſicher mit der Zeit wieder gerechtere und wohlwollendere Gefühle uns gegenüber einflößen wird.

Literarische Jahresrevue.

Von Gustav Karpeles.

Es sind nun mehr als 50 Jahre her, seit Leopold Zunz seine denkwürdige Skizze der jüdischen Literatur entworfen und die nichtjüdischen Autoren eindringlich ermahnt hat, unserer Literatur eine größere Beachtung zu schenken und auch auf diesem Gebiete dem Geiste sein Recht einzuräumen. Der Anerkennung des Geistes, so hoffte er, werde auch die der Personen folgen. „Man erkennt und ehrt in der jüdischen Literatur eine organische geistige Thätigkeit, die, den Weltrichtungen folgend, auch dem Gesammt-Interesse dient, die vorzugsweise sittlich und ernst, auch durch ihr Ringen Theilnahme einflößt. Dieses stets unbeschützte Schriftthum, nie bezahlt, oft verfolgt, dessen Urheber nie zu den Mächtigen der Erde gehörten, hat eine Geschichte, eine Philosophie, eine Poesie, die es anderen Literaturen ebenbürtig machen; werden, dies zugegeben, nicht die jüdischen Autoren und die Juden überhaupt alsdann das Bürgerrecht des Geistes erlangen müssen? Muß dann nicht aus dem Born der Wissenschaft Humanität sich unter das Volk ergießen, Verständigung und Eintracht bereitend? Die Gleichstellung der Juden in Sitte und Leben wird aus der Gleichstellung der Wissenschaft des Judenthums hervorgehen."

Nun denn, wir Alle wissen, daß diese Hoffnungen bis auf den heutigen Tag nicht in Erfüllung gegangen sind. Von einer Gleichstellung der Wissenschaft des Judenthums ist noch

immer nicht die Rede, ja, es ist noch gar nicht lange her,
daß man dieser überhaupt erst Beachtung zu schenken ange=
fangen hat. Der Hochmuth, mit dem sie von nichtjüdischen
Fachgelehrten aber noch immer behandelt wird, rückt jene Hoff=
nung anf eine Gleichstellung dieser Wissenschaft in unbestimmte
Ferne hinaus. Noch immer arbeitet „frischer Dünkel mit
alten Citaten", noch immer behilft man sich in vielen Kreisen
mit sekundären Quellen zweifelhaften Werthes, bevor man sich
bei jüdischen Gelehrten Auskunft holt über dies Alles, obwohl
innerhalb der fünfzig Jahre, seitdem Leopold Zunz jene Worte
geschrieben, für den Aus= und Aufbau einer Wissenschaft des
Judenthums alles Mögliche geschehen ist, obwohl sich diese
Wissenschaft von dem Theologischen emanzipirt, zu einer wahr=
haft geschichtlichen Anschauung erhoben und die Methode, so=
wie die Form und Richtung der Disziplin allgemeiner Wissen=
schaften angenommen hat. Die vernachlässigte jüdische Lite=
ratur hat leider also noch immer mehr als ausreichende Ver=
anlassung, sich an ihren Verächtern unter den Gelehrten zu
rächen. Und der Spott, mit dem hervorragende jüdische Ge=
lehrte in den letzten Jahren nicht weniger hervorragende christ=
liche Gelehrte abgewiesen haben, weil diese mit jenem oben
geschilderten Hochmuth sich auf ein weites Terrain als Lehrende
wagten, wo sie noch Lernende sein müßten, war daher ein
wohlberechtigter. Die Würde der Wissenschaft des Juden=
thums muß in unseren Kreisen hochgehalten werden; dann
werden wir zu jener Emanzipation gelangen, welche ein
Leopold Zunz erhofft und ersehnt hat.

Gegenwärtig sind wir aber, wie gesagt, von jener Emanzi=
pation noch ziemlich weit entfernt, sonst müßte unsere Theologie
in die allgemeine, unsere Geschichte in den Rahmen der Welt=
historie, unsere Philosophie in den Kreis der allgemeinen auf=
genommen worden sein, während jetzt beide Ströme desselben
Wissens große Strecken weit neben einander herfließen, um
sich nur hie und da zu berühren und dann desto weiter aus=
einander zu gehen. Dies soll uns aber auch ferner nicht
hindern, Alles, was wir für den Aufbau unserer Wissenschaft
für nützlich und nothwendig halten, mag es aus welchem
Lager immer kommen, mit freudiger Anerkennung zu begrüßen
und für unsere Zwecke zu verwenden. Wir sind weit entfernt

von jener Unbescheidenheit, die da glaubt, von den Anderen nichts lernen zu können; wir wissen im Gegentheil sehr genau, daß wir in der wissenschaftlichen Methodik und in verschiedenen Disziplinen noch viel, ja sehr viel lernen können und auch zu lernen haben. Gerade bei diesem Punkt setzen ja in den meisten Fällen unsere Gegner ein, wenn sie die Arbeiten aus der Wissenschaft des Judenthums kühl abweisen, verspotten oder auch vornehm ignoriren.

Unbekümmert um diese Behandlung wird nnn aber die Wissenschaft des Judenthums ihres Weges weiter ziehen müssen, wie sie dies seit mehr als fünfzig Jahren gethan, um in heißem Ringen das Ziel zu erreichen, das ihr ein Leopold Zunz vorgesteckt. Noch ist kaum ein Theil dieser Arbeit gethan, noch sind weite Länderstrecken kaum urbar gemacht, geschweige denn bearbeitet worden, noch haben wir nicht einmal die grundlegenden Werke für alle einzelnen Fächer dieser Wissenschaft und es bedarf daher hingebenden Fleißes, eindringlicher Arbeit, unermüdlicher Sammlung, um die universitas litterarum moralisch zu zwingen, daß sie unsere Wissenschaft als gleichwerthig und gleichberechtigt in den Kreis der allgemeinen Wissenschaften aufnehme.

Was ist nun im abgelaufenen Jahr geschehen, um diesem großen Ziele näher zu kommen? Ein Jahr ist nur eine kurze Spanne Zeit für die Betrachtung des Entwickelungsganges einer Wissenschaft; gleichwohl ist es möglich, nach dem innerhalb eines Jahres Geschaffenen und Geleisteten diesen Entwickelungsgang selbst zu verfolgen und zu beurtheilen. Das Projekt der Herausgabe eines Jahrbuches für jüdische Geschichte und Literatur hat von selbst den Gedanken erzeugt, in einem solchen Buche diesen Entwickelungsgang zu schildern. Indem ich die schwierige Aufgabe übernommen, möchte ich das Resultat meiner Beobachtungen an die Spitze dieser Uebersicht stellen.

Während die Jahre 1830—70 eine Renaissance der Wissenschaft des Judenthums bedeuteten, trat in den folgenden Jahrzehnten ein bedenklicher Rückschritt ein, ein Ermatten jener frischen Kraft, die mit wahrem Feuereifer das Gebäude dieser Wissenschaft aufzurichten bemüht war. Wenn nicht alle Symptome täuschen, haben wir nunmehr auch dieses Epigonenzeitalter glücklich überwunden und es beginnt wieder neues Leben in dem alten Bau sich zu regen. Mindestens kann das abgelaufene Jahr kein unerfreuliches genannt werden. Eine erhöhte geistige Regsamkeit, werthvolle Versuche, auf einzelnen Gebieten grundlegende Werke zu schaffen, tüchtige Anfänge charakterisiren die Literatur des Jahres, die ich entsprechend der Eigenart dieser Wissenschaft am besten in vier Abtheilungen unterzubringen versucht habe.

Indem ich aber daran gehe, die literarischen Erscheinungen des Jahres, das ich (wie es ja auch im Buchhandel üblich) von Oktober bis Oktober zähle, resümirend zusammenzufassen, muß ich von vornherein bemerken, daß jede bibliographische Vollständigkeit von diesem Versuche völlig ausgeschlossen ist. Es kann sich hier nur darum handeln, eine systematische Uebersicht des Geleisteten und Geschaffenen, ein Bild in großen Zügen und weiten Umrissen zu geben. Die Ausführung der einzelnen Details muß den Bibliographen und Literaturhistorikern überlassen bleiben.

Anfang und Ende aller Dinge ist für uns das Bibelwort. Es ist und bleibt die alleinige Grundlage der ganzen Wissenschaft des Judenthums, das Buch des Bundes, das Gesetz, welches Mose dem Hause Jakob zum Schatz befohlen hat. „Er ist nie gewesen, der es ausgelernt hätte und wird nimmermehr werden, der es ausgründen möchte. Denn sein Sinn ist reicher weder kein Meer und sein Wort tiefer denn kein Abgrund". Natürlich hat sich die Wissenschaft vor allem um dieses Buch gelagert, um es auszulernen und auszugründen. Es ist bekannt, was gerade die deutsche Wissenschaft auf dem Gebiete der Bibelübersetzung, Bibelkritik und Bibelexegese geleistet hat. Die höhere wie die niedere Kritik, diese für die Textgeschichte, jene für die theologische Behandlung, für die Ermittelung der Herkunft und Abfassungszeit der einzelnen Schriften und die Prüfung der Ueberlieferung, haben beide staunenswerthe Resultate geliefert. Daß sie dabei vielfach auf Abwege gerathen sind, erscheint mehr als selbstverständlich. Ja, es ist mit der Zeit dahin gekommen, daß die

Kritik von all den Hypothesen und Theorien, die im Laufe
eines Jahrhunderts aufgestellt wurden, bereits den Rückzug
zu der für uns selbstverständlichen Annahme eines in all
seinen Theilen vollständig und einheitlich aufgebauten Kunst=
werkes angetreten hat. Gerade das abgelaufene Jahr hat in
dieser Beziehung einige Werke hervorgebracht, welche für diese
Rückkehr zu einer natürlichen und besonnenen Auffassung bahn=
brechend sind.

Fritz Hommel hat in seinem Buche: Die altisraeli=
tische Ueberlieferung in inschriftlicher Beleuchtung entschiedenen
Einspruch gegen die Aufstellungen der modernen Pentateuch=
kritik erhoben. Er erblickt in den hebräischen Personennamen
die endgültige Antwort auf die Frage nach der Echtheit der
altisraelitischen Tradition und versucht es mit kundiger Hand,
diesen versteckten Schatz zu heben, indem er den Nachweis
führt, daß schon von Abrahams Zeiten an jene so charakte=
ristischen mosaischen Personennamen bei einem Theil der West=
semiten Vorderasiens in lebendigem Gebrauch standen, so daß
von einer späteren nachexilischen Erfindung keine Rede sein
könnte. Diese Ansichten sucht er durch babylonisch=assyrische
Inschriften zu erhärten. Es ergiebt sich daraus eine Menge
neuer Resultate für die Religionsgeschichte und Alterthums=
kunde, auch für die, welche den Hauptzweck, den Hommel ver=
folgt und seine Hoffnung, für überschwänglich ansehen sollten,
daß die Bibelkritik nunmehr umkehren werde. Hommel selbst
ist allerdings dieses Glaubens. Er hört schon den Flügel=
schlag einer neuen Zeit, in der man über die Aufstellungen
der sog. Pentateuch=Kritik als über einen veralteten Irrthum
zur Tagesordnung übergehen werde. Leider bin ich nicht so
hoffnungsselig, aber ein werthvoller Anfang ist immerhin ge=
macht und es ist gut, daß er von einer Seite gemacht wurde,
die wissenschaftlich völlig einwandsfrei ist. Hat Hommel die
semitische Urzeit zu Ehren gebracht, so giebt das Buch von
Eduard Meyer: Die Entstehung des Judenthums ein
Bild der Schlußperiode des altisraelitischen Lebens, welches
nicht weniger wichtig und nicht weniger interessant ist als das
erstere, weil in diese Periode die Entstehung des Judenthums
fällt. Es ist bekannt, daß die Bibelkritik in den letzten Jahren
diese Periode mit besonderem Eifer behandelt und dabei die

Glaubwürdigkeit der Thatsachen und Dokumente, auf welche sich unsere Kenntniß der Geschichte dieser Periode vor allem stützt, zu erschüttern versucht hat. Da ist es nun von hohem Werthe, daß ein Historifer von Fach sich an die Untersuchung herangewagt und mit exakten Beweisen die Echtheit jener Urkunden nachgewiesen hat, die die Erzählungen von der Rückkehr aus dem babylonischen Exil, von dem Tempelaufbau u. s. w. bestätigen. Aus der Beweisführung Meyer's könnte die Bibelkritik, wenn sie wollte, viel lernen. Sie brauchte nur sein historisches Grundgesetz anzüerkennen, daß die wahre kritische Methode, wenn gleichzeitig historische Ueberlieserung vorliegt, genau umgekehrt zu verfahren hat, wie auf dem Gebiete der Sage und Geschichte. Bei einem aus historischer Zeit überlieferten Dokument steht die Beweispflicht den Angreifern der Echtheit zu, nicht den Vertheidigern. Eduard Meyer führt nun den sicheren Beweis für die geschichtlichen Probleme jener Zeit aus der Geschichte des Perserreichs und aus der Prüfung der einschlägigen Urkunden. „Das Judenthum ist im Namen des Perserkönigs und kraft der Autorität seines Reiches geschaffen worden und so reicht die Wirkung des Achämeniden-Reiches gewaltig wie wenig anderes noch unmittelbar in unsere Gegenwart hinein". Neben diesen grundlegenden Werken ist im abgelausenen Jahr noch manches Werthvolle für die altisraelitische Geschichte erschienen, wie etwa die Arbeit von J. Marquart: Fundamente israelitischer und jüdischer Geschichte, die die Zeit von Deborah bis zu David und der späteren Organisation der jüdischen Gemeinde klarlegt. Ebenso ist die Arbeit an den Büchern der heiligen Schrift eine nutzbringende gewesen. Namentlich die Psalmen waren Gegenstand eingehender Studien. Die Preisschrift von J. Coblenz über das betende Ich in den Psalmen darf mit gerechter Anerkennung an die erste Stelle gesetzt werden. Werthvolle Studien haben ferner B. Jakob und J. Halevi dem Psalter gewidmet, während J. K. Zenner den ersten Theil eines großangelegten Werkes über die Chorgesänge in den Psalmen erscheinen ließ. P. Vetter hat die Metrik des Buches Hiob eingehend behandelt, dem auch B. Königsberger wertvolle Untersuchungen gewidmet und das Budde und Duhm kritisch edirt haben. R. Pfeiffer hat es mit

Glück versucht, die religiös=sittliche Weltanschauung des Buches der Sprüche in ihrem inneren Zusammenhang darzustellen, während R. G. Multon Daniel und die kleinen Propheten und E. Palis das Buch Esra zum Gegenstand kritischer Untersuchung gemacht haben. Einen Abriß der Geschichte des alttestamentlichen Schriftthums hat E. Kautzsch herausgegeben, der ursprünglich einen Anhang zu seiner Bibelübersetzung bildete; eine sehr werthvolle Uebersicht über den Bibeltext und die Bibelübersetzung ist als Separatabdruck der betreffenden Artikel in der Realencyklopädie für protestantische Theologie und Kirche erschienen. Leider lehrt auch hier wieder die vornehm sein sollende Geringschätzung der jüdischen Arbeiten auf diesem Gediete wieder.

Zu den Hilfswissenschaften der Bibelforschung übergehend, haben wir zunächst ein grundlegendes Werk von hoher Bedeutung hervorzuheben, nämlich die Bibelkonkordanz von S. Mandelkern, welche in zwei Ausgaben, einer großen und einer, in der nur die Stellen=Nachweise, nicht aber die Zitate gegeden sind, und in einer wahrhaft prachtvollen Ausstattung erschienen ist. Damit ist eine Lücke ausgefüllt, die von allen, welche sich dem Studium der heiligen Schrift widmen, schmerzlich empfunden worden ist. Die Bibelkonkordanz Mandelskern's ist ein Werk von bleibendem Werth, dem auch die nichtjüdische Kritik ihre unbedingte Anerkennung nicht hat versagen können. Eine Encyklopädie der biblischen Literatur hat A. H. Rosenberg in New=York herausgegeben, von der bereits 3 Hefte erschienen sind, die mir aber nicht zu Gesicht gekommen sind. Die vorzügliche historisch=kritische Einleitung zur Bidel von C. H. Cornill ist auch in diesem Jahre in neuer Auflage erschienen. Unter den vielen Versuchen, das Gebäude einer alttestamentlichen Theologie aufzurichten, ist der von Herm. Schulz einer der besten. Auch dies Buch ist in 5. Auflage erschienen. In dasselbe Gediet gehört auch der erste Band des Werkes von H. J. Bestmann: Entwickelungsgeschichte des Reiches Gottes und das Buch von E. Sellin: Beiträge zur isr. Religionsgeschichte.

Einen einzelnen philosophischen Begriff, den der Ehre, hat Josef Stier durch die ganze Bidel verfolgt und den

interessanten Versuch), den Einfluß der Bibel auf die deutsche
Poesie nachzuweisen, hat A. Biach durch eine Studie über
biblische Sprache und Motive bei Wieland ergänzt.

Von dem Kanon zu den Apokryphen übergehend, haben
wir zunächst einen großen und wichtigen Fund zu verzeichnen.
Man hatte nämlich im Orient einen großen Theil des
hebräischen Originals des Buches Sirach gefunden, das bis=
her nur in griechischer Uebersetzung bekannt war und das
man deshalb wiederholt auf Grund der erhaltenen Version
zu rekonstruiren versucht hat. Die gefundenen Blätter haben
A. E. Cowley und Adolf Neubauer in einer muster=
giltigen Ausgabe edirt, die alles enthält, sowohl den Text
wie eine englische Uebersetzung, eine ausführliche Einleitung,
den Nachweis über die in der talmudischen wie rabbinischen
Literatur zerstreuten, dem Buche Sirach aber entnommenen
Sprüche sowie die syrisch=griechische und lateinische Uebersetzung.

Der wichtige Fund, der hoffentlich noch ergänzt werden
wird, führt uns von selbst aus dem Kreis der biblischen auf
die Spuren der rabbinischen Literatur, die im abgelaufenen
Jahr einen ganzen Schatz von solchen Funden aufzuweisen
hat. In der Genizah der alten Synagoge zu Kairo, die den
Namen Esra's, des Schriftgelehrten, trägt und ein authentisches
Register besitzt, das sich über mehr als 1000 Jahre erstreckt,
hat S. Schechter eine Fülle von Fragmenten, die er selbst
auf etwa 40 000 schätzt, in diesem Jahre gefunden. Die ge=
naue Untersuchung ist erst begonnen worden und es wird
noch geraume Zeit vergehen, ehe ein weiterer geschweige denn
vollständiger Bericht möglich sein wird. Aber schon heute
kann gesagt werden, daß alle Zweige der Wissenschaft des
Judenthums dann eine wesentliche Bereicherung erfahren
werden. Den größten Theil des Inhalts der Fragmente
bilden Bibelmanuskripte und liturgische Schriften. Auch das
Fragment des Sirach=Buches stammt aus dieser Quelle. Was
die Liturgie anlangt, so bietet nach des glücklichen Finders
Mittheilungen jene Sammlung die ältesten Formen des Gottes=

dienstes der Synagoge; die Fragmente werfen helles Licht auf
die Geschichte des jüdischen Gebetbuches. Auch eine große
Anzahl von Hymnen hat man dort gefunden; ferner Fragmente der beiden Talmude und Midraschim, sowie eine große
Zahl handschriftlicher Urkunden, die beinahe 700 Jahre um-
fassen und einen tiefen Einblick in das jüdische Leben des
Orients gestatten. Alle diese Schätze sind jetzt in der Bibliothek zu Cambridge aufgehäuft, wo sie einer gründlichen Untersuchung unterzogen worden, deren Resultate zweifellos neues
Licht auf einzelne Perioden der jüdischen Geschichte werfen werden.
Auch die Bodlajana ist im Besitz wichtiger aegyptischer Frag-
mente, die wahrscheinlich aus einer anderen oder auch aus
derselben Genizah stammen. A. Neubauer hat auch in diesem
Jahre einige wichtige Dokumente dieser Sammlung veröffent-
licht, ebenso hat Ellan Adler aegyptische Funde aus seinem
Besitz mitgetheilt. Der jüdische Hellenismus, der in Alexandrien
ja seinen Mittelpunkt hatte, wird durch alle diese Funde und
Inschriften noch in seiner vollen Bedeutung aufgeklärt werden.
Inzwischen bemüht sich die Wissenschaft, die vorhandenen
Werke in immer neuen Ausgaben zu ediren und zu erklären.
Die neue und vorzügliche Ausgabe von Philo's Werken von
L. Cohn und P. Wendland ist nunmehr zum Abschluß gelangt und ebenso liegt die Josephus-Ausgabe von B. Niese,
ein rechtes Werk deutschen Gelehrtenfleißes, nunmehr vollendet
vor. Ueder die Quellen des Josephus hat A. Büchler werth-
volle Aufschlüsse gegeben.

*

Wir treten nunmehr in die Hallen der talmudischen
Literatur ein. Von der deutschen Uebersetzung der Mischnah,
welche E. Baneth begonnen und M. Petuchowski und
David Hoffmann fortführen, sind innerhalb des Berichts-
jahres wieder einzelne Hefte erschienen, die mit derselben Sorgfalt edirt sind, wie die vorhergegangenen. Ich darf hier vielleicht auch des letzteren Autors neue Kollektaneen aus einer
Mechilta zum Deuteronomium anfügen, ein werthvoller Nach-
trag zu der gediegenen Einleitung Hoffmanns in die
halachischen Midraschim. Auch von der Talmudübersetzung,

die L. Goldschmidt muthig übernommen hat, liegt der erste
Band fertig vor; eine mehr als schwierige Aufgabe für einen
Autor, der sich die Doppelausgabe gestellt hat, sowohl einen
guten, kritisch gesäuberten Text als auch eine gute Uebersetzung
und Erläuterung zu geben. Kein Wunder, daß dieses Unternehmen als ein gewagtes angesehen und auch von sachkundiger
Seite vielfach angegriffen wird. Seiner Realencyklopädie für
Bibel und Talmud hat J. Hamburger auch in diesem Jahre
einen neuen, den vierten Supplementband mit interessanten
Einzelartikeln folgen lassen. Eine der merkwürdigsten Erscheinungen auf diesem Gebiete sind die Randnoten zu den beiden
Talmuden (Hagaot) von J. Z. Dünner, deren zweiter Band
innerhalb dieses Jahres ausgegeben wurde. Der Verfasser
schlägt einen ganz neuen Weg zur Erklärung der Halacha ein,
nämlich den historisch-kritischen. Das ist ein Freimuth, der bei
einem Manne, welcher in religiöser Beziehung sonst auf der
äußersten Rechten steht, natürlich in beiden Lagern nicht geringes
Erstaunen hervorgerufen hat. Dünner unterläßt es selbstverständlich, aus seinen Forschungen die praktischen Konsequenzen zu
ziehen, aber er wird es kaum verhindern können, daß Andere diesen
Versuch machen. Jedenfalls zeugen seine Forschungen von
einem ungewöhnlichen Wissen und einem ebenso ungewöhnlichen Scharfsinn. Eine bestimmte Form der talmudischen
Dialektik hat Adolf Schwarz, dem wir schon manche werthvolle Arbeit auf diesem Gebiete danken, in seiner gelehrten
Schrift: Die hermoneutische Analogie in der talmudischen
Literatur" erklärt, nämlich die allen Kennern des Talmuds
wohlbekannte Gesera schawa. Eine nicht weniger wichtige
Parthie des talmudischen Rechts hat Moses Bloch erörtert,
nämlich das mosaisch-talmudische Besitzrecht, das eigentlich in
der Bibel nur angedeutet und erst im Talmud mit bewun-
dernswerther Consequenz ausgeführt ist. Das Buch von
Amram: The law of divorce ist mir nicht bekannt. Es
muß bei dieser Gelegenheit Klage darüber geführt werden,
daß die Werke der jüdischen Literatur in England und
Amerika so schwer zugänglich und daß dadurch die innige
Verbindung, welche zwischen diesen Ländern und dem Stamm-
lande der Wissenschaft des Judenthums bisher bestanden,
wesentlich gestört wird. Ein Wörterbuch der talmudischen

Angelologie, das bis jetzt gefehlt, hat Moise Schwab nach den Handschriften der Nationalbibliothek zu Paris herausgegeben; es ist ein überaus bedeutungsvoller Beitrag zur Literaturgeschichte der Mystik im Zeitalter des Talmuds, der Gaonim und des späteren Mittelalters. Die Textkritik des Talmud erfährt wesentliche Förderung durch den 16. Band des groß angelegten und konsequent durchgeführten Werkes von R. Rabinowitsch: Dikduke Soferim, welches alle Lesarten nach den ältesten Manuskripten sammelt und verzeichnet. Es ist das der erste nach dem Tode des Verfassers erschienene Band, den H. Ehrentreu herausgegeben. Erfreulich ist es, daß das Werk, das man nach dem frühzeitigen Tode von Rabinowitsch für einen Torso hielt, nunmehr fortgesetzt wird und der Vollendung entgegengeht. Auch das Wörterbuch zu den Talmuden und Targunim von M. Jastrow schreitet seiner Vollendung entgegen. Wie in jedem Jahr, so hat auch diesmal der unermüdliche Salomon Buder mit einem duftigen Strauß aus dem Blumengarten der Hagada sich eingestellt, und zwar mit einem bis jetzt unbekannten Midrasch zum Buche Esther nach zwei Handschriften aus Yemen, einer bis heute nur wenig erschlossenen Quelle, aus welcher für die Midrasch-Literatur in den letzten Jahren sehr werthvolle Funde entdeckt wurden.

*
*

Wir kommen nun zu dem wichtigsten Kapitel in der Wissenschaft des Judenthums, nämlich zur Geschichte und Literatur selbst. Hier ist natürlich die größte Regsamkeit zu finden und hier sind auch die meisten Arbeiter beschäftigt, um das Bild, das unser großer Führer von der Geschichte des Judenthums, sowie von der Literatur- und Kulturgeschichte in allgemeinen Umrissen entworfen, in seinen einzelnen Theilen auszuführen. Von zusammenfassenden Werken sei zunächst das ausgezeichnete Buch von J. Abrahams: Jewish life in the Middle Age zu erwähnen, das das jüdische Leben im Mittelalter nach allen seinen Richtungen in treuer und fesselnder Weise schildert, eine wirksame Ergänzung zu dem

nicht weniger vortrefflichen Werke von M. Güdemann
über die Kulturgeschichte der Juden im Mittelalter. Eine
Uebersetzung dieses Buches wäre ein wünschenswerthes Unter=
nehmen, da dasselbe einen Einblick in das bisher so gut wie
garnicht bekannte Leben der Juden im Mittelalter gewährt.
Weil man ihre Bärte kannte, glaubte man die Juden zu
kennen, sagt Heine, und doch wußte und weiß man noch
heute sehr wenig von dem inneren Leben der Juden im
Mittelalter. Allgemeine Darstellungen der jüdischen Geschichte
sind in diesem Jahre nicht erschienen, wenn man das Buch
von M. Edom: Histoire sainte abrégée oder die
russische Geschichte der Juden von M. Dubnow nicht zu
diesen zählen will. Doch haben einzelne Abschnitte und
einzelne Länder eine zusammenfassende Darstellung erfahren.
Ich erwähne hier zuerst den Abschluß der Geschichte der Juden
in Rom von H. Vogelstein und P. Rieger, ferner ein
echtes standard work der neueren jüdischen Literatur, das
große Werk von H. Groß: „Gallia Judaica“, welches für
die politische und Literaturgeschichte der Juden in Frankreich
von höchster Bedeutung ist, sodann die Fortsetzung seiner werth=
vollen Geschichte der Juden in Schlesien von M. Brann,
endlich die Regesten zur Geschichte der Juden in Rußland,
welche die Gesellschaft zur Verbreitung der Bildung unter den
Juden daselbst herausgegeben, ein dankenswerthes Unter=
nehmen, dessen Benutzung leider nur dadurch erschwert ist,
daß es in russischer Sprache und ohne Uebersetzung erschienen
und daß es kritiklos die Fälschungen des Karäers A. Firko=
witsch mit aufgenommen. Zur Geschichte der Juden in der
Krim hat Emil Schürer in seiner akademischen Abhandlung:
Ueber die Juden im bosporanischen Reiche neue und wich=
tige Aufschlüsse beigebracht. Viel weiter als Schürer geht
M. Friedländer in seiner Arbeit über das Judenthum in
der vorchristlichen Welt, indem er die Bedeutung der jüdischen
Diaspora in der hellenisch=römischen Zeit nachzuweisen bemüht
ist, die die Mission hatte, den Mosaismus zur Weltreligion
umzugestalten. Auch die neuen Beiträge zur Geschichte und
Literatur, die A. Harkavy zum 5. Bande der hebräischen
Uebersetzung der Geschichte von Grätz beigegeben, dürfen hier
nicht unerwähnt bleiben, sowie die Uebersetzung selbst von

dem fleißigen S. P. Rabinowicz. Zur Geschichte des
Karäerthums, die ja in diesem Bande einen Haupttheil bildet,
hat G. Margoliouth durch die Herausgabe der arabischen
Chronik von Jbn-al-Heiti über die karäischen Gelehrten einen
bedeutungsvollen Beitrag geliefert. Die kritische Ausgabe des
Seder Olam Rabbah von D. Ratner wird das Studium
älterer Perioden der Geschichte wesentlich fördern. Von einem
höheren pragmatischen Gesichtspunkte aus hat einer unserer
tüchtigsten jüngeren Theologen, Gotthard Deutsch, in zwei
ausgezeichneten Abhandlungen, die eine deutsche Uebersetzung
nicht nur verdienen, sondern geradezu erheischen, es unternommen,
die jüdische Geschichte zu betrachten. Die eine dieser Abhandlungen führt den Titel: The Epochs of Jewish
History, die andere: The Philosophical Concept ot
Jewish History. Beide Arbeiten sind aus der modernen
Schule der Geschichtsschreibung hervorgegangen, sind Zeugnisse
glänzenden Scharfsinns und einer seltenen Objektivität der
Darstellung. Zur neueren Geschichte übergehend, hat an des
Jahrhunderts Neige Simon Bernfeld den gewagten Versuch, Juden und Judenthum in ihrer Entwickelung während
des 19. Jahrhunderts zu schildern und ein treues Gesammt-
bild zu geben, in sehr geschickter Weise durchgeführt. Insbesondere treten die sein ausgeführten Bilder der führenden
Männer der jüdischen Renaissance, wie Zunz, Rappaport,
Luzzato u. A. scharf hervor. Demselben Zweck sind auch die
hebräischen Essays desselben Autors: Dor. taphuchot gewidmet, von denen aber bis jetzt nur die ersten Lieferungen
erschienen sind. Die jüdische Reformbewegung in Amerika
hat David Philippson in den verschiedenen Phasen ihrer
Entwickelung zu schildern unternommen. Auf das bis jetzt
wenig angedaute Gebiet der Briefwechsel- und Memoiren-
literatur führt uns die interessante Pnblikation von Ludwig
Geiger: Briefwechsel von Michael Sachs und Moritz Veit,
die uns zwei der besten Männer des deutschen Judenthums
in inniger Freundschaft und anregendem Verkehr zeigt.

Die biographische Literatur hat im Berichtsjahre einige
wichtige Beiträge zu verzeichnen. Den wichtigsten von J. Mö-
rali, der Dichtungen von Isaac den Schescheth und Simon
Duran und neue Aufschlüsse zur Lebensgeschichte dieser beiden

Männer bringt, ferner die Biographie des großen Talmud=
gelehrten Sal. Luria von S. Horodecki, den kühnen Ver=
such einer biographischen Ehrenrettung des Leon de Modena
durch N. M. Libowicz, endlich die Autobiographie von
Jakob Israel Emden, die D. Kohn herausgegeben und die
uns deisen interessanten Charakterkopf in seiner unbeugsamen
Wahrheitsliebe vorführt. In die Gegenwart führt uns die
Biographie des gefeiertsten hebräischen Prosaisten der Neuzeit
Peter Smolensky, die R. Brainin sorgsam nach guten
Mustern der modernen Biographie ausgeführt hat, und die
für uns dadurch von besonderem Interesse ist, daß wir jenen
Dichter in diesem Jahrbuch mit einer seiner besten Novellen
einem weiten Leserkreis zugänglich machen. Die hebräische
Biographie von Zunz, die der bereits wiederholt genannte
S. P. Rabinowicz schreibt, ist eine tüchtige Arbeit, die nicht
unerwähnt bleiben darf. Einem anderen verdienten hebräischen
Schriftsteller M..A. Ginzburg hat D. Magid eine kleine
Biographie gewidmet; einen jungen hebräischen Dichter, der
zugleich auch Maler war, M. L. Mane, hat L. Schein=
haus in seinem Leben und Dichten uns vorgeführt und die
Biographie Josef Derenbourg's hat Wilhelm Bacher ge=
schrieben.

Zur Literaturgeschichte selbst übergehend, die ja eigentlich
von der allgemeinen Geschichte der Juden fast garnicht zu
trennen ist, haben wir zunächst den Altmeister dieses Zweiges
der Wissenschaft des Judenthums, der auch heute noch ihr
wirksamster Förderer ist, nämlich Moritz Steinschneider, zu
erwähnen, der das wohlverdiente Glück hatte, einen seiner
Kataloge, nämlich den der hebräischen Handschriften der
Münchener Hofbibliothek in neuerer und wesentlich erweiterter
Ausgabe und zugleich den zweiten Theil seines Katalogs
der hebräischen Handschriften der Berliner Bibliothek heraus=
geben zu können. Auch der Katalog der Friedland'schen
Sammlung in Petersburg, den Samuel Wiener herausgegeben
und der für Bibliographie und Literaturgeschichte gleich wichtig
ist, ist bereits bis zum Buchstaben D gediehen. Die erste
Literaturgeschichte der Juden, welche ebenfalls Moritz Stein=
schneider geschrieben, hat H. Malter ins Hebräische zu über=
setzen unternommen und zwar unter den Auspicien des Verfassers.

Schon die erste bis jetzt erschienene Abtheilung liefert den Beweis, daß wir es hier mit einer tüchtigen Arbeit, nicht blos mit einer Uebersetzung zu thun haben. Von einzelnen Arbeiten auf dem Gebiete der Literaturgeschichte seien zunächst die beiden höchst bedeutsamen Publikationen von H. Brody genannt, der den Divan des Jehuda Halevi und nunmehr auch die weltlichen Gedichte von Salomo Gabirol herauszugeben begonnen, beides mit seinem poetischem Verständniß, mit großer Sachkenntniß und philologischer Akribie. Die Sinnsprüche der Philosophen, die Charisi aus dem Arabischen übersetzt, hat A. Loewenthal herausgegeben und ins Deutsche übertragen. Gabirol's Ethik hat K. Pollak nach römischen Handschriften neu edirt. Die Bibelexegese Maimuni's hat in Wilh. Bacher einen ebenso zuverlässigen wie tüchtigen Erklärer gefunden. Die Ankläger und Vertheidiger des Talmud während des Mittelalters hat E. Goitein in einem hübschen Vortrag geschildert. Ein jüdisch-bucharisches Gedicht: „Chudàidat" hat C. Saleman nach St. Petersburger Handschriften mitgetheilt. Ueber die Verbindung zwischen den Juden in Malabar und New-York hat G. H. Kohut interessante Briefe veröffentlicht.

Am wenigsten ist das Gebiet der Religionsphilosophie angedaut worden. Ein Versuch zusammenfassender Darstellung der jüdischen Religionsphilosophie danken wir S. Bernfeld und seinem Buche: Daath Elohim, von welchem wir jedoch bis jetzt nur die beiden ersten bis zu Abraham den David gehenden Abschnitte besitzen, die indeß schon eindringende Sachkenntniß und Beherrschung des Materials verrathen. Die Frage der jüdischen Dogmen hat B. Felsenthal erörtert. In das Gebiet der talmudischen und rabbinischen Philosophie versuchte K. Lippe einzudringen. Einige Schriften, welche nicht speziell die jüdische Religionsphilosophie erörtern, gehören aber doch auch hierher, so die gekrönte Preisschrift von Max Grunwald: Spinoza in Deutschland, ferner die Arbeit von B. Seligkowitz: Elemente der monistischen Psychologie, ferner die scharfsinnige Untersuchung von Ludwig

Stein über den pſychologiſchen Urſprung und den ſoziolo=
giſchen Charakter der Religion und endlich laſt not least
die neue dritte Auflage des dritten Bandes von dem grund=
legenden Werk des Altmeiſter M. Lazarus über das Leben
der Seele, in dem beſonders die Vorrede für uns von ganz
beſonderem Intereſſe, in dem ſich aber auch viele feinſinnige
Bemerkungen, die nur aus dem Geiſte des Judenthums her=
vorgegangen ſein können, vorfinden.

＊　　　＊

Lazarus iſt aber nicht nur ein hervorragender Gelehrter
in ſeiner Fachwiſſenſchaft, ſondern er hat uns auch den Weg
gezeigt, auf welchem man weite Kreiſe für das Intereſſe und
Verſtändniß philoſophiſcher Fragen und Theorien einnehmen
kann. Leider haben wir nur ſehr Wenige, die nach ihm
dieſen Weg beſchritten. Gerade die Literatur, welche ſich mit
der Populariſirung der wiſſenſchaftlichen Reſultate und For=
ſchungen beſchäftigt, wurde in den letzten Jahren am wenigſten
angebaut und doch drängen die überall entſtehenden Literatur=
vereine auf dieſe Arbeit hin. Die Scheu unſerer Gelehrten
vor ſolchen Populariſirungsverſuchen iſt noch immer nicht
überwunden, während die größten nichtjüdiſchen Gelehrten
heute ſchon eine Ehre darein ſetzen, ſich an die allgemeine
Bildung zu wenden und dieſer die Reſultate ihrer Arbeit in
allgemeinverſtändlicher Form darzubieten. Auch die ſchöne
Literatur hat in dieſem Jahre nur wenig aufzuweiſen, außer
der deutſchen Ueberſetzung der beiden Hauptwerke von J. Zang=
will und einigen kleinen Erzählungen in der rüſtig fort=
ſchreitenden jüdiſchen Univerſalbibliothek, einem ſehr dankens=
werthen Unternehmen von J. B. Brandeis, eigentlich ſo gut
wie garnichts. Die hebräiſche und Jargon=Belletriſtik
leiſtet viel mehr als die ſchön Literatur in Deutſchland und
in den alten Kulturländern. In Amerika hat ein Dichter
A. Cahan mit ſeiner Novelle: Yekl, die das Leben und
Treiben der polniſchen Juden in New=York ſchildert, Aufſehen
erregt. In Portugal hat man die Luiſiaden von Camoens
zum Theil ins Hebräiſche überſetzt. J. M. Benoliel hat dies
mit Hilfe von L. Goldſchmidt verſucht. Aus der hebräiſchen

Literatur werden uns namentlich zwei Werke genannt: J. Landau hat die hasmonäische Zeit in seinem Drama: Blut für Blut geschildert und S. Mandelkern hat sein älteres Gedichte Bath Schewa neu erscheinen lassen.

Die Fragen des Tages haben in der Literatur natürlich ebenfalls ihre Beachtung gefunden, aber wir haben keine Veranlassung, auf dieselben näher einzugehen, da sie keine Werke von tieferer Bedeutung zu Tage gefördert haben, mit Ausnahme der beiden französischen Werke von A. Leroy Beaulieu: L'Antisémitisme und von N. Chmerkine: Les Conséquences de l'Antisémitisme en Russie. Auch die inneren Angelegenheiten des Judenthums haben im letzten Jahre fast gar keine Erörterung in der Literatur gefunden. Nur der Zionismus hat eine Reihe von Streitschriften für und wider hervorgebracht, die sich mit dem schwierigen Problem angelegentlichst beschäftigen, so die Schrift von M. Güdemann über Nationaljudenthum die volkswirthschaftliche Studie von Max Jaffé: Die nationale Wiedergeburt der Juden, die Antwort Herzl's und Anderer auf die Schrift von Güdemann, ferner die Brochüre von H. Sachse: Zionisten-Kongreß und Zionismus, sodann den Bericht von Theodor Herzl über den Baseler Kongreß und endlich die Schrift von F. Heman: Das Erwachen der jüdischen Nation, der diese Frage allerdings vom christlichen Missions-Standpunkt aus erörtert.

Selbst die sonst so üppig wuchernde Predigtliteratur ist in dem abgelaufenen Jahre nicht sehr zahlreich vertreten. Wir haben außer den Trauungsreden, die aus dem Nachlasse des unvergeßlichen N. Brüll erschienen sind, nur noch Festpredigten von J. Kohn, eine Sammlung patriotischer Reden von B. Rippner, die zu dessen Jubiläum herausgegeben wurden, sowie einige Zeitpredigten von Seligmann Tänzer u. a. zu nennen. Im Vordergrund steht auch diesmal ein Meister der Beredsamkeit, Zadoc Kahm, der seine Reden an die israelitische Jugend zur Freude seiner Verehrer gesammelt und herausgegeben hat. Auch aus dem Nachlasse eines altberühmten Kanzelredners, Salomon Plessner, haben dessen Nachkommen Biblisches und Rabbinisches in bunter Reihe gesammelt und durch eine Biographie des merkwürdigen Mannes erläutert.

Die Literatur der Schulbücher hat natürlich zunächst die Versuche zu nennen, welche sich damit beschäftigen, die biblische und jüdische Geschichte dem Verständniß und Interesse unserer Jugend näher zu bringen. In erster Reihe steht das umgearbeitete Lehrbuch der biblischen Geschichte und Literatur von M. Levin, das von den Pädagogen aller Richtungen anerkannt worden. Für die Kleinen hat M. Plaut die biblische Geschichte in knapper, leicht verständlicher Weise erzählt.

In methodischer Weise hat S. Müller die biblische und nachbiblische Geschichte in seinem Werke: Ein Buch für unsere Kinder bearbeitet. Auf dem arg vernachläßigten Gebiete der Jugenderzählungen hat E. Flanter mit seiner israelititischen Jugendbibliothek einen dankenswerthen Anfang zur Besserung gemacht. Für höhere Schulen dürfte die Ausgabe der Sprüche der Väter von S. Bamberger gutes Material bieten, ebenso dürfte die Uebersetzung des Schulchan Aruch, die Philipp Lederer für den höheren Schulgebrauch angefangen, hier anzuschließen sein. Für den Unterricht in der Geschichte und Literatur empfehlen sich die sehr korrekten Tabellen von M. Stern; endlich sind noch die Grammatik des biblischen Aramäisch von H. Strack, eine italienische Grammatik von J. Levi und eine spanische von G. Remiro zu nennen. Vielleicht darf ich auch hier den trefflichen Mafteach von Simon und Cohen erwähnen, der die Umrechnung jüdischer auf allgemeine Daten erleichtert. Das großangelegte hebräische Wörterbuch von J. Steinberg: Mischpat ha-urim ist mir nicht zu Gesichte gekommen.

Endlich wäre noch das Gebiet der Geographie und Ethnographie kurz zu berühren, auf dem die Geographie Palästinas von Buhl, das Prachtwerk C. Schick's über die Stiftshütte und dessen Karte von Jerusalem, die feuilletonistischen Reiseschilderungen von Pierre Loti, das treffliche Buch von L. Forest über die Juden in Algier zu erwähnen sind.

Das geistige Leben innerhalb des Judenthums, das in den letzten Jahren unzweifelhaft einen größeren Aufschwung genommen, sei es in Folge der Angriffe von Außen, sei es in Folge innerer Sammlung, hat auch in diesem Jahre nach verschiedenen Richtungen hin seine Bethätigung gefunden. Die Jewish Publication Association in Amerika macht immer größere Fortschritte, die jüdische Literaturgesellschaft in Ungarn bereitet eine große Bibelausgabe vor und läßt ein Jahrbuch mit werthvollen Beiträgen erscheinen, die jüdisch=historischen Gesellschaften in London und New=York geben ebenfalls sehr interessante und bedeutsame Publikationen zur Geschichte der Juden in diesen Ländern heraus. Die beiden hebräischen Literaturvereine in Warschau, Achiassaf und Tuschija arbeiten wacker an ihrem Programm weiter. Zuletzt, doch nicht zuletzt müssen die Veröffentlichungen des hebräischen Literaturvereins Mekize Nirdamim mit hoher Anerkennung genannt werden, welcher in diesem Jahre ein werthvolles Responsenwerk, einen Beitrag zu dem Philosophenstreit über die Werke Maimunis, den Schluß des zweiten Bandes vom Divan des Jehuda Halevi und andere Beiträge zur Religionsphilosophie und Exegese brachte.

Es ist natürlich, daß in den theologischen Lehranstalten, die wir besitzen, das geistige Leben am kräftigsten pulsirt und daß die Programme und Jahresberichte dieser Hochschulen und Seminare für unsere Literatur von nicht geringer Bedeutung sind. Eine dieser Hochschulen, die Lehranstalt für die Wissenschaft des Judenthums, hat in diesem Jahre ihr 25jähriges Jubiläum gefeiert und diesem Anlaß verdanken einige interessante Publikationen ihre Entstehung, so die Geschichte der Anstalt von M. Schreiner, ferner die beiden Reden am Jubelfest von H. Steinthal und S. Neumann.

Aber nicht nur der Literatur sondern sogar auch der Kunst des Judenthums fängt man jetzt an Beachtung zu schenken. Der Plan, ein Museum jüdischer Alterthümer zu Wien zu begründen, hat in Frankfurt a. M. Nachahmung gefunden und der erste Bericht über die Thätigkeit des für diesen Zweck begründeten Wiener Vereins gewährt weiten Kreisen einen Einblick in ein bis dahin völlig verschlossenes Gebiet, das die Beiträge von D. Kaufmann und A. Epstein wohl zu erhellen in der Lage sind.

Eine Statistik der jüdischen Zeitungen und Zeitschriften ist nicht leicht aufzustellen. Gar viele sind Ephemeriden, die es nicht über einige Nummern oder Hefte hinausbringen, Blätter, die der Sommer bringt und der Herbst wieder verweht.

Ich verzichte daher auf jeden Versuch einer Statistik,

zumal gerade das Berichtsjahr auf diesem Gebiete nichts
Neues von Bedeutung gebracht hat.

Der allgemeine Ueberblick ist nach all dem Vorgeführten
kein unerfreulicher. Sehen wir auch keine „neuen Sonnenaare"
fliegen, so erblicken wir doch tausend fleißige Hände, die sich
geschäftig regen, um den Bau nach allen Seiten hin auszu=
führen und auszuschmücken. Auf allen Gebieten der Wissen=
schaft des Judenthums zeigt sich wieder reger Eifer, frische
Thatkraft. Daß einzelne mehr bevorzugt, andere über Gebühr
vernachlässigt werden, kann man bedauern, aber nicht ändern.
In der Republik des Geistes herrscht nur ein Gebot: Arbeite.
Was einer arbeitet und auf welchem Gebiete, das ist seine
Sache. Aber noch eins gilt doch auch in dieser Republik: Man
muß dort, um seiner Wissenschaft Ansehen und sich selbst
Geltung zu verschaffen, so arbeiten, wie es die obersten Ge=
setze der Wissenschaft überhaupt fordern. Nur zu oft ist in
unserm Lager dieses Grundgesetz übersehen oder außer Acht
gelassen worden und nicht zum geringsten Theile rührt daher
die Mißachtung oder Geringschätzung, mit der man in gewissen
Kreisen die „jüdische Wissenschaft" noch immer behandelt.

An unsern Gelehrten ist es aber, die Gleichstellung der
Wissenschaft des Judenthums durch philologische Schulung,
methodisches Forschen, durch gleichmäßig gebildete Darstellung
sich allmählich zu erzwingen. Viel ist schon geschehen und
auch an guten Vorbildern fehlt es keineswegs in unserer
eigenen Literatur. Es gilt nun, diesen Vorbildern eifrig nach=
zustreben und so der Wissenschaft des Judenthums den gleich=
berechtigten Platz im Kreise aller Wissenschaften einzuräumen,
den sie ersehnt und erheischt, der ihr gebührt und der ihr zu
ihrem, wie zu fremdem Schaden nur zu lange vorenthalten
wurde.

Die Pſalmen in der Weltliteratur.

Von

Carl Heinrich Cornill.

Pſalmen und Weltliteratur! Zwei große, inhaltsſchwere
Worte! Zwei gewaltige, herzbewegende Dinge! Namentlich
wir Deutſche können das Wort Weltliteratur nur mit Stolz
und Freudigkeit ausſprechen: denn Wort und Sache ſind
deutſchem Boden entſproſſen, ſind eine Frucht deutſchen Geiſtes.
Das Wort ſtammt bekanntlich von Goethe, dem univerſalſten
Dichtergenius Deutſchlands, vielleicht der Menſchheit: die
Sache dagegen geht auf Herder zurück. Das hat Goethe
ſelbſt offen geſagt in fünf herrlichen, zu Ehren Herders ge=
dichteten Strophen, die anzuführen ich mir nicht verſagen kann,
weil ſie zu den weniger bekannten Goetheſchen Poeſien ge=
hören und weil in ihnen der Begriff der Weltliteratur in
geradezu klaſſiſcher Weiſe entwickelt wird. In einem Masken=
zuge zum 18. December 1818 führt die Ilm die vier
Weimariſchen Dichterfürſten Wieland, Herder, Goethe und
Schiller vor und charakteriſirt dabei Herder mit den Worten:

> Ein edler Mann, begierig, zu ergründen,
> Wie überall des Menſchen Sinn erſprießt,
> Horcht in die Welt, ſo Ton als Wort zu finden,
> Das tauſendquellig durch die Lieder fließt;
> Die älteſten, die neuſten Regionen
> Durchwandelt er und lauſcht in allen Zonen.

Und so von Volk zu Volke hört er singen,
Was jeden in der Mutterluft gerührt,
Er hört erzählen, was von guten Dingen
Urvaters Wort dem Vater zugeführt.
Das alles war Ergötzlichkeit und Lehre,
Gefühl und That, als wenn es Eines wäre.

Was Leiden bringen mag und was Genüge,
Behend verwirrt und ungehofft vereint,
Das haben tausend Sprach= und Redezüge
Vom Paradies bis heute gleich gemeint.
So singt der Barde, spricht Legend' und Sage,
Wir fühlen mit, als wären's unsre Tage.

Wenn schwarz der Fels, umhangen Atmosphäre
Zu Traumgebilden düstrer Klage zwingt,
Dort heit'rem Sonnenglanz im offnen Meere
Das hohe Lied entzückter Seele klingt;
Sie meinen's gut und fromm im Grund, sie wollten
Nur Menschliches, was alle wollen sollten.

Wo sich's versteckte, mußt' er's aufzufinden,
Ernsthaft verhüllt, verkleidet leicht als Spiel;
Im höchsten Sinn der Zukunft zu begründen
Humanität sei unser ewig Ziel.
O warum schaut er nicht in diesen Tagen
Durch Menschlichkeit geheilt die schwersten Plagen!

Herder ist bekanntlich Ostpreuße gewesen und seitdem ich
Ostpreußen aus eigener Anschauung kenne, bin ich geneigt,
es nicht für einen Zufall zu halten, daß ein ostpreußischer
Geist es gewesen, dem zuerst der Begriff einer Weltliteratur
aufgegangen. Gerade Ostpreußen hat ja ethnographisch ganz
eigenartige Verhältnisse, wie man sie in Deutschland nirgendwo
wiederfindet. Hier leben neben und mit der deutschen zwei
andere Nationalitäten von scharf ausgeprägter individueller
Eigenart und von hoher dichterischer Begabung: Polen und

Littauer. Gerade Herders Geburtsstadt Mohrungen liegt in
unmittelbarer Nähe des ganz polnischen und damals auch
politisch noch zum Königreich Polen gehörenden Ermlandes.
Durch diese Eindrücke seiner Heimath und die ganz ähnlichen
Verhältnisse in Riga, wo er nach Beendigung seiner Königs=
berger Studienzeit zunächst fünf Jahre verlebte, mußte sich sein
Ohr schärfen für die Eigenart nationaler Töne und mußte
andererseits sich ihm der Blick öffnen für das Gemeinsame
in der nationalen Eigenart, eben das rein Menschliche. Und
Herder verstand es, die Völker da zu belauschen, wo sie sich
am individuellsten und doch dabei am reinsten menschlich
geben, eben in den spontanen Aeußerungen der Volksthüm=
lichkeit. Für das Volksthümliche hat Herder einen wunder=
baren Blick und ein einzigartiges Verständniß: er ist recht
eigentlich der Entdecker der Volksseele. Mag es sich um
Esthen oder Perser, um Littauer oder Spanier, um Schotten
oder Israeliten handeln: mit überall gleichem Seherblick er=
kennt und versteht Herder ihre innersten Regungen und
empfindet in der Volksliteratur ihren dichterischen Widerhall
und ihre künstlerische Selbstdarstellung. Die ganze Mensch=
heit ist ihm gewissermaßen eine Riesenharfe in der Hand Gottes,
wo jedes Volk eine Saite für sich bildet und seinen besonderen
Ton giebt, aber alle zusammen von der Hand Eines himm=
lischen Meisters gerührt zusammenstimmen in einem brausenden
Akkord ewiger Harmonieen: denn der nämliche Gott gab ihnen
allen zu sagen, wie sie leiden und wie sie sich beglückt fühlen;
dies nur sprechen sie aus, jedes in dem Ton, den Gott ihm
gerade gegeben hat. Wie durch diese Anschauungsweise Herder
gerade für das Verständniß der heiligen Literatur Israels
epochemachend gewesen ist, darf ich wohl als bekannt voraus=
setzen. Während man ursprünglich in ihr lediglich das über=
natürlich geoffenbarte Wort Gottes gesehen hatte, mit völliger
Verkennung des menschlichen Factors und während der Vater
einer zeitgeschichtlichen Auffassung der biblischen Bücher, der
alte Johann Salomo Semler in Halle, im Alten Testament
nur die unerquicklichen Literaturproducte eines ungebildeten
Volkes zu erkennen vermochte, hat Herder es als ein künst=
lerisches Erzeugniß des israelitischen Volksgeistes und als
eine religiöse Urkunde verstehen gelehrt und dadurch es für

seine Zeitgenossen und alle Folgezeiten gewissermaßen neu
entdeckt und seine Herrlichkeit erschlossen; wer sich nur irgend
mit der heiligen Literatur Israels beschäftigt und wer sie
liebt, der ist vielleicht keinem Menschen zu größerem Danke
verpflichtet und schuldet keinem einen höheren Zoll aufrichtiger
Bewunderung, als Johann Gottfried Herder.

Eine providentielle Fügung brachte diesen Seher und
Propheten in die engste persönliche Beziehung zu Goethe
gerade in dessen kritischster und bedeutsamster Zeit, als in
Straßburg es frühlingsmächtig in ihm zu sprießen begann
und alle Knospen sprangen. Daß solche Anregungen bei
seinem unvergleichlich reicheren und unendlich umfassenderen
Dichtergenius auf fruchtbaren Boden fallen mußten, ist durchaus natürlich. Er konnte nicht anders, als in der dichterischen
Selbstbethätigung der einzelnen Völker einen „Sphärentanz
harmonisch im Getümmel" sehen, wie er es in dem „Weltliteratur" überschriebenen Gedicht ausspricht; er fand für die
Sache das bezeichnende Wort: Weltliteratur. Was irgend
ein Mensch oder ein Volk auf Erden Schönes und Bleibendes
geschaffen, das ist nicht bloß für diesen Menschen und dieses
Volk geschaffen, sondern für die Menschheit, für die ganze
Welt: vor der Weltmacht der Poesie und des Schönen fallen
alle nationalen Schranken, die Grenzen ihrer Macht reichen
so weit, als es überhaupt eine Poesie und ein Schönes giebt,
das heißt, so weit als überhaupt fühlende Menschenherzen
schlagen.

Aber dies von Goethe geprägte Wort wird in einem
doppelten Sinne gebraucht: nicht nur als Constatirung einer
Thatsache, sondern auch im Sinne eines Urtheils. Wohl
bildet alles, was die Menschheit dichterisch hervordringt, zusammen die Weltliteratur als dichterische Bethätigung des
Menschengeistes, dem diese dichterische Bethätigung eben an-
geboren ist, welche zu seinem Wesen gehört und die da weht,
wo sie will, nicht gebunden an Nationalität oder Race; aber
es sind doch immer nur einzelne Dichtergenien, ja nur einzelne
ihrer Werke, von denen wir in einem ganz besonderen Sinne
sagen, daß sie der Weltliteratur angehören. Und was meinen
wir, wenn wir ein solches Urtheil abgeben? Wir wollen
damit sagen, daß diese Werke nicht nur für ihr Volk eine

Bedeutung haben, sondern daß sie der Welt gehören. Selbst=
verständlich sind das in allen Einzelliteraturen nur die hervor=
ragendsten Leistungen, die unvergänglichsten Schöpfungen, in
denen der dichterische Genius gewissermaßen sich selbst über=
troffen hat, ganz wie bei einem Hochgebirgspanorama für
den Fernerstehenden die niederen Berge zu einer compakten
formlosen Masse verschwimmen und zerfließen, während als
plastisches Einzelbild nur wirken die höchsten Spitzen, welche
selbstherrlich und in einsamer Majestät in das lichte Blau
des Aethers emporragen, schon von dem ersten Hauch der
Morgenröthe geküßt, während über Berg und Thal die Nacht
noch ihre dunklen Schwingen breitet, und noch von den letzten
Strahlen der untergehenden Sonne geröthet, während tiefe
Dämmerung sich schon auf die Erde herabsenkt. Das ist es,
was wir sagen wollen, wenn wir von Weltliteratur reden,
wenn wir einem dichterischen Erzeugnisse die Zugehörigkeit
zur Weltliteratur zuerkennen. Und welches sind die Rechts=
ansprüche, welche diese Zugehörigkeit begründen? Daß solche
Werke vollendete Kunstwerke sein müssen, ist so selbstverständ=
lich, daß es nicht besonders erwähnt zu werden braucht; denn
in jeder Kunst hat nur das Vollendete eine dauernde Existenz=
berechtigung. Die wesentlichsten Erfordernisse für die Zu=
gehörigkeit zur Weltliteratur hat uns Goethe in dem vorhin
angeführten Gedicht auf Herder klar und deutlich gezeigt, wenn
er sagt:

>   „sie wollten
> Nur Menschliches, was alle wollen sollten.“

Der Inhalt solcher Werke muß ein rein menschlicher sein;
sie müssen Gefühle in uns wachrufen, welche jedem Menschen
als solchen eignen, er sei geboren unter welcher Zone und in
welchem Volke er wolle: sie müssen international sein im
eminentesten Sinne des Wortes. Aber noch ein zweites sehr
wesentliches Erforderniß nennt uns Goethe in den Worten,
daß sie „singen, was jeden in der Mutterluft gerührt“.
Solche Werke müssen auch national sein im eminentesten
Sinne des Wortes, sie müssen charakteristisch sein für die
Nation, der sie entsprießen, auch zugleich die höchste und
reinste künstlerische Selbstdarstellung ihrer besonderen Indivi=
dualität. Es giebt auf Erden kaum etwas Heiligeres und

Göttlicheres, als die Individualität des einzelnen Menschen, wie der einzelnen Nationen; sie darzuleben und auszuwirken ist erste und unerläßliche Pflicht. `Wie nach dem tiefsinnigen Worte Rückert's die Rose eben dadurch den Garten schmückt, daß sie sich selbst schmückt, so geht es auch mit den Menschen: der Einzelne und die einzelne Nation werden nur dadurch und insofern ein werthvolles Glied der Menschheit, als sie eine ausgeprägte Eigenart entwickeln, die in dieser Weise von keinem anderen Menschen, von keinem anderen Volke ent= wickelt werden könnte.

Also die zur Weltliteratur gehörenden Geistesprodukte müssen sein vollendete Kunstwerke, die einen rein und allge= mein menschlichen Inhalt zur Darstellung bringen in einer spezifisch national ausgeprägten Form, so daß ein solches Werk in dieser Art nur von dem Volke geschaffen werden konnte, unter welchem es entstanden ist. Nachdem wir uns so orientirt haben, treten wir nun an die Behandlung unseres Themas. Dieselbe wird sich nach zwei Richtungen zu bewegen haben; wir müssen fragen: Gehören die Psalmen überhaupt zur Weltliteratur in dem von uns gemeinten eminenten Sinne? Und wenn wir diese Frage bejahen können: Was ist die Be= deutung der Psalmen in der Weltliteratur?

Halten Sie es nicht für Pedanterie. oder gar für etwas Ueberflüssiges, wenn ich zunächst die Frage stelle: Gehören die Psalmen überhaupt zur Weltliteratur? Die Verbreitung allein thut es noch nicht. Der Koran z. B. kann in Bezug auf Verbreitung schon mit der Bibel in Wettbewerb treten — ist er doch die Bibel für rund 200 Millionen Menschen in Europa, Asien und Afrika; aber ich meinerseits würde den Koran niemals zur Weltliteratur rechnen. Wohl ist er im eminenten Sinne national, eine geradezu typische Ausprägung der eigenthümlichen Vereinigung von trocken nüchternem Ver= stand und üppig wuchernder, sinnlich glühender Phantasie, welche den arabischen Nationalcharakter bildet. Aber der Koran ist im Nationalen stecken geblieben und erhebt sich weder zur Höhe des rein Menschlichen, noch des vollendeten Kunstwerkes. Die trostlos öden Prosapartien und die schwülstig überladenen poetischen Stücke sind für jeden Nichtaraber un= genießbar, wenn er nicht von Religions wegen gezwungen ist,

dies Buch für göttliche Offenbarung zu halten. Aber so steht
die Sache mit den Psalmen nicht. Wohl sind die 150 ein=
zelnen Lieder der Psalmensammlung nicht alle von gleichem
Werth und gleicher Bedeutung; nach dem bekannten Aus=
spruche des Horaz schlummert selbst Homer ab und zu ein=
mal, wobei ihm ein schwächerer Vers oder eine mattere
Episode mit unterläuft, aber man beurtheilt und werthet einen
Dichter und eine Literatur nach ihrem Besten, und daß unter
den Psalmen eine beträchtliche Anzahl zu dem Schönsten und
Herrlichsten gehört, was die gesammte lyrische Poesie über=
haupt besitzt, das leugnet kein Urtheilsfähiger, der die Psalmen
kennt. Auch daß die Psalmen spezifisch israelitische Geistes=
produkte und für das Volk Israel charakteristisch sind, wird
schwerlich ein Mensch leugnen. In welcher Literatur haben
wir überhaupt etwas Aehnliches? Wohl sind neuerdings in
der keilschriftlichen Literatur Poesien gefunden worden, welche
mit den Psalmen eine unleugbare Aehnlichkeit haben; sie sind
in dem eigenthümlichen Parallelismus der Glieder, dem Ge=
dankenrhythmus abgefaßt, welcher uns aus der israelitischen
Poesie bekannt ist, und auch in den Redewendungen findet
sich manches, was uns unwillkürlich an die Sprache der
Psalmen erinnert; aber wer diese assyrischen und baby=
lonischen Psalmen auch nur im Entferntesten den hebräi=
schen an die Seite stellen und im Ernste mit ihnen ver=
gleichen wollte, der würde dadurch nur seine eigene Urtheils=
losigkeit documentiren; gerade bei der Verwandtschaft der
Form und der Aeußerlichkeiten kommt uns die völlige
Verschiedenheit des Geistes und Inhalts doppelt zum Be=
wußtsein, wie man etwa die ganze Größe, Herrlichkeit
und Einzigartigkeit von Goethes Hermann und Dorothea
erst durch einen Vergleich mit Vossens Luise so recht
inne wird.

Aber erheben sich die Psalmen zur Höhe des rein Mensch=
lichen? Oder müssen wir am Ende nicht doch in diesem
wichtigsten Punkte sie ebenso beurtheilen, wie den Koran?
Die Psalmen sind religiöse Poesien, der klassische Ausdruck
der Religion Israels und die Frage spitzt sich daher zu zu
der wichtigeren principiellen: Ist die Religion Israels lediglich
eine national bedingte und umgrenzte, oder hat sie eine Be=

deutung für die Welt, für die Menschheit? Es sind nicht wenige, namentlich in unserer Gegenwart, welche ihr diese Bedeutung schlankweg absprechen und sie höchstens als ein mehr oder weniger interessantes Kuriosum wollen gelten lassen, das lediglich der Geschichte angehört. Und für diese Anschauung hat man auch Gründe. Die heilige Literatur Israels soll unwürdige Vorstellungen von Gott haben. Gewiß redet das Alte Testament von Gott in sehr menschlicher Weise, wenn es uns erzählt, wie Gott zur Zeit der Abendkühle im Paradiese lustwandelt, wie er selbst die Thüre von Noah's Arche zuschließt, wie er unter den Eichen Mamres bei Abraham einkehrt und Mosen nur seinen Rücken zeigt, da der Anblick seines Angesichtes für jeden Menschen tödtlich ist: es legt Gott eine menschliche Gestalt und menschliche Gemüthsbewegungen bei und auch in einer Psalmenstelle lesen wir das beispiellos kühne Bild: „Da erwachte der Herr wie ein Schlafender, wie ein Held, der vom Weine überwältigt war" [Ps. 78, 65]. Aber wer sich an solchen Aussagen stößt und in ihnen Gottes Unwürdiges findet, der beweist dadurch nur, daß ihm das Verständniß für Religion und für Poesie abgeht. Das was dem landläufigen Vorurtheil als eine Schwäche des Alten Testamentes erscheint, ist in Wahrheit seine Hauptstärke und sein höchster Ruhmestitel; denn das alles ist nur eine Folge davon, daß die Religion Israels vollen Ernst gemacht hat mit der Grundforderung aller Religion, der Forderung eines persönlichen Gottes. Religion ist das Persönlichste, was existirt, Hingabe des eigenen Selbst an ein Höheres, nicht um sich zu verlieren, sondern um sich zu gewinnen, um sich von diesem Höheren in der verklärten und vollkommeneren Gestalt wieder zu erhalten, von welcher eine innere Stimme uns sagt, daß sie die dem tiefsten und wahrsten Wesen unseres Selbst entsprechende ist. Ein solches wechselseitiges Nehmen und Geben, ein solches gegenseitiges Hinüber und Herüber ist aber nur möglich von Person zu Person; zu einer bloßen Abstraction, einer reinen Idee können wir eben so wenig in ein persönliches Verhältniß treten, als das Gefühl der Liebe im höchsten Sinne, wie sie den Menschen mit Allgewalt durchdringt, seiner Seele Schwingen verleiht und ihn über sich selbst hinaushebt, einer Statue gegenüber

denkbar ist, und sei sie noch so lebenswahr, ja selbst noch
viel schöner und herrlicher, als irgend ein irdisches Menschen=
wesen von Fleisch und Blut. Das berühmte Dichterwort:

> Sei hochbeseligt oder leide,
> Es braucht das Herz ein zweites Herz

gilt nicht nur von dem Verhältniß des Menschen zum
Menschen, sondern auch vom Verhältniß des Menschen zu
Gott. Die Religion braucht einen Gott, zu dem sie in ein
persönliches Liebesverhältniß von Herz zu Herz treten, dem
sie ihr Herz ausschütten, zu dem sie beten kann; es ist nicht
zufällig, sondern tief bedeutsam, daß David Friedrich Strauß
in seinem Alten und Neuen Glauben, nachdem er nicht mehr
festhalten kann an der Persönlichkeit Gottes, die zweite Haupt=
frage: Haben wir noch Religion? nicht mehr unbedingt zu
bejahen wagt, sondern nur mit einem: Je nachdem man es
nehmen will. Dieser Kern und Stern aller Religion, der
Glaube an einen persönlichen Gott, ist nun der Angelpunkt
der Religion Israels, und diese Wahrheit hat sie mit einer
sieghaften Energie ohne Gleichen verkündet und mit einer
dichterischen Kraft ohne Gleichen in Worte gefaßt; wie will
man aber eine Persönlichkeit schildern oder von ihr reden
anders als in den Formen und nach der Weise der einzigen
uns bekannten Persönlichkeit, eben unserer menschlichen? Und
das ist das wunderbare Geheimniß des Alten Testaments,
daß es, so menschlich von Gott redend, nur ihn uns mensch=
lich näher bringt, ohne seiner Göttlichkeit das Geringste zu
vergeben. Man kann hier das Dichterwort anwenden:

> Beseligend ist seine Nähe,
> Und alle Herzen werden weit,
> Doch eine Würde, eine Höhe
> Entfernet die Vertraulichkeit.

Ja, beseligend ist seine Nähe und alle Herzen werden
weit; er tritt uns entgegen als der traute Retter und Helfer,
als der vertraute Freund und Berather, aber die Vertrau=
lichkeit, jede unehrerbietige Annäherung, ist ausgeschlossen —
denn auch in dieser traut anheimelnden Gestalt bleibt er

Gott, der da thront über dem Kreis der Erde, vor dem ihre Bewohner sind wie die Heuschrecken, vor dem Völker geachtet sind wie der Tropfen am Eimer und wie ein Stäubchen auf der Waage. Daher kommt es auch — für mich einer der stärksten Beweise für die Göttlichkeit der Religion Israels — daß alle diejenigen, welche mit einem persönlichen Gotte gebrochen haben, gerade das Alte Testament mit ihrer besonderen Abneigung beehren: denn der Gott Israels läßt sich nicht spotten; mit dieser gewaltigen Persönlichkeit giebt es kein Pactiren und kein Transagiren, er läßt sich in keinem philosophischen Scheidewasser auflösen und in keiner pantheistischen Retorte verdampfen; er ist der er ist, und bleibt, der er bleibt, der spricht, und es geschieht, der gebeut, und es steht da, der den Himmel durch sein Wort gemacht und sein ganzes Heer durch den Hauch seines Mundes, der die Erde anschaut und sie zittert, der die Berge anrührt und sie rauchen, der seinen Odem zurücknimmt und sie verhauchen und werden wieder zu dem Staude, davon sie genommen sind.

Aber stellt das Alte Testament seinen Gott nicht doch zu menschlich dar? Legt es ihm nicht auch unschöne menschliche Leidenschaften bei? Hier spielt namentlich der Zorn eine Rolle und die Rede von dem zornigen Judengott ist ja eine weit verbreitete, die einem immer und überall entgegentritt, wo es gilt, die Religion und die heilige Literatur Israels herabzusetzen und zu verunglimpfen. Gewiß redet das Alte Testament viel und oft und nicht selten in recht starken Ausdrücken von dem Zorn Gottes. Da heißt es in einem Psalme:

„Die Erde schwankte und die Grundfesten der Berge erzitterten, denn sein Zorn war entbrannt. Rauch stieg auf aus seiner Nase und Feuer fraß aus seinem Munde, glühende Kohlen brannten vor ihm her" [Pf. 18, 8—9].

Das scheint allerdings mehr Moloch, als Gott. Aber sehen wir doch erst genauer zu. Vielleicht in keinem Punkt wimmelt es so von Mißverständnissen, als bei dem Zorn Gottes. Was ist überhaupt Zorn? Man glaubt ihn vor sich zu haben, wenn man einen Menschen zanken und poltern, schimpfen und toben sieht; aber ein solcher Mensch ärgert sich blos, und sich ärgern und zürnen ist sehr zweierlei. Von

dem echten und wahren Zorn kann man sagen, daß er zu
dem Göttlichsten gehört, was der Mensch überhaupt besitzt:
denn er ist das elementare Sichaufbäumen des Göttlichen
im Menschen gegen alles Niedrige und Gemeine, weil es in
ihm eine Erniedrigung und Entweihung seines wahren Wesens
empfindet. Es ist bekannt, daß gerade große und bedeutende
Menschen niemals größer und bedeutender erscheinen, daß
ihre Größe und Bedeutung niemals unmittelbarer zum Be=
wußtsein kommen, als wenn sie zürnen mit diesem echten und
wahren Zorn, wie ihre Gestalt zu wachsen scheint, das Auge
Blitze sprüht, um das Gemeine zu verzehren in läuternder
und sühnender Flamme — ein Anblick, ebenso gewaltig und
erhebend, wie der Anblick eines Gewitters, in welchem der
Mensch ja stets am unmittelbarsten die Stimme Gottes zu
vernehmen geglaubt hat. Gerade der Zorn ist einer der
wesentlichsten Theile des göttlichen Ebenbildes, nach welchem
der Mensch geschaffen ist, und er sollte dem Urbilde fehlen?
Der Zorn Gottes ist eben nichts anderes, als die Reaction
der göttlichen Heiligkeit gegen alles Unheilige und Wider=
göttliche: „Denn,“ wie es in einer Psalmenstelle heißt, „Du
bist nicht ein Gott, dem gottloses Wesen gefiele, der Böse
kann nicht bleiben vor Dir“ [Ps. 5, 5]. Ein Gott, dem
dieser Zug fehlte, wäre wie ein Mensch, dem das Gewissen
fehlt, und um die wahre Meinung des Alten Testamentes
über das Verhältniß dieses einen Zuges zu dem Gesammtbilde
Gottes zu erfahren, brauchen wir nur an das Psalmenwort
zu denken: „Denn einen Augenblick währet sein Zorn und
ein Leben lang seine Gnade; wo Abends Weinen einkehrt,
da ist am nächsten Morgen Jubel“ [Ps. 30, 6]. Die=
jenigen, die sich so ereifern über den zornigen Judengott,
wissen nicht oder vergessen, daß der Zorn Gottes nicht nur
eine jüdische, sondern ebenso auch eine christliche Lehre ist,
so daß also alle Nackenschläge und Fußtritte, welche um deß=
willen dem Alten Testamente versetzt werden, auch das Neue
treffen. Und wenn solche, welche Deutschthum und Nationalität
gepachtet zu haben wähnen und Siegfried und Wodan gegen David
und den Gott Israels ausspielen, von ihrem deutschnationalen
Gewissen und Empfinden getrieben Zeugniß ablegen wider den
zornigen Judengott, so weiß man vollends nicht, was man

dazu sagen soll. Denn der Zorn Gottes ist gerade eine echt und spezifisch deutsche Vorstellung, für welche die deutschnationale Volksreligion sogar ein besonderes Wort geprägt hat, wenn sie von einem Asenzorn, altnordisch âsmôdr, redet. Die alten Deutschen waren eben in ihrem Empfinden viel zu sein und viel zu kräftig, waren viel zu echte und viel zu edle Kinder der Natur, um nicht auch für die Energie des Sittlichen und Guten eine kampfesfrohe und sieghafte Vorstellung auszuprägen. Wenn wir in der Edda lesen, wie Thor, um die finsteren Gewalten zu vernichten und dem Guten zum Siege zu verhelfen,

als er sah mit Frevel die Luft erfüllet
und er säumet selten, wo solches er wahrnimmt,

wie die Völuspâ sagt, nun im Asenzorn seinen furchtbaren Hammer Mjölnir ergreift und muthig den schrecklichen Giftwurm trifft, so wird doch kein Mensch leugnen wollen, daß das völlig die nämlichen Anschauungen sind, wie wenn es im Buche Jesaja heißt: „Das sah Gott und es schien ihm böse, daß es kein Recht mehr gab. Und als er sah, daß niemand da war, und staunend erkannte, daß niemand einschritt, da half ihm sein Arm, und seine Gerechtigkeit, die unterstützte ihn. Und er legte Gerechtigkeit an wie einen Panzer und den Helm des Heils auf sein Haupt, nahm Rachekleider als Gewandung und hüllte sich in Eifer, wie in einen Mantel. Nach dem was gethan, vergilt er: Grimm seinen Feinden, Vergeltung seinen Hassern, daß die vom Westen den Namen des Herrn fürchten und die vom Sonnenaufgang seine Herrlichkeit“ [Jes. 59, 15—19]. Es zeigt auch dies, wie gerade das Empfinden der deutschen Volksseele eine entschiedene Verwandtschaft hat mit der israelitischen, was zum ersten Male meines Wissens ein Mann ausgesprochen hat, dessen Namen man ja allerdings bei Vielen nicht mehr nennen darf, ohne gesteinigt zu werden, nämlich Heinrich Heine, der aber darin, wie in so manchem Anderen, vollkommen Recht hat. Und sollte man trotz alledem auf seinen Schein bestehen, denn mit Unverstand und bösem Willen kämpfen ja die Götter selbst vergebens, und sich nach wie vor in deutschnationaler Gesinnung entrüsten über den zornigen

Judengott — nun so bekenne ich mich in diesem Pnukte offen und rückhaltslos als einen Juden und lebe der getrosten Zuversicht, deshalb kein schlechterer Deutscher und kein schlechterer Christ zu sein.

Aber nicht nur theologische Mängel entdeckt man im Alten Testament und speziell den Psalmen, sondern auch schwere sittliche Fehler. Auf der einen Seite, wo es sich um Israel handelt, eine hochmüthige unfromme Selbstgerechtigkeit, die vor Gott hintritt und Lohn von ihm fordert, auf der anderen Seite, wo es sich um Nichtisraeliten handelt, eine inhumane blutdürstige Gesinnung, die nur Gefühle des Hasses und der Rache kennt und von Gott für diesen Theil der Menschheit nur Zorn und Verdammung erwartet, ja erbetet. Doch zunächst eine allgemeine Vorbemerkung: daß auch Israel den Zorn Gottes verdient und ihn beständig zu gewärtigen habe, das sprechen gerade die Psalmen wiederholt aufs Deutlichste und Ergreifendste aus. Und die Strafgerichte, welche die Psalmensänger erhoffen und erwarten, gelten zu einem sehr wesentlichen Theile nicht Heiden, sondern unfrommen und abtrünnigen Israeliten. Was die unleugbaren Aeußerungen der Selbstgerechtigkeit betrifft, so darf man, wenn man billig urtheilen will, nicht vergessen, daß ihnen mindestens in gleicher Zahl Schilderungen der eigenen Sündhaftigkeit und Verderbtheit zur Seite stehen, die auch die stärksten Farben auftragen. Also sich selbst geschmeichelt und über sich selbst sich zu täuschen versucht hat Israel nicht, ja wir können die hierin sich äußernde unbarmherzige Wahrheitsliebe nur bewundern. Und bei dieser Selbstgerechtigkeit ist weiter sehr zu beachten, daß derartige Aeußerungen nicht persönlich-individuell gemeint sind, sondern von Israel als Gesammtheit gelten; denn die Psalmen sind Gemeindelieder, das in ihnen redende Ich die Gemeinde. Und durfte Israel, wenn es auf die Nacht und Finsterniß des rings es umgebenden Heidenthums sah, sich nicht dankbar und froh des Gnadengeschenks bewußt werden, welches ihm in seiner Gottesoffenbarung geworden war? Durfte es nicht gegenüber den Lastergreueln des Heidenthums wirklich reden von seiner Gerechtigkeit und daß es die Gebote des Herrn gehalten habe? Bezeichnet doch auch die christliche Kirche in dem

sogenannten apostolischen Bekenntnisse sich selbst als die Ge=
meinschaft der Heiligen, und kein Christ nimmt Anstoß hieran,
obwohl er weiß, daß diese Gemeinschaft durchaus nicht aus
lauter Heiligen besteht, ja daß in ihr sich auch nicht einer
befindet, der an dem Maaßstab der göttlichen Heiligkeit ge=
messen wirklich als heilig anerkannt werden könnte. Und
Aeußerungen unfreundlicher Gesinnung gegen Andere sind un=
bedingt zuzugeben. So enthält beispielsweise Psalm 69 und noch
mehr Psalm 109 eine Reihe von Verwünschungen der Feinde, die
gewiß nicht vorbildlich sind und von denen wir nicht wünschen
können, daß alle Menschen so empfinden, und wenn am
Schlusse des Psalms 137, der so herrlich und so tief ergreifend
begonnen hatte, den Babyloniern angewünscht wird, daß
der Feind ihre Knäblein nehme und sie zerschmettere an dem
Felsen, so äußert sich hierin eine Leidenschaftlichkeit, die Nie=
mand zu vertheidigen und zu beschönigen wagen wird; ich
wollte mir gern die rechte Hand abhauen lassen, wenn dieser
eine Vers nicht im Psalter stände. Auch die spätere prophetische
Literatur weist in dieser Beziehung Unerfreuliches auf und an
dem Buche Esther hat man auch jüdischerseits mit Recht
schweren Anstoß genommen. Aber auch hier handelt es sich
doch nur um vereinzelte Erscheinungen und Strömungen, denen
eben so bedeutsame entgegengesetzte die Waage halten. Wie
manche Psalmen reden von den Gottlosen und Feinden in
heiligem sittlichen Ernst ohne Leidenschaftlichkeit und Erditte=
rung, und wünschen nur, daß sie beschämt werden und zur
Einsicht ihrer Schlechtigkeit kommen! Ja kann man dies
unrechte Eifern für Gott besser und schlagender zurückweisen,
als mit den köstlichen Worten des 37. Psalms, die schon
der herrliche Felix Mendelssohn in seinem Elias benutzt,
um durch einen Engel den Feuereifer des Elias zu zügeln:
„Sei stille dem Herrn und hoffe auf ihn, er wird Dir
geben, was dein Herz wünscht. Befiehl dem Herrn deine
Sache und vertrau auf ihn, er wird's schon machen. Steh ab
vom Zorn und laß den Groll, ereifre dich nicht, denn das
führt nur zum Bösesthum!?" Ja selbst jene unleugbar ab=
stoßenden und verletzenden Aeußerungen, sie sind bei Lichte
betrachtet nur die Fehler von Tugenden, Uebertreibungen und
Auswüchse von Eigenschaften, in welchen die Stärke der israeli=

tischen Religion ruht. Es ist das Einsetzen der ganzen Person für die Sache Gottes, das völlige Aufgehen in ihr, gerade die gewaltige Energie des religiösen Empfindens. Der Israelit sieht in sich seinen Gott verfolgt, gehaßt, unterdrückt, angefeindet, in dem Glück der Frevler ein Unterliegen der heiligen Sache seines Herrn. Die Worte des 139. Psalms: „Sollte ich die nicht hassen, die dich, Herr, hassen? Mit vollem Hasse hasse ich sie, Feinde sind sie mir" müssen als Motto dieser ganzen Art von Aeußerungen betrachtet werden: niemals handelt es sich um persönliche Feindschaft, sondern nach dem Empfinden dieser Sänger nm Gottes heilige Sache, nnd auch das Böse, was sie den Feinden anwünschen, ist doch nur ihr eigener Frevel, den Gott als Uedel auf ihr Haupt zurückfallen lassen soll. Auch wo dieses Gottesgericht in den Formen siegreicher Kriege Israels erscheint, da ist es niemals der eigene Ruhm oder die eigene Ehre, was sie suchen: „Nicht uns Herr, nicht uns, sondern Deinem heiligen Namen gieb die Ehre" [Ps. 115, 1]. „Ich verlasse mich nicht auf meinen Bogen, und mein Schwert schafft mir nicht Sieg; sondern Du schenkst uns Sieg über unsere Bedränger, und machst zu Schanden, die uns hassen" [Ps. 44, 7—8]. Und was die Sänger leiden müssen, das sind sie sich bewußt um Gottes und ihres Glaubens willen zu leiden: „Um deinetwillen werden wir hingewürgt den ganzen Tag und sind geachtet wie Schlachtschafe," klagt der Sänger des 44. Psalms und in dem vielberufenen Rachepsalm, den 69. lesen wir: „Gott, Du kennst meine Thorheit und meine Verschuldungen sind Dir nicht verdorgen. Laß nicht in mir zu Schanden werden, die auf Dich harren, Herr, laß nicht in mir beschämt werden, die Dich suchen, Gott Israels! Denn um Deinetwillen trage ich Schmach, bedeckt Schande mein Antlitz. Der Eifer um Dein Haus hat mich gefressen und die Schmähungen derer, die Dich schmähen, sind auf mich gefallen." Ihre Sache ist zugleich Gottes Sache und ihre Ehre zugleich Gottes Ehre. Sollen die Heiden denn beständig höhnen: Wo ist nun euer Gott?! Oftmals sprechen es die Sänger ergreifend aus, wie schwer es ihnen fällt, still zu sein und an sich zu halten bei diesem scheinbaren Unterliegen der Sache Gottes und dem Hohn und Uebermuth der triumphirenden Gottlosen. Nein, auch hier ist die Wurzel keine schlechte: wir haben nur das trübe Gähren eines Mostes, der aus edlen Trauben gekeltert ist. Wir alle wissen, daß auch die Sonne Flecken hat, und dennoch ist und bleibt sie uns das Symbol der Reinheit und Helle. So können wir auch einzelne dunkle Punkte in den Psalmen zugeben und dürfen uns doch an das überwiegend Sonnenhafte in ihnen halten; sie dieten so unverhältnißmäßig viel rein und wahrhaft Menschliches, daß wir ihnen auch von diesem Gesichtspunkte aus die Zugehörigkeit zur Weltliteratur nicht bestreiten zu lassen brauchen.

Aber welches ist nun ihre Bedeutung in der Weltliteratur? Daß sie für die Welt sind, was sie für Israel gewesen sind, das Gebet- und Gesangbuch. In der That haden wir in den Psalmen die reinste Ausprägung des Religiösen in der Kunstform der Lyrik, die Krone der heiligen Poesie. Ihr Reichthum ist unerschöpflich, wie das Leben; sämmtliche Lagen und Vorkommnisse des Lebens werden in das Licht der göttlichen Betrachtungsweise gerückt und durch die Frömmigkeit geweiht und geadelt, so daß sie sich zu Gebet und Hymnus verklären. Alle Töne finden wir in ihnen angeschlagen, und alle in gleicher Reinheit und in gleicher Stärke; Klage und Trauer, Buße und Bekenntniß, Lob und Preis, Dank und Anbetung. Es ist kaum eine Situation oder Stimmung deulbar, welche nicht im Psalter ihren klassischen Ausdruck gefunden hätte. Johannes Calvin, wohl der größte Psalmenerklärer aller Zeiten, nennt den Psalter daher eine Anatomie der Seele, da die menschliche Seele keine Regung und keine Stimmung kenne, welche nicht in den Psalmen ihr Spiegelbild finde. Und Martin Luther, der der Psalmen kongenialste, sagt in seiner Vorrede auf den Psalter: „Daher kommts auch, daß der Psalter aller Heiligen Büchlein ist, und ein jeglicher, in wasserlei Sachen er ist, Psalmen und Worte darinnen findet, die sich auf seine Sachen reimen und ihm so eben sind, als wären sie allein um seinetwillen also gesetzet, daß er sie auch selbst nicht besser setzen noch finden kann, noch wünschen mag." Wollen wir die Probe machen auf dies Wort Luthers? Gewiß; denn nachdem wir so viel über die Psalmen geredet haben, wollen wir doch auch etwas von den Psalmen selbst hören.

Wir beginnen mit freundlichen Bildern. „Schmeckt und sehet, wie freundlich der Herr ist," [Pf. 34, 9] lädt uns der Psalmist ein. „Wie groß ist Deine Güte, die Du aufgespart hast denen, die Dich fürchten, die Du angesichts der Menschen erzeigt hast denen, die bei Dir Zuflucht suchen," [Pf. 31, 20] so ruft ein andrer anbetend aus. „Das Loos ist mir aufs Liebliche gefallen und mein Erbe gefällt mir wohl," vernehmen wir von einem Dritten [Pf. 16, 5].

„Herr, Deine Gnade reicht, so weit der Himmel ist, und deine Treue, so weit die Wolken gehn. Deine Gerechtigkeit ist wie die Berge Gottes, und Dein Gericht wie die große Fluth; Menschen und Thieren hilfst Du, Herr. Wie köstlich ist Deine Gnade, Herr, daß die Menschenkinder sich bergen im Schatten deiner Flügel. Sie laden sich am Fette deines Hauses und mit dem Strome deiner Wonne tränkst Du sie. Denn bei Dir ist die Quelle des Lebens, in Deinem Lichte schauen wir Licht. Breite Deine Güte aus über die, welche Dich kennen, und Deine Gnade über die, welche redlichen Herzens sind" [Pf. 36, 6—11]. Und seinen klassischen Ausdruck hat dieses Gefühl gefunden in dem weltbekannten 23. Psalm: „Der Herr ist mein Hirte, mir wird nichts mangeln." Und wo das Herz sich gedrungen fühlt, dem Geber aller dieser guten Gaben seinen Dank darzubringen, wie kann das kürzer, schlichter und doch dabei nachdrücklicher geschehen als in dem Psalmenworte: „Danket dem Herrn, denn er ist freundlich, und seine Güte währet ewiglich" [Pf. 118, 1]. Und die heilige Pflicht dieser Dankbarkeit, wo ist sie ergreifender und eindrucksvoller jedem Menschen ans Herz gelegt, als in dem Psalmenworte: „Lobe den Herrn, meine Seele und was in mir ist, seinen heiligen Namen! Lobe den Herrn, meine Seele und vergiß nicht, was er Dir Gutes gethan hat!" [Pf. 103, 1—2]. Das Gefühl des Geborgenseins in Gottes starker Hand und seinem mächtigen Schutz, wo ist es energischer ausgesprochen, als in den Psalmenworten: „Der Herr ist mein Licht und mein Heil, vor wem sollte ich mich fürchten? Der Herr ist meines Lebens Schutz, vor wem sollte mir grauen?" [Pf. 27, 1] „Der Herr Zeaboth ist mit uns, der Gott Jakobs unsre Burg". [Pf. 46, 8—12). „Gott giebt mir, daß ich sein Wort rühmen

kaun; auf Gott vertraue ich, fürchte mich nicht: was kann mir
Fleisch anthun?" [Pf. 56, 5]. Und die Ruhe und der Frieden,
die dann in das Herz einziehen, schildert uns das Wort: „Ja,
zu Gott ist stille meine Seele, von ihm wird mir Hülfe. Ja,
er ist mein Fels und meine Hülfe, meine Burg; nicht werde
ich wanken" [Pf. 62, 2 — 3]. Aber auch das gewaltige
Dennoch des Glaubens, der hofft, auch wo er nicht sieht,
wie weltüberwindend tönt es uns entgegen aus den Worten:
„Dennoch hat Israel Gott zum Trost, wer nur reines Herzens
ist" [Pf. 73, 1]. Denn keiner wird zu Schanden, der auf
Gott harret, und Gottes Treue geht weit über der treuesten
Menschen Treue: „Mein Vater und meine Mutter haben
mich verlassen, aber der Herr nimmt mich auf" [Pf. 27, 10].
Das Gefühl der Gemeinschaft mit Gott überwindet alles
Leid und alle Trübsal; es wiegt eine Welt auf, und dies
höchste Gut kann nichts uns rauben. „Wenn ich nur Dich
habe, so frage ich nichts nach Himmel und Erde; wenn mir
gleich Leid und Seele verschmachtet, so bist Du doch, Gott, alle
Zeit meines Herzens Trost und mein Heil" [Pf. 73, 25—26].
Die Sehnsucht nach Gott, wo ist sie jemals ergreifender und
gewaltiger ausgesprochen als in dem 42. Psalm: „Wie ein
Hirsch schreiet nach frischem Wasser, so schreiet meine Seele,
Gott, nach Dir. Meine Seele dürstet nach Gott, nach dem
lebendigen Gott. Wann werde ich dahin kommen, daß ich
Gottes Angesicht schaue?" Das bange Harren auf Gott und
das sehnsüchtige Ausschauen nach ihm unter dem Gefühle
zeitweiliger Gottverlassenheit, wo finden wir es kürzer und
herzbewegender ausgedrückt, als in dem gewissermaßen nur
hingehauchten Gebetsseufzer des 6. Psalms: „Meine Seele ist
sehr erschrocken. Und Du, Herr, wie so lange?" oder in der
zum Tode betrübten Frage des 22. Psalmes: „Mein Gott,
mein Gott, warum hast Du mich verlassen?" Und hier will
ich nicht verfehlen, auf eine charakteristische Thatsache hinzu-
weisen. Bekanntlich nimmt die Klage in dem Psalter einen
sehr breiten Raum ein. Aber mit einziger Ausnahme des
88. Psalms bleibt keines der Lieder in der Klage stecken: sie
alle überwinden Leid und Trübsal und ringen sich durch zu
Hoffnung und Glauben, so daß die Klage schließlich ausmündet
in Dank und Preis. Am Rührendsten und Ergreifendsten

wohl tritt uns dies entgegen in dem Kehrverse des 42. Psalms, wo wir in dem vertrauensvoll ausschauenden Auge des Sängers noch die Thräne schimmern sehen, die das Weh ihm ausgepreßt hat: „Was betrübst Du dich, meine Seele, und bist so unruhig in mir? Harre auf Gott, denn ich werde ihm noch danken, daß er meines Angesichtes Hülfe und mein Gott ist." Das ist der männliche, heldenhafte Zug in der israelitischen Frömmigkeit, welcher zu ihren köstlichsten Kleinodien gehört und vorbildlich ist für die gesammte Welt, etwas „Menschliches, das alle wollen sollten".

So finden wir in dem Psalter auch, wie allbekannt, die tiefsten und erschütterndsten Töne für Sünde und Buße, wie die hellsten und erhebendsten für Gnade und Vergebung. „So Du Herr willst Sünde zurechnen, Herr, wer wird bestehen?" [Pf. 130, 3]. „Meine Verschuldungen sind zahlreicher als die Haare meines Hauptes und mein Herr hat mich verlassen" [Pf. 40, 13]. „Wer kann merken, wie oft er fehlet? Verzeihe mir auch die verdorgenen Fehler" [Pf. 19, 13]. Und dann: „Er handelt nicht mit uns nach unseren Sünden und vergilt uns nicht nach unserer Missethat. Denn so hoch der Himmel über der Erde ist, läßt er seine Gnade walten über die, so ihn fürchten; so fern der Sonnenaufgang ist vom Sonnenuntergang, läßt er unsere Uebertretung von uns sein. Wie sich ein Vater erbarmt über Kinder, so erbarmet sich der Herr über die, so ihn fürchten" [Pf. 103, 10—13]. Und daß über Gottes Gnade der Ernst seiner Heiligkeit nicht vergessen werde, lesen wir im 130. Psalm das tiefsinnige Wort: „Denn bei Dir ist die Vergebung, daß man Dich fürchte."

Doch auch für menschliche Verhältnisse noch ein paar Psalmenworte. Kann Friede und Eintracht wohl schlichter und eindringlicher empfohlen werden, als mit dem Sänger des 33. Psalms: „Siehe, wie fein und lieblich ist es, wenn Brüder einträchtig bei einander wohnen?" Und kann das Glück des Hauses und der Segen des Familienlebens traulicher und anheimelnder geschildert werden, als mit dem Sänger des 128. Psalms: „Wohl einem jeden, der den Herrn fürchtet, der in seinen Wegen wandelt! Du Dich nähren von Deiner Hände Arbeit, wohl Dir, Du läßt es gut. Dein Weib ist wie ein fruchtbarer Weinstock im Innern Deines

Hauses, Deine Söhne wie Oelbaumsetzlinge rings um Deinen
Tisch. Ja siehe, also wird gesegnet der Mann, der den Herrn
fürchtet."

Noch einen Blick müssen wir werfen auf die Naturpoesien
in dem Psalter, die kein Geringerer als Alexander von
Humboldt aufs Höchste bewundert und gepriesen. Die Erde
ist ja des Herrn und was darinnen ist, der Erdboden und die
darauf wohnen; und so sieht der Israelit überall in der
Natur Gott; nicht macht er die Natur zu Gott, aber sie ist
ihm eine Offenbarung Gottes. „Die Natur," sagt Humboldt,
„wird nicht geschildert als ein für sich Bestehendes, durch
eigene Schönheit Verherrlichtes; dem hebräischen Sänger erscheint sie immer in Beziehung auf eine höher waltende
geistige Macht. Die Natur ist ihm ein Geschaffenes, Ange-
ordnetes, der lebendige Ausdruck der Allgegenwart Gottes in
den Werken der Sinnenwelt." Ich weise nur hin auf den köstlichen Erntedankpsalm, den 65.: „Du krönest das Jahr mit
Deinem Gut und Deine Fußtapfen triefen von Fett," auf den
gewaltigen 29. Psalm, den Gewitterpsalm, der in hehrer
Majestät die Herrlichkeit Gottes im Gewitter schildert, und vor
allem auf den 104.: „Herr, wie sind Deine Werke so groß
und viel! Du hast sie alle weislich geordnet und die Erde
ist voll Deiner Güter" — ein Lied, welches in der Weltliteratur nicht seines Gleichen hat. „Man möchte sagen,"
so äußert sich Humboldt, „daß in dem einzigen 104. Psalm
das Bild des ganzen Kosmos dargelegt ist. . . . Man erstaunt, in einer lyrischen Dichtung von so geringem Umfange,
mit wenigen großen Zügen das Universum, Himmel und Erde
geschildert zu sehen. Dem bewegten Elementarleben der Natur
ist hier des Menschen stilles, mühevolles Treiben vom Aufgang der Sonne bis zum Schluß des Tagewerkes am Abend
entgegengestellt." Und wo ist der Mensch als nur ein
winziges Atom in der Natur und doch nach seiner königlichen
Herrscherwürde in derselben tiefer erfaßt und dargestellt, als
in dem 8. Psalm, wo die ganze Schöpfung als eine viel-
tausendstimmige Verkündigung der Herrlichkeit ihres Schöpfers,
wie in dem 19. Psalm, wo die Himmel die Ehre Gottes erzählen und die Veste seiner Hände Werk verkündigt, wo der
Sonnenball an ihm aufgeht wie ein Bräutigam aus seiner

Kammer tritt, und sich freut wie ein Held zu laufen
den Weg!

Auch von einer andern Art der Dichtung finden wir in
dem Psalter Juwelen ohne Gleichen, von der gnomisch=didak=
tischen Dichtung. Eine ganze Anzahl von Psalmen gleichen
Perlenschnüren, wo sich die tiefsten Sentenzen, die herrlichsten
Gedanken an einanderreihen wie Perle an Perle. Ueberall
wohin wir auch schauen, ein reicher Himmel, Stern bei Stern,
ein unerschöpflicher Schatz.

Wie die Psalmen für jede Situation des Lebens uns
das befreiende Wort bieten, das habe ich selbst erst kürzlich
erfahren und darüber gestatten Sie mir noch zum Schlusse
eine kurze persönliche Bemerkung. Wer Tage und Wochen
gebangt und gesorgt hat um das ihm theuerste Leben auf
Erden — schon ist er gefaßt, es hergeben zu müssen; da
wendet es sich zum Besseren, der Todesengel, der bereits
seine düsteren Schwingen über das Opfer gebreitet hatte, hebt
sich von dannen und das Leben kehrt zurück — wer könnte,
was in einem solchen Moment sein tiefbewegtes Herz bestürmt,
anders aussprechen als mit dem Psalmwort: „Wir haben
einen Gott, der helfen kann, und der Herr weiß Auswege
auch für den Tod" [Ps. 68, 21].

Die Psalmen sind das Gebet= und Gesangbuch Israels;
wie Israel das Volk der Religion schlechtweg ist, so sind sie
das Gebet= und Gesangbuch der ganzen Welt, verdienten
wenigstens, es zu sein. Sie sind von dem vielen Kostbaren,
was Israel der Menschheit gegeben hat, vielleicht das Kost=
barste. Sie tönen fort und werden forttönen, so lange es
noch Menschen giebt, nach dem Ebenbilde Gottes geschaffen,
in deren Herzen das heilige Feuer der Religion leuchtet und
glüht; denn sie sind die Wort gewordene Religion selbst.
Auch für sie gilt, was einer ihrer Herrlichsten von der Offen=
barung Gottes in der Natur sagt: „Das ist keine Rede noch
Worte, deren Laut unverständlich wäre; über alle Lande
geht ihr Bereich und bis ans Ende des Erdenkreises ihre
Rede" [Ps. 19, 4—5].

Die Wort gewordene Religion selbst für die ganze
Menschheit, das ist die Bedeutung der Psalmen in der Welt=
literatur.

Lehre uns unsere Tage zählen.

Der Psalm 90.
Von H. Steinthal.

Dieser Psalm wird in der Tradition dem „Mose, dem Manne Gottes" zugeschrieben, wodurch wohl ausgedrückt werden sollte, daß derselbe aus der ältesten dichtenden Zeit stamme und so gewaltig sei, daß kein andrer Sterblicher ihn gedichtet haben könne, als der einzige Moses selbst. Die Kritik will nur zugestehen, daß er einer der ältesten Psalmen ist, und sieht den Beweis dafür weniger in den einzelnen Wörtern, die derselbe mit andern Stücken der Bibel gemeinsam hat (und die wir ebenfalls aus Gründen für relativ alt halten müssen), auch nicht, und noch weniger, in der Beziehung auf die Wanderung Israels durch die Wüste, wovon nirgends eine Andeutung, als vielmehr in Form und Inhalt des ganzen Hymnus. Das Verständniß wird erschwert durch die Unbeholfenheit, in welcher die Gedanken, ohne deren Zusammenhang anzudeuten, nur in schroffem Uebergang einander folgen. Es ist ein Cyclopen=Bau, wo die Steine nicht lotrecht (logisch) über einander geordnet sind, sondern wie formlose ohne Mörtel auf einander gehäufte Felsmassen sich gegenseitig durch ihr Gewicht tragen.*) Das läßt sich am leichtesten durch hohes Alter erklären, obwohl auch in der besten Zeit einer Literatur ein etwas unbeholfener Schriftsteller möglich ist. Aber auch der Inhalt weist auf hohes Alter, die Erhabenheit; und daneben findet man vielleicht, daß die Frömmigkeit des Dichters noch nicht die Tiefe der großen

*) Daher wird nicht leicht ein Erklärer zur Sicherheit gelangen, daß er des Dichters Sinn genau getroffen hat.

Propheten= und Psalmen=Dichter erreicht hat. Die Erhaben=
heit, die sich hier ausspricht, ist jene schroffe, welche den Gegen=
satz zwischen Gott und Mensch in aller Herbheit ausspricht,
wie wohl nirgends sonst geschieht, wenn nicht etwa in Hiob.

So beginnt nun der Dichter sogleich mit „Herr", Adonai,
die strenge, herrschende Seite des unendlichen Gottes hervor=
kehrend*), doch nur um diesem Gefühl, dem fast noch heid=
nischen, sogleich im nächsten Worte ein trauteres entgegen zu
setzen: „als Heim**) hast Du Dich uns erwiesen durch alle
Zeiten" — als Heim, so übersetze ich, nicht Zuflucht oder
Obdach, welche man nur gelegentlich in einer trüben Zeit
sucht, nicht das war Gott, sondern die feste Wohnung, deren
Schutz uns zu keiner Zeit fehlte, und als solche ist er uns wirksam
gewesen, schützend und waltend, denn das Hebr: haja***) ist
niemals wie unser sein bloßes abstraktes Prädikat, sondern
etwa geschehen, leben, streben; und so hat er sich gezeigt „zu
jeglicher Zeit" — ja wohl, das konnte er in vollem Maße;
„denn ehe Berge geboren waren, und das fruchtbare Land
allerlei Geschöpfe hervorgebracht hatte, und von Ewigkeit zu
Ewigkeit bist Du der allmächtige, allwaltende Gott"†). Der
Dichter wollte sagen, wozu ihm seine Sprache das Wort nicht
darbot, Gottes Dasein sei von keiner Zeit umgrenzt. Besser
scheint mir, hat der Dichter des Jigdal, dies so ausgedrückt:
zu seinem Dasein (gehört) nicht Zeit, während wir zum
Dasein jedes Dinges die Zeit hinzudenken müssen. Wir sagen
Gott ist unzeitlich, außerhalb aller Zeit; und der Philosoph
sagt, Gott schafft die Zeit und alle Zeit.

V. 3 Dieser Gott hat auch den Menschen geschaffen.
Aber das sagt der Dichter nicht, sondern die Schöpfung des=
selben übergehend, hebt er die Vergänglichkeit hervor, vergißt
aber nicht, daß er das Geschlecht der Menschen immer wieder
erneuert. „Du läßt den Menschen zu Staub werden, und

---

*) Also gar nicht wie 2 M 15, 17, wo es dem יהוה parallel
steht, nach 5 M 3, 34 wo es neben letzterem steht, nach 2 M. 4, 10. 13
wo es jenen Sinn nicht hat. Ein Zusammenhang mit Mose ist
also hier nicht erwiesen.

**) Ob מעון oder מעון ist wohl gleich. Nach strengster philo=
logischer Observanz ist letzteres vorzuziehen.

***) LXX ἐγενήθης.

†) אל, also wieder ein auch dem Heidenthum angehörender Ausdruck.

sprichst (dann): „Kehret zurück Menschen=Söhne" (wie Pf. 104, 29—34). Man möchte hier gerne Tieferes lefeu, Geiftiges*); aber das Folgende

V. 4. „Ja, tauſend Jahre ſind in Deinen Augen wie der geſtrige Tag, wenn er vergeht, und eine Nacht=Wache" (Ihm, dem Außerzeitlichen, verſchlägt es nichts, daß die Menſchengeſchlechter wechſeln!), zeigt, daß nur an dieſe in ſich ruhende ewige Allmacht, und im Gegenſatz dazu die Vergäng= lichkeit des Menſchen gedacht iſt, und allerdings ſoll wohl dabei nicht außer Acht gelaſſen werden, daß trotz der Hin= fälligkeit des Menſchen, das je neu erwachende Geſchlecht in dem Ewigen ſein Heim finden kann, gefunden hat und immer finden wird. So tief iſt jedoch der Geiſt des Dichters gerade in dieſem Gedaufen der menſchlichen Nichtigkeit ver=, ſenkt, daß er dieſelbe noch in zwei weiteren Verſen ausmalt.

V. 5—6. „Du ſchwemmſt ſie hin"; (Du läſſeſt ſie ent= ſtehen), „ein Schlaf werden ſie"; (Traumwandler**) und auch nur von kurzer Dauer, „am Morgen wie Gras, welches blüht und ſtrotzt, am Abend welkt es, und verdorrt". Woher das? Uns muß bange werden, der Dichter habe ſein מעין des 1. Verſes vergeſſen. Er klagt weiter: „Wir vergehen in Deinem Zorn und in Deinem Grimm werden wir wegge= ſchreckt." Nun erſt giebt der Dichter für dieſes elende Geſchick

---

*) Wie die LXX thun, ſie leſen ſtatt des letzten Wortes _ēl_ des vorigen Verſes die Negation _al_ und ziehen dieſe zum folgenden: Du vernichteſt den Menſchen nicht und ſprichſt: kehrt um (thut Buße) Menſchen=Söhne.

**) Ganz anders die LXX: τὰ ἐξουδενώματα αὐτῶν ἔτη ἔσονται ſie hatten wohl dieſelben Conſonanten vor ſich wie wir, vocaliſirten aber jedenfalls anders, etwa: זַרְמָתָם שָׁנָה יִהְיוּ „ihr Same wird ein Jahr dauern", im Gegenſatz zu den unzähligen Jahrtauſenden der Gottheit. — Aber auch dieſe Lesart ſcheint doch nach ihrem Sinne unſere obige Ueberſetzung zu rechtfertigen. זֶרֶם bedeutet nur den ſtarken, reichen Regenguß, und an ſich noch nicht das Fortſchwemmen; und wenn nun von demſelben Stamm auch das Nomen זרמה in allgemein anerkannter Bedeutung gebildet wird, warum ſollte nicht auch das Verbum hinſtrömen d. h. zeugen bedeuten können? Und ſo braucht man nicht an den Todesſchlaf zu denken.

der Menschheit den Grund an, der ihm aber so selbstver=
ständlich erscheint, daß er gar nicht als etwas besonderes aus=
gesagt wird. Der Zorn Gottes gehört zum Elend des Menschen,
wie der Schatten zum Körper. Darauf aber sagt nun der
Dichter ausdrücklich weiter, woher eben dieser göttliche Zorn:
nämlich die Sündhaftigkeit des Menschen hindert, daß sich
Gott als das Heim der Menschen zeigen könne.

V. 8—10. „Du stellst unsere Missethaten vor dich,
unser Geheimes vor dein leuchtendes Antlitz"; und so kann
es denn nicht anders kommen; „ja, all' unsere Tage laufen ab
in deinem Grimm, wir verbringen unsere Jahre wie einen
Hauch. Unser Leben dauert siebzig Jahre, und höchstens ein=
mal*) achtzig Jahre, und womit man sich brüstet, ist Mühsal
und nichtig; da eilt und drängt**) es, und wir fliegen
dahin." Dies, daß die Sünde die Strafe Gottes nach sich
zieht, sieht der Mensch nicht ein:

V. 11. „Wer erkennt die Stärke Deines Zornes, und
wie sehr Dein Grimm zu fürchten." Und weil der Mensch
dies nicht erkennt, so betet der Dichter:

V. 12. „Die Tage unseres Lebens zählen (d. h. aus
deren geringer Anzahl, ihrem Leiden und Mühsal, zunächst
auf den Zorn Gottes, dann aber auf unsere Sündhaftigkeit
schließen) laß uns recht erkennen, auf daß wir ein weises
Herz gewinnen."

Hiermit hat sich der Dichter wieder zur monotheistischen
Höhe erhoben und er hat den Gegensatz zum Epikureismus,
zu dem bekannten carpe diem, pflücke den Tag, in einer
Form ausgesprochen, wie diese sonst in der Bibel nicht wieder=
kehrt. Nur darf man diesen Vers nicht mit Stellen in Hiob
und Psalmen zusammenbringen, die wohl ähnlich klingen, aber
religiös viel tiefer stehen.

So mag Psalm 39, 5 ff mehrfache Anklänge an unseren
Psalm zeigen; nur beachte man, daß dort der Dichter bittet,
Gott möge ihm sein Ende kund thun***), meint aber, wie Hiob,

---

*) oder „und, wenn durch Wunder".

**) Die Onomatopöie, welche hier in den hebräischen einsilbig
zweikonsonantigen Wörtern liegt, ist nicht wiederzugeben.

***) הודיעני קצי kann nicht bedeuten: lehre mich meine Be=
stimmung. Dieser Dichter ist weit entfernt von dem Begriff, welchen
Koh. 12, 13, mit סוף verbindet. Alle jene Ausdrücke aber, wie finis,
τέλος führen zu dem Begriffe Zweck und werden Gewissens=Richter
(letzteres Wort im Doppelsinn: judicans und dirigens).

Gott solle die Kürze des menschlichen Lebens bedenken, damit
der Mensch noch Zeit habe, auch das Glück zu erlangen.
Unser Dichter aber ist fern davon, uns ein Memento mori zuzurufen (wie Luther in völlig unbegründeter Weise übersetzt),
sondern die Tage sollen wir zählen, damit wir inne werden,
wie wenig ihrer sind; denn nur was gering an Zahl, zählt
man, nur das liebt man und nur das sucht man vor jedem
Schmutz zu wahren. So lehrt die Weisheit. Der Sänger
scheint auf die falsche Anwendung, ich möchte sagen: die heidnische, hingewiesen zu haben, und hat dies durch כן V. 12,
ausgedrückt. Dieses „richtig, wahrhaft" gehört genau weder
zu zählen, noch zu lehren, sondern zu erkennen, also zu
dem in הודע steckenden Stamm. Auch in Jerusalem hörte
man den heidnischen Ruf: „essen und trinken, denn morgen
sind wir tot" (Jes. 22, 14). Dies ist eben die falsche Erkenntniß.

V. 13—17. Nun erst fühlt sich der Dichter wieder in
der ruhigeren Stimmung, um zu beten. Bisher sprach er
unter dem Drucke des Bewußtseins der allgemeinen menschlichen Nichtigkeit und Sündhaftigkeit, an der sein Volk vollen
Antheil hatte, weswegen es den stärksten Druck zu erdulden
hatte. Nun, da er sich des Mittels, zum Heil zu gelangen,
erinnert, bittet er besonders um Gnade Gottes für sein Volk.
„Laß ab Ewiger" (von Deinem Zorn), „wie lange noch"
willst Du uns fern bleiben „und habe Mitleid mit deinen
Dienern. Sättige uns von Neuem mit Deiner Gnade*), so
wollen wir frohlocken und uns freuen all' unsere Tage. Er-
freue uns anstatt der Tage, die Du uns bedrücktest, der
Jahre, da wir Unglück erfuhren. Es erscheine Deinen Dienern
Dein Walten" (das Reich Gottes) „und Deine Herrlichkeit
über ihren Kindern. Es walte die Freundlichkeit des Herrn
unseres Gottes über uns, und fördere (und festige) das Werk
unserer Hände bei uns, ja das Werk unserer Hände fördere
und festige es".

Wie vielfach man auch versucht wird, in diesen Psalm
kritisch einzugreifen, hier eine Lücke, dort eine Einschaltung,
dort eine Entstellung anzunehmen, so bietet sich doch nirgends

---

*) Im Texte heißt es: „S. uns am Morgen mit d. G". Der
Morgen ist oft das Bild der wiederkehrenden Gnade, wie die Nacht
das des eintretenden Unheils.

eine sichere Handhabe für solche Operationen. Auch Olshausen kann keine Strophen=Abtheilung erkennen; aber Delitzsch theilt je vier Verse einer Strophe zu. Ich lasse die Sache dahin= gestellt, und wiederhole nur eine schon früher ausgesprochene allgemeine Bemerkung, daß wir ohne über die Melodie unter= richtet zu sein, in der ein Psalm vorgetragen ward, zu keinem sicheren Urtheil über dessen Komposition gelangen können.

Zu bemerken wäre noch, daß in der Liturgie der Juden der letzte Vers des 90. Psalms mit dem 91. zusammengenommen wird beim Gebet am Ausgang des Sabbath, um das Gemüth des Juden für die Werkeltage zu stärken.

Kohélet.

Von Georg Brandes.

———

An der Spitze des kleinen Buches im alten Testamente, das wir den „Prediger" nennen, findet man einen Namen, bestehend aus den vier Konsonanten K, H, L, T, der zeitig Kohélet gelesen wurde und der als eine Art von Zifferschrift erscheint, worunter sich eine uns jetzt unzugängliche Benennung verbirgt, denn solche Vermummung oder Namensverbergung war im israelitischen Alterthum beliebt.

Da die Wurzel im Worte Kohélet Kahal ist, was Versammlung bedeutet, bedeutet Kohélet, als das Participium im weiblichen Geschlechte: Diejenige (Frau), die versammelt — was keinen Sinn hat. Aber da die Versammlung auf griechisch Ekklesia heißt, was später Kirche bedeutete, übersetzte man Kohélet in Ekklesiastes. Luther machte daraus „der Prediger", und wir, die wir so viel Deutsches nachmachen, erhielten so den barocken Namen „Praediferen".

Die Philologen haben längst aus sprachlichen Gründen vermuthet, daß das Buch nicht dem fernen Alterthum, sondern den jüngsten Schriften des alten Testamentes angehört, wenn sie auch sehr uneinig sind über den Zeitpunkt, zu dem es entstanden.

Die zahlreichen politischen Anspielungen sind uns nuklar, aber man empfindet leicht, daß hier Andeutungen auf bestimmte Verhältnisse vorliegen:

Besser ein unglücklicher und weiser Jüugling, als ein alter und thörichter König, der sich nicht einmal warnen läßt. Denn aus dem Gefängniß tritt einer, um königlich zu herrschen, obgleich er arm im Reiche geboren. Ich habe gesehen,

daß alles Lebende, was unter der Sonne wandelt, mit dem
Jüngling hält, mit dem anderu, der seinen Platz einnehmen
wird. (4, 13.)

Man höre doch besser auf, was der Weise ruhig sagt,
denn was der Herrscher in seiner Thorheit schreit. (9, 17).

Die Klage über den König führt zur Klage über seine
Regierungsweise:

Es ist ein Unglück, das ich unter der Sonne sah, ein
Irrthum der Gewaltigen: Der Niedere sitzet in großer Würde
und der Vornehme sitzet tief. Ich sah Sklaven zu Pferde
und Fürsten als Sklaven zu Fuße gehen. (10, 5).

Dies weist deutlich auf die zeitweiligen Machthaber und
auf die höchsten Beamten des Landes, worin der Verfasser
lebt. Wenn er jeden Augenblick aus dem Zusammenhange
fällt, so geschieht es wahrscheinlich aus Furcht, zu deutlich zu
werden.

Er sagt z. B.: Weh Dir, o Land, deß König ein Sklave
ist und dessen Fürsten von früh an essen (10, 16). Aber fügt
dann hinzu, um sich offenbar hinter der Parallele zu decken:
Heil Dir, Du Land, dessen König wohlgeboren ist und dessen
Fürsten zur bestimmten Zeit essen, um ihre Kraft zu stärken
und nicht um zu schwelgen.

Er schaltet ein Sprichwort ein:

Auf die Faulen fallen die Balken des Daches, so
daß sie enden. Wie Wasser entrinnt das Haus den lässigen
Händen.

Und er fährt fort: Als Scherz betrachten sie Brot und
Wein, was die Lebendigen erquickt. Und Geld klärt Alles.
Aber er empfiehlt die größte Vorsicht in der Kritik an: Sogar
in Deinem stillen Sinnen sollst Du nichts wider den König
sagen, selbst in Deiner Schlafkammer sollst Du einem mäch=
tigen Manne nicht fluchen; denn einer der Vögel des Himmels
kann den Laut entführen und der beflügelte Bote kann das
Wort wiederholen, d. h.: Es giebt überall Spione. Unter
dieser Regierung ist alles nur Unterdrückung der Schwachen
und Schutzlosen, Rechtskränkung über Rechtskränkung.

„Und ferner sah ich unter der Sonne: An der Stätte
des Rechtes Unrecht und an der Stätte der Gerechtigkeit Un=
gerechtigkeit." (3, 16).

„Ich sah noch alle die Unterdrückungen, die unter der
Sonne geschehen und siehe: Die Thränen der Unterdrückten,

die keinen Tröster haben und von der Hand ihrer Unter=
drücker gehet Gewalt aus und sie haben keinen Helfer." (4, 1).

Oft ist die Kritik Satire und die Satire mit Ironie
durchgeführt:

„Siehst Du im Lande den Armen unterdrückt und Raub=
begier an Stelle des Rechtes und der Gerechtigkeit, so sollst
Du Dich nicht wundern, dies beruht darauf, daß über dem
Hochgestellten noch ein Größerer und über ihnen noch andre
Höhere wachen!" (57).

Der König ist als Despot aufgefaßt. Er ist nur davon
abhängig, ob der Acker Ertrag giebt oder nicht; sonst ist er
der ganz freigestellte Tyrann: „Er kann thun, was er will!
Das Wort eines Königs ist eine Macht. Wer kann zu ihm
sagen: Was thuest Du?"

Hand in Hand mit der politischen Polemik geht eine
religiöse Polemik und Satire.

Kohélet hat hier eine Schule oder Gruppe vor Augen,
die in tiefen Mißmuth verfallen ist, alles schwarz sieht,
glaubt, daß die Vergangenheit besser war, und deshalb über
die Gegenwart verzweifelt. Gegen diese Gruppe richtet er
das Wort: „Mißmuth ruht im Schooße der Thoren," und
gegen sie diese Wendung: „Sag nicht: Wie kommt es, daß
die Tage der Früheren besser als diese waren? Nicht aus
Weisheit hast Du solches gesagt."

Wohl scheint er selbst in einigen Sentenzen der Schwer=
muth den Preis vor der Fröhlichkeit zu geben. Falls diese
Aeußerungen als direkte Ausdrücke seiner eigenen Grund=
auffassung verstanden werden müssen, so bedeuteten sie ein=
fach, daß die lärmende Freude und das Lachen dummer
Menschen widerlich klingen kann; aber vielerlei deutet darauf
hin, daß diese sprichwortartigen Sentenzen allein als er=
läuternde Beispiele zum Ausspruche angeführt werden (6, 11):
Es giebt viele Worte, die nur Eitelkeit verbreiten (Thorheit).
Solche Worte sind nämlich: „Besser Mißmuth als Scherz.
Besser ins Trauerhaus als ins Festhaus gehen."

Ohne Umschweife giebt er selbst die Kritik über den
folgenden, doch keineswegs herausfordernden Satz: „Besser
das Schelten der Weisen zu hören, als den Gesang der
Thoren, denn das Lachen der Thoren ist wie das Knistern
der Dornen unter dem Kessel." Er fügt nämlich hinzu:
„Auch das ist Eitelkeit."

Der Verfasser hat deutlich einen lebhaften Unwillen gegen diejenigen gehegt, die mit Trauermienen die Wege der Entsagung gingen. Bei solchen Ausfällen scheint man die Essäer besonders vor Augen zu haben. Die Sekte verlangte das Abwenden vom Sinnlichen und Irdischen, vollständige Enthaltsamkeit. Jedenfalls denkt man offenbar in 9, 2 an die Essäer, wo Kohélet von denen spricht, die nicht schwören. Denn die Essäer sahen es als Unrecht an, den Eid abzulegen. Aber es gab auch andre fromme Schulen, deren lebensfeindliche Weltanschauungen Kohélet zuwider waren. Darum am Schlusse des Werkes das Mißbilligen des um sich greifenden Cölibats, aus Leidenschaft für sittliche Reinheit. Kohélet richtet seine Angriffe auf die Unlust zur Fortpflanzung, auf die müßige Grübelei, die zu weit getriebene Frömmigkeit, auf die Sehnsucht nach dem Tode und den Unsterblichkeitsglauben.

Graetz hat nachgewiesen, wie diese seine Geistesrichtung im Talmud fortgesetzt wird. Aus dem zweiten Jahrhundert findet man hier den Satz: „Derjenige, der sich kasteit und nicht Wein trinken will, ist ein Sünder, und um so mehr derjenige, der sich auf Fasten einläßt," und vom dritten Jahrhundert diesen: „Der Mensch wird Rechenschaft ablegen müssen über Alles, das er nicht genossen, was sein Auge gesehen hat." Wie man schon hieraus ersieht, hat Kohélet geistige Nachkommen.

Und die Aufforderung, sich nicht von den Gütern des Lebens abzuwenden, nicht die Lebensfreude zu verschmähen, sondern die Ueberzeugung walten lassen, daß Alles Eitelkeit ist, die vergänglichen Genüsse zu würzen, das ist in Wirklichkeit der Grundgedanke des Buches. Es mündet in dem nämlichen Satze, womit es beginnt: „Alles ist Eitelkeit".

Der beigefügte Schluß, dessen Gepräge unverkennbare Frömmigkeit ist, lautet also:

„Als Kohélet noch mehr Weisheit erworben, fuhr er fort das Volk zu belehren, er erwog, forschte und bildete noch viele Wortsprüche.

Kohélet suchte Worte voll großer Lieblichkeit
Und schrieb die Sprache der echten Wahrheit.
Die Worte der Weisen gleichen Stacheln, die treiben
    und Stricken, die halten.

Ein einziger Hirte gab sie den Meistern zum Schalten
    und Walten.
Nun ist's genug. Mein Sohn, macht Jemand den Versuch,
Zu reichen Dir ein andres, neues Buch,
So lies es nicht. Was soll das Ende werden
Der Schreiberei auf unserer Erden!
Viel Lesen langweilt und ermüdet.

Das Ende des Wortes, wenn Alles gehört ist: „Fürchte
Gott und halte sein Gebot, denn es ist der ganze Mensch.
Jede That wird Gott vor Gericht bringen, alles Verborgene
und alles Bekannte, es sei gut oder böse."

Die Sprache in Kohélet, die dem rein Hebräischen fern
liegt, ist den Gelehrten an vielen Punkten undurchsichtig.
Aber so unsicher auch die Einzelheiten sein mögen, so klar ist
der Grundgedanke des Buches. Er ist schon in seinen ersten
Worten ausgedrückt: Eitelkeit der Eitelkeiten! sagte Kohélet.
Eitelkeit der Eitelkeiten! Alles ist eitel! Der Ausdruck Eitelkeit der Eitelkeiten ist die wortgetreue Uebersetzung. Die
hebräische Sprache bezeichnet durch diese Form den Super-
lativ: die höchste Eitelkeit.

In dieser Schrift liegt so wenig wirkliche Komposition,
wie in irgend einer anderen des israelitischen Alterthums; die
einzelnen Abschnitte könnten an vielen Stellen umgesetzt werden;
es giebt keinen Plan, kein Steigen von einem einfachen Anfang zu einem reicheren, stärkeren oder zusammenfassenden
Schluß. Jeder der kurzen Abschnitte enthält irgend ein Erlebniß, eine Beobachtung, Erfahrung oder Erwägung, die
verallgemeinert oder in Sentenzenform gebracht wird, und
diese Sentenz geht stets von der Leere, ja Nichtigkeit aller
Dinge aus.

Kohélet beginnt damit, die ewige Wiederholung zu verkünden. Es findet keine Veränderung statt, deshalb noch
weniger ein Fortschritt. Die Sonne geht unablässig auf und
unter, Geschlecht auf Geschlecht wird ununterbrochen geboren,
es ist ewig dasselbe und allbekannte. Die Vergangenheit war
nicht schlimmer, als die Gegenwart, die Zukunft wird nicht
besser werden und überhaupt nichts Neues bringen. Den
Kräften des Menschen sind Grenzen gesetzt, die er nie über-
schreiten kann. Ihr Schicksal bewegt sich stets im gleichen
Ringe. Darum giebt es keine Besserung der irdischen Ver-

hältniffe und eine Abhilfe der Beschwerden und Uebel des
Erdenlebens ift unmöglich. Die Gefetze, die das Menfchen=
leben lenken, find fo feft wie die Gefetze, die die Natur be=
herrfchen, und bewirken die gleiche Einförmigkeit.

Welchen Vortheil hat der Menfch von aller Mühe, die
er fich unter der Sonne macht? Ein Gefchlecht geht, ein
anderes Gefchlecht kommt und die Erde bleibt ftets auf ihrem
Platze. Die Sonne geht auf und die Sonne geht unter; fie
kehrt fchnell an ihren Ort zurück und fie geht wieder auf; fie
geht nach Süden und wendet fich gegen Norden. Unauf=
hörlich kehrt und dreht der Wind, um ftets nach feinem
Kreislauf zurückzukehren. Alle Flüffe laufen ins Meer und
das Meer wird nicht voll und die Flüffe laufen zurück an
den Ort, wo fie ausfloffen, um von Neuem zu laufen.

Dies Alles ift fo ermüdend zu erklären. Der Menfch
kann auf Nichts Antwort geben. Das Auge fieht fich nimmer
fatt und das Ohr hört fich nimmer fatt.

Was einmal gewefen ift, wird wieder werden. Was ge=
fchehen ift, wird wieder gefchehen. Es giebt nichts Neues
unter der Sonne. Wenn Einer Dir von Etwas fagt: Sieh,
das ift nen! fo glaube ihm nicht; es ift aber fchon vor uns
in alten Zeiten gewefen. Man erinnert fich nicht mehr der
Menfchen der Vergangenheit und die Menfchen der Zukunft,
die kommen, werden denen nicht im Gedächtniß bleiben, die
nach ihnen kommen.

In diefer ausdauernd und beredt verkündeten Ueber=
zeugung von dem Kreislaufe des Dafeins bietet fich ein
Berührungspunkt mit beftimmten alten Denkern, die der
Verfaffer jedoch wahrfcheinlich nicht gekannt hat.

Als die Frage über einen Anfang des Weltalls bei den
hellenifchen Philofophen theils dadurch entftand, daß das Ent=
ftehen und Vergehen der Einzelwefen diefe Frage nahe legte,
zum Theile daraus, daß fie den Erdkörper Veränderungen
unterworfen fahen und nicht geneigt waren, Luft, Waffer und
Erde als urfprüngliche Elemente anzufehen — da lautete die
ältefte Antwort, daß das Weltall einen Anfang und ein Ende
haben müffe; das ift die Antwort aller alten Kosmogoniften.
Da der Gedanke jedoch hartnäckig zum Anfang zurückkehrte
und auch nicht das unbedingte Weltende zu faffen vermochte,
gelangte man bald zur Vorftellung eines unaufhörlichen Ver=
wandlungsprozeffes. Diefer konnte wieder nur auf zweierlei

Weise aufgefaßt werden, entweder als ein Zirkel oder als die Bahn, die ein geworfener Körper beschreibt, also als eine Fahrt nach einem unbekannten Ziele.

Für diese letzte Möglichkeit sprach keine bekannte Analogie, aber für den Kreisgang der Geschichte sprach vieles. Das Keimen, Welken und Selbsterneuern der Pflanzen, außerdem der Kreislauf des Stoffes, der schon von Heraklit erkannt wurde. Deshalb sahen die Pythagoräer diese Vorstellung einer Kreisbahn der Ereignisse als die wahre an.

Aber was bei den Griechen eine Lehre, eine wissenschaft= liche Ueberzeugung wurde, ist bei dem israelitischen Verfasser nur die Lebensphilosophie des erfahrenen Weltmannes; sie hat keine theoretische Grundlage, aber sie wird praktisch an= gewendet, um illusorischen Hoffnungen entgegen zu arbeiten, unvernünftiger Schwärmerei, unzeitiger Verzweiflung und dem Gemüth Gleichgewicht zu schaffen durch Einsicht in die Begrenzung aller Bestrebungen. Darum zieht Kohélet keine der Schlußfolgerungen, die die Pythagoräer mit einer gewissen Konsequenz aus der Beobachtung der Kreisbahn zogen. Ver= schiedene unter ihnen glaubten an alle Vorgänge, ja an die Rückkehr jedes einzelnen Menschen in cyclischen Weltperioden. Dieser Gedanke ist Kohélet vollständig fremd. Mit der Seelenwanderungslehre wurde dann von den griechischen Denkern das Seelenschicksal unter den Kreisbahntypus ein= gereiht. Hierüber hat Kohélet vermuthlich nie sprechen hören. Aber man kann bestimmt sagen, daß er für einen solchen Glauben ganz unempfänglich war. Sein Geist ist ganz gewiß Zweifelgeist und Niemand kann weniger doktrinär als dieser feine Skeptiker sein, der so fertig mit dem Leben ist und doch so bereit, die Lockungen des Lebens anzuerkennen. Aber an einem Punkte verspürt man eine Art von Doktrin bei ihm.

II.

Als der Verfasser in seinem eignen Namen und über sich selbst zu sprechen beginnt, sagt er also: Ich, Kohélet, war König über Israel zu Jerusalem. Ich trug das Verlangen, mit Weisheit alles zu prüfen und zu untersuchen, was unter dem Himmel geschieht, eine traurige Beschäftigung, die Gott den Adamskindern vergönnt hat, um sich damit zu plagen.

Ich sah alle die Thaten, die unter der Sonne geschehen, und siehe, Alles war Eitelkeit und vergebene Jagd nach dem Wind.

Was gekrümmet, kann nicht gerichtet werden,
. Und was fehlt, wird nicht ersetzt auf Erden.

Ich sprach mit meinem Herzen und sagte: Ich habe mehr Kenntnisse erworben und gesammelt, als irgend einer von Allen, die vor mir über Jerusalem waren, und mein Herz hat viel Weisheit und Einsicht gewonnen. Ich hatte nämlich meinen Sinn darauf gerichtet, Weisheit zu erkennen und sie von dem zu unterscheiden, was Tollheit und Thorheit ist. Ich sah bald ein, daß auch dies Jagd nach Wind sei, denn

Neue Erfahrung bringt neues Leid,
Höheren Kummer birgt höhere Weisheit.

Wie man sieht, besitzt Kohélet die Eigenthümlichkeit, Verse in seine Prosa einzuschalten, sicher zum Theil Citate bekannter Redensarten, wahrscheinlich aber häufig von ihm selbst verfaßt. Zuweilen, wo der logische Faden reißt, wirken die Verse als leichte Zwischenspiele.

Kohélet durchgeht nun nach und nach alle Beschäftigungen, die er in seinem Leben ergriffen hat und die er gleich frucht= los gefunden hat. Er hat Lustbarkeit und Wein und alle Freuden des Reichthums erprobt, hat gebaut und gepflanzt, Heerden und Sklaven, Sklavinnen und Vieh gehabt, Sänger und Sängerinnen, hat vollauf von Weibern, Macht und Wirksamkeit gehabt, aber alles war Leere, zu keiner Freude, zu keinem Nutzen. Er hat Weisheit gesucht, denn er sah ein, daß der Weise mehr werth ist, als der Thor, der im Lichte wandelt, wie dieser im Finsteren, aber bald begriff er, daß das Loos des Weisen und des Thoren gleich ist, beide sterben und beide werden vergessen. Er gesteht zu und stellt außer Zweifel, daß die Gesellschaft eines geliebten Weibes ein Gut ist, aber im Allgemeinen ist das Weib eine Gefahr, ein Feind, der bestrickt und fängt, bitterer als der Tod.

Das Beste ist, unvermählt zu leben. Aber 'auch der Unvermählte benimmt sich thöricht. Er arbeitet und macht

5*

sich das Leben sauer und sammelt für Erben, die ihm nie einen Gedanken schenken werden. Macht bringt kein Glück, aber der Machtlose ist noch weit unglücklicher, unterdrückt und gemartert von denen, die nicht durch seine Thränen gerührt werden. Der Vorgesetzte martert seine Untergebenen und Gleichgestellte verzehren einander in neidischem Wettstreite.

Weil die Strafe nicht der Spur des Vergehens folgt, erdreisten sich die Menschen frech zu Missethaten. Ein Sünder, der hundert Mal Unrecht begangen hat, wird alt und geehrt. Wir haben wohl gelernt, daß es Denen wohlergeht, die Gott fürchten, und daß die Tage des Ungöttlichen gering sind, aber wir erleben, daß dem Gerechten ein Loos widerfährt, als wäre er ungerecht und umgekehrt.

Im Allgemeinen wird man finden, daß die Fürsten Prasser und Tyrannen sind, die Satrapen bestechliche Aussauger, das Volk gedankenlos und unterdrückt, Throne und Gerichte der Sitz der Ungerechtigkeit, das Leben im Ganzen so traurig, daß man sich versucht fühlt, die Todten und noch mehr die Ungeborenen zu beneiden.

Aber wie das Dasein nun einmal ist, muß man seinen Theil tragen und das Beste herausnehmen: nach Kräften arbeiten, denn süß ist der Schlaf des Arbeiters, und sich an der Frucht seiner Arbeit mit einem Weibe erfreuen, das man liebt, auf die Verhältnisse achten, die das Leben bietet; nicht zur Unzeit handeln, sondern jede Sache zur festgesetzten Zeit machen; nicht übereilt und nicht schlaff sein; sich vor übertriebenem Verlangen nach Reichthum und Weisheit hüten, aber auch Armuth und Thorheit vermeiden, denn Reichthum macht schlaflos und Armuth elend, Kenntniß ermüdet und Thorheit wird geahndet. Man soll sich weder durch Aberglauben an die strengeren Sitten der Vergangenheit entmuthigen lassen, noch sich zum Glauben hinreißen lassen durch die Möglichkeit, eine lichtere Zukunft herbeizuführen. Es giebt nichts zum Zurücksehnen und nichts zu hoffen.

Die Lebensansicht des Verfassers wurde deutlich durch seinen geographischen und geschichtlichen Horizont bestimmt. Er hat sein Land im Auflösungszustande gesehen und hat sein Zeitalter trostlos gefunden, er bildete sich seine Auffassung aller Länder, aller Zeiten und allen Menschenlebens nach den Verhältnissen, die ihm vertraut waren. Er gehörte weder zu Denjenigen, die traurige Erfahrungen zur Schwärmerei führen, noch zu denen, die sie zur Verzweiflung bringen. Er befreit sich von seiner Schwermuth, indem er ihr ab und zu einen fast cynischen Ausdruck verleiht. Ihm fehlte wohl keineswegs Herz oder Hochsinn, besonders aber besaß er einen überlegenen, vorurtheilsfreien, sein wägenden Verstand. Angeborenes Gleichgewicht zeichnete sein Naturell aus.

Bezeichnend für den Geist des israelitischen Alterthums ist, daß diese Gemüthsstimmung und die Lehre, worin er sich ausdrückt, Kohélet keinen Augenblick veranlaßt, sich feindlich gegen die Religion auszusprechen oder das Dasein Gottes zu leugnen. Er ist Fatalist und er ist Pessimist, aber er hat so wenig Neigung zum Atheismus, wie der Verfasser des Hiob oder der Dichter der Psalmen. Im Gegentheil, auf israelitische Weise erhebt er stets Gott auf Kosten des Menschen, kann nicht stark genug hervorheben, wie mächtig Gott, wie gering und ohnmächtig der Mensch ist. Doch Gott scheint, meint Kohélet, sich nur in geringem Grade mit dem Menschen zu beschäftigen, denn er hat in dessen Herz den Trieb gelegt, Weisheit zu suchen, und hat ihn in Bezug auf Leben und Tod doch ganz dem Thiere gleichgestellt und hat erlaubt, daß sich eine Gesellschaft entwickelte, wo Unrecht nicht bestraft wird und Bosheit allzuoft triumphirt.

Kohélet liegt der Gedanke ganz fern, sich über Gottes Weltordnung zu ärgern oder über die Art unwillig zu sein, wie sie von seinem Volk ansgelegt wird. Aber er kennt keinen Aberglauben und in seinen Aeußerungen verspottet er deutlich diejenigen, die an häßliche Träume als böse Vorbedeutungen glauben und aus diesem Grunde Gelübde leisten. Nicht geringer trifft Jene sein Spott, die hinterher solche Gelübde bereuen, die sie in ihrer Angst unbesonnen abgelegt haben. „Es verlohnt nicht der Mühe, so willfährig zu geloben, denn Gott ist im Himmel und Du auf Erden." Und die Thoren, die Gelübde ablegen, und die Thoren, die immer mit ihren Opfern kommen, mißfallen und langweilen Gott. Gott liebt keine Thoren. Aber ein Thor ist nicht nur derjenige, der sein Wort bricht, sondern derjenige, der überhaupt zu viel aus seiner Frömmigkeit macht. Allzuviel Tugend ist wie allzuviel Weisheit und allzuviel Eifer für Gerechtigkeit ist ein wenig dumm und führt zu nichts, es ist Eitelkeit, so gut wie die Untugend, die Bosheit und die Thorheit. Das Verständige und Geziemende ist, den Mittelweg zwischen allzu großer

Frommheit und allzu großer Weltlichkeit einzuhalten, das eine
Princip festhalten, ohne deshalb das andre aus seiner Hand
schlüpfen zu lassen. Renan hat mit Recht bemerkt, daß der
Dichter des Hiob, obgleich er im Innersten weit religiöser ist,
seine Hauptperson doch eine weit kühnere Sprache führen läßt.
Kohélet besitzt nicht den Nerv, der selbst zu nur vorüber=
gehendem Aufruhr gegen einen Gott führt. Er führt als
Philosoph ohne Klageruf, ja ohne Unwillen an, was Allen
bewußt, aber zuvor nicht so ausgesprochen ist, und zieht sich
selbst mit unversehrter Persönlichkeit aus dem Kreuzfeuer der
entmuthigenden Eindrücke.

Freilich ist des Menschen Leben kurz, wie das des Thieres,
und freilich herrscht Unrecht, wo Recht herrschen sollte; freilich
erfüllen die Habsüchtigen die Erde mit ihrem Zank und
fromme und unfromme Thoren die Erde mit ihrem Toben;
freilich behagt ihm zumeist Mann so wenig, wie Weib. Der
Mann ist als Mann eigennützig und brutal, das Weib, um
so weniger Mensch, je mehr es Weib ist. Aber doch giebt es
Oasen in der Wüste des Lebens. Das geziemende Wohlleben
ist eine Oase. Kein Versagen! Esse und trinke, genieße die
Freuden des Tisches! Freundschaft ist eine Oase. Besser
ein paar Freunde sein, als allein zu stehen und die Schnur,
die aus drei Fäden gesponnen ist, bricht nicht leicht. Liebe
ist eine Oase. Am besten genießt man den Ertrag seiner
Arbeit selbander mit einem Weibe. Die gleichmäßige Ruhe
des Gemüthes ist eine Zuflucht. Ueberhöre das Schmähen
Deines Sklaven, wenn er schimpft. Besser eine Hand voller
Frieden, als zwei Hände voller Mühe und Jagd nach Wind.
So versöhnt sich Kohélet mit dem Leben.

III.

Kohélet steht in gewisser Hinsicht außerhalb der Kampf=
stellung des Judenthums gegen das Unrecht. Die älteren
israelitischen Schriftsteller sind fest überzeugt, daß alle Tugend
belohnt und alles Unrecht in diesem Erdenleben bestraft wird.
Das Mißgeschick, das den Unschuldigen trifft, ist nur eine vor=
übergehende Prüfung. Der Tag der Genugthuung und der
Strafe wird kommen, der Tag des Messias; an diese Vor=
stellung klammert sich das verletzte Rechtsbewußtsein. Nach
der Unterdrückung Israels unter die griechische Gewalt, de=

sonders nach dem Tode so zahlreicher Blutzeugen, weil sie
Gott nicht verlassen wollten, mußte dieser Gedanke noth=
wendig aufgegeben werden, und da man die Ueberzeugung von
der übergreifenden Macht der ewigen Gerechtigkeit nicht fahren
lassen wollte, gelangte man folgerichtig zu dem Glauben an
die Auferstehung der Blutzeugen. Sie waren nicht geradezu
unsterblich, aber sie lebten von Neuem in Glanz und Freude
auf in einem tausendjährigen Reiche, dessen Hauptstadt, das
neue Jerusalem, über der Erde erglänzte, und alle Erden=
völker anzog, die Gold und Weihrauch hintrugen. So wurde
die Herrenmacht der Gerechtigkeit im Erdenleben gesichert.

Denn darum handelte es sich bei dem geistig kämpfenden,
göttlich eifernden Judenthum. Der innerste Ton des Juden=
thums ist der Ruf nach Gerechtigkeit, seine Grundstimmung
die Hoffnung auf Gerechtigkeit, der Wille zur Gerechtigkeit,
sein Ideal ist, die Gerechtigkeit zum Weltgesetz zu machen.

Dem Bösen nicht Widerstand zu leisten, ist eine christ=
liche Idee, eine christliche Forderung, worin Viele von den
Tagen des Alterthums bis zum Tolstoi unserer Tage das
innerste Wesen des Christenthums gesehen haben. Nie ist die
Unterwerfung unter das Unrecht für den Juden eine Tugend
gewesen. Er hat es auf der Erde bekämpfen wollen, und all
seine Vollkommenheits= und Glückseligkeitsträume sind irdischer
Art. So nach dem Falle des Reiches. So durch alle Zeiten.
Der Mann, den der Jude lobpreist, ist nicht der Heilige; er
ist der Gerechte. Gott hat gesagt: „Ihr sollt richtige Wag=
schalen und richtige Lote haben, richtige Scheffel und richtige
Kannen". Und Gott hat gesagt: „Ihr müßt im Gericht
nicht Unrecht thun; Du mußt nicht parteiisch gegen den Armen
sein, oder den Vornehmen begünstigen; mit Gerechtigkeit sollst
Du über Deinen Nächsten urtheilen" (3 Mos. 15, 36). Ge=
rechtigkeit erkennen, ist Gott erkennen. Gott ist selbst Ge=
rechtigkeit (Jeremias 33, 15, 16).

Weil der Jude das Gerechtigkeitsideal auf Erden ver=
wirklichen sollte, ist er in der modernen Zeit bei den Revo=
lutionen mitwirkend geworden. Rabbinistische Juden waren
bei der Einsetzung der Freimaurerorden wirksam, die wenigen
Juden Frankreichs (in Paris im ganzen achtzehn) waren
Theilnehmer der Revolution, drei von ihnen nahmen wichtige
Stellungen ein und starben auf dem Schaffot. Die Hälfte
der Begründer des Saint=Simonismus waren Juden, ökono=

misch einsichtsvolle Männer, wie Olinde, Rodrigues, Eichthal und Isaac Pereire. Künstler wie der Komponist Félicien David und der Dichter Heine schlossen sich ihnen an. Als der Liberalismus entsteht, wird Maniu dessen Held in Italien, Börne sein Wortführer in Deutschland, Jellinek sein Agitator und Märtyrer in Oesterreich, Moritz Hartmann sein Für- sprecher in Frankfurt und sein Streiter in Wien. Der deutsche Sozialismus wird von Karl Marx und Lassalle gegründet. Der russische Nihilismus ist stark von jungen studirenden Juden und Jüdinnen rekrutirt worden, von denen Viele ihr Leben geopfert haben.

Kohélet, der nicht an die Erreichbarkeit der Herrenmacht der Gerechtigkeit glaubt, steht ganz außerhalb dieser Grund- richtung im Judenthume. Er vertritt eine andere, nicht weniger bedeutungsvolle israelitische Grundrichtung, die doch den nämlichen Ursprung hat, den Glauben, daß es für den Menschen keine andere Existenz giebt, als das Leben auf der Erde.

Für den Israeliten ist das Leben ein Gut. Leben, das ist Glück. Wenn Kohélet starken pessimistischen Stimmungen Ausdruck giebt, geschieht es, weil er ein zu klarer Kopf ist, um das Leben nicht ebenso auf der Kehrseite, wie im Rechten zu sehen und weil er von hellenischer Tragik berührt ist; doch seine letzten Worte sind nicht Gram über die Sinnlosigkeit des Daseins und die Sorgen des Erdenlebens, sondern eine Aufforderung, die Freuden, die dieses Leben bietet, zu ergreifen und zu genießen. Er ist ein Ausdruck für den Wirklichkeits- sinn des Judenthums und für dessen Neigung, das eigene Glück des Menschen zu seinem Hauptziel zu machen. Ihn erfüllt die Vorstellung von der Kürze des Lebens, von dem schnellen Hinwelken der Jugend und von der Nothwendigkeit, den Genuß zu ergreifen, während es noch möglich ist.

Als Geist zeigt er die Gemeinschaft mit allen andern Geistern in der jüdischen Literatur, mit den Propheten, dem Psalmendichter, dem Verfasser des Hiob und dem Dichter des Hohenliedes, daß er unsachlich, undramatisch, unplastisch un- unterbrochen mit sich selbst beschäftigt ist. Dem einen Gott im Himmel entspricht für den israelitischen Schriftsteller die Persönlichkeit des Einzelnen auf Erden. Außerhalb dieser interessirt ihn nichts. Wenn er nicht immer im eigenen Namen spricht, besagt dies nur, daß er seine persönlichen Ein-

drücke, Erfahrungen, Gefühle und Leidenschaften verall=
gemeinert.

Kohélet ist demnächst räsonnirender Philosoph, ein
rationalistischer Philosoph. Er ist der Typus jüdischen Ver=
standes ohne Schwärmerei, jüdischer Feinheit in Witz und
Kritik, der Stammvater aller scharfsinnigen Ironiker, Zweifler,
Polemiker des Volkes Israel Jahrtausende hindurch. Er stand
keineswegs allein in seiner Zeit. Wie er, dachten später die
Männer, die Sadduzäer genannt wurden. Er repräsentirt die
große Gruppe der hochgebildeten Israeliten des Alterthums,
welche die stete Spannung in der Tendenz gegen die Einführung
der Gerechtigkeit als Weltmacht ermüdet hatte und die zu gute
Köpfe waren, um nicht das Naive im Glauben an die Mög=
lichkeit der irdischen Thronbesteigung dieser Gerechtigkeit ein=
zusehen. Kohélet ist gewiß nicht gottlos, aber er ist ein Un=
gläubiger und nur Kraft des Namens Salomo hat sein kleines
Buch die Nachwelt erreicht. Es liegt ein Element von Vol=
taire in seiner Natur, in seiner Schrift ein Funke vom Spott
Candide's über die Lehre von der besten aller möglichen
Welten. Etwas von Schopenhauer liegt in seiner Frauen=
verachtung. Aber weit näher ist er doch mit seinem großen
späten Abkömmling Heinrich Heine verwandt.

Er ist der erste deutliche Typus freier, verfeinerter
israelitischer Intelligenz. Nach ihm kommen Philon und die
Alexandriner; nach ihnen die jüdischen Polemiker, die jenen
Celsus inspirirten, gegen den Origenes schrieb; ihnen folgt die
Gruppe der Rabbinen, die in dem 10. Jahrhundert die Religion
durch Philosophie aufrechthalten wollten, die betonten, daß es
neben der Schrift eine Autorität der Vernunft gäbe, und ver=
kündeten, daß es nicht nur Recht, sondern Pflicht wäre, den
religiösen Glauben zu untersuchen. Ihnen folgt im 11. Jahr=
hundert Ibn Gabriol, der mit seinem Werk „Die Quelle des
Lebens" stark die arabische Philosophie beeinflußte, und Mai=
monides, der in seinem Hauptwerke „Der Führer der Ver=
irrten" sich bestrebte, die Philosophie des Aristoteles mit dem
Judaismus zu vereinen und zu versöhnen; seine Anhänger in
Spanien und Frankreich erklärten die Wunder allegorisch, bis
glaubenseifrige Juden, die an nicht weniger glaubenseifrige
Dominikaner appellirten, des Meisters Hauptwerk von der
Inquisition verbrannt bekamen.

Gerade vom 10. Jahrhundert bis zum 15. Jahrhundert

sehen wir jüdische Rationalisten und Denker sich damit be=
schäftigen, die Umwälzung in der Geschichte des Menschen=
geistes vorzubereiten, welche die Renaissance bezeichnet. Sie
begründen die Bibelauslegung, die nach und nach eine be=
freiende Macht wird; sie kritisiren die christlichen Dogmen
und Sinnbilder, sie verpflanzen die arabische Philosophie nach
Europa und verbreiten sie gerade zu der Zeit, im 12. Jahr=
hundert, da die rechtgläubigen Muhamedaner sie in ihren
Moscheen verdammten und die Schriften der alten arabischen
Aristoteliker verbrannten. Sie waren auch die Schöpfer des
Averrhoismus in Europa. Sie waren höchst wirksam, beliebt,
ja verzogen am Hofe des großen Kaisers Friedrich II., dem
Mittelpunkte der religiösen Gleichgültigkeit, der Duldsamkeit
und Freidenkerei zu Anfang des 13. Jahrhunderts. Ibn
Gabriol's „Die Quelle des Lebens“ gewinnt Einfluß auf
Giordano Bruno und sein Vergöttern des Weltalls. Das
tausendjährige Bibelbeschäftigen der jüdischen Schrifterklärer
ermöglicht Luthers Uebersetzung derselben und führt ihn zum
freien Forschungsprinzip.

Ihre Grundanschauung mündet erst im 17. Jahrhundert
im theologisch=politischen Traktat Spinozas. Die Lebensansicht
der jüdischen Rationalisten erreicht ihre höchste Verwirklichung
unter der heidnischen Renaissance Italiens.

IV.

Kohélet ist sein und grübelnd und genußliebend und bitter.
Er ist ein überlegener Verstand und ein Stimmungsmensch,
genügend eigenartig, um in jedem Satz den er schreibt, gegen=
wärtig zu sein, und genügend lebhaft, sich ab und zu zu wider=
sprechen.

Hören wir, was er als Frauenhasser über die Frau
schreibt, die ihn offenbar viel beschäftigt hat. „Ich kehrte mein
Herz um zu verstehen und zu prüfen und das verständige und
rechte zu suchen, um mich zu überzeugen, daß die Bosheit
eine Thorheit ist, und die Einfalt eine Tollheit. Und da saud
ich ein Ding, das bitterer als der Tod ist, das Weib, dessen
Herz Schlinge und Netz ist und dessen Hände Ketten sind.
Wer Gott wohlgefällig, entschlüpft ihr, wer Gott mißfällt,
den nimmt sie gefangen. Siehe, dies hab' ich gefunden, sagte

Kohélet, wenn ich eins zum andern lege, um die Rechnung abzuschließen. Was meine Seele suchte, das saud ich nicht. Einen Menschen saud ich unter Tausend, aber ein Weib habe ich unter allen nicht gefunden. — Doch sieh! Ich habe gefunden, daß Gott den Mann rechtlich erschaffen hat, aber sie (die Weiber) verfallen auf allerlei Ränke."

Hören wir weiter, wie die Einsprüche gegen die Triumphe der Schlechten in dieser Sprache klingen:

"Dies alles habe ich gesehen und habe meine Gedanken auf jede That gerichtet, die unter der Sonne geschieht, zu einer Zeit, da ein Mensch nun über den andern herrscht, um Böses zu thun. — Ich habe das Begräbniß der Betrüger gesehen, der Leichenzug entfernt sich von dem heiligen Orte, und sie werden gelobt und gepriesen in der Stadt, wo sie übel gehandelt haben. Auch das ist Eitelkeit! — Weil das Gericht nicht sofort an dem Unrecht vollzogen wird, erkühnen sich die Adamskinder Böses zu thun. Ein Sünder, der hundert Mal übel gethan hat, erreicht ein hohes Alter und doch weiß ich (habe ich gelernt), daß denen das Glück vorbehalten ist, die Gott fürchten, auf daß sie ihn fürchten sollen; aber gut solle es dem Verbrecher nicht gehen, und, der nicht Gott fürchtet, solle nicht länger als ein Schatten währen. — Es geschieht eine Verkehrtheit auf Erden: Gerechte, denen es nach den Thaten der Bösen ergeht, und böse Menschen, denen es nach Thaten der Gerechten ergeht. Noch eine Eitelkeit! habe ich zu mir gesagt. — Da pries ich die Freude, weil für den Menschen unter der Sonne nichts gut ist, außer essen und trinken und sich vergnügen; denn das ist das einzige, was ihm für seine Mühsal in seinen Lebenstagen übrig geblieben, was Gott ihm unter der Sonne vergönnt hat. . . . . . .

"Als ich über all dies gedacht hatte, um es zu ergründen, sah ich, daß die Gerechten und Weisen und ihr Schicksal in Gottes Hand sind. Der Mensch weiß nicht einmal, ob er zum lieben oder hassen auf die Welt kommt; alles ist möglich, alles kann Alle hoffen. Das gleiche Schicksal kann den Gerechten und den Verbrecher treffen, den Guten (und den Bösen), den Reinen und den Unreinen . . . In all diesem, das unter der Sonne geschieht, das ein und dasselbe Schicksal Alle treffen kann, liegt gewiß ein Uebel. Darum sind die Herzen der Adamskinder von Bosheit erfüllt; Tollheit wohnt in ihrem Herzen, ihr ganzes Leben hindurch. Dann gehen sie zu den

Toten · ein. Denn wer wird ausgenommen? Die Lebenden
haben wenigstens Hoffnung. Ein lebender Hund hat es besser
als ein toter Löwe. Die Lebenden wissen, daß sie sterben
werden, aber die Toten wissen nicht das Geringste. Für sie
giebt es keine weitere Belohnung; denn Vergessenheit ist ihr
Gedeihen. Liebe, Haß, Wettstreit, alles ist längst für sie ver=
gangen, und Niemand von ihnen hat noch irgend welchen An=
theil an dem, was unter der Sonne geschieht.

Wohlauf! Esse dein Brot mit munterem Sinn, trinke
deinen Wein mit gutem Humor, daß Gott Dir mit deinem
Werk Glück geschenkt hat! Laß deine Kleider immer weiß sein,
und wohlriechendes Oel nicht auf deinem Haupte fehlen!
Genieße das Leben mit einem Weibe, das Du liebst, alle Tage
deines vergänglichen Lebens, das Gott Dir unter der Sonne
gegeben hat, alle Lebenstage deines vergänglichen Daseins;
denn es ist dein Lebensantheil, der Lohn für die Mühe, die
du dir unter der Sonne gemacht hast. Und thue alles schnell,
was deine Hand auszurichten vermag; denn in Scheôl (das
Reich der Todten) wohin du gehst, giebt es weder Wirksam=
keit, noch Klugheit, weder Wissen noch Weisheit.“

Wie alle andern höchsten Geister Israels empört er sich
auch über die Ungerechtigkeit dieses Erdenlebens. Aber in ihm
liegt nichts von der Don Quichote=Natur; er zieht nicht gegen
sie zum Kampfe aus, und er erwartet nicht, sie innegehalten
oder gelöst zu sehen. Was ist daran zu ändern! Es giebt ja
doch gute Augenblicke im Leben. Man muß sie nur genießen,
selbst wenn man weiß, daß man zumeist für jeden Genuß
büßen muß, den man gehabt hat. Darum die Aufforderung,
den Augenblick nicht vorübergehen zu lassen: Das Leben
schreitet schnell, in der Unterwelt kommt die Reue über die
Zeit, die zum Lebensgenuß verscherzt, zu spät. Und darum
gegen den Schluß der Schrift die erneuten starken Aufforde=
rungen, sich an der Schönheit des Weides und dem Glücke des
gesellschaftlichen Zusammenlebens zu erfreuen, darum die
geniale Beschreibung von dem elenden und zerrütteten Zustande
des Alters, die sich daran schließt, eine Beschreibung, die die
Schrecken des Themas unter den Variationen des schneidenden
Witzes und unter dem spielenden und glänzenden Reichthum
der Koloraturen deckt. In Jaques berühmter Replik über die
Alter des Menschenlebens in Shakespeares „Wie es Euch gefällt“
ist das Alter kurz und knapp durch diese Zeilen charakterisirt:

Der letzte Akt, mit dem
Die seltsam wechselnde Geschichte schließt;
Ist zweite Kindheit, gänzliches Vergessen
Ohne Augen, ohne Zahn, Geschmack und alles.

Kohélet's Schilderung des Alters übertrifft weit diese Verse; seine Ergüsse sind in aller Ueberladung mit Bildern, die er räthselhaft zu machen liebt, äußerst kühn.

Die Stelle lautet in ihrem Zusammenhange :

Laß dein Boot nur auf das Meer fahren, mit der Zeit wirst Du es wiederfinden (d. h. setze dein Vermögen kühn auf's Spiel, auf See und salzige Wogen; mit der Zeit wirst du es dadurch vermehrt finden). Theile es in sieben, ja in acht Theile (d. i. wage nicht alles auf ein Mal!), denn du kannst nicht wissen, welches Unglück dich auf Erden treffen kann. Füllen sich die Wolken mit Regen, so werden sie ihn über die Erde strömen lassen; und fällt ein Baum, sei es gegen Süden oder Norden, so bleibt er liegen, wohin er gefallen (: das ist ein Naturverhängnis, wogegen Voraussicht nicht hilft).

Wer stets auf das Wetter achtet,
Vergißt seine Saat zu säen.
Wer stets den Himmel betrachtet,
Vergißt sein Korn zu mähen.

„Säe nur am Morgen (d. i. dein Samenfeld), und lasse deine Hand nicht am Abend ruhen; denn du weißt nicht, ob diese oder jene Saat Wachsthum erlangen wird, oder ob Beide gleich gut sind (d. i.: Fürchte nicht, Leben zu geben!)

Süß ist das Licht in Wohlsein und Wehen,
Wohl thut es den Augen, die Sonne zu sehen.

Aber wenn ein Mann auch mannigfache Jahre lebt, immer in Freude, soll er doch bedenken, daß die trüben Tage kommen werden und zu viele werden können. Alles, was kommt, ist Eitelkeit!

Freue dich deshalb, Jüngling, mit deiner Jugend und laß dein Herz in deinem Mannesalter wohl gesund sein und gehe den Weg, den dir dein Herzenstrieb weist und den deine Augen begehren, und wisse zum übrigen, daß Gott dich für dies alles büßen lassen wird.

„Und entferne Mißmut aus deinem Sinn und schone deinen Körper vor Anstrengung, denn Jugend und Mannes= kraft geht schnell dahin.

„Und denk an dein Weib in den Tagen deiner Mannes= kraft, ehe die schlimmen Tage kommen und die Jahre ein= treffen, von denen du sagen wirst: Sie gefallen mir nicht — ehe die Sonne und das Licht, der Mond und die Sterne sich verfinstern und die dichten Wolken sofort nach den Regen kommen".

Hier folgt dann die malerische Schilderung der Plagen des Alters, worin, wie der Leser leicht versteht, die Wächter, die Vertheidiger, die Zuschauerinnen, die Müllerinnen, die zwei Thüren sinnbildlich für Beine, Arme, Augen, Zähne und Ohren stehen:

Wenn die Wächter des Hauses wackeln
Und die starken Vertheidiger kommen,
Wenn die Zuschauerinnen
Durch die Fenster blicken so dumm.
Wenn die Müllerinnen die Arbeit lassen,
Weil die wenigen sie nicht fassen.

Wenn beide Thüren sich schließen
Von dem Marktenlärm der Welt,
Und die Mühle furchtbar lärmet,
Wenn so laut der Lärm auch gellt.
Wenn du nach kurzem Schlummer
Dich erhebst beim Hahnenschreien,
Und die Töchter das Lied anstimmen,
Die Vöglein in vollen Reihen.

Wenn des Weges Steigen du fürchtest
Und zitterst beim Geh'n, wenn es knarrt,
Wenn die Mandel dem Zahne wird hart,
Wenn die Heuschrecken nicht länger
Zum Springen sich erheben,
Und Kapern als Mittel gen Ohnmacht
Nicht nützen mehr zum Leben,
Dann gehet der Mensch den Weg hinab
    zum heiligen Ort,
Die Klageweiber am Markt erwarten ihn
    schon dort.

(Genieße also das Leben), „denn die Silberschnur springt
und die Goldvase zerbricht, und der Krug bricht am Brunnen
und das Rad rollt in die Cisterne und der Staub kehrt zur
Erde zurück und wird, was er zuvor gewesen, und der Geist
kehrt zu Gott zurück, der ihn gegeben hat. Eitelkeit aller
Eitelkeiten! sagte Kohélet. Alles ist Eitelkeit.“

V.

Wir haben hier einen Israeliten des Alterthums ohne
Hoffnungen, ohne Glückseligkeitstraum, ohne Gerechtigkeitstraum,
einen, dessen Seele nicht wie die der Andern überspannt ist,
ja nicht einmal hochgespannt. Kaltblütig, wie er zumeist ist,
erhebt er sich doch in diesem Schlusse zu einer gewaltigen
Leidenschaftlichkeit.

Man muß, wie schon bemerkt, sich keineswegs denken,
daß der Verfasser in seiner Zeit allein gestanden hat. Die
Lebensphilosophie, zu der er sich bekennt, hat sicher Anhänger
in nicht geringer Anzahl gehabt. Die Wortsprüche enthalten viel Weltklugheit verwandter Art; aber die Wortsprüche
bilden nur Sammlungen, haben keinen einzelnen Verfasser
und sind nicht in einem Geiste geschrieben. Das merkwürdige Buch Sirach, das einzige der nicht prophetischen
Bücher des alten Testamentes, wo wir den Urheber kennen,
ein Buch, das um's Jahr 170 verfaßt ist, vom Enkel des
Verfassers ungefähr 120 Jahre vor unserer Zeitrechnung herausgegeben, kann iu Einzelheiten zuweilen an Kohélet erinnern.
Sirachs Sohn hat wie dieser einen tiefen Eindruck von der
Gefährlichkeit und den schlechten Eigenschaften der Frauen
(Kap. 9 und 25). Er ruft wie in Angst aus: „Alle Qualen,
nur nicht Herzensqualen! Alle Bosheit, nur nicht eines
Weibes Bosheit!“ — Er legt wie Kohélet geringes Gewicht
auf die äußere Form der Gottesverehrung, ja, geringes
Gewicht auf das Gebet, besonders auf lange Gebete: „Wiederhole nicht Deine Worte in einem Gebet!“ (7, 15). — Er
hegt tiefe Verachtung gegen Träume und gegen diejenigen,
die an Traumgesichte glauben: „Das gleicht Schatten greifen
und dem Winde nachlaufen, wenn man auf Träume achtet.
Traumgebilde sind unwirklich, wie die Erscheinung eines
Gesichtes in einem Spiegel.“ — Er fürchtet jede Wahrsage-
kunst: „Wahrsagen und Vogelgeschrei und Träume sind eitle

Dinge" (34, 2, 3, 5). Auch er räth hin und wieder das
Leben zu genießen auf Grund seiner Kürze und der Unge=
wißheit, wann der Tod kommt. Auch er giebt praktische,
nützliche Winke ohne höhern Schwung. Im Uebrigen ist er
jedoch Kohélets polarer Gegensatz, ein braver, frommer Mann,
ein bürgerlicher Geist. Und er hat als Israelit eine religiös=
patriotische Begeisterung, die Kohélet ganz fremd ist und
die in den originellsten Theilen seines Werkes ausbricht,
die dessen Schluß bilden: Die zwei großen Uebersichten über
die Wunder der Natur und die denkwürdigen Männer der
Geschichte. Während er die Schönheit und Pracht der Natur=
erscheinungen malt, lobspricht er Gott; während er die großen
Männer seines Volkes schildert und verherrlicht, lobsingt er
Israel. Er ist stolz auf sein Vaterland und sein Volk, stolz
darauf, Israelit zu sein, während Kohélet der Sinn für den
zähesten Volkslebenswillen, der noch existirt hat, gefehlt zu
haben scheint.

Kohélet ist ein Typus der Israeliten, die sich bald mit
der griechischen Kultur versöhnen werden. Hat er etwas davon
gekaunt? Renan und andre große Gelehrte verneinen es
unbedingt. Dieselben Gelehrten verneinen entschieden die
griechischen Wendungen in Kohélets Sprache, die zuerst Zirkel,
später Grätz gefunden zu haben vermeint. Man kann streiten,
ob die Worte „gut und vortrefflich" in 5, 17 nothwendig das
griechische καλὸν κἀγαθὸν sein müssen, aber man kann schwer
bezweifeln, daß die Wendung „unter der Sonne" in der Be=
dentung von „auf Erden", die mehr als zwanzig Mal in Kohélet
und sonst nirgends in der biblischen Schrift vorkommt, die
griechische Redensart ist ὑφ' ἡλίῳ.

Aber liegen in diesen schwermüthigen, so wenig israelitischen
Stimmungen, denen er Lust giebt, um sie zu bekämpfen, nicht
deutliche Spuren der antiken Gedankenwelt? Wenn er
sagt: „Da pries ich die Todten vor den Lebenden und mehr
als sie Beide, die noch nicht geworden sind," ist diese Aus=
lassung, die so stark dem altisraelitischen Geist widerstreitet,
nicht von der griechischen Melancholie berührt, die ihren Aus=
druck erhalten hat in Sophokles' Μὴ φῦναι τὸν ἅπαντα
νικᾷ λόγον (Nicht zu sein ist von Allem das Beste)? Und
schimmert nicht in seiner bestimmten, wenn auch unwissenschaft=
lichen Ueberzeugung von der festen Gesetzesverpflichtung aller
Dinge und dem steten Zurückkehren aller Erscheinungen eine

Spur von auch noch so ferner und flüchtiger Einwirkung vom Kulturleben des alten Griechenlands?

In jedem Falle würde er, falls er die antike Kultur kannte, keine principielle Ueberzeugung dagegen aufzustellen haben, und es sind seine Abkömmlinge, die späterhin den leitenden Männern Israels so viele Sorgen bereiten, indem sie sich das Geistesleben der Unterdrücker aneignen und es genehmigen.

Kohélets Sprache ist ein spätes, unreines Hebräisch, stark gemischt mit Aramäisch. Doch scheint Grätz' Vermuthung, daß das Buch unter Herodes geschrieben sein soll, aus vielen Gründen unrichtig. Man kann sich diesen kaltblütigen Raisonneur nicht gut lebend denken in der zermarterten und begeisterten Zeit der Makkabäer, seine Lebensbetrachtungen gleichzeitig niederschreibend, wo der Dichter des Liedes in seine ergreifende Klage ausbricht:

Sie haben Feuer auf dem Heiligthum gesetzt,
Zu Grunde geschändet die Wohnung Deines Namens.
Sie sagen in ihrem Herzen: Vernichten wir sie alle!
Sie verbrannten alle Gotteshäuser im Lande.
Unsere Sinnbilder — wir sehen sie nicht mehr,
Es giebt keinen Propheten mehr.
Und Niemand unter uns weiß: Wie lange?
Wie lange, o Gott, soll der Feind Dich verhöhnen?

Manche glauben, daß das Buch zur Zeit der Ptole=mäer entstanden. Wir haben oben den Vers 10, 16 ange=geben mit: „Weh Dir, o Land, dessen König ein Sklave ist". Diese Uebersetzung scheint nämlich die richtigste, auf Grund des Gegensatzverhältnisses zum folgenden Verse. Falls jedoch der Vers, wie Reuß und die dänischen Bibelübersetzer ihn wiedergeben, gelesen werden soll: „Dessen König ein Kind ist", so paßte, was über das Unglück des Landes gesagt wird, aus=drücklich auf Ptolemäus V (205—181), der nur fünf Jahre alt auf den Thron kam. Er ist der Letzte seines Stammes, der über Palästina geherrscht hat und während seiner Jugend lag die Regierung in den Händen der Höflinge seines elenden Vorgängers. Es ist auch zu einem Zeitpunkte, der seiner Thronbesteigung nahe liegt, daß ein Ereigniß stattfand, das an jene Kriegsthat erinnert, die in Kohélet (Kap. 9) von der kleinen Stadt erzählt wird, die ein mächtiger König belagerte und die von einem verständigen Manne befreit wurde.

6

Sonst vermöchte der Verfasser durch die Schilderung
der Sitten jener Zeit den Gedanken nicht auf einen ganz
bestimmten Zeitpunkt zu leiten. Was man aus der Schil=
derung ersieht, ist Folgendes: Judäa war nicht länger ein
selbstständiges Reich, sondern eine Provinz. Der Tempel in
Jerusalem existirte und die Gottesverehrung stand in Macht.
In Jerusalem gab es ein Königsgeschlecht und einen Hof,
der üppig und ausschweifend lebte; die niedere Bevölkerung
war unterdrückt und mißhandelt, unwürdige Emporkömmlinge
gelangten zu Ruhm und Glanz. Der Verfasser eifert gegen
jene, die nach dem Scheine außerordentlicher Frömmigkeit
streben, heilige Gelübde ablegen, die sie hinterher selten halten,
Gott mit langen Gebeten ermüden u. s. w.; dies deutet auf
eine Zeit, wo man sich nicht damit begnügte, die ursprüng=
lichen Vorschriften der Religion pünktlich einzuhalten, sondern
Gewicht auf einen äußerlich gehenden Pietismus legte. Die
Lebenszeit des Verfassers fällt offenbar zusammen mit
den ersten Vorboten der Bildung der religiös=nationalen
Partei, die ihn durch ihre nationale Tendenz auch nicht ange=
sprochen hat.

Ebenso wenig fühlte er sich, wie wir sahen, durch die
Sekte der Essäer angesprochen. Ihr Verkünden der Ent=
sagung als Pflicht, ihre Aechtung des Lebensgenusses,
ihre Beschäftigung mit der Vorstellung eines Lebens nach
dem Tode sind ja der Gegenstand seiner unaufhörlichen
Angriffe. Sie scheinen ihm die schlimmsten der „Thoren“,
von denen er stets spricht.

An vielen Punkten erinnert Kohélet, wie oft nachgewiesen
worden, an die griechischen Kyrenaiker, an die genußliebende
Schule des Aristippos. Nur hatte dieser die Wissenschaft
vor ihm voraus.

Man findet sein Werk frühestens zuerst im ersten Jahr=
hundert unserer Zeitrechnung erwähnt und ungefähr 130 n. Chr.
erst ins Griechische übersetzt. Das Buch wurde da als alter
Text geehrt. Man glaubte, die Schrift sei von Salomo
verfaßt und als sie übersetzt wurde, war ihr Glück gemacht;
sie wurde kanonisch. Grotius war der Erste, der Anstoß an
Kohélet nahm (wie am Hohelied).

Die Ideen des Verfassers sind in all ihrer Originalität

einfach genug, aber seine Sprache legt ihm Hindernisse in den
Weg, diese hebräische Sprache, die zur Philosophie ziemlich
ungeeignet war. Deshalb geht er stets von neuem seinen
Gedanken nach, bessert aus, verbessert, bessert nach; deshalb
frischt er seine Bilder auf und malt sie immer wieder aus.
Dies kann ihm ein Gepräge der Unbeholfenheit geben. Aber
Alles in Allem ist er eine sehr interessante Persönlichkeit,
dieser alte Kohélet. Ungemein aristokratisch und ungemein
nervös, gewandt und lebhaft und klug und mit allem fertig,
nichts anderes schätzend, als stille Genüsse. Er hat die Auf=
gabe gelöst, Pessimist ohne Verzweiflung zu sein und Epikuräer
ohne Genußsucht.

Ueber die inneren Ursachen der Blüthe und des Verfalls in der Geschichte der Juden.

Von M. Güdemann.

———

Jakob Bernays, den ich als meinen einstigen Lehrer hoch verehre, macht in seinen nachgelassenen Aufzeichnungen für eine Würdigung von Gibbon's „Geschichte des Sinkens und Falls des Römischen Reiches" die Bemerkung: „Geschichtlich von einer Religion reden kann man nur dann, wenn sie nicht da ist"*). Er knüpft diese These an die Thatsache, daß Gibbon das dogmatische Christenthum deshalb, weil es in der zweiten Hälfte des vorigen Jahrhunderts in den literarischen Kreisen wenig oder nichts bedeutete, überhaupt für abgethan erachtete, und darüber mit einer für Viele verletzenden Kälte urtheilte. Gibbon befand sich aber im Irrthum und bekannte nachträglich, wenn er gewußt hätte, daß der größere Theil seiner englischen Leser so tiefe Anhänglichkeit selbst an den Namen und Schatten des Christenthums besäße, daß er alsdann vielleicht die betreffenden gehässigen Kapitel gemildert haben würde. Also ein Geschichtschreiber von der außerordentlichen Bedeutung Gibbon's, der das byzantinische Kaiserthum mit unvergleichlichem Scharfblick zu erfassen und zu schildern verstand, befand sich in Unklarheit darüber, wie es mit dem Christenthum des Zeitalters, dem er selber angehörte,

———

*) Gesammelte Abhandlungen, herausg. v. Usener II, 227.

in Wirklichkeit bestellt war. Diese allerdings nicht wenig befremdende Wahrnehmung hat Bernays zu der angeführten Bemerkung veranlaßt. Sie ist auch für die geschichtliche Betrachtung des Judenthums von Wichtigkeit. Wir haben eine durchaus religiöse Geschichte. Unsere Geschichte selbst ist Religion. Die Geschichtsquellen anderer Völker, wie der Römer und Griechen, haben mit der Religion, zumal mit den bestehenden Religionen, nichts zu thun. Man nennt sie deshalb profane Schriften und ihre Verfasser profane Schriftsteller. Dagegen sind unsere ältesten Geschichtsquellen nicht profaner, sondern religiöser Natur, wir nennen sie in ihrer Gesammtheit die Heilige Schrift und fast die gesammte gebildete Welt begreift sie unter diese Bezeichnung. Was unsere nachbiblischen Geschichtsquellen betrifft, so haben sie ebenfalls theils einen ausgesprochenen religiösen Inhalt, theils tragen sie einen religiösen Charakter. Letzteres gilt fast von unserer gesammten Literatur. Selbst medizinische, astronomische, mathematische Schriften sind mehr oder weniger mit der Religion verflochten. Wenn wir also keine profanen Geschichtsquellen besitzen, so können wir auch keine profane Geschichte, sondern nur eine religiöse haben. Ich sage aber mehr: unsre Geschichte ist selbst Religion. Nicht blos unser inneres Leben bewegte sich früher und bewegt sich zum Theil heute noch um die Religion als um seinen Mittelpunkt, auch unser äußeres Leben zeigt das gleiche Verhältniß. Die Geschichte des Mittelalters belehrt uns, daß unsre äußeren Rechtsverhältnisse oder vielmehr Unrechtsverhältnisse sammt und sonders auf den Zweck zugeschnitten waren, unsre Religion aus der Welt zu schaffen und uns zum Christenthum zu bekehren. Ueber diesen Punkt habe ich wohl nicht nöthig, mich weiter zu verbreiten, ich will nur die Thatsache hervorheben, daß selbst diejenigen mittelalterlichen staatlichen und städtischen Einrichtungen, Gesetze und Vorschriften, die augenscheinlich auf die materielle Ausbeutung der Juden abzielten, wie die verschiedenen Schatzungen und Steuern, von religiösen Gesichtspunkten ausgingen, wenigstens mit solchen motivirt wurden. Die Religion beherrschte damals Alles. Es lag deshalb eine gewisse Naivetät darin, daß die christlichen Machthaber und Gesetzgeber für ihre Frömmigkeit sich von den „ungläubigen"

Juden so zu sagen bezahlen ließen. Warum auch nicht? Die Juden brauchten sich nur taufen zu lassen und waren von allen Beschwerden befreit. Niemand wird hiernach bestreiten, daß die Geschichte der Juden im Mittelalter nur eine Geschichte ihrer Religion, ja daß diese Geschichte selbst Religion gewesen ist. In ihrem inneren Leben war die Religion für die Juden der unentbehrliche Quell des Heils, und wenn sie auf die Straße gingen, erinnerte sie der Judenhut oder der gelbe Fleck an ihre Religion. Sie kamen gar nicht aus ihrem Bannkreise heraus, dafür sorgte zu Hause das Judenthum und draußen das Christenthum. In der Gegenwart liegen die Dinge nur insofern anders, als für manche Kreise unter den Juden die jüdische Religion ungefähr so viel oder so wenig bedeutet, wie das dogmatische Christenthum für die Gebildeten in der zweiten Hälfte des vorigen Jahrhunderts, und insofern besitzt vielleicht unsre innere Geschichte nicht durchweg religiösen Charakter. Aber unserer äußeren Geschichte ist derselbe auch in der Gegenwart nicht abzusprechen, wenngleich bei den Angriffen gegen uns die Religion ganz aus dem Spiele gelassen und der Jude nicht einmal um den Preis der Taufe pardonnirt wird. Indessen ist es eine bloße Kriegslist unserer Gegner, wenn sie uns von anderen Gesichtspunkten aus, als religiösen, bekämpfen. Sie wollen damit nicht blos unsere nichtjüdischen Mitbürger, sondern auch uns selbst irre machen, was ihnen ja leider vielfach gelungen ist. Diejenigen jedoch, welche hinter den Coulissen der Oeffentlichkeit die gegen uns gerichtete Strömung in Fluß gebracht haben und in Fluß erhalten, gehen lediglich von der Absicht aus, uns unserer Religion zu entfremden, wenn sie auch im Unterschiede zu früheren Zeiten die Erstürmung der alten Burg des Judenthums auf dem Umwege politischer, nationaler, volkswirthschaftlicher und socialer Laufgräben versuchen. Man hat noch nichts davon gehört, daß die Missionsgesellschaften liquidirt hätten, daß das Gebet um die Bekehrung der Juden aus der katholischen Liturgie beseitigt worden wäre, oder daß in der protestantischen Kirche nicht mehr zur Zeit des Tischa-beaw über die Zerstörung Jerusalems als eine Bewahrheitung des Christenthums geprediget würde. Wir sind, wenn vielleicht nicht durchweg in

unseren eigenen Augen, so doch jedenfalls für die christliche
Welt ein religiöser und nur ein religiöser Faktor, und des=
halb darf man behaupten, daß auch die jüdische Geschichte
der Gegenwart, wir mögen wollen oder nicht, eine religiöse,
oder vielmehr selbst Religion ist. Wenn diese Ausführung
aber der Wahrheit entspricht, so wäre man nach der These
Bernays', die ich im Eingange dieses Aufsatzes angeführt
habe, gar nicht im Staude, über das Judenthum geschichtlich
zu reden, weil es noch da ist. Indessen bemerkt der genannte
Gelehrte in denselben Aufzeichnungen: „Einen großen Vor=
sprung hat die moderne Zeit vor der alten dadurch, daß sie
eine alte Geschichte hat"*). Hiernach eignet sich das Juden=
thum, wenn es auch noch da ist, gleichwohl zu einer geschicht=
lichen Betrachtung. Wir überblicken Zeiträume unserer Ge=
schichte, von deren Ausdehnung und Entfernung wohl die
Wenigsten jemals versuchen sich Rechenschaft abzulegen, wo=
von man sich aber einen ungefähren Begriff machen kann,
wenn man bedenkt, daß der jüdische Geschichtsschreiber Josephus
bereits vor 1800 Jahren eine seiner Schriften „Jüdische
Archaeologie", d. h. Jüdische Alterthümer benennen konnte.
Dagegen reicht das Alterthum der modernen Völker und
Religionen nicht einmal oder kaum in das Zeitalter des
Josephus zurück. Es ist aber mit der zeitlichen Ausdehnung
wie mit der räumlichen, und wie der Reisende, der große
Strecken eines Landes durchwandert hat, wohl im Stande ist,
sich ein Urtheil über seine Bewohner, sein Klima und seine
Erzeugnisse zu bilden, mag ihm auch die eine oder andere
Gegend unbekannt geblieben sein, ebenso kann die Betrachtung
einer in sehr ferne Zeiträume zurückreichenden, wenn auch
nicht abgeschlossenen religiösen Geschichte zur richtigen Er=
kenntniß dessen führen, was auf ihre Entwicklung günstig
oder ungünstig eingewirkt hat und voraussichtlich auch in
Zukunft so wirken wird. Von dieser Voraussetzung aus=
gehend, will ich es versuchen, indem ich von äußeren Ein=
flüssen absehe, die inneren Ursachen der Blüthe und
des Verfalls in der Geschichte der Juden auseinan=
anderzusetzen.

. *) Daf. II, 235.

I.

Wer einmal die Mondsichel durch ein Teleskop betrachtet hat, der wird in der Nähe des inneren Randes, aber durch den Schatten davon getrennt, vereinzelte helle Punkte wahrgenommen haben. Dies sind nach der Erklärung der Astronomen Bergspitzen, die bereits von der Sonne beschienen sind, während die unmittelbar an den inneren Raud der Sichel grenzenden Partien Thäler sind, die noch im Dunkel liegen. Ich wähle dieses Bild (welches wir ja von unserer Erde nicht empfangen können, da wir uns nicht so weit von ihr zu entfernen vermögen, als wir thatsächlich vom Monde entfernt sind), weil es sehr ähnlich dem Eindrucke ist, den die entlegenen Partien unserer Geschichte auf uns machen. Da sehen wir auch sonnenbeschienene Stellen, oder richtiger Zeiten, die von den früheren oder späteren, welche mehr oder weniger in Dunkel gehüllt sind, sich scharf abheben. Eine der glänzendsten Partien, ja die glänzendste überhaupt, ist die Zeit Davids. Die Gestalt dieses Königs und seine Zeit erscheinen uns in bestimmten Umrissen und machen einen großartigeren Eindruck, als selbst, ich will nicht sagen die Gestalt, aber die Zeit Moses'. Es ist die wahre Blüthezeit unserer alten Geschichte, und wenn wir uns fragen, was die Ursache der damaligen Blüthe gewesen ist, so können wir darauf mit einem Worte antworten: Organisation. David war ein ausgezeichneter Organisator, er hat erst ein Ganzes, ein Reich geschaffen. Allerdings hat ihm bereits Samuel vorgearbeitet, aber David war der gelehrige Schüler, der dasjenige vollendete, wozu der Meister nur den Grund gelegt hatte. Es scheint, daß unseren Voreltern die Gabe der Organisation, welche z. B. die Römer in außerordentlichem Maße besaßen, und durch welche sie das vorzugsweise staatbildende Volk wurden, nicht in die Wiege gelegt war. Die Bibel giebt dies deutlich zu verstehen. Sie nimmt keinen Anstand, zu berichten, daß Moses auf eine der primitivsten Verwaltungseinrichtungen, nämlich die Vertheilung der Geschäfte auf eine Stufenfolge von Instanzen, erst von einem Heiden, seinem Schwiegervater Jethro, aufmerksam gemacht werden mußte. Den Mangel an Organisation in der vorsamuelischen Zeit schildert am kürzesten und treffendsten der typische Refrain im Buche der Richter: „In jenen Tagen war ein König in Israel, jeder that, was er wollte." Wie man die Vorzüge, die man selbst nicht besitzt, bei Anderen am meisten schätzt, so zollt auch ein Volk denjenigen seiner Koryphäen die größte Verehrung, welche die ihm im Allgemeinen anhaftenden Mängel durch ihre Persönlichkeit ausgleichen. Daraus erklärt sich, daß die Tradition den einen Samuel dem Brüderpaare Moses und Aron gleichwerthig erachtet und ebenso, daß der Messiasglaube, die Hoffnung auf das goldene Zeitalter der Zukunft, an die Persönlichkeit Davids anknüpft. Nach David sank das Reich sofort wieder von seiner Höhe herab, es zerfiel, und es hat nachmals in unserer alten Geschichte nur wenig Zeiten gegeben, die aus ihr wie die sonnenbeschienenen Bergspitzen aus den dunkeln Partien der Mondscheibe hervorleuchten. In Folge des Mangels an Organisation entstand Parteiung und Unfriede. Es ist aber nur zu wahr, was der alte römische Schriftsteller Sallust sagt, daß durch Eintracht kleine Dinge wachsen, dagegen durch Zwietracht die größten zerfallen, und die Bestätigung dieser Wahrheit findet man auf jedem Blatt unserer Geschichte. Wenn ein Jude auch sonst kein hebräisches Wort kennt, zwei kennt er gewiß, das sind die Worte „Scholaum", Friede, und „Machlaukes", Unfriede oder Streit. Ungemein zahlreich sind in der Bibel und in den rabbinischen Schriften die Lobpreisungen des Friedens und die Verwünschungen des Unfriedens — Beweis genug, wie selten der erstere war und wieviel man durch den letzteren zu leiden hatte. Denn wovon das Herz voll ist, sei es Freude oder Leid, davon geht auch bei einem Volke der Mund über. Das ganze Mittelalter widerhallt von den Streitigkeiten, welche die Gemeinden zerklüfteten. Zwar geben die mehrfachen Synoden, auf welchen die Koryphäen des Judenthums zur Ordnung gemeinsamer Angelegenheiten sich versammelten, davon Zeugniß, wie tief das Bedürfniß nach Organisation empfunden wurde und wie man demselben auch abzuhelfen bemüht war. Dennoch zeigt sich ein geordnetes Gemeinwesen während des Mittelalters unsern Blicken nur sehr vereinzelt, fast überall herrscht Zwietracht und Unordnung, selbst die Rabbiner in einer und derselben Gemeinde und deren Jünger bekämpften einander und oft kam es zu Skandalscenen sogar in den Gotteshäusern. Dabei hat es früher

nicht entfernt so große Gemeinden gegeben, wie z. B. die
unsrige oder andere jüdische Gemeinden der Gegenwart. Es
hat kaum so große Städte gegeben. Dies erklärt sich leicht:
Die Ritter saßen mit zahlreichen Reisigen auf den Burgen,
deren fast jede die Gegend beherrschende Anhöhe eine aufwies;
auf den Landstraßen und in den Wäldern trieb sich viel
fahrendes Volk umher, fast jede Stadt war eine Festung und
bot in Folge dessen nur einer beschränkten Anzahl von Be=
wohnern Raum. Erst in der neueren Zeit haben sich die
reichbevölkerten städtischen Centren gebildet. Aber wenn es
auch im Mittelalter nicht so volkreiche Städte gegeben hat,
wie heute, so herrschte unter ihren Bürgern trotzdem nur
selten Einigkeit. Nicht blos die Städte unter einander be=
fehdeten sich, sondern in einer und derselben Stadt bekämpften
sich die Parteien und selbst einzelne Familien auf Mord und
Tod, was ja ein jeder schon aus „Romeo und Julie" weiß.
Ich mache diese Digression deshalb, damit wir die Zustände
in den jüdischen Gemeinden gerecht beurtheilen. Die Juden
haben es im Guten wie im Bösen vielfach der Umgebung
nachgemacht, in deren Mitte sie wohnten. Diese Bemerkung
macht schon im 13. Jahrhundert das „Buch der Frommen".
Selbstverständlich erstreckt sich dieses Urtheil nicht auf alles
und jedes, aber die eigene Unfähigkeit zur Organisation konnte
durch die allgemeinen verwilderten Zustände nur bestärkt
werden. Eine musterhafte Organisation des Gemeinwesens
tritt uns während des Mittelalters nur bei den Juden auf
Sicilien entgegen. Wie dieses eine Insel ist, so bildet auch
die Geschichte der Juden auf Sicilien eine Insel im Strom=
bette unserer allgemeinen Geschichte. Sie haben nicht viel
von sich reden gemacht, aber dieser Umstand berechtigt, wie
bei den einzelnen Menschen, zu der Vermuthung, daß sie sich
wohl befunden haben. Dazu trug ihre bis auf das Kleinste
sich erstreckende Gemeindeorganisation unstreitig wesentlich bei
und daß sie gleichzeitig ein bedeutender und anerkannter Faktor
des öffentlichen Lebens waren, ersieht man daraus, daß, als
der König von Spanien ihre Vertreibung anbefohlen hatte,
die höchsten Behörden durch bewegliche Vorstellungen, welche
die Verdienste, ja die Unentbehrlichkeit der Juden hervorhoben,
dieselbe zu verhindern, leider vergeblich, sich bemühten. Erst

in der neueren Zeit haben sich die Verhältnisse in den jüdischen
Gemeinden consolidirt, und daß der Anstoß dazu nicht von
diesen selbst, sondern von den Regierungen ausgegangen ist,
kann leider nicht in Abrede gestellt werden. Im Mittelalter
wollten die Regierungen von einer Organisation der Juden
in der Regel nichts wissen. Es war den Regierungen gerade
recht, wenn es bei den Juden drunter und drüber ging.
Wurde aber einmal von staatswegen der Versuch einer Ordnung
gemacht, dann wollten wieder die Juden davon nichts wissen. In
unserem Jahrhundert sind an die Stelle der alten „Judenord-
nungen", welche aber im Inneren nur die alte Unordnung kulti-
virten, zuerst in Frankreich, dann in den verschiedenen Ländern
des deutschen Reiches, wie endlich auch in unserer Monarchie
aufgeklärte Staatsgesetze getreten, welche mit mehr oder weniger Erfolg die Verhältnisse in den jüdischen Gemeinden ge-
regelt haben. Andererseits haben allerdings auch die Juden
selbst aus ihrer Geschichte gelernt, daß Blüthe und Verfall
des Judenthums von dem Dasein oder Mangel der Organi-
satiou abhängen.

II.

Eine andere Ursache der Blüthe wie des Verfalls bildet
das Familienleben. Es giebt allerdings überhaupt keinen
Staat und kein Volk, deren Geschicke nicht am Eude auf
diesen Wurzelboden der menschlichen Gesellschaft zurückgingen,
aber bei den Juden bedeutet das Familienleben noch etwas
ganz anderes, insofern ihre Geschichte eine religiöse Geschichte
ist. Die Religion Israels hat als solche niemals den Anspruch erhoben, die Welt zu erobern. Aber sie hat die Familie begründet, was mehr ist. In der Welt verliert sich
der einzelne Mensch. Dagegen ist die Familie eine ganze
Welt. Unsere älteste Geschichte, welche das 1. Buch Moses
enthält, ist eine Familiengeschichte, aber doch nicht die Geschichte einzelner Familien. Vielmehr wird darin gezeigt, wie
dasjenige, was nachmals als geistige Errungenschaft des ganzen Volkes erscheint, durch eine Abfolge von Geschlechtern
langsam aber stetig vorbereitet wurde. Man hat diese Familiengeschichte für sagenhaft erklärt. Aber woran wir bei dieser

Geschichte überhaupt das Interesse haben, daß es wahr sei, das ist gewiß wahr, denn es ist menschlich, so menschlich, daß wir, wie ein geschickter Bildhauer einen Torso im Geiste seines Schöpfers zu ergänzen vermag, so auch jene Familiengeschichte, wenn sie verloren ginge, aus der nachmaligen Geschichte der Juden rekonstruiren könnten. Andererseits darf man behaupten, daß wenn der größere Theil der fünf Bücher Moses verloren ginge, jene Familiengeschichte für sich allein hinreichen würde, unsre Religion wieder auf die Beine zu stellen. Wenn man wissen will, was die Familie in der Geschichte der Juden ist und bedeutet, so braucht man nur ihre Stellung bei den übrigen alten Völkern mit derjenigen zu vergleichen, welche sie bei den Juden einnahm. In den Stufenliedern des Psalmisten kommen die Sätze vor: „Siehe, ein Geschenk des Ewigen sind Söhne, ein Lohn die Leibesfrucht". „Dein Weib wie ein fruchttragender Weinstock im Innern deines Hauses, deine Kinder wie Oelbaum=Sprößlinge rings um deinen Tisch. Siehe, also ist der Mann gesegnet, der den Ewigen fürchtet." Diese Sätze zeigen deutlich, was das Kind, dem heute erst die allgemeine und richtige Würdigung zu Theil wird, bereits im Volke Israel bedeutete. Der Begriff des Kindersegens kommt aus dem Judenthum. Es ist wahr, auch bei den Judern spielt das Kind in ihren heiligen Schriften eine wichtige Rolle. Aber es ist da von hundert und mehr Kindern einer Frau die Rede. Das ist grotesk und hat mit einer religiösen Auffassung nichts gemein. Umgekehrt erscheinen im klassischen Alterthum Kinder wie ein nothwendiges Uebel, das man auf das geringste Maß einschränken muß. Es hing da zumeist von der Willkür der Eltern ab, ob die Kinder über=haupt am Leben erhalten, oder ausgesetzt werden sollten. In Sparta ward ein Vater von drei oder vier Söhnen schon öffentlich belobt, in Rom wurde zu einer Zeit demjenigen Vater eine gewisse Bevorrechtung durch ein zu diesem Zwecke erlassenes Gesetz zugesprochen, der den Besitz dreier Kinder nachweisen konnte, wie etwas Aehnliches Zeitungsberichten zufolge jetzt in Frankreich geplant wird. Das Verhältniß der Eltern zu den Kindern und dieser zu jenen, welches heutzu=tage in der ganzen gebildeten Welt als sittliche Norm gilt, ist in Israel begründet worden. Nur ist aus dem fünften

Gebot das vierte geworden, aber das ist nur eine Verschie=
bung, keine Verbesserung. Ebenso wurden in Israel ein für
alle Male die Grundlagen der Erziehung befestigt. „Höre,
mein Sohn, auf die Unterweisung deines Vaters, und lasse
nicht von der Lehre deiner Mutter." Dieser Satz aus dem
Anfangskapitel der Sprüche Salomo's war und ist einer der
Fundamentalsätze aller Erziehung. Die ersten und wichtigsten
Lehrer sind Vater und Mutter. Aber es verdient bemerkt
zu werden, daß, während im klassischen Alterthum die Er=
ziehung immer Sache des Einzelnen blieb, sie bei den Juden
zugleich Staatssache, ein „politicum" war. Frühzeitig hat
es bei den Juden öffentliche Schulen gegeben, und daß die
Pflege oder Vernachlässigung der Erziehung und des Unter=
richts zu allen Zeiten die Blüthe oder den Verfall des Juden=
thums begründeten, wird man begreifen, wenn man bedenkt,
wie im Jahre 1866 das Wort umlief, die Schlacht bei Königs=
grätz hätten die preußischen Schulmeister gewonnen. Auch das
Judenthum hatte seine Schlachten zu schlagen, und auch bei
ihm haben sie die Schulmeister gewonnen. Sie waren es,
welche der Jugend die Vertrautheit mit dem Arsenal, in
welchem die besten Waffen für den Kampf des Lebens nieder=
gelegt sind, die Vertrautheit mit der Bibel einflößten, welche
von den christlichen Predigern des Mittelalters ihren Zuhörern
häufig zur Nachahmung empfohlen wurde. Doch kehren wir
von der Schule wieder in das Haus zurück. Daß die
Heiligkeit des Familienlebens von jeher in Israel als eine
der Bedingungen des allgemeinen Gedeihens betrachtet wurde,
und auch wirklich eine solche gewesen ist, bezeugen manche
Stellen im Pentateuch, ganz besonders aber das Buch der
Richter durch das zur Warnung aufgestellte Gemälde eines
häuslichen Drama's, welches zuletzt zu einem blutigen Bürger=
kriege führte. In derselben Absicht der Warnung nimmt auch
die Bibel keinen Anstand, die Schwäche, die der Persönlich=
keit David's gerade in diesem Punkte anhaftet, schonungslos
aufzudecken. Erschütternd wirkt die Schilderung, wie der
Prophet Nathan dem König David die fingirte Missethat des
reichen Mannes vorträgt, der, obgleich im Besitze großer
Heerden, dem armen Nachbar das einzige Lamm, das er sein
eigen nennt, wegnimmt und seinem Gaste vorsetzt —, um als=

dann, wie der König in schnell aufwallendem Zorn den reichen
Manu zum Tode verurtheilt, ihm zuzurufen: Du selbst bist
dieser Mann, der du dich nicht scheutest, Urija in den Tod
zu schicken, und dir sein Weib anzueignen. Ich darf aber
ein reizvolles Detail der angeführten Parabel nicht übergehen,
welches unsre Weisen hervorheben. Der Gast des reichen
Mannes, der scheinbar mit dem Kern der Sache nichts zu
thun hat und aus dem Spiele bleiben könnte, wird in dem
kurzen Verlaufe eines einzigen Satzes zuerst als Wanderer,
dann als Gast, zuletzt als Herr bezeichnet. Augenscheinlich
ist damit die Leidenschaft gemeint, die Anfangs flüchtig das
Herz des Menschen berührt, dann aber häufiger darin einkehrt, um es zuletzt ganz in Beschlag zu nehmen. Dieser
Wink, welcher dem Gast in der Parabel seinen vollberech-
tigten Platz anweist, wird David nicht entgangen sein und
muß ihm seine Verirrung nur eindringlicher zu Gemüthe geführt haben. Und wie David späterhin den Schmerz erlebt,
daß sein Sohn Absalom, dessen Mutter nach der Tradition
eine Kriegsgefangene war, sich gegen ihn auflehnt, da fragt
ihn, ebenfalls nach der Tradition, sein Freund Chuschaj:
„Warum hast du eine deiner unwürdige Frau geheirathet?",
indem er ihm mit dieser Frage zu verstehen giebt, daß der
Schmerz, den ihm Absalom bereitet, ihn nicht unverdient treffe.
Denn aus einer übel gerathenen Ehe gehen nicht leicht ge-
rathene Kinder hervor. In diesem Zusammenhange mögen
auch der Stellung und Bedeutung der Frau im Judenthume
einige Worte gewidmet sein. Das Christenthum nimmt für
sich das Verdienst in Anspruch, der Frau erst eine ihrer würdige Stellung angewiesen zu haben. Das entspricht nicht den
Thatsachen weder der Geschichte des Judenthums, noch der
Geschichte des Christenthums. Unsere Bibel hat zwar die Poly-
gamie nicht verboten, aber gewollt hat sie — diese Ueberzeugung
muß sich jedem unbefangenen Leser aufdrängen — nur die Ein-
ehe, die auch thatsächlich die herrschende Norm gewesen ist.
Andererseits zeigt das christliche Mittelalter, welches von
Frömmigkeit trieft, gerade das Eheleben in einem nichts
weniger als rosigen Lichte. Der ritterliche Frauendienst entspricht, wenn man ihn seines romantischen Schimmers ent-
kleidet, durchaus nicht den Vorstellungen, die wir uns von

einem sittlichen Eheleben und überhaupt von einem sittlichen
Verkehr der beiden Geschlechter machen. Dagegen dürfen wir,
ohne uns der Uebertreibung schuldig zu machen, behaupten:
Der jüdische Frauendienst war ein Theil des Gottesdienstes.
In jedem Gebetbuch findet sich das biblische Lobgedicht auf
die ehrbare Frau und Mutter, und als einen Theil seiner
Freitagabendandacht betrachtete der jüdische Ehegatte den Vortrag dieses Schlußkapitels der Sprüche Salomo's. Man mag
daran erkennen, was die Frau in der Geschichte der Juden
war und bedeutete, wie viel in dem inneren Leben und selbst in der
äußeren Geschichte der Juden von ihr abhing. Man braucht nur
der hervorragenden biblischen Frauengestalten und ihrer Stellung
im Mittelpunkte der jüdischen Geschichte sich zu erinnern, um die
Ueberzeugung zu gewinnen, daß eine erhabenere Würdigung
der Frau, als das Judenthum ihr zu Theil werden läßt,
überhaupt nicht zu denken ist. Die Tradition führt die Befreiung aus Aegypten auf das Verdienst der edlen Frauen
zurück. „Auch sie waren an dem Wunder betheiligt", lautet
ein anderer Ausspruch der Tradition, welcher dem Antheil
der Frauen an der Herbeiführung bedeutsamer Wendepunkte
gerecht wird. Ungemein zahlreich sind die Züge aufopfernder
Gattenliebe, durchdringenden Verstandes und erhebender
Seelengröße, welche schon die Bibel von Frauen erzählt, und
die in unserer späteren Literatur — wir haben eine ganze
Frauenliteratur — zerstreut sind. Die Geschichte von den
Weibern von Weinsberg, welche von der Erlaubniß, aus der
belagerten Stadt mit ihrer liebsten Kostbarkeit abzuziehen,
Gebrauch machend, die zum Tode verurtheilten Ehegatten auf
dem Rücken mit sich nehmen, findet bereits im Midrasch ihr
Vorbild. Der fromme, aber den philosophischen Studien
abholde Joseph Jabez, ein Schicksalsgenosse der aus Spanien
vertriebenen Juden, ruft begeistert aus: „Die gottesfürchtigen
spanischen Frauen waren es, die ihre Ehegatten antrieben,
sich mit ihnen in den Tod zu stürzen, während die philo-
sophisch gebildeten Männer sich taufen ließen." Andererseits
waren es wiederum Frauen, welche, wie man sich schon aus
dem Buche der Könige überzeugen kann, die schwerste Heim-
suchung nicht blos über ihre Familien, sondern auch über die
jüdische Gesammtheit gebracht haben. Kurz das „Cherchez

la femme“, welches bereits in dem Ausspruch des Midrasch: „Alles kommt von der Frau“ vorgebildet ist, findet in der Geschichte der Juden mannigfache Bestätigung. Damit glaube ich genügend dargethan zu haben, daß das Familienleben eine der wichtigsten Ursachen der Blüthe und des Verfalles in der Geschichte der Juden bildet.

III.

Zu diesen Ursachen gehören endlich auch Freiheit und Knechtschaft. Sie sind allerdings an sich äußere Ursachen, aber gleichwohl dürfen sie im Zusammenhange dieser Untersuchung nicht übergangen werden, weil ihre Rückwirkungen auf das geistige und sittliche Leben immer von der größten Bedeutung gewesen sind. Das Judenthum verträgt keine Despotie. Das bekannte Wort eines unserer berühmtesten Glaubensgenossen dieses Jahrhunderts, es sei das Unglück der Völker, daß die Könige die Wahrheit nicht hören wollen, findet bereits in der Geschichte des Königs Rehabeam seine Bestätigung. Dieser schlug den vernünftigen Rath der Aeltesten in den Wind und hielt es mit den Junkern, die immer und überall das Volkswohl ihrem eigenen Interesse aufopfern. Ihrer Eingebung folgend, ließ er dem um Erleichterung der Lasten bittenden Volke sagen: „Hat mein Vater euch mit Ruthen gezüchtigt, so werde ich euch mit Skorpionen züchtigen.“ Der Erfolg dieser despotischen Kundgebung war die Spaltung des Reiches, der religiöse und sittliche Verfall des Zehnstämmereiches und endlich dessen Untergang. Diese nachtheilige Wirkung der Knechtschaft und die vortheilhafte der Freiheit sind in der Geschichte der Juden immer wieder von Neuem hervorgetreten, sowohl während ihrer Selbständigkeit wie in der Diaspora. Es wird allerdings im Talmud das geflügelte Wort mitgetheilt, der Druck oder die Armseligkeit stehe den Juden gut wie ein rother Zaum einem weißen Pferde. Aber diese Verherrlichung des Druckes ist selbst eine seiner verhängnißvollsten Wirkungen. Man kann sich durch lange Gewöhnung den unerträglichsten Lebensverhältnissen anpassen, ja man kann sie sogar lieb gewinnen. Am Ende aber bleiben die schädlichen Folgen nicht aus, und sie sind auch in der Geschichte der Juden nicht ausgeblieben. Es heißt daher die geschichtlichen Thatsachen auf den Kopf stellen, wenn man jetzt wiederum behauptet, daß der Druck es gewesen sei, welcher das Judenthum erhalten hat. Das gerade Gegentheil ist das Richtige. Selbst ein geringes Maß von Luft und Licht genügte, um einen reichen Blüthenflor hervorzuzaubern. Welches sind denn, um das mehrfach gebrauchte Bild beizubehalten, die sonnenbeschienenen Stellen in der dunklen Geschichte der Diaspora? Alexandrien, Spanien und Italien. In diesen Gebieten hat das Judenthum Triumphe gefeiert, wie nirgends sonst. Ich denke dabei nicht an die äußeren Triumphe, welche Einzelne durch ihre Stellung und ihren Einfluß im Staatsleben errungen haben, sondern ich beschränke mich auf das innere Leben der Gesammtheit, das selbst, wie gesagt, schon bei einem geringen Maße von Freiheit einen mächtigen Aufschwung nahm. Dies gilt zunächst in wissenschaftlicher Hinsicht. Die Betrachtung der Religion von großen Gesichtspunkten, die philosophische Abstraction ihres ethischen Gehaltes, die Betheiligung an allen Disciplinen der Wissenschaft, welche auch zu mannigfachen persönlichen Beziehungen zwischen jüdischen und nichtjüdischen Gelehrten führte, und wodurch die Juden in die Culturbewegung der gesammten Menschheit eingegriffen und einen unverwelklichen Ruhmeskranz sich erworben haben — alle diese Leistungen haben die Juden nur in denjenigen Ländern aufzuweisen, in welchen sie sich wenigstens einigermaßen frei entwickeln konnten. Aber noch bedeutender war die günstige Rückwirkung der Freiheit und selbst einiger Freiheiten auf die Sittenzustände unter den Juden. Die ewige Anklage, daß die Juden nicht arbeiten wollen, die immer wieder von denen vorgebracht wird, deren einzige Lebensarbeit die Propagirung dieser Anklage ist, hat in der Geschichte des Mittelalters längst ebenso zu Gunsten der Juden ihre Entscheidung gefunden, wie die andere, daß sie eine besondere Vorliebe für Geldgeschäfte besitzen. Wo ihnen die Berufswahl frei gestellt war, da waren es das Handwerk und die Landwirthschaft, denen sich die Juden mit Vorliebe zuwendeten. In Italien und Griechenland lagen die Färberei und der Seidenbau in den Händen der Juden. Kaiser Friedrich II. hieß das Angebot der Juden von der Insel Gerdi, ihm bei Palermo einen Dattelpalmengarten anzulegen, höchlich willkommen, und

ließ ihnen gern Ländereien zum Anbau von Henna, Indigo
und anderen Gewächsen anweisen. Kein Geringerer, als
Thomas v. Aquino, der Lieblingsphilosoph des jetzigen Papstes,
giebt den Juden in Italien das Zeugniß, daß sie ihren
Unterhalt durch Arbeit, nicht durch Wucher verdienen. Er
räth deshalb, man möchte sie auch anderwärts zur Arbeit
„antreiben“. Aber zur Arbeit brauchten sie nicht angetrieben
zu werden. Thatsächlich hat man die Juden im Mittelalter
zum Wucher angetrieben, der Arbeit wendeten sie sich aus
freien Stücken zu, wenn man ihnen nur die Wahl ließ. Und
daß es nicht gerade die leichte Arbeit war, die sie zu ihrem
Berufe machten, bezeugen die schon erwähnten behördlichen
Gegenvorstellungen gegen die beabsichtigte und nachher auch aus=
geführte Vertreibung der Juden aus Sicilien. Da wird ge=
sagt, daß die Insel durch die Auswanderung der Juden um
fast alle Handwerker komme, besonders um solche, welche sich
mit Eisenarbeiten zum Beschlagen der Pferde, zum Gebrauche
in der Landwirthschaft, zur Ausrüstung von Schiffen, Ga=
leeren und anderen Fahrzeugen beschäftigen. Damit habe ich
flüchtig die Rückwirkung geschildert, welche die Freiheit in der
Berufswahl auf die Juden und ihre Erwerbsthätigkeit ausübte.

Nun betrachten wir aber einmal die inneren Zustände,
wie sie unter dem Druck sich gestalteten, der ganz besonders
seit dem schwarzen Tode im 14. Jahrhundert in Deutschland
und Oesterreich über die Juden verhängt wurde. Es ist
wahr, die deutschen Juden zeichneten sich durch eine sprüch=
wörtlich gewordene Frömmigkeit aus, aber daß diese auch in
der Freiheit gedeihen kann, bezeugt der schon erwähnte Joseph
Jabez, der sich in diesem Punkte gewiß nichts weiß machen
ließ, indem er hervorhebt, daß es in Spanien zu keiner Zeit
so viele und so besuchte Lehrhäuser gegeben habe, wie kurz
vor der Vertreibung, welche ziemlich überraschend kam. Aber
selbst zugegeben, daß die gedrückte Lage der deutschen Juden
zu ihrer Frömmigkeit beigetragen habe, so war diese doch
nicht jene sonnige Frömmigkeit, welche der Abglanz eines
durch tiefe Erkenntniß der göttlichen Wahrheiten veredelten
Geistes und Herzens ist. Die Bildungszustände der deutschen
und deutsch=polnischen Juden sind der stehende Spott ihrer
spanischen und italienischen Glaubensgenossen, ihre gelehrten

Studien haften an kleinen Gesichtspunkten, der Minhag feiert
Triumphe, und vollends die Sittenzuſtände zeigen das Bild
traurigſter Verkommenheit. Zu den vorhin erwähnten he=
bräiſchen Worten, von denen ich ſagte, daß ſie jeder Jude
kenne, gehört leider auch das Wort „Moſſur“, welches den
Verleumder, den Angeber, den Denunzianten, im öſterreichiſchen
Idiotismus den „Naderer“ bezeichnet. Dieſe gefährlichſte und
verworfenſte Sorte von Menſchen, welche das größte Unheil
über ganze Familien und Gemeinden brachte, ward recht
eigentlich im Ghetto gezüchtet. Es läßt ſich ja nur zu ſehr
begreifen, wie durch das enge Zuſammenwohnen in der Juden=
gaſſe, dadurch, daß der eine Gelegenheit hatte, dem anderen
in den Topf zu gucken, Neugier, Neid, Mißgunſt, Heuchelei
und Verſtellung, kurz das ganze Heer verwerflichſter Leiden=
ſchaften aufgeſtachelt wurde, aus welchem das jüdiſche Sy=
kophantenthum, der Abſchaum unſrer Geſchichte, ſich entwickelte.
Es mag hinreichen, wenn ich dieſe traurige Erſcheinung mit
den eigenen Worten eines Prager Oberrabbiners aus dem
16. Jahrhundert, Salomo Ephraim Lenczyc, ſchildere, mit
welchen er beklagt, daß Klatſchſucht, Unwahrhaftigkeit und
Lügenhaftigkeit mehr unter uns, als bei allen Völkern heimiſch
ſeien, daß Unfriedſertigkeit und Zankſucht die Gemeinden zer=
klüften, und daß der Haß des Juden gegen ſeine Glaubens=
genoſſen nachdrücklicher ſei, als der Haß des Nichtjuden gegen
Juden. Dieſe Erſcheinungen waren die Folgen des Druckes,
und damit beſtätigt ſich das Wort eines modernen Dichters,
daß das Unglück die Menſchen ſo wenig beſſer macht, ſo
wenig der Roſt ein ſcharfes Meſſer macht. Mit dem Nach=
laſſen des Druckes iſt dieſes ſittliche Unkraut, das er groß
gezogen hatte, aus der Mitte der Juden von ſelbſt ver=
ſchwunden, und wir würden undankbar gegen die Freiheit
ſein, wenn wir verkennen wollten, daß ſie es geweſen iſt,
die uns Gelegenheit und den Anſtoß gegeben hat, das Gute,
das in uns liegt, zur Entfaltung zur dringen. Iſt uns auch der
Sonnenſchein der Freiheit nicht ungeſchmälert zu Theil gewor=
den, ſo haben ſelbſt ihre ſpärlichen Strahlen genügt, für das
Judenthum eine Blüthezeit herbeizuführen, wie es deren ſich
ſeit Jahrhunderten nicht erfreut hat. Mag es auch nicht an be=
dauerlichen Erſcheinungen fehlen, die trotz oder mit dieſem

Umschwung aufgetaucht sind, so überwiegt doch bei Weitem das Gute, das im Lanse dieses Jahrhunderts in unserer Mitte hervorgetreten ist. Wir haben erst jetzt wieder eine jüdische Wissenschaft, welche an die Leistungen der spanisch-arabischen und italienischen Glanzzeit anknüpft, welche ihren leuchtenden Spuren folgt und in mehrfachen Lehranstalten eifrige Pflege findet. Zahlreiche Glaubensgenossen sind auf den verschiedenen Gebieten der Wissenschaft und Kunst eifrig und wahrlich nicht unrühmlich thätig. Gotteshäuser von einem Umfang und einer Ausstattung, wie sie das Mittelalter wenig oder garnicht gekannt, bilden die Andachtsstätten der Gemeinden. Die öffentliche Wohlthätigkeit erstreckt sich auf früher gänzlich vernachlässigte Gebiete, wie die Erziehung der Taubstummen und Blinden, und selbst die früher schon geübte Wohlthätigkeit, wie die Waisenpflege und die Alters-versorgung, die Pflege der Kranken und die Unterstützung der Armen hat entsprechend der Größe der Gemeinden einen Umfang und eine Ausdehnung gewonnen, wovon unsere Vor-eltern im Mittelalter keine Ahnung hatten. Ja selbst und zumeist die Größe mancher Gemeinden an sich würde, wenn jene Voreltern aufständen, ihr Erstaunen und ihre Bewun-derung erregen und dieser Zuwachs ist doch nur möglich ge-worden durch den Zusammenbruch des Ghetto's und die Freizügigkeit. So zeigt sich in den verschiedensten Richtungen, daß wir, wie unsere Geschichte mit der Befreiung ihren An-fang genommen hat, die Freiheit nicht zu fürchten, sondern nur Gutes von ihr zu erwarten haben. Diese Geschichte lehrt aber auch, daß die Freiheit nicht für immer sich unter-drücken läßt. Wenn sie auch verdunkelt wird, so leuchten doch wie die sonnenbeschienenen Bergspitzen auf der dunkeln Mondesfläche zu gegebener Frist Zeichen auf, die bald wieder ihren vollen Anbruch gewärtigen lassen. Deshalb braucht uns, wenn auch die neueste Phase unserer Geschichte nicht im Lichte der Freiheit sich abspielt, um die Zukunft nicht bange zu sein. Dazu haben wir eine zu alte Geschichte.

Aus einer Tischrede am Seder-Abend

von

M. Lazarus.

Das Judenthum beruht außer seinem dogmatischen (theologischen) und sittlichen Gehalt auf Geschichte; aber es hat nicht blos, es ist Geschichte; nicht Geschichte, die man blos erzählt oder beschreibt, sondern Geschichte, die man erlebt und lebt. Judenthum ist historische Wirklichkeit. Jude sein heißt deshalb in der lebendigen Geschichte des Judenthums stehen, sie mit erleben; ein guter Jude aber ist derjenige, der diese Geschichte mit Innigkeit und Hingebung miterlebt, dem die Erhaltung und Erhebung, die Ehre und die Würde, der Fortbestand und die Fortbildung des Judenthums am Herzen liegt. Glücklich derjenige, der dazu mitwirken kann; die Pflicht eines Jeden aber ist es, sich als ein lebendiges Glied der Gemeinschaft zu fühlen, ihr Schicksal als eigenstes Erlebniß zu empfinden. Deshalb haben auch alle Feste des Judenthums historische Bedeutung, und mit tiefer Einsicht haben die Rabbinen alle als זכר ליציאת מצרים betrachtet, d. h. an das historische Hauptereigniß, an die Gründung des Volkes angeknüpft. Die Feste waren früher und sind in der Bibel noch ausdrücklich bezeichnet als Naturfeste, also als solche, welche die großen Naturereignisse im rollenden Jahre feiern. Naturfeste sind religiös, weil sie den Blick vom äußeren Vorgang in der Natur aufs Innere lenken, die Endlichkeits erscheinung zur Idee der Unendlichkeit, aus der jene fließt, emporheben.

Dagegen die Feste als historische wenden sich an Gott, nicht blos als den allmächtigen Schöpfer und Ordner des Naturlaufes, sondern an Gott als den Gründer und Gebieter, als den Forderer und Förderer der sittlichen Weltordnung.

Sogleich das erste der Zehngebote erfüllt unser religiöses Bewußtsein mit dem Gedanken an Gott in der Geschichte, indem es auf den Auszug aus Aegypten hinweist. Auch einige der edelsten Sittengesetze, z. B. die für ihre Zeit einzig dastehenden über die liebreiche Behandlung der Fremden, sind an die ägyptische Erfahrung angeknüpft; „ihr wißt ja, wie dem Fremden zu Muthe ist“ — — die Völker sollten mehr als sie thun aus ihren Schicksalen lernen! — Auch dafür bietet die mosaische Gesetzgebung ein unvergleichliches Vorbild. Selbst der von Geschichte eigentlich ganz unabhängige Sabbath ist dennoch mit Aegypten in Verbindung gebracht, indem Ruhe des Knechtes und der Magd als Grund und Ziel (למען) durch die Erinnerung „Knechte seid ihr in Aegypten gewesen“ ans Herz gelegt wird.

Die Weisheit der Rabbinen aber hat fast alle sittlichen und religiösen Vorschriften, insbesondere die Feste darauf bezogen. Mit gutem Grund; zunächst wegen der inneren Bedeutung derselben; denn die Befreiung aus Aegypten und die damit unmittelbar als ihr Ziel und Zweck zusammenhängende Gesetzgebung am Sinai enthalten die beiden Grundpfeiler zum Aufbau der Sittlichkeit im einzelnen Menschen und in jeder historischen Gesammtheit: Freiheit und Berufung; Selbständigkeit und Selbstverantwortung auf der einen, Gesetz und Recht auf der anderen Seite — und das Pflichtgefühl, in welchem beide persönlich vereinigt sind. — Alles dies ist oft und erfolgreich in der jüdischen Litteratur erörtert worden; ich aber möchte noch hervorheben, daß die talmudischen Weisen mit Recht auch aus rein historischen Gründen dieses Ereigniß vor allen anderen ausgezeichnet haben. Die Thatsache begegnet uns häufig in der Geschichte der Menschheit, daß ein Volk im eigenen Lande und mit eigener Cultur von einem anderen mächtigeren Volke besiegt, unter-

jocht und seiner freien Selbständigkeit beraubt wird. Viele
Völker sind daran völlig zu Grunde gegangen; von den
Siegern beherrscht, zur Frohne herabgedrückt, welche jedes
eigene Streben ertödtet, haben sie mit der Zeit ihre Eigenart
und ihre Cultur eingebüßt und so sind sie denn im Herren-
volke als minderwerthige Glieder aufgegangen und aus der
Reihe der Nationen verschwunden. Andere Völker dagegen
haben es vermocht, sich aufzuraffen; die Besiegten sind wiederum
Sieger geworden und mit wiedergewonnener Freiheit und
Selbständigkeit haben sie den Weg eigener Culturthätigkeit
fortgesetzt. — Unerhört aber ist es in der ganzen Geschichte
des Menschengeschlechts und als eine Thatsache ohne Gleichen
steht es da, daß ein Stamm, welcher wegen seiner Minderheit und Besitzlosigkeit in der Fremde zur Frohne gedrückt
war, ohne eigene Cultur und ohne selbstständige That eine
lange Zeit hingelebt hat, dennoch den Auszug aus dem
Herrenlande gefunden; daß eine Sclavenhorde zu einem Volke
geworden und die Bahn einer eigenen Cultur eröffnet hat.
Davon, daß diese Cultur, die höchst eigenartige, religiös-
sittliche Cultur, unter göttlicher Führung allmählich zur Grundlage und Triebkraft in den gewaltigen Gebilden der höchst-
entwickelten Nationen werden sollte, brauche ich hier nicht zu
reden. In der biblischen Erzählung ist dieses einzigartige
Ereigniß mit zahlreichen Wundern umstellt und in dem auf
das Ideale gestimmten Gemüth der Nachkommen hat die
Phantasie ihre Schwingen entfaltet und unerschöpflich Wunder-
legenden hinzugedichtet. Größer aber als alle diese Wunder
ist die einfache, dürre Thatsache; ja diese Thatsache, daß aus
einem Sclavenhaufen, aus einem unter dem Joch der drückend-
sten Frohne seufzenden Stamm, ohne Heimath, ohne Ordnung,
ohne Geschichte, daß aus diesem Stamm ein Culturvolk, das
Culturvolk der Religion und Sittlichkeit geworden, diese
Thatsache allein ist das größte aller Wunder, welche denkbar sind.

Dieser Gedanke ist treffend bereits in der großen Rede
Mosis im Deuterononium (4, 34) mit den Worten angedeutet: „oder hat Gott je versucht ein Volk sich zu
nehmen aus der Mitte eines anderen Volkes?" Das
einzige Wörtchen הנסה in diesem Verse sagt uns, daß das

historische Ereigniß gleichsam als ein göttliches Ex=
periment hingestellt werden soll: damit ist die ganz
außerordentliche Eigenart des Vorganges gekennzeichnet und
die hohe völkerpsychologische Bedeutung der Thatsache ahnungs=
voll erfaßt. Man hat oft und mit Recht die Erhaltung des
kleinen jüdischen Stammes, während die größten und mäch=
tigsten Völker ringsum zu Grunde gegangen sind, als ein
Wunder bezeichnet und gepriesen. Die Erklärung des Wunders
oder die Lösung des Räthsels ist in beiden Fällen, bei der
Gründung und bei der Erhaltung des Volkes dieselbe;
in einem und demselben historischen Moment des geistigen
Lebens tritt sie uns entgegen. — Die Wege der Vorsehung
sind unerforschlich, menschliche Einsicht reicht nicht hin, sie
völlig zu ergründen: eine erhebende und beseligende Aufgabe
aber ist es, sich in die Frage nach denselben zu vertiefen und
zu ringen und zu versuchen, wie viel wir aus den erkennbaren
Gesetzen des Naturlaufs und aus den Ereignissen des geistigen
Lebens davon zu erklären vermögen. Die verborgenen Ge=
heimnisse, heißt es ja (5 B. M. 29, 28) sind bei Gott, „aber
das Geoffenbarte, das in die Erscheinung der Wirklichkeit
Getretene für uns und unsere Kinder . . ."

Das Princip, die treibende Kraft und schöpferische Macht,
welche in der Geschichte des Judenthums bei seiner Gründung
und noch mehr bei seiner Erhaltung wirksam gewesen und
noch allezeit wirksam sich erweist, ist die Continuität des
geistigen Lebensgehaltes; der unaufhörliche, trotz aller
Schwankungen und Wandelungen nie erlöschende innere Zu=
sammenhang des seelischen Daseins und seines wesentlichsten
idealen Inhalts. Von allen Gütern der Erde entblößt, aller
Fähigkeiten und darum auch aller höheren Bestrebungen be=
raubt war der Sclavenhaufe in Aegypten wegen der „Kürze
des Odems und der schweren Arbeit"; alle Mittel, alle
Kräfte, alle Begierden des Aufschwungs fehlten. Was hat
den Stamm dennoch wieder emporgehoben? Einzig und
allein die Erinnerung an die Urväter, insbesondere an
den Erzvater Abraham, und an den Gottesgedanken, welchen
dieser gepflanzt und gepflegt, den er seinen Nachkommen
und durch diese aller Welt vererbt hat, auf daß alle Völker
der Erde durch ihn gesegnet werden sollten (S. 2. B. M. 3,

6. 15). „Also," sagt Gott bei der ersten Sendung zum Moses, „also sprich zu den Kindern Israels: der Ewige, der Gott Eurer Väter, der Gott Abrahams, Isaaks und Jacobs, sendet mich zu Euch."

Sie kannten ihn also, – sie wußten von ihm; sie, die Kinder Israel wußten von dem Gott ihrer Väter wenigstens so viel, daß sie seinen Anruf verstehen konnten; sie hatten eine von der Last der Zeiten fast erdrückte, aber dennoch fortdauernde Erinnerung an die Väter und an den Gott ihrer Väter. Das Festhalten der Erinnerung und das Wiederaufleben dieses erhabensten Gedankens war die innerste Triebkraft des Aufschwungs, die Fahne, der sie folgten, die Feuersäule, die ihnen voranschritt, daß sie später auch den schweren und gefahrenreichen Wüstengang der Geschichte volldringen konnten.

Später aber, als das eroberte Land wieder zur Bente der übermächtigen Fremden geworden, als der Staat vernichtet, die Stadt verwüstet und der Tempel zerstört war, da blühte das Judenthum, seiner früheren Lebensform beraubt, in neuer, tieferer, innerlicherer Gestalt auf und hat sich selbst lebenskräftig und auch den Stamm, der sein Träger ist, am Leben erhalten. Der nächste Zweck des Auszugs aus Aegypten: Freiheit und Selbständigkeit, war wieder zertrümmert; wiederum war den Juden Nichts von allen Gütern der Erde, von den äußeren Mitteln des Zusammenhalts einer Masse geblieben; — aber der geistige Gehalt des Judenthums, die durch die Schöpfungen der Propheten noch mehr erhöhte, bereicherte, geläuterte Religion, die noch mehr vertiefte, erweiterte und veredelte Sittlichkeit, sie wurden als heiliges Erbgut erhalten und gepflegt, auch in der breiten Masse des zerstreuten Volkes mehr als je vorher verbreitet. Ja, diese Continuität des Geistes, dieser innige, feste, nie abbrechende Zusammenhang der Gedanken von Geschlecht zu Geschlecht in den weiten Bahnen der Geschichte; diese Continuität, vermöge deren z. B. die Priester — und nicht blos die jüdischen, sondern auch alle christlichen — das Volk mit denselben Worten segnen, mit denen es seit Jahrtausenden gesegnet wird, oder ein Vater am Festabend sein Kind mit denselben Worten, wie der Erzvater Jakob seinen Enkel gesegnet; —

diese Continuität des Geistes, welche in der unsäglich reichen
Litteratur des Judenthums ihren schöpferischen Ausdruck findet,
und — obgleich in sehr verschiedenen Richtungen, doch fast
allezeit die gleiche Energie der Fortbewegung bewahrt; —
diese Continuität des Geistes ist die erhaltende Macht des
Judenthums und dadurch die ausdauernde Lebenskraft des
jüdischen Stammes. Unter den Propheten hat besonders
Jeremias in seinen zartesten, innigsten, ergreifendsten Reden
immer an die Vorzeit angeknüpft, besonders den Auszug aus
Mizrajim gefeiert. Ihm folgen viele von den Psalmisten.
Die Heroen des Talmuds aber haben in ihrer Weisheit alles
Erfreuliche und Erquickende, alles Belebende und Erhebende
als זכר ליציאת מצרים angesehen.

זכר! meine Freunde! זכר! Ja gedenket; das Andenken
an die Geschichte festhalten, in der Geschichte leben — jeder
Einzelne, wenn er als Jude lebt, als Jude denkt und fühlt,
— Jeder, auch bei kritischem Denken, auch bei radikalem
Streben, wenn es nicht leichtfertig oder frivol, wenn es lauter
und ernst ist, wenn der Stolz auf sein Judenthum, die Sorge
um sein Judenthum ihn treibt — Jeder, sage ich, spinnt mit
an den Fäden, webt mit an dem Gewebe der Geschichte.

זכר! Gedenken, geschichtlich, im Zusammenhang der Geschichte leben heißt wahrhaft, wahrhaft und ernsthaft leben; —
sonst sind wir Menschen ja bloße Eintagsfliegen, unser Dasein ist
flüchtig und nichtig, — historisch aber leben wir ja auch in der
Vergangenheit, weil sie in uns lebt, und mit unserem eigenen
Thun sind wir bereits bei denen, die es erben, die darauf
fortdauern werden. — — Längst hat man erkannt und auch
ausgesprochen: dadurch unterscheiden sich von den sogenannten
wilden oder Naturvölkern die Culturvölker, daß diese eine
Geschichte haben; ohne Cultur keine Geschichte und ohne Geschichte keine Cultur.

Wie hoch aber schon in uralten Tagen bei den Juden
die Geschichte, das Gedenken geschätzt war, können wir aus
der Bedeutung sehen, welche dem Worte זכר sogar lexicalisch
beigelegt wird; eine Bedeutung, welche es oft unmöglich macht,
es in seinem Zusammenhang richtig zu übersetzen. Heißt es
doch im engsten Anschluß an die eben citirten Worte der
göttlichen Sendung: „Dies ist mein Name für immer und

dies mein Angedenken von Geſchlecht zu Geſchlecht". Ebenſo
wird parallel mit dem Namen Gottes ſein Angedenken ge=
nannt (Pſ. 135, 13) und der Prophet Hoſea (12, 6) ſagt:
„Und der Ewige iſt der Gott der Heerſchaaren, Ewiger iſt
ſein Angedenken". Noch mehr! der Pſalmiſt ſetzt זכר nicht
blos neben den Namen Gottes, ſondern neben Gott ſelbſt;
ſo (Pſ. 102, 13) „Du aber, Ewiger, throneſt ewiglich und
Dein Angedenken von Geſchlecht zu Geſchlecht". Schließlich
wird זכר für Gott ſelbſt geſetzt, indem es (Pſ. 30, 5 und
97, 12) heißt: „Freuet Euch, Gerechte in dem Ewigen und
danket ſeinem heiligen Angedenken"*). זכר iſt eben auch die
Sache ſelbſt, iſt das Weſen der Sache, weil es das Bleibende,
Dauernde, das Ewige iſt und ſein ſoll. — —

Ganz unwillkürlich ſagt man wohl auch, wenn von
hiſtoriſchen Ereigniſſen vergangener Zeiten die Rede iſt: wir
haben damals gekämpft, wir haben gelitten, wir haben geſtrebt
und gewirkt. „Wir" — wer ſind denn dieſe Wir? Leben
denn die noch, die vor zweitauſend Jahren gekämpft, die vor
tauſend Jahren gelitten? Aber wir, wir Juden, das ſind
eben Alle, die im Judenthum, durch das Judenthum vereinigt
waren und vereinigt ſind; horizontal in der ganzen Aus=
dehnung des Erdenraumes, vertikal im ganzen Ablauf der
Zeiten bilden Alle zuſammen die „wir", die Einheit und
Geſammtheit; darum iſt auch das Schickſal dieſer Geſammtheit
das eines jeden ihrer Glieder; als ſolche ſollen wir es fühlen,
erleben und beſtehen; in dieſer Einheit tragen wir alle das
gleiche Geſchick, haben wir dieſelben Pflichten, hegen wir die
gleiche Hoffnung auf die Einheit der erleuchteten Menſchheit.
Jetzt ſind wir und ſollen wir von ganzem Herzen ſein Söhne
des gleichen Stammes; dann aber Alle, mit Allen zuſammen,
Kinder des Einen Gottes; des Einen Gottes, den ſchon
Abraham erkannt, den alle Propheten verkündet, den alle
Weiſen Israels gepredigt haben, alle von dem gleichen, in

*) Es iſt intereſſant, die mannigfach abweichenden, wechſelnden
Ueberſetzungen dieſer Stellen bei Luther, Mendelsſohn, Zunz und
Sachs mit einander zu vergleichen; da begegnen uns: Denkwort,
Gedanken, Gedächtniß, Andenken, Name, Ruhm u. ſ. w. Man ſieht
daraus die Schwierigkeit, genauer geſagt, die Unmöglichkeit, hier der
hebräiſchen Denk= und Redeweiſe in der Ueberſetzung durch ein einziges
Wort gerecht zu werden.

sich zusammenhängenden Geiste göttlicher Offenbarung einer sittlichen Weltordnung erfüllt. Und diese ist es ja, die wir auch heute Abend feiern; mit Recht sagt unsere Hagada: „Jedermann ist verpflichtet, sich selbst zu betrachten, als ob er aus Aegypten gezogen wäre". Jeder wahre, jeder rechte und echte Jude weiß, fühlt und erlebt das in seinem Gemüthe; ja, wir sind aus Aegypten, auch wir, die wir hier den Aus= zug feiern; denn der Gott, der unsere Väter herausgeführt, als Gott in der Geschichte sich ihnen offenbart hat, ist unser Gott; und der Geist, der in unsern Vätern den Zusammen= hang mit den Urvätern bewahrte, ist auch unser Geist, wir sollen ihn hegen und weiter vererben, dann schafft er fort und fort in uns die innere Freiheit und zeigt und deutet uns die Berufung, welche der wahre Athem unseres Lebens ist.

Alexanders Zug nach dem Lebensquell.

Eine Episode aus dem Alexanderroman.

Von August Wünsche.

———

Die Züge Alexanders des Großen durch Asien und
das nordöstliche Afrika fesselten die Phantasie des Alterthums
wie des Mittelalters der Art, daß die farbenprächtigsten
Märchengebilde entstanden, in denen der mächtige Held nicht
nur als ein furchtbarer Völkerbezwinger erscheint, sondern
auch als ein Ordner niedergetretener Rechtsverhältnisse und
Förderer menschlicher Wohlfahrt. Im Koran in der 18. Sure
wird Alexander geradezu als ein von Gott auserforener
Herrscher geschildert, der seine Eroberungszüge im Auftrage
des Höchsten vollbringt und die Mission hat, Recht und
Gerechtigkeit in der Welt herzustellen und das Böse zu be-
strafen. Alle Völker und Nationen beinahe haben einen
Alexanderroman aufzuweisen, und wenn auch die meisten
mittelalterlichen Bearbeitungen die im neunten Jahrhunderte
von Julius Valerius veranstaltete freie lateinische Uebersetzung
des Pseudo-Kallisthenes zur Grundlage haben, so hat doch
die dichtende Sage immer neue Legenden um das Haupt des
genialen Feldherrn gewunden, die ihn in einem besonderen
Licht erscheinen lassen.

Zu den schönsten und zugleich tiefsinnigsten Episoden
des Alexanderromans gehört ohne Zweifel der sagenhafte
Zug des kühnen Macedoniers nach dem Lebensquell im Lande
der Finsterniß. Nicht alle Bearbeitungen berichten die Episode,

in manchen tritt an die Stelle sein Zug nach dem Paradiese. In dem griechischen Volksbuche des Pseudo=Kallisthenes, dessen Anfänge wahrscheinlich in die Zeit der Ptolemäer=herrschaft fallen*), das aber unter den byzantinischen Kaisern des 3. Jahrhunderts wesentlich weitergeführt und fortge=sponnen wurde, wird uns der Zug nach dem Lebensquell Buch II, Kap. 39 und 40, ziemlich ausführlich erzählt. Er steht da im Zusammenhange mit dem Zuge nach dem Lande der Seligen. Nachdem Alexander, der als ein Kind der Olympias und des Gottes Ammon (Amun=Ra) darge=stellt wird, Alexandrien gegründet und von da aus ver=schiedene abenteuerliche Züge nach unbekannten Ländern mit fabelhaften Wesen gemacht, hat er den Wunsch, bis an das Ende der Welt zum Lande der Seligen vorzudringen. Ob=wohl ihn bald dichte Finsterniß umgiebt und der Weg an Schnüren gemessen werden muß, läßt er sich doch nicht ab=schrecken. Um sicher den Rückweg wieder zu finden, wird auf den Rath eines Greises die Reise auf Stuten unter=nommen, deren Fohlen zurückgelassen werden. Nachdem sie 15 Schoinos (etwa eine geographische Meile) in der Finster=niß vorwärts gedrungen sind, gelangen sie an eine durch=sichtige Quelle, deren Wasser wie der Blitz leuchtet, und dessen Luft mit balsamischen Gerüchen erfüllt ist. Sie befanden sich an der Quelle des Lebenswassers. Da der König hungrig geworden war, so rief er seinen Koch Andreas herbei und befahl ihm, Speise zurecht zu machen. Dieser nahm einen getrockneten Fisch und begab sich zu dem durchsichtigen Wasser, um ihn abzuwaschen. Wie er ihn aber in dem Wasser hin und her schüttelte, ward er lebendig und entschlüpfte seinen Händen. Der Koch theilte das seltsame Geschehniß Niemand mit, er goß aber von dem Wasser etwas in ein silbernes Gefäß, trank davon und gab auch der Kale, einer Tochter Alexanders, davon zu trinken. Als Alexander sich durch Speise ge=stärkt hatte, setzte er die Reise fort und kam an einen glanz=erfüllten Ort, obgleich weder Sonne noch Mond und Sterne zu sehen waren. Drei vorüberfliegende Vögel mit mensch=lichen Gesichtern riefen ihm aber in griechischer Sprache zu:

---

*) Die Hervorhebung des Ptolemäus im Briefe Alexanders an Aristoteles legt diese Annahme nahe.

„Das Land, welches Du betrittst, o Alexander, gehört Gott allein; kehre um, Elender, denn das Land der Seligen wirst Du nicht betreten können. Kehre also um und gieb Dir keine Mühe!" Zitternd und bebend gehorchte Alexander der Stimme der Vögel und ordnete den Rückzug an und befahl seinen Soldaten, daß jeder von dem Orte etwas mitnehme, es sei Stein oder Koth oder Holz!

Viele gehorchten dem Worte des Königs und rafften zusammen, was sie gerade fanden. Den Stimmen der Stuten folgend, gelangten sie nach einigen Tagen wieder aus dem mit ewiger Nacht bedeckten Lande. Jetzt betrachtete ein jeder, was er mitgenommen, und siehe, es waren Perlen und kost= bare Steine. Besonders zeichnete sich ein Stein aus, den Philon aufgehoben hatte; er war pures glänzendes Gold. Jetzt erzählte auch der Koch das Wunder mit dem Fische; daß er aber von dem Wasser getrunken hatte, verschwieg er. Alexander gerieth darüber in großen Zorn, er ließ den Koch schrecklich peitschen, dann gebot er, ihm einen Stein an den Hals zu binden und ihn ins Meer zu werfen. Der Genuß des Unsterblichkeitswassers jedoch bewirkte, daß der Hinab= gestürzte nicht starb, sondern in einen Meerdämon verwandelt wurde. Ebenso erging es der Kale, die inzwischen von dem Koch verführt worden war. Als der König erfuhr, daß auch sie von dem Unsterblichkeitswasser getrunken hatte, verstieß er sie aus Mißgunst mit den Worten: „Nimm Deine Kleider und hebe Dich hinweg, die Du unsterblich geworden bist; Du wirst Nereïs heißen und in dem Wasser wohnen". Weinend und klagend ging sie von seinem Angesichte hinaus in die Wüste unter die Dämonen. Vergl. H. Weismann, Alexander vom Pfaffen Lambrecht 2. Bd. S. 135—138.

In der lateinischen Uebersetzung des Pseudo=Kallisthenes von Julius Valerius findet sich die Episode von Alexan= ders Zuge nach dem Lebensquell nicht. Dagegen wird sie von persischen Dichtern mit verschiedenen Abweichungen in Einzelheiten erzählt. Nur die Oertlichkeit, daß sich der Lebensquell im Lande der Finsterniß vor den Gefilden der Seligen befinde, ist festgehalten, wo aber dieses Land liege, darüber gehen die Meinungen auseinander.

An erster Stelle kommt Firdûsîs' berühmtes Heldenepos
Schâhnâme in Betracht. Alexander, oder, wie hier sein Name
lautet: Iskender Dsulkarnein, erscheint als der Sohn der Nahid,
der Tochter des Königs Filiquus von Rûm*) und des persischen
Schahs Darab I., die beide einen Kampf mit einander geführt
haben; dieser ist von jenem besiegt worden. Sobald als Iskender in Rûm die Herrschaft erlangt hat, unternimmt er
seine Heerfahrten. Er unterwirft sich nicht nur seinen Vater
Darab, sondern auch den König Kaid von Judien. Auf seiner
Rückreise besucht er die Ka'aba und vollbringt verschiedene
Thaten in Arabien, deren eine ihn in Berührung mit der
Königin Didafa bringt. Nun folgt die Episode vom Lebensquell. Nachdem er die seltsame Weiberstadt Harum, in der
nur Frauen wohnen und kein Mann geduldet wird, betreten,
kommt er in eine andere, deren Bewohner rothe Haare und
blasse Gesichter haben. Hier fragt er einen Greis, ob er ihn
auf irgend eine wunderbare Erscheinung aufmerksam machen
könne. Da erzählt ihm derselbe, daß auf der anderen Seite
der Stadt sich ein Bassin befinde, auf das die Sonne ihre
glühenden Strahlen niedersende, worauf sie sich in die tiefen
Fluthen desselben tauche. Hinter dieser Quelle lagere tiefe
Finsterniß über der Welt, so daß alles sonst Sichtbare dort
unsichtbar werde. Nach dem Ausspruch eines weisen Sehers
sprudelt daselbst auch der Quell Ab Chaiwân, das Wasser des
Lebens. Es komme aus dem Paradiese; wer von ihm trinke,
erlange Unsterblichkeit und wer darin seinen Leib wasche, reinige
sich von allen Sünden. Alexander rüstet sich zur Heerfahrt,
kommt zu einer großen Stadt und begiebt sich am nächsten
Morgen allein zu dem Bassin. Er verweilt bei ihm bis zum
Untergang der Sonne und sieht, wie dieselbe wirklich in den
Wogen des Wassers versinkt. In sich gekehrt und seiner
Phantasie freies Spiel gestattend, kehrt er am nächsten Morgen
wieder zu seinem Heere zurück, richtet ein Gebet zu Gott
empor und faßt den Entschluß, den Lebensquell aufzusuchen.
Mit Lebensmitteln auf mehr als 40 Tagen versehen, bricht
er mit einer auserlesenen Schaar auf. Als Führer gesellt sich

*) Unter Rum verstehen die Orientalen das oströmische oder by-
zantinische Reich in seiner ganzen Ausdehnung in Europa wie in Klein-
asien. Wegen seiner Abstammung von Darab wird Alexander von den
Persern als ihr Landsmann betrachtet und es wird ihm große Bewunderung gezollt. Filiquus = Feilefus = Philippus.

Chidher zu ihm. Derselbe wird als Haupt der Großen jener
Gemeinde und später als Prophet bezeichnet. Alexander spricht
zu ihm: „Wenn wir das Lebenswasser in unsere Gewalt
bringen, so wollen wir dort lange verweilen, um ihm Verehrung zu erweisen. Niemand stirbt, der seine Seele wohl
nährt und auf verständige Weise bei Gott seine Zuflucht sucht.
Ich habe hier zwei Siegelringe bei mir, die gleich der Sonne
die finstere Nacht durchstrahlen, sobald sie Wasser erblicken.
Einen davon nimm Du und gehe voran und gieb wohl Acht
auf Deine Seele und Deinen Körper. Der andre wird mir
als Leuchte auf dem Wege dienen, und so will ich mit dem Heere
in die Finsterniß hineinziehen. Wir werden ja sehen, was
der allwaltende Weltenherr hier auf Erden augenscheinlich verborgen hält. Du gehst als Führer voran, Du, der meine
Zuflucht bildet und mir das Wasser und den Weg zeigen wird.‟
Nachdem sie zwei Tage und Nächte gewandert, ohne etwas zu
essen, erschienen am dritten mitten in der Finsterniß zwei
Wege, und nun verirrte sich der König. Als Chidher den
Lebensquell wirklich gefunden hatte, heißt es weiter von ihm:
„Er wusch in jenem leuchtenden Naß sich Leib und Haupt
und suchte Keinen außer dem heiligen Gott zu seinem Schützer;
er genoß davon, ruhte aus und kehrte dann um, und seine
Danksagung (gegen Gott) vermehrte er noch durch Lobpreis.‟
(S. Ethé, Alexanders Zug zum Lebensquell im Lande der
Finsterniß. Sitzungsberichte der philos.=philolog. Kl. der K. b.
Akademie der Wissenschaften zu München, Bd. I (1871),
S. 375.) Ganz anders Görres in seinem Heldenbuch von Iran,
Bd. II, S. 390 f. Nach ihm gelangte auch Alexander an
die Quelle des Lebens, doch als ihm ein Becher mit Wasser
aus ihr gereicht wurde und er im Begriffe stand, zu trinken,
rief ihm eine warnende Stimme zu: „So Du trinkst, wirst
Du freilich nicht sterben, aber Du wirst Dir ein großes Uebel
bereiten. Deine Jahre werden sich häufen, und Du wirst
schwach werden und hinfällig und elend vor Alter, und Lebens-
müde wird Dich überfallen, dann wirst Du den Tod verlangen,
daß er von den Uebeln Dich befreie, aber Gott wird Dir ihn
nicht gewähren. Du wirst Dich fortmühen unter der un-
erträglichen Last, und jeder Athemzug wird Dir ein neuer Tod
sein.‟ Alexander erwog eine Weile sinnend diese Worte, dann
setzte er den Becher ab, goß das Wasser auf die Erde und
setzte seine Reise nach dem Lande der Finsterniß fort. Doch,

8

wie schon Ethé bemerkt, läßt sich nicht nachweisen, woher der
Verfasser diese Angaben geschöpft hat, in Mohl's Ausgabe des
Schâhnâme kommen sie nicht vor, ebenso wenig finden sie sich
bei anderen orientalischen Schriftstellern. Chidher ist eine
heidnisch-mythische Gestalt der Muhammedaner, die in vielen
Legenden eine Rolle spielt. In der Alexandersage erscheint er
stets als der Großvezier Alexander's, er ist sein steter Begleiter
und weiser Rathgeber. Auf Grund seines Namens, eig. der
Grüne, d. i. der Frische und Blühende, gilt er als Symbol
der ewig neu schaffenden Naturkraft. Ueberall, wohin sein
heilsgesegneter Fuß wandelt, thut sich eine grüne Aue vor
ihm auf. Daß ihm das Glück zu Theil wird, aus der Lebensquelle zu trinken, während Alexander dies versagt bleibt, erklärt
sich dadurch, daß er in der sufischen Spekulation schon weiter
vorgeschritten war und sich von der irdischen Welt mit ihren Angelegenheiten und Sorgen losgelöst hatte, während Alexander
erst auf dem Wege dahin begriffen war.*)

Eine durchaus mystische, dem Geiste des orientalischen
Sufismus entsprechende Beleuchtung hat die Episode von
Alexander's Zuge nach dem Lebensquell durch den persischen
Romantiker Nizâmî in seinem Iskendernâme, dem letzten
Theile des Pentsch Gentsch, d. i. der fünf Schätze, oder des
Chamseh, d. i. des Fünfers, erfahren. Die Episode schließt
sich an die Schilderung der Expedition nach Barda'a gegen
die Russen zu Gunsten Nûschâbe's, der Freundin Alexander's.
Wie bei Firdûsi ist es auch hier ein Greis, der dem König
in seinem großen Divan (Versammlung) Kunde von der
Lebensquelle giebt und ihn anreizt, sie aufzusuchen. „Besser
als alles Schwarz," läßt Nizâmî den Greis sagen, „ist jene
schwarze Finsterniß, in der ein lebenverleihendes Wasser fließt,
und willst Du lange Zeit hienieden weilen, so (tauche in
dasselbe ein und) hebe das Haupt empor aus dem Lebensquell."
Als die Umstehenden in ihrer Verwunderung ausrufen: „Wie
kann aber im finstern Schwarz Leben wohnen," spricht Alexander
im Geiste eines sufischen Gedankengrüblers: „Vielleicht verhält
es sich mit dem Schwarz um jene Quelle herum gerade so
wie mit dem Schwarz der Buchstaben in der geschriebenen

---

*) Fr. Rückert hat der Sage von Chidher, dem Ewigjungen, in
der Parabel „Chidher" ein herrliches poetisches Gewand verliehen.
(S. Gesammelte Gedichte, 1. Bd., 3. Aufl. Erlangen 1836. S. 53.)

Schrift, und eben jenes in ihm befindliche Wasser gleicht dem seelenmehrenden Sinnesgehalt." Der Greis giebt Alexander nun genauere Kunde über die Lage der Lebensquelle und die von ihr ausgehenden Wirkungen. Das Reich der Finsternisse, in dem die reine Quelle voll krystallklarem Naß fließt, befindet sich auf dem Nordpol und gleicht einem gleichsam durch einen Vorhang abgeschlossenen Raum. Wer von dem Lebenswasser trinkt, rettet seine Seele von dem Lebensverzehrer dieser Welt, d. i. dem Tode.

Nizâmî theilt im Ganzen vier Relationen von der Lebensquelle mit, eine persische, eine griechische, eine arabische und eine eigene, die einen Anklang an die jüdische hat. Nach der persischen Relation, in der der Dichter der Chronik des Dihkân, d. h. der Ueberlieferung, folgt, ist Chidher ebenso wie bei Firdusî der Wegweiser Alexander's. Um den Lebensquell zu finden, giebt ihm der König einen Stein, der die wunderbare Eigenschaft besitzt, am Orte des Lebensquells mit dem ihm eigenen Lichtfeuer aufzuleuchten. In farbenprächtiger Schilderung wird der Quell besungen. Sein glänzendes, ruheloses Wasser überstrahlt das Sterngefunkel der Nacht, sowie den hellen Lichtschein des Mondes und der Sonne.

„Hervor trat jener Quell mit silberfarb'nem Schein,
Dem lautren Silber gleich, das sickert aus Gestein.
Doch war's kein bloßer Quell — das Wort paßt dafür nicht,
Und war's ein Quell — nun wohl! so war's ein Quell voll Licht.
Er war wie früh am Tag der Sterne licht Gefunkel,
Wie wenn in Morgenroth sich wandelt nächt'ges Dunkel.
Er glich dem Mond, der voll in finst'ren Nächten thront,
Und gar noch heller strahlt der Quell als selbst der Mond.
Kein Weilchen war er stät — ohn' Unterlaß bewegt,
Quecksilber gleich, das gichtgelähmt ein Alter trägt.
Das aber weiß ich nicht, wem ich vergleichen soll
An Reinheit der Substanz sein Bild, so anmuthvoll.
Aus keinem Edelstein strahlt solch' ein Licht und Glanz,
Ganz gleicht dem Wasser er und auch der Sonne ganz."

(S. Ethé a. a. O. S. 354 f.)

Beim Anblick des Quells steigt Chidher sogleich hinein, nachdem er zuvor seine Kleider abgelegt, und wäscht sich Haupt und Leib. Darauf trinkt er von dem Wasser und erreicht dadurch die Unsterblichkeit. Ebenso tränkt und wäscht er in dem Quell sein weißes Roß. Dann besteigt er dasselbe, immer den Blick auf den Quell geheftet, damit er, wenn sich sein Herr und König nahe, ihm denselben sofort zeigen köne. Doch bald verschwindet der Quell und ist nicht mehr zu sehen. Auf diese Weise blieb es Alexander versagt, aus dem Quell sich unsterbliches Leben zu trinken. Der Grund ist derselbe wie bei Firdûsî, der König stand hinsichtlich der sufischen Vereinigung mit Gott noch weit hinter seinem Führer zurück.

„Doch als ein Weilchen er den Blick ihm zugewandt,
Urplötzlich jener Quell vor seinem Aug' entschwand.
Und nun erkennt' er's wohl, da tief sein Wissen war,
Versagt sei jener Quell Iskender immerdar!
Und deshalb nur allein, nicht weil er Zorn empfunden,
War Jenes Blick er selbst, wie ihm der Quell entschwunden!"

(S. Ethé a. a. O. S. 357.)

Nach der zweiten Darstellung Nizâmîs, die angeblich griechischer Ueberlieferung folgt, unternehmen der Prophet Elias und Chidher gemeinsam die Reise zum Lebensquell. Sie gelangen an ein Wasser, wo sie Rast halten. Mit einem zur Wegkost mitgenommenen getrockneten Salzfisch wollen sie sich stärken. Um den Fisch von seiner salzigen Kruste zu befreien, hält einer (wahrscheinlich der Prophet Elias) ihn in's Wasser, doch kaum hat der Fisch das frische Naß verspürt, so wird er lebendig und entgleitet seiner Hand und er hat Mühe, ihn wieder einzufangen. Jetzt weiß Elias, daß er am Lebensquell sich befindet, er trinkt sogleich von dem Wasser und ruft auch seinen Genossen (Chidher) herbei und fordert ihn dazu auf. Sie erhalten beide unsterbliches Leben. — Der Prophet Elias steht nach diesem Berichte noch neben Chidher als Begleiter und Wegzeiger, in anderen Erzählungen erscheint er ganz in ihn übergegangen und mit ihm zu einer Person verschmolzen. Die Geschichte mit dem Fisch hat ihren Ursprung in einem Verse der 18. Sure des Koran. Da wird erzählt, daß Mose mit seinem Diener, unter den alle Kommentatoren Chidher verstehen, in der Nähe des Zusammenflusses der beiden Meere*)

---

*) Wahrscheinlich des persisch-arabischen mit dem indischen Meere.

einen mitgenommenen Fisch vergessen hat, der durch das Wasser des Lebensquells wieder lebendig wird und durch ein Rinnsal ins offene Meer hineinschwimmt. Der getrocknete Fisch ist ein Zug der späteren Legende. Alexander bleibt ganz außer dem Spiele, er befindet sich nicht einmal in der Nähe des Lebensquells.

Ueber die dritte Darstellung, die nach Nizâmîs Angabe aus arabischer Ueberlieferung geflossen, können wir kurz hinweggehen, weil sie ein rein sufisches Gepräge hat. Nach ihr sprudelt der Lebensquell überhaupt nicht auf dieser sichtbaren profanen Erdenwelt, sondern gehört einer höheren unsichtbaren Welt an, darum ist alle Mühe, ihn zu suchen, vergeblich, kein sinnliches Auge kann ihn sehen. Nur der vom Sinnengenuß gänzlich abgewendete Mensch, der mit seinem Geiste grübelnd sich in das Wesen des göttlichen Seins versenkt, findet ihn, und indem er mit der göttlichen Substanz gewissermaßen eins wird, erquickt und ladt er seine dürstende Seele im geistigen Anschauen der göttlichen Fülle.

In neuem Zusammenhange und mit mancherlei neuen Momenten schildert ein persischer Prosaroman den Zug Alexanders nach dem Lebensquell. Alexander hat ein Schiff auf das Meer gesandt, das von den 72 Völkern, die er sich bereits unterworfen, mit je zwei Offizieren und einem Matrosen besetzt ist. Unterwegs stößt das Schiff auf ein anderes, mit dessen Bemannung sich jene durch Zeichen verständlich machen und schließlich zur Hälfte sich gegenseitig austauschen. Als die fremden Leute nach Alexandrien kommen und die griechische Sprache gelernt haben, erzählen sie von einem Eroberer Alexander, der sich zahlreiche Völker unterworfen und zu einem großen Reiche vereinigt habe. Alexander, ganz erstaunt, einen Doppelgänger zu haben, faßt sofort den Entschluß, ihn zu besiegen. Aristoteles sucht den König von dem Unterfangen abzuhalten und zeigt ihm durch den Propheten Elias in einem Zauberspiegel das Schicksal aller großen Eroberer der Vor- und Nachwelt. Von Eitelkeit und Sehnsucht getrieben, läßt er sich aber nicht warnen, sondern entgegnet, wer wirklich Großes leisten wolle, müsse die Sterblichkeit abwerfen. Er unternimmt hierauf die Reise in das Land der Finsterniß, um den ihm von Elias verheißenen Lebensquell aufzusuchen. Viele Tage hat er schon unter großen Mühsalen auf der Reise zugebracht, da theilt sich plötzlich der Weg vor ihm in zwei Wege, in einen schmalen und in einen breiten. Aristoteles zieht ganz einsam, mit einer Lampe in der Hand, den schmalen, während Alexander mit seinem Heere den breiten einschlägt. Nach langem Umherirren von Ort zu Ort blitzt endlich ein Lichtstrahl durch, der ihm zeigt, daß er den Weg nach dem Lande der Finsterniß verfehlt habe. Der König wird krank, ein heftiges Fieber erfaßt ihn; seine Ge= fährten tragen ihn auf einem eisernen Schild und halten einen Goldschild über ihn. Da gedenkt Alexander einer Weissagung, daß er sterben müsse, wenn die Erde unter ihm zu Eisen und der Himmel über ihm zu Gold geworden sei. Als Leiche wird der König nach Alexandrien gebracht. Aristoteles da= gegen hat den Weg zum Lebensquell gefunden und auch eine Schale Wasser für seinen König daraus mitgenommen. Doch er kann nur noch den Leichnam damit besprengen. Er selbst hatte es verschmäht, zu trinken, weil er die Unsterblichkeit für kein irdisches Glück hielt; er begnügte sich, den Leib mit dem Wasser zu besprengen. Doch schon die bloße Benetzung reichte hin, sich und dem Könige die Unsterblichkeit des des Namens zu sichern. Vergl. W. Hertz, Aristoteles in den Alexanderdichtungen des Mittelalters. (Abhandlungen der k. b. Akademie der Wissenschaften I. Cl., XIX. Bd. 1. Abt. (1890), S. 33 f.) — Der erwähnte Zauberspiegel des Elias gehört neben dem Becher Dschems und dem Siegel Salomo's*) mit zu den wunderbaren Talismanen, die dem Inhaber das Verborgene im Himmel und auf Erden offenbarten. Die alten Könige Persiens unternahmen zur Erlangung des Zauber= spiegels viele abenteuerliche Züge nach dem fabelhaften Ge= birge Kâf, welches den Erdrand wie ein Ring umgiebt. Wenn auch andere persische Dichter die Legende von Alexanders Zuge nach dem Lebensquell nicht erzählen, so spielen sie doch oft auf sie an.

---

*) Ueber Salomo's Siegelring vergl. die Sage von Aschmedai Gittin 68. Die vier anderen Reichskleinodien sind: der diamantne Schild des Kajomors, der undurchdringbare Harnisch, der Reiher von Simurgs Federn und das Flammenschwert.

So singt der große Lyriker Hafîs:

> „Fernerhin aufsuchte des Lebens Quell
> Alexander — er hat ihn nicht gekostet:
> Wir, wir kosten ihn im Vaterland
> Bei der Schenke grauem Guardiane".

(Daumer, Hafîs No. 120 S. 138.)

In einem anderen Liede heißt es:

> „Kein Lebenswasser schenket
> Man einem Iskander:
> Durch Kraft und Gold erreichet
> Man dies nimmermehr".

(S. v. Rosenzweig-Schwanau, der Divan des Hafis II, S. 3.)

Hierher gehört auch der Vergleich:

> „Welch' ein Abstand! Chisers Wasser
> Fließet in des Dunkels Schooß;
> Und der Urquell meines Wassers
> Sind die Worte: „Gott ist groß!"

(Das. III. S. 93.)

Wahrscheinlich hat auch das persische Sprichwort: tschesmeï zindegi dar¹ târiki ast, d. h. der Quell des Lebens ist in der Finsterniß, die Legende zur Voraussetzung.

Nach den persischen Berichten der Legende gehen wir zu den arabischen über.

Obwohl Muhammed auf das Drängen seiner ungläubigen Feinde einiges von den Thaten Dsulkarneins vortrug, so fehlt doch gerade die Episode von dem Zuge nach dem Lebensquell. Es heißt in der 18. Sure Vers 82 ff. nur, daß er bis zum Untergange der Sonne vordrang und fand, daß sie sich in einem trüben Quell tauche, in dessen Nähe Leute waren. Dann gelang es ihm, den Aufgang der Sonne zu erreichen und er fand, daß sie über einem Volke aufging, dem Gott keinen Schutz dagegen gegeben hatte. Ferner rückte er zwischen die zwei Wälle, hinter welchen Leute wohnten, die kein Wort verstanden und die als Unheilstifter galten. Es war das Volk der Jadschudsch und Madschudsch (Gog und Magog der Bibel, vergl. Ezech. 38 u. 39). Er führte gegen dasselbe zwischen zwei Bergabhängen eine Mauer von Eisen auf und ließ über sie Erz gießen. Da das Voll diesen Wall weder übersteigen noch durchbohren konnte, so war es für die Nachbarvölker unschädlich geworden. Nach Tabari (839—923) in seiner großen Weltchronik drang Alexander mit 400 Mann in die Finsterniß nach dem Nordpol zu, während die Sonne südlich von ihm stand, um den Quell des ewigen Lebens zu suchen. Sobald er die wilden Völker Gog und Magog in einem Kessel eingeschlossen hatte, wandte er sich nach Westen in das Land der Finsterniß, weil dort der Quell des Lebens ströme. Nach einer siebentägigen Wanderung durch finstere Wüsten strahlte ihm auf einmal ein grüner Schein entgegen, der Abglanz vom Gewande Chidhers, seines Ratgebers und Begleiters. Je näher er kam, desto mehr funkelte alles in smaragdenem Glanze. Grün wie das Meer an den Küsten im heiteren Sonnenschein spiegelte sich vor ihm der Quell des Lebens. Chidher schöpfte von dem Wasser und reichte Alexander eine Schale voll. Weil er aber zu gierig darnach griff, vergoß er sie und lehrte nicht wieder aus dem Lande der Finsterniß zurück. Nach dem Berichte des schâfi'itschen Rechtslehrers und vorzüglichen Koran-interpreten Tha'alabi in seinen Geschichten der Propheten fol. 195 verdankte Alexander die Kenntniß des Lebensquells dem Engel Rafael (Israfil). Er schreibt: Dsulkarnein hatte einen Freund unter den Engeln, namens Rafael. Als dieser ihm einst mittheilte, daß die Engel und der heilige Geist sich im Himmel ohne Unterlaß mit der Anbetung Gottes beschäftigten, sprach der König: „Ich wünsche (ewig) zu leben und Gott zu dienen, wie man ihm dienen soll." „Wohlan," erwiderte der Engel, „wenn Du das willst, so wisse, daß es einen Quell auf Erden giebt, welchen man den Quell des Lebens nennt, und Gott hat es so bestimmt, daß, wer einmal daraus trinkt, nicht eher stirbt, bis er seinen Herrn um den Tod bittet." „Und wisset ihr Engel", fragte Dsulkarnein, „wo jener Quell ist?" „Nein," antwortete Rafael, „aber wir erzählen uns im Himmel, daß Gott auf Erden eine

Finsterniß hat, in welche weder Mensch noch Dschan*) ein=
tritt, und wir vermuthen, daß der Quell in dieser Finsterniß
sich befinde." Dsulkarnein versammelte darauf die Weisen
und Schriftgelehrten dieser Erde und diejenigen, welche die
Zeichen des Prophetenthums kennen und sprach: „Findet ihr
in den Büchern, die ihr lehrt, und in den Traditionen, welche
von den Propheten und früheren Weisen überliefert worden
sind, daß Gott einen Quell auf die Erde gesetzt hat, den man
den Quell des Lebens nennt?" Alle antworteten: „Nein",
nur einer sagte: „Ich habe im Testament des Adam gelesen,
daß Gott eine Finsterniß in die Welt gesetzt hat, welche weder
Mensch noch Dschan detritt, und in dieser Firsterniß ist der
Quell der Unsterblichkeit." „Wo werde ich die Finsterniß
finden?" fragte er. Der Weise antwortete: „Im Horn der
Sonne". Er sandte Boten, um die Weisen, Edlen und
Könige zu ihm zu rufen; dann machte er sich auf und ging
dem Aufgange der Sonne zu. Nach einem Marsch von
zwölf Jahren erreichte er den Rand der Finsterniß. Dies
war nicht die Finsterniß der Nacht, sondern es qualmte wie
Rauch. Er schlug dort sein Lager auf, ließ die Gelehrten
seines Hilfslagers zu sich rufen und sprach: „Ich gedenke in
diese Finsterniß einzutreten." Sie riethen ihm alle, von seinem
Vorhaben abzustehen, er aber bestand darauf, und nachdem
er ausfindig gemacht hatte, daß junge Stuten unter allen
Lastthieren bei Nacht am besten sehen, ließ er 600 kommen
und wählte in seiner Armee ebenso viele Krieger aus, welche
sich durch Entschlossenheit und Intelligenz auszeichneten, und
ernannte Chidher zum Kommandanten des Vortrabes, welcher
aus 2000 Reitern bestand; er selbst folgte mit den übrigen
4000. Beim Abmarsch befahl er dem Hoflager, das zurück=
blieb, zwölf Jahre auf ihn zu warten, würde er innerhalb der
Zeit nicht zurückkommen, so sollten sie das Lager abbrechen
und in ihre Heimath zurückkehren. Chidher sagte: „O König!
im Dunkeln wissen wir nicht, wie weit wir gegangen sind,
noch kann einer den andern sehen; was sollen wir thun,
wenn sich einige unserer Leute verirren?" „Wirf diese Muschel
auf die Erde," versetzte der König, „und wenn sie einen Laut

---

*) Dschan ist der Vater der Dschinnen oder Dämonen.

von sich giebt, sollen die Irrenden darauf zugehen." Chidher marschierte voraus und rückte vorwärts, während Dsulkarnein sich lagerte. Chidher stieß auf einen Wadi, in dem er den Quell vermuthete. Es kam ihm dies in dem Sinn, als er am Rande des Wadi stand. Er ließ seine Leute Halt machen, keiner sollte seinen Platz verlassen. Er warf die Muschel in den Wadi und es dauerte lange, ehe der Schall von ihr zu= rückkam. Er ging dem Laute nach und fand, daß sie am Rande des Quells seien. Er zog seine Kleider aus und ging in den Quell hinein. Dieser war weißer als Milch und süßer als Honig. Er trank, badete sich, machte die vorgeschriebenen Ablutionen und wusch seine Kleider; darauf warf er die Muschel gegen seine Krieger; sie fiel auf und er ging dem Schalle nach. Bei seinen Leuten angekommen, befahl er ihnen, sich marschbereit zu halten und sprach: „Vorwärts im Namen Gottes!"

Dsulkarnein ging vorüber und verfehlte den Wadi." Ob= wohl er hier seltsame Dinge sah, wie beispielsweise ein Licht, das aber weder dem Licht der Sonne, noch dem des Meeres glich, sodann rothe mit Sand bedeckte Erde und ein herr= liches eine Parasange großes Schloß, so wurde ihm doch das Wasser des Lebensquell nicht zu Theil. Vergl. Sprenger, das Leben und die Lehre des Muhammed II, S. 470 ff. — In neuem Gewande und mit einer andern guten und sinnigen Wendung tritt uns die Legende unter den sechs Alexander= erzählungen bei Carmoly, Les mille et un contes, récits Chaldéens, Bruxelles 1837, in der fünften mit der Ueber= schrift: La genie vor Augen. Ihr Hauptinhalt ist in Kürze dieser. Als der Macedonier die Rede des Genius der Ge= rechtigkeit gehört, durchschaute er mit einem Male die Richtig= keit seines Ehrgeizes, da dieser ja mit dem Grabe enden mußte. Von dem Augenblicke sann er nur darauf, sein Leben zu ver= längern und von dem Wasser der Unsterblichkeit zu trinken. Er zog daher sofort in das Land des Gog und Magog, wo eine Quelle dieses wunderbaren Wassers sprudelte. Nach un= säglichen Mühen und Anstrengungen kam er an die Pforte des Brunnens, sie war aber verschlossen. Er pochte und ver= langte in seiner ungestümen Weise Einlaß, doch eine Stimme rief ihm von innen zu: „Was suchst Du hier?" „Die Un=

sterblichkeit," erwiderte Alexander. Die Pforte öffnete sich, und ein Wächter, der, nach seinem Aussehen zu urtheilen, reichlich von dem Tranke der Unsterblichkeit genossen hatte, führte ihn ein. Alexander erblickte ein altes Gemäuer, in dem ein Brunnen voll Wasser sich befand. Der Greis schrieb einige Zeichen auf einen Stein und warf ihn in den Brunnen, worauf derselbe sich alsbald leerte. Er stieg nun mit Alexauder hinab auf den Grund, und sie gelangten zu einer goldenen Pforte. Der Greis schrieb wieder einige Worte daran, und die Pforte öffnete sich von selbst. Jetzt lamen sie zu einem Dämon, der den Unsterblichkeitstrank bewachte; er sprach ein Gebet, und der Dämon fiel rücklings zu Boden. Durch dasselbe Mittel befreite er sich auch von einem Teufel, der das Himmelswasser bewachte. Nun wollte Alexander in langen Zügen die Unsterblichkeit trinken, doch plötzlich umleuchtete ihn ein großer Glanz und ein Genius entstieg dem Wasser und sprach zn dem erstaunten Eroderer: „Hier nimm diesen kleinen Stein und sobald Du einen andern gefunden hast, der vollkommen ebenso schwer ist, wie dieser, dann lomme zu mir zurück, und ich will Dich trinken lassen." Mit diesen Worten verschwand der Genius. Der Greis führte den König zum Eingange zurück und der Brunnen füllte sich wieder mit Wasser, wie vorher. Alexander bot nun sein ganzes aus Hofleuten, Dienern und Sklaven bestehendes Heer auf, kleine Steine zu suchen, doch man saud keinen, der vollkommen gleiches Gewicht mit dem des Genius hatte. Endlich nahm Alexander den Ausweg, eine handvoll Erde seinem Steine hinzuzufügen, um das Gewicht auszugleichen, und voll Freude lehrte er zur Quelle zurück. Die Pforte öffnete sich und der Genius erschien abermals. Alexander zeigte ihm die beiden Steine, der Genius detrachtete sie und sprach: „Sterdlicher, Du hast Erde hinzugefügt, Du hast mir damit bewiesen, daß Du von Erde bist und wieder zu Erde werden mußt." Aus Verzweiflung fiel Alexander in einen schweren Tiefsinn. Als er sich krank und dem Tode nahe fühlte, richtete er einen rührenden Brief an seine Mutter Olympias und beschwor sie, seinen Verlust mit Fassung zu ertragen.

Der talmudische Bericht, auf den die Erzählung Carmoly's wahrscheinlich zurückgeht, steht im Tractat Tamid 32 a b. Vergl.

Pesikta de Rab Kahana 74 a b und Midrasch zu Leviticus 27 b. Da richtet der König Alexander die Frage an die Weisen, wie er in das Land der Finsternis in Afrika gelangen könne und er erhält zur Antwort: „Laß lybische Esel kommen, welche in der Finsterniß gehen können, und nimm Seile, das eine Ende binde an den Ort, wo die Finsterniß beginnt, fest und das übrige behalte in Deiner Hand, damit Du den Rückweg wieder finden kannst". Wie bei Firdûsî gelangt der König zuerst in eine Stadt, die von Weibern bewohnt ist, mit denen er einen Krieg anfangen will, es aber, von ihnen beschämt, unterläßt. Dann macht er an einer Quelle Rast, um Mahlzeit zu halten. Als man kleine gesalzene Fische als Zuspeise zum Brote in dem Wasser der Quelle wusch, erhielten sie plötzlich einen guten Geruch, so daß Alexander rief: „Die Quelle kommt aus dem Paradies." Nach einer Ansicht wusch nun der König sein Angesicht mit dem Wasser der Quelle, nach der andern ging er dem Wasser so lange nach, bis er wirklich zur Pforte des Paradieses gelangte. Daselbst erhob er seine Stimme und sprach: „Oeffnet mir die Pforte!" Man rief ihm aber die Worte entgegen: „Dies ist die Pforte des Ewigen, die Gerechten dürfen da eintreten" (Pf. 118,20). Da sprach er: „Ich bin ein König und bin hochgeachtet, gebt mir etwas!" Da erhielt er einen Augapfel. Als er ihn auf eine Wagschale legte, war er so schwer, daß all sein Gold und Silber ihn nicht aufzuwiegen vermochte. Auf seine Frage, wie das zugehe, antworteten ihm die Weisen, daß es ein Augapfel von Fleisch und Blut wäre, der nicht gesättigt werden könne, er brauche aber nur ein wenig Staub zu nehmen und ihn damit zu bedecken, so werde die Wagschale leichter werden. Alexander verfuhr so, und die Wagschale schnellte sofort in die Höhe.

In den Hauptzügen begegnen wir den talmudischen Relation auch in dem vierten Berichte Nizâmîs, nur ist da nicht von einem Augapfel, sondern von einem kleinen Stein die Rede, den der König von dem die göttlichen Botschaften an die Menschen vermittelnden Engel Serosch im Lande der Finsterniß empfängt. Als der König bei seiner Heimkehr die Schwere des Steines auf einer Wage erprobt, findet er, daß selbst hundert andere Steine dem Gewicht des einzigen nicht gleichkommen. Doch Chidher ertheilt ihm den Rath, eine kleine Hand voll Staub zu nehmen, welche den Stein auf= wiegen werde. Alexander besolgt den Rath und es geschieht so. Da erkennt er, daß er trotz all seiner Größe und Macht nur Staub sei und die wahre Sättigung und Befriedigung seiner Herrschergelüste erst danu finden werde, wenn er selbst zu Staub geworden sei.

Obwohl schon der syrische Dichter Jacob von Sarûg († 521) die Legende von Alexanders Zug nach dem Lebens= quell in seiner Homilie über Alexander bringt, so kommt sie doch in dem wahrscheinlich aus dem 7. Jahrhunderte stammen= den syrischen Alexanderlied nicht vor.*)

Nach Betrachtung der morgenländischen Berichte erübrigt es noch, uns die abendländischen zu vergegenwärtigen. Wir beginnen mit dem französischen Alexandergedicht (Li Romans d'Alixandre par Lambert li Tors et Alexandre de Bernay, herausgegeben von Heinrich Michelant in Paris. Stuttg. 1846. Bibl. des literar. Vereins XIII). Das Unsterblichkeitswasser sprudelt hier in drei Zauberquellen in einer Wüste. Wer sich in der einen badet und 120 Jahre alt ist, wird wie ein dreißigjähriger, wer sich dagegen in der anderen badet, stirbt nicht, und wenn man in der dritten einen Todten badet, wird er wieder lebendig. Alexander erhält Kunde von ihnen auf seinem Zuge nach Westen durch vier seltsame Greise, die er hat einfangen und fesseln lassen. Er verspricht ihnen viel, wenn sie ihn hingeleiten. Es war im Monat Mai, als man sich zur Reise rüstete. Als sie an einer Quelle speisen wollten, meldete der Koch, daß zwei von den Fischen, die er hade in die Quelle halten lassen, wieder lebendig geworden seien. Alexander ließ einen Thurm bauen und das Wasser der Quelle hineinleiten. Enoc findet darauf die zweite, die unsterblich macht und badet sich darin, sagt aber bei seiner Rückkehr, daß Niemand die Quelle unter

---

*) Der Roman ist nicht, wie Wright annimmt, die Wiedergabe einer arabischen Uebersetzung, sondern geht, wie Nöldeke in seiner ge= lehrten Abhandlung: Beiträge zur Geschichte des Alexanderromans (s. Denkschriften der Kaiserl. Akademie der Wissenschaften in Wien, Bd. XXVIII, 5. Beitrag, S. 14 ff.) darthut, auf ein persisches Original in Pehlewî zurück.

einem Jahre finden könne. Zur Strafe dafür läßt ihn
Alexander, da er ihn nicht tödten kann, in eine Säule ein=
siegeln. Nach großen Anstrengungen gelangen sie zur dritten
Quelle (der fontane de Jouvence), die zum Dreißigjährigen
macht. Sie liegt in einem herrlichen Thale auf einer Wiese
und kommt aus dem Paradiese vom Wasser des Euphrat;
vor der Quelle liegt ein goldener Löwe und in der Nähe
von ihr stehen zwei prophetische Bäume. 56 Personen baden
in der Quelle und werden wieder jung, auch die beiden, die
den König zu der Quelle geführt haben, erscheinen ganz ver=
ändert. Die Unheil und Tod verkündenden Aussprüche der
Bäume aber versetzen Alexander in großen Schrecken, er
weint und wird schwarz und weiß wie Wachs und es dauert
lange, bis er durch den freundlichen Zuspruch seiner Großen
wieder seine Seelenruhe gewinnt und sein Thatendrang ihn
zu neuen Unternehmungen anstachelt.

Was die Legende hier von dem macedonischen Eroberer
meldet, das wird auch auf den König Salomo übertragen.
Auch diesen weisen Herrscher, so erzählt Fr. Jakobs, schmerzte
es tief, wenn er von dem Söller seines Palastes auf die
herrliche Stadt und das reiche Land hinabschaute und sich
überlegte, wie er mit dem Tode Alles verlassen müsse, was
er mit Fleiß und Mühe geschaffen. Eines Tages, als er
sich wieder in solchen Klagen ergangen, schwebte ein Engel zu
dem Palmbaum, unter dem er saß, herab und ein diamantenes
Gefäß strahlte in seiner Hand. „Ich komme von dem Throne
des Ewigen," sprach er zu dem trauernden König, „Gott hat
Deine Klagen vernommen und mich mit dem Wasser des
Lebens zu Dir geschickt. Wer davon trinkt, wird nimmer
sterben. Die Wahl ist Dein. Leben und Tod liegt in Deiner
Hand. Thue nach Deiner Weisheit, die Dir verliehen ist."
Mit diesen Worten setzte er das glänzende Gefäß an den
Fuß des Palmbaums und kehrte zum Himmel zurück. Der
König bedachte den Inhalt der Rede des Engels und da er
zu keinem Entschlusse kommen konnte, indem die Lust des
Lebens und die Furcht, leben zu müssen, einander die Wage
hielten, ließ er seine Räthe berufen, erzählte ihnen, was sich
zugetragen und fragte sie um ihre Meinung. Sie baten ihn
alle, von dem Wasser der Unsterblichkeit zu trinken, nur

Butimar, Affans Sohn, der weiseste und erfahrenste von allen, hatte eine andere Ansicht. Er sprach zum König: „Wenn Du davon trinkst, so werden sich Dir Jahre an Jahre reihen, Deine Freunde und Diener werden dahinsterben, Du wirst Deine Kinder und Deine Gattin zu Grabe tragen und Dich umsonst nach ihnen sehnen. Jetzt stehst Du wie die Ceder des Waldes in Deiner Herrlichkeit und breitest Deine Zweige zum Himmel aus, und Dein Volk wandelt fröhlich in Deinem Schatten. Mit jedem Jahre aber werden Deine Zweige weniger werden und es wird um Dich öde sein, wie um den dürren Stamm, der trauernd in der Wüste steht." Der König billigte die Worte Butimars, begad sich wieder zum Palmbaum und siehe, das Wasser im Gefäß war vertrocknet.

Das deutsche Alexanderlied des Pfaffen Lamprecht bringt nur Alexanders Zug nach dem Paradiese, der uns in großer Breite am Schlusse des Romans geschildert wird. An Stelle des Augapfels aber, wie die talmudische Sage meldet, erhält der Held, wie in der Erzählung bei Carmoly, einen Stein von wunderbarer Leuchtkraft, den die herdeigerufenen Edelstein-kenner bald mit diesem, bald mit jenem Namen benennen. Derselbe läßt sich durch nichts aufwiegen, bis endlich ein Jude einen Federflaum und eine kleine Hand voll Erde bringt. Durch diese Dinge wird er plötzlich leicht und wiegt nicht mehr als jeder andere Stein von seiner Größe. Als der König nach der Deutung des Wunders fragt, spricht ein Jude (V. 7003—7013 und 7030—7055):

> — — — „Wollt ihr's verstehen recht,
> So wisset, Gott hieß machen
> So wunderbare Sachen,
> Dem Könige zu lehren:
> Er überhob sich großer Ehren.
> Auch seid ihr allgemein
> Gemahnet mit dem Stein,
> Daß ihr in nichts euch überhebet
> All die Weile, die ihr lebet.
> Bewahrt euch vor der Gierigkeit,
> Denn sie macht groß' Herzeleid.

— — — — — — — — — —
— — — — — — — — — —

Der Mann der gleichet diesem Steine,
Der, gelegt in der Schalen eine,
Sich selber niederdrückte
Und empor das Gold all' zückte.
Ihr waret wenig klug gewiß,
Daß ihr selbst das Paradies
Zu erfechten trugt Begehr.
Doch wollte Gott euch, unser Herr,
Lassen hier besunder
Schauen seine Wunder.
Doch mögt ihr nicht davor euch wahren,
Ihr müsset doch von hinnen fahren,
Und müsset einst verderben
Und mit Bedachte sterben.
So müßt ihr wieder werden
Gemenget mit der Erden.
Ihr müßt verlassen diesen Raum,
Darin gleicht ihr dem Federflaum',
Der nieder mit der Erde ging,
Wo er in der Wage hing.
Und zückte in die Höh' den Stein.
Nun wird eurer keiner sein,
Der nicht gehöret habe rechte
Des Steines Weise und Geschlechte,
Wie er schwer ist und wie leicht,
Beides offenbar gezeigt".

Alexander beherzigte die weisen Lehren des Juden, ging in sich und leitete sein großes Reich noch zwölf Jahre. Dann ward ihm Gift gegeben und er starb. — In dieser Auffassung ist die Legende in Ulrich Boner's Edelstein übergegangen, wo sie die 87. Fabel mit der Aufschrift: „Der Kaiser und der Edelstein" bildet.

Im englischen Alexanderliede (Kyng Alisaunder, gedruckt in Metrical Romances etc. by Henry Weber I,

1—127, Lond. 1810), das im Gang der Geschichte wesent=
lich von dem Französischen abweicht und sich mehr dem
deutschen Gedicht nähert, kommt Alexander wohl bis an das
Ende der Welt, von einem Zuge nach dem Lebensquell oder
nach dem Paradiese aber ist nicht die Rede.

In ein herrliches modernes Gewand hat Ludw. Aug.
Frankl die Legende in seinem „Helden= und Liederbuch"
mit der Aufschrift: „Der Trank der Unsterblichkeit" (S. 105 ff.)
gekleidet. Der König ruht, umgeben von seinen Satrapen,
Feldherrn, Priestern, Sterndeutern und Weisen in einem reich=
geschmückten Saale auf weichem Pardelfellpfühl beim Schein
aus krystallenen Ampeln, goldbraune Mädchen mit aufgelöstem
Haar und purpurnen Schleiern um die schlanken Hüften, die
von goldenen Gürteln festgehalten werden, wiegen sich, die
Pauken schlagend und Glockenstäbe schwingend, vor ihm im
raschen Tanze. Doch der König blickt finster drein und
spricht zu der erstaunten Runde:

> „Mein ist die Erde, mein sind ihre Kronen —
> Was fehlt dem Göttersohne? Daß dies alles
> Doch bald mir fehlen wird nach allzu kurzem
> Besitz, wenn ich hinunter muß zu Lethes
> Klanglosem, ödem Strand, um zu vergessen,
> Was groß und schön ist: Kampf mit den Gewalten,
> Die sich dämonisch bäumen auf der Erde,
> Und die ich niederrang, wie wilde Rosse".

Da erhebt aus den rings im Kreise gelagerten Magiern
sich ein Greis und spricht zum König:

> „Uralte Kunden sind auf uns gekommen,
> Geheimnißvolle Verse eines Liedes:
> Im Land der Finsterniß fließt einer Quelle
> Grüngoldne Fluth, und wer beglückt sie findet
> Und von ihr trinkt, soll nicht auf Erden sterben!"

Der König unternimmt nun einen Zug in unermessene
Wüsten, die selige Oase aufzufinden, in welcher der von Ge=
nien gehütete Quell fließt, der ewiges Leben auf Erden spendet.
Der weise Aristoteles, des Königs treuer Lehrer, trennt sich

9

vom Heere und wandert einsam, in Gedanken sinnend, seinen
Weg, eingedenk, daß nicht auf breiter Heerstraße „des Lebens
Räthsel und der Welt Geheimniß" sich offenbart. Nach
tagelangem Wandern in schattenloser Gegend kommt er in
ein Land, das dichte Finsterniß bedeckt, plötzlich aber steht er
gefesselt vor einem Wunder:

„Von einem Felsenhaupt, als Silberschleier
Herunterfließt die heißersehnte Quelle
Und Funken glänzen in dem weißen Strome,
Umirrend wie der Blitz aus Geisteraugen
Und weich und klanglos fällt es in ein Becken
Porphyren blank und löst sich auf in Tropfen.
Es scheinen, leuchtend durch sich selbst, die Wellen
In Sonnenglanz zerschmolzene Smaragde;
Grün wie die Hoffnung, wie die Welt im Frühling,
Grün wie ein Herz voll Jugend und voll Liebe!"

Aristoteles bückt sich nieder zur Quelle und schöpft mit
hohler Hand von ihren Wellen. In der Freude des Besitzes
des Unsterblichkeitstrankes sieht er schon, wie das kostbare
Zaubernaß sein weißes Haar in schwarze Locken wandelt,
ewiger Frühling in sein Herz einzieht und das Leben sich
weit und unermessen vor seinen Blicken ausdehnt. Doch da
verfällt er in ernste sinnende Betrachtung und spricht:

— — — — — — — „Doch wieder leben
Soll ich Durchlebtes? Schmerz und Gram und Wonnen,
Der Forschung Glück, die nie erfüllte Sehnsucht,
Der Drang, der Schöpfung Räthsel zu ergründen,
Sie werden wieder sein die wilden Geier
An meinem prometheisch kühnen Herzen.
Was es an Schönheit hat, an Qual, an Weisheit,
Ich habe durchempfunden alles Leben,
Mit Phantasie erschöpft den Kreis der Menschheit.
Nur Wiederholung kann das Leben bieten,
Der Jahreszeiten Wandel nur, die immer
Dieselben sind im Kreislauf dieser Erde".

Infolge dieser Betrachtung schüttet er das Wasser wieder weg und trinkt nicht. Nur für seinen König schöpft er eine Schaale und eilt zurück, sie ihm zu überreichen. Unterwegs begegnet er aber einem Wanderer, der ihm meldet, daß der König in Babylon bereits im Sterben liege. Er kommt zu spät. Thränenden Auges steht er an der Bahre seines Königs, das Leichentuch zurückschlagend, und ruft mit bewegter Seele:

> „Die Fluth ist da, die Sehnsucht Dir zu stillen,
> Du aber trinkst sie nicht! Es haben Götter
> Sie Dir versagt, weil Du ein Gott sein wolltest."

Dann goß er auf das bleiche Haupt des großen Helden einige Tropfen des Wassers,

> „Die grün wie Lenz und ew'ge Jugend leuchten,
> Daß wunderbar von ihnen mitzuleuchten
> Beginnt die Leiche, und sie scheint zu leben."

Frankl's Gedicht fußt auf der Ueberlieferung, daß Elias der incorporirte Chidher ist, der Aristoteles als Lehrer und Führer dient, ihn durch einen Zauberspiegel in die Vergangenheit und Zukunft sehen läßt und ihm alles Dunkle und Ungewisse offenbart. Mit seiner Hilfe findet Aristoteles den Weg zum Wasser des Lebens.

Fragen wir zum Schlusse nach der Entstehung unserer Legende, so verdankt dieselbe aller Wahrscheinlichkeit nach ihren Ursprung Alexanders Zug nach den Sandwüsten Afrikas. Sie sind das Land der Finsterniß und der Lebensquell ist die Quelle der Oase mit ihrem grünen Palmenhain, die dem Wanderer von ferne entgegenstrahlt. Fast zur Evidenz geht dies aus dem arabischen Berichte des Thaalabi hervor. Ohne Zweifel spielen aber auch mythologische Vorstellungen in die Sage hinein. Vor allem scheint der bei Assyrern, Persern und Indern herrschende Glaube, daß die Götter durch den Genuß des Wassers der Unsterblichkeit sich ewiges Leben und dauernde Jugendfrische verschaffen, zu der Ausgestaltung der Sage wesentlich mit beigetragen zu haben.

Ein Besuch bei den „Leuten der Gasse" in Palma.

Von M. Levin.

An einem wunderschönen Januartage bestieg ich in Barcelona das Schiff, das nach jenem Eilande führte, von jeher gerühmt als die „goldene Insel". Eine freudige Bewegung herrschte auf dem Schiffe, hier sprach man von der Schönheit der Rambla, der Promenadenstraße von Barcelona, dort pries man die Herrlichkeit des Frühlings auf Mallorka, wo bereits die Mandelbäume duften im weißrothen Blüthenschmucke.

In meinem Herzen sah es nicht so freudig aus, mir war's, als ob ich eine Reise anträte, um das Grab der Väter zu besuchen. Meine Gedanken schweiften in die Vergangenheit zurück, es stiegen vor meinen Blicken dicke Rauchwolken auf, in welchen arme Menschenopfer auf dem Holzstoß den Märtyrertod erlitten, das Wehgeschrei durchzitterte die Luft, und diese Laute, die ich vernahm, übertönten die freudigen Stimmen auf dem Schiffe. Da fiel mein Blick auf eine Person, deren Gesichtsausdruck und Haltung mich an die Nachkommen jener Märtyrer erinnerte. Eine tiefe Wehmuth sprach aus den Zügen, und in sich gebeugt, schien die Gestalt von Leiden zu zeugen, die auf ihr lasteten; sie wandelte unruhig hin und her, bis sie dann in den Schiffraum hinabstieg.

Auf ruhiger Bahn glitt das Schiff dahin, aus der Himmelskrone leuchteten die Sterndiamanten, und auf dem

Verdecke ertönte Gesang, von der Guitarre begleitet. Bis in die späte Nacht saß ich da, und als ich endlich die Kajüte aufsuchte, fand ich auf dem Lager keine Ruhe. Schon mit dem ersten Morgengrauen begab ich mich wieder auf das Verdeck. Es währte nicht lange, da tauchte im Horizonte das westliche Gestade der Insel auf. Vereinzelt kamen auch bald einige Reisende auf das Verdeck, unter ihnen der Mann, der am Abend zuvor meine Aufmerksamkeit gefesselt hatte. Ich begrüßte ihn, und sogleich fühlte er sich als Bewohner von Palma verpflichtet, den Fremden über die Gebäude zu orientiren, die jetzt in Sicht kamen.

„Sehen Sie die große Rotunde, die von der Anhöhe zuerst herübergrüßt. Das ist das Schloß Bellvér. Drei hufeisenförmige Thürme lehnen sich an das Schloß, während ein vierter freistehend zugleich das Eingangsthor bildet. Tief unten in diesem Thurme befindet sich ein unheimlicher Kerker, nach seiner Form Olla (Topf) genannt, wo viele bedeutende Männer geschmachtet haben; hier war es auch, wo Jovellanos seine Schmähschrift gegen den Minister Godoy niederschrieb."

Ich wollte eine Bemerkung einwerfen, doch der Mann fuhr gesprächig fort: „Und da sehen Sie die Lonja, die weltberühmte Börse, die nicht ihresgleichen in der Welt hat; aber alle Gebäude überstrahlt doch die dort östlich sich erhebende Kathedrale."

Jetzt konnte ich das Wort nehmen, und ich erwiderte: „Die Gebäude kann ich nur mit schmerzlichen Gefühlen betrachten."

„Sie waren schon in Palma?" fragte er hastig.

„Das nicht, aber jene drei Bauwerke bringen mir das Geschick von armen Märtyrern in Erinnerung." Verblüfft sah mich der Palmesaner an.

„Es war im Jahre 1391, in jenem für die Juden von ganz Spanien so verhängnißvollen Jahre, als auch in Palma das Volk sich gegen die Juden rottete, wüthend und zerstörend durch die Montesionstraße zog und an 300 Personen mordete. Etwa 800 flüchteten sich damals in das Kastell Bellvér, wo sie zwar beschützt wurden, dafür aber die den Bürgern auferlegte Strafsumme zum Theil mit erlegen mußten. Den Grund

für die Verfolgung giebt uns das zweite Gebäude an. Die
Juden waren Ackerbürger, Gewerbetreibende und Kaufleute,
sie unterhielten Handelsverbindungen mit afrikanischen, italienischen und französischen Hafenstädten, und führten der Insel
ungeheure Schätze zu. Der heute verfallene Hafen von Por-
topí sah oft mehr als 300 große Schiffe, und die
Parochie von S. Cruz beherbergte 30000 Seeleute. Die
Börse war ein lebendiges Zeugniß von der einzig und allein
durch die Juden zur Blüthe gebrachten Insel, da die Mallorkiner schwerfällig und träge waren. Nur in einem waren sie
stark: im Aberglauben und im Fanatismus. Nichts entzündet
diesen so rasch wie der Neid, und da haben die trägen und
fanatischen Mallorkiner den Juden Tod geschworen, wenn
sie denn nicht wenigstens ihnen die Genugthuung gewährten,
zu ihrem Glauben überzutreten. Zu Tausenden ergriffen die
Juden mit ihren Rabbinen und Gelehrten den Wanderstab,
es waren alle diejenigen, die zwar rührig waren im Erwerbe,
aber auch fest in ihrem Glauben; die Mehrzahl jedoch, die an
den Lebensgütern hing, nahm die Taufe, und daran erinnert
uns dort die Kathedrale, die, wie Sie sagten, alle Gebäude überstrahlt."

„Das alles geschah 1391?" wiederholte der Palmesaner
bald fragend, bald erschreckt.

„Merkwürdigerweise hatte sich eine Gemeinde erhalten,
die zwar gleichgiltig war gegen ihren Glauben, immerhin aber
ihn noch nicht abgeschworen hatte. Die geringste Veranlassung
konnte auch sie zur Untreue verleiten. 1413 begann Vicente
Ferrer seine fanatischen Predigten. In Schaaren strömten die
Juden ihm zu und bereiteten dem Wanderprediger einen
Triumph, ehe er nach Tortosa zog, um an der Disputation
theilzunehmen, die dort zwischen jüdischen und christlichen Gelehrten abgehalten wurde. Den Abschluß fand das Trauer-
spiel der Juden im Jahre 1435. Auf die Beschuldigung hin,
die Juden hätten in der Charwoche einen Mann gekreuzigt,
wurden die angeblichen Verbrecher verhaftet, die Folter erzielte
ein Geständniß, und vier wurden zum Tode verurtheilt.
Ihre Rettung bot nur die Taufe, die sie annahmen. Dieses
Beispiel fand Nachahmung, und die Kathedrale, wie die Kirche
S. Eulalia nahm an zwei aufeinanderfolgenden Tagen die

letzten hunderte in den Schoß der Kirche auf, zur hellen Freude der Geistlichkeit und der Bevölkerung."

„Und was geschah weiter?"

„Seit jener Zeit gab es auf der Insel keine Juden mehr, keine Synagogen, keine jüdischen Lehrer. Es verblieben nur noch die Abkömmlinge, die man die „Leute der Gasse" nennt (la gente de la calle), oder kurzweg „la clase".

Bei diesen Worten zuckte der bereits in Aufregung ver= setzte Mann zusammen, doch fand er insoweit seine Fassung wieder, um mich zu fragen, wer ich sei, der ich das alles so genau wüßte?

„Nun, ich gehöre jenen an, die Tod oder Auswanderung vorzogen einem Leben, das man nur durch Treulosigkeit er= kaufen konnte."

„Wie, Sie sind ein Jude?"

„Allerdings."

Dem Manne gingen die Worte aus, und er zog sich scheu und verwirrt zurück. Kein Zweifel, ich hatte einen Sohn der Gasse gesehen.

Das Schiff warf Anker im Hafen von Palma. Das südöstliche Ufer entlang haben sich eine lange Reihe cylinder= förmige Windmühlen aufgepflanzt, die in ihrem säuberlich weißen Kleide und mit ihren weit ausgespannten Flügeln ein Rad schlagend die Ankunft unseres Schiffes begrüßen.

Mit seltsamen Gefühlen stieg ich ans Land. Das scheue Zurückziehen des Palmesaners hatte mich in eine düstre Stimmung versetzt. Kaum hatte ich mein Quartier bezogen, so eilte ich hinaus, um eine Wanderung durch die Stadt zu unternehmen. Ich ging zunächst durch die Montesionstraße, die frühere Hauptstraße der Juden, passirte das Montesion= kloster, einst eine der drei Synagogen, von denen die anderen in die Kirche von S. Fe und das Kloster de la Misericor= dia (heute die Banca balear) verwandelt wurden. Alle befinden sich in dem früheren Judenviertel von Calatrava, Call und Bartolómé. Ich konnte mit Gleichmuth die Ge= bäude betrachten, denn die darin den Namen des Einzigen an= riefen, hatten ja dieses Land verlassen; aber ein unsagbarer Schmerz ergriff mich, als ich zu den Stätten kam, wo die Zwangstäuflinge den Märtyrertod erlitten. Das Jesusthor, der im Centrum der Stadt belegene Platz del Borne, ein alter Hafenplatz, das Kastell Bellvér waren die Orte der Autos de fe, die den Boden Gottes entweiht und geschändet hatten.

Das Inquisitionsgericht, das sich auch in Palma etablirte, mißtraute den Bekehrten, und um das Mißtrauen zu rechtfertigen, mußten blutige Opfer dargebracht werden. Solche Feuerfeste des Glaubens veranstaltete man 1581 und 1645. Als die Glücklicheren galten, über die man Kerker, Güterconfiskationen und Geldstrafen verhängt hatte. Seit 1678 wies man ihnen eine eigene Gasse an, und deren Bewohner nannte man fortan: individuos de la calle. Die Kirche mußten sie stets unter Begleitung eines Inquisitors und Polizisten besuchen. Der Haß des Volkes, dem auf diese Weise Vorschub geleistet wurde, brachte viele der Gehetzten zu dem verzweifelten Entschlusse, durch die Flucht sich den Nachstellungen der Inquisition zu entziehen. Es war am 17. März 1688 als sie heimlich ein englisches Schiff bestiegen, doch ein Unwetter, das sich plötzlich erhod, zwang sie, in den Hafen zurückzukehren. Sie wurden eingefangen und in den Inquisitionskerker geführt. Am 7. März 1691 begannen die Exekutionen.

Ihr Blutzeugen des Ewigen! eure Seelen sind eingegangen in das Reich des Allbarmherzigen! Raphael Valls, Raphael Beuito Terongi und du Catalina, seine Schwester! euch nenn' ich für sie alle, die auf dem Holzstoß mit aller Kraft das Schema Israel hinausgerufen. Wie euer Name im mallorkinischen Volksliede lebt, so sei euer Andenken gesegnet von Juden und Christen!

Doch nun zu den „Leuten der Gasse". Palma hat noch zum großen Theil die alte Physiognomie bewahrt: enge Gassen, die Dächer der Häuser weit herausragend, so daß sie sowohl gegen Sonne wie gegen Regen etwas Schutz bieten, dafür aber die Gasse in Dunkelheit versetzen. Hier und da stößt man auf eine eigenartige Einrichtung des Erdgeschosses. Von der Straße blickt man durch die Thür, die zugleich als Fenster dient, in das Zimmer, das in mehrere Theile gesondert ist. Der vordere Raum bildet das Empfangs- oder Verkaufs- oder Arbeitszimmer, der hintere Raum ist bedeutend erhöht und bildet im Kleinen eine Etage, zu der man auf einem Seitentreppchen aufsteigt. Dieser erhöhte Raum, den ein Eisengitter abgrenzt, wird zuweilen verhängt, da er auch als Schlafgemach dient. Einen eigenen Reiz gewährt es, wenn Frau und Kinder vom Gitter herab sich mit dem Vater unterhalten, der unten in seiner Werkstätte der Handarbeit obliegt.

In ein Häuschen dieser Art trat ich ein. Wir erblicken eine Gruppe, wie sie uns Bendemanns Bild: „Die trauernden Juden an den Strömen Babylons" darstellt, nur daß der Mann nicht die Leyer zu Füßen hält, sondern als Kunstschmied den Hammer führt. Eine Mutter im Hintergrunde, das Kind auf den Knieen, zwei Töchter zur rechten mit Handarbeiten beschäftigt; alle mit den leidenden Zügen wie jene Juden, die da weinten, wenn sie Zions gedachten. Ich besichtigte einige silberne Filigranarbeiten, und während ich mich zum Kaufe anschickte, knüpfte ich ein Gespräch an.

„Da sagen die Leute," hub ich an, „in einem Hause der Gasse sei nirgends ein Heiligenbild zu finden, und wenn sie ein gottloses Haus brandmarken wollen, meinen sie, es sei wie ein Haus in der Gasse. Nun sehe ich aber — und mein Blick musterte ein Bild — bei Ihnen haben die Leute Unrecht."

„Ach, nach ihren Redensarten dürfen Sie sich nicht kehren, wir sind daran schon gewöhnt; wir sind die besten Katholiken, bessere als jene, die sich ihrer Frömmigkeit rühmen. Achten Sie nur darauf, wie unsere Frauen und Mädchen täglich die Kirche besuchen und den Rosenkranz beten."

Auf die Frage, ob sie nicht noch eine Erinnerung hätten an ihre Abstammung? antwortete der Mann: „Erinnern sich denn die Spanier oder Franzosen, ob sie von Heiden abstammen? Wir sind gute Katholiken und das genügt". Eine Tochter erhob sich, nahm aus dem Wasserglase eine Rose und reichte sie mir hin. Mir war's, als ob eine vor Jahrtausenden vertrocknete Rose von Jericho hier aufgeblüht wäre.

Tief bewegt entfernte ich mich. Ich wanderte weiter durch die Calle de Plateria. Da sah ich auf einem Schilde den Namen Valls, denselben Namen, den jener fromme Märtyrer aus dem Jahre 1691 trug. Ich trat in den

Laden ein. Eine ganz andere Gestalt kam mir entgegen, eine stämmige, vollblütige Kraftgestalt, deren Augen feurig funkelten. Ich stellte mich als Reiseschriftsteller vor und bat ihn um Aufschluß über den Namen Chueta. Lachend öffnete er eine Seitenthür und zeigte mir die Schinken, die an der Wand hingen, indem er sagte: „Wenn man unsere Vorfahren mit dem Worte: „Speckfresser“ verhöhnen wollte, weil sie zum Genusse des Schweinefleisches sich gezwungen sahen, so können wir das jetzt ruhig anhören“.

Auf meinen weiteren Wanderungen bin ich zu der Ueber= zeugung gelangt, daß in der Gasse jede Erinnerung an die Vorfahren verwischt ist, oder zum mindesten vermieden wird, und da drängt sich uns die Frage auf, warum denn die Personen in der Gasse noch heute wegen ihrer Abstammung manche Unbill zu erleiden haben, trotzdem sie am Katholicis= mus so streng festhalten?

Der Priester José Taronji giebt uns darüber in seiner Polemik Aufschluß*). Als die eigentliche mallorkinische soziale Frage erscheint ihm die Angelegenheit der Gasse; er verfolgt die Geschichte des sozialen Unglücks auf der Insel, und da findet er, sie sei die Frucht jenes Buches, das der Jesuit Francisco Garau, Rektor des Colleg von Montesion 1691 unter dem Titel: „Der triumphirende Glaube“ (La fee triun= fante) veröffentlicht hat. In diesem Buche wirft Garan jenen Flüchtlingen vor, sie hätten allen Grund gehabt, die Späherblicke der Inquisition zu scheuen. Um die Indem= nität der mallorkinischen Reinheit von der ansteckenden Be= rührung mit jenen Leuten zu retten, fordert er alle diabolischen Mächte heraus, ruft zu Haß und Absonderung auf. Bei der Beschreibung der 4 Autos de fe, die 1691 celebrirt wurden, stellt er mit Genugthuung fest, daß weder bei der Exekution noch auf dem Wege dahin sich bei den Mallorkinern irgend welches Mitleid geregt habe, selbst nicht gegen Frauen und Kinder. Das sei ein deutlicher Beweis von dem heiligen Glaubenseifer der Mallorkiner wie von dem natürlichen Ab= scheu, den sie gegen diese Klasse hegen.

Garau widerspricht sich selbst, wenn er erwähnt, der

*) Estado religioso y social de la isla de Mallorca. Palma 1877.

Gouverneur habe sich von einem Mitgefühl hinreißen lassen, namentlich gegen die jugendliche Isabel Aguiló die einem Engel glich; mit Genugthuung betont er, die Inquisition habe selbst der autoritativen Verwendung kein Gehör schenken können; indem man dem Allmächtigen Opfer der Gerechtigkeit darbrachte, hätten die menschlichen Hekatomben die Erde gereinigt. Nur schlecht kann es Garau verbergen, daß ihm die Güter und Schätze der Gebrandmarkten die meiste Befriedigung gewährten.

Auch für die Folge war die Geistlichkeit bemüht, die Vorurtheile gegen die Versehmten zu nähren. Im Dominikanerkloster wurden die Bilder der Opfer angebracht, darüber Kreuze aus Gebeinen von Juden, die man aus den Gräbern ausgegraben. Die fürchterlichen Karrikaturen, welche Personen aus der Gasse darstellten, sollten deren Abkömmlinge dem Spott und Hohn des Volkes aussetzen. Ferner wurde eine Liste gedruckt, die die Namen aller Verurtheilten von 1645 bis 1691 enthielt. Dieses Verzeichniß schließt mit dem Beschlusse der Inquisition: Alle Angehörigen jener Individuen sind weder zu geistlichen noch zu weltlichen Aemtern und Ehrenstellen zuzulassen, jeder Luxus, das Reiten auf Pferden, das Tragen der Waffen ist ihnen verboten, überhaupt alle Freiheiten, deren sich die anderen Bewohner erfreuen, sind ihnen entzogen.

Einen Anhaltspunkt für die Unterscheidung von ursprünglichen Christen und den zum Christenthum Uebergetretenen fand man in den Namen. Taronjí weist an der Hand von ältesten kirchlichen Dokumenten nach, daß sehr viele Namen, die jetzt die Leute der Gasse tragen, christlichen Würdenträgern eigen waren. Aber auch in dem Falle, daß die Namen jüdische wären, so sei die Abstammung von Juden nur eine ehrende, aus ihrer Mitte sei ja auch Jesus hervorgegangen. In diesem Sinne traten Nicolaus V, Paul III, Clemens XI und andere Päbste für die Abkömmlinge von Juden ein. Doupanloup, der Bischhof von Orleans sagte: Wenn ich eine Jüdin sehe, so glaube ich die Madonna zu erblicken.

Andererseits giebt es wiederum unter der gegenwärtigen Noblesse viele Abkömmlinge von Juden, da im 14. und 15. Jahrhundert Adlige sich mit Töchtern aus der Gasse verbunden hatten, um ihre Kassen zu füllen*). Auch im übrigen Spanien stammt der größte Theil der Vornehmen von bekehrten Mauren und Juden ab, mancher selbst von den durch die Inquisition Verurtheilten**), so daß die Spanier im Typus sich kaum noch von den Juden unterscheiden.

Wenn man aber nur diejenigen verfehmen wollte, die Nachkommen wären von jenen Verurtheilten im Jahre 1691, so ist die Frage, wie die heutigen Personen der Gasse grade von diesen abstammen sollten; übrigens ist der Rückfall jenen gar nicht nachgewiesen worden, da selbst der Todfeind der Klasse, der Oberstaatsanwalt D. Antonio in seinen Memorias zugestand, daß zum mindesten von 1511—1675 jede Spur des Judenthums von der Insel geschwunden sei. Wie dürfte also die zwölfte Generation noch an der Schuld und Strafe zu tragen haben? Hat doch selbst das Inquisitionsgericht angeordnet, das männliche Geschlecht sei nur bis zur zweiten Generation, das weibliche nur bis zur ersten von allen geist= lichen und weltlichen Aemtern auszuschließen.

Bis auf unsere Tage wirkt jener Geist nach, der in dem Buche: La fee triunfante waltet und nunmehr schon die zwölfte Generation vergiftet hat. Ein großer Theil der mallorkinischen Geistlichkeit, von den Jüngern des Ignatius angeregt, sorgt dafür, die Abneigung gegen die Individuen der Gasse zu befestigen. So sieht eine ganze Klasse von geachteten, betriebsamen, die Religion und das Vaterland liebenden Familien — man zählt deren 2000 — seine religiösen Rechte unbeachtet, und leidet noch zu Ausgang des 19. Jahrhunderts an den Folgen der entsetzlichen Miß= handlungen, die im 17. Jahrhundert an ihren Vorfahren verübt wurden.

Gegen die Ausführungen Taronjis erhob sich der Pres= byter Miguel Maura. Er läßt dahingestellt sein, ob auf den Balearen, die bedeckt sind mit den Schandflecken der vom Ketzergericht Verurtheilten, mit den Teufelslarven einer Klasse, mehr oder weniger verabscheut, ob hier das Vorurtheil ur= sprünglich berechtigt oder ungerecht war, heute, so gesteht er zu, habe es keine Berechtigung mehr und verletze nur die

---

*) Quadrado, Forenses y Ciudadanos; Rullan, Historia de Sóller.
**) Mendoza, Tizon de la nobleza de España.

Gefühle wie die christlichen Pflichten, allein die Schwachen können sich über die Erinnerungen ihrer Jugend und die familiären Ueberlieferungen nicht erheben. Nur die Kirche könne Heilung bringen. Sie habe auch viele aus dem Staube erhoden, um sie unter die Edlen zu setzen, sie habe ihnen geistliche Aemter anvertraut, obgleich das Volk noch nicht genügend vorbereitet zu sein scheint, um das Gotteswort aus ihrem Munde zu vernehmen; allmählig werden schon die heilsamen Folgen sichtbar werden. Nur die politischen Leidenschaften können sie wieder aufheben. So viele aus dieser Klasse schlagen sich zu Parteien, die der Kirche feindlich gesinnt sind. Nur die Ketzerei könne sie kompromittiren, ebenso die Ungeduld einzelner Personen. Es mag ja peinlich sein, so lange auf die Erfüllung der Gerechtigkeit zu warten, dennoch gebieten Vernunft und das eigene Interesse, sein Temperament zu beherrschen.

Taronji weist mit Entschiedenheit zurück, daß die Klasse sich zu kirchenfeindlichen Parteien geselle, er verwahrt sich auch dagegen, daß er den ganzen Klerus angegriffen; seine Anklagen richteten sich nur gegen die mallorkinische Geistlichkeit, insbesondere gegen die palmesanische. Er erinnert daran, daß ein Geistlicher, dessen Schwester sich mit einem Manne aus der Klasse verlobt hatte, sie verfluchte und der Trauung nicht beiwohnen wollte, ja er hielt ein Requiem ab an ihrem Hochzeitstage und verlangte Beileidsbezeigungen ob der Eheschließung, oder was ihm gleichbedeutend war, ob des Hinscheidens seiner Schwester. — Er erinnert daran, daß ein hochstehender balearischer Geistlicher an eine erlauchte Dame, die sich mit einem jungen Manne aus der Klasse verlobte, einen Brief gerichtet hat, darin er ihr nahe legt, ein Mann jener verhaßten Klasse sei unwürdig, mit Personen von Stand sich zu verbinden. — „Haben nicht die Nonnen von S. Cayetano sich geweigert, ein Kind aus unsrer Klasse aufzunehmen, obgleich es einer verdienstlichen Familie der besten Gesellschaft angehörte, aus welcher mehrere Gelehrte hervorgegangen? — Als der Gemeinderath einer Stadt im Innern der Insel einem Priester aus unserer Klasse eine Rede übertrug, lehnte sich nicht der Ortspfarrer dagegen auf, daß jener Priester predige? — Ein Fräulein aus der un=

glücklichen Klasse wollte in ein Kloster gehen, ein Geistlicher, sonst so zartfühlend, sanft und friedfertig, verwehrte ihr den Eintritt. — Haben nicht die Jünger des S. Ignatius, solange sie das Colleg von Montesion inne hatten, unsere Jugend davon ausgeschlossen? — Wurde nicht in einer Parochie in Palma ein Priester aus meiner Klasse nur unter der Bedingung zugelassen, daß er nicht den Altarchor betrete? — Hat man mich nicht selbst, als ich mich um ein Amt bewarb, zurückgewiesen wegen des Namens, den ich trage? — Es ist nicht möglich, all das zu beschreiben, was die Geistlichen aus der Klasse gelitten, welche Demüthigungen und Zurücksetzungen sie zu ertragen hatten. Ein Bischof erwiderte, als man von ihm verlangte, Jünglinge aus der Klasse zu ordiniren: ich habe es nie gethan, ich werde es auch ferner nicht thun, weil es mir das Gewissen verbietet. Und die Mönche verbrannten eine Kanzel, weil sie ein Priester aus der Klasse bestiegen hatte. So begreift man, wenn der größte Theil meiner Vorgänger im geistlichen Amt dem Wahnsinn verfiel, wie José Aguiló, oder schwindsüchtig wurde, wie D. Miguel Taronjí; ein weiser Priester von musterhafter Führung starb an der Abzehrung nach einer bitteren Existenz voll schrecklicher seelischer Leiden, ein Opfer des Vorurtheils. D. Ignacio Cortés, ein Priester von großer Tugend, ein Mann der Wissenschaft, verbannte sich freiwillig aus Mallorka und ging nach Mexiko, um bei den Indianern Trost, Liebe und Brüderlichkeit zu finden, die ihm seine Heimath verweigert hatte. D. José Pomar, ein Pfarrer von Tenerifa wurde in Palma nicht zur Predigt zugelassen und mußte wieder nach den canarischen Inseln zurückkehren".

Neben Taronji standen auch Leute aus dem Volke auf, Gewerbetreibende und Handwerker, die gegen Maura öffentlich Protest einlegten; „nicht wer predigt, sondern was gepredigt wird, sei zu fragen, und ob der Prediger seine eigenen Worte erfülle?"

Gleicherweise stellte der Circulo católico öffentliche Fragen. „Wenn Maura meint, das Vorurtheil könne nur mit der Zeit, langsam und allmählig an Boden verlieren, heißt das nicht wie die Metaphysiker sagen: die Zeit ist nichts anderes als die Aufeinanderfolge der Handlungen und

Dinge? Was das Recht und die Liebe gebietet, muß sogleich erfüllt werden.‘ Welche Nothwendigkeit liegt vor, daß die einen Priester die anderen so leiden lassen und ihnen ein so bitteres Schicksal bereiten? Wem bringt das Vortheil? Weder der Religion, noch dem Vaterlande, noch der Humanität. Die Ehre des mallorkinischen Klerus wie des Volkes verlangt die sofortige Aufhebung aller Klassenunterschiede. Die Privilegirten sollen nicht mehr Geduld predigen, da sie als die Angesehenen es in ihrer Macht haben und auch verpflichtet sind, die Mißbräuche von Grund aus abzustellen. Langsam und allmählig? Durch wen? Etwa durch diejenigen, die sie seit 200 Jahren nicht abgeschafft haben? Wie lange würde dieses „Nach und nach“ dauern? Immerfort, solange man wünscht, daß die Mallorkiner schwach bleiben aus Rücksicht gegen die Dame Vorurtheil“.

Auch die Presse von Palma gab diesen Stimmen als Stimmen des Volkes Ausdruck. Von hervorragenden Persönlichkeiten, die nicht der Klasse angehören, seien namentlich hervorgehoben: Professor D. Antonio Castellá y Mora, der dem gequälten Taronjí zuruft: es giebt noch Balsam in Gilead für den Schmerz, noch ist ein Arzt da für die durch eine unverdiente Schmach Verwundeten. Von heute ab herrsche Brüderlichkeit, weil Alle vor Gott und Menschen gleich sind. Der gelehrte Stadtarchivar D. José Maria Quadrado richtete sich mit edler Indignation gegen jene, die sich unterfingen, das Buch Garaus neu aufzulegen unter dem Titel: La sinagoga Balear. Er fordert Buchhändler und Publikum auf, das Erscheinen des Buches durch Unterlassung von Subscriptionen zu verhindern. D. José Luiz Pons besingt sogar in einem ergreifenden Gesange die Opfer von 1691, die im Bellvér den Märtyrertod erlitten.

Ueberblicken wir nun die Lage der Klasse vom Ende des 18. Jahrhunderts bis zur Gegenwart. Die politischen Umwälzungen boten stets Gelegenheit, sich gegen die Unglücklichen der Gasse zu wenden. Bei jedem Regierungswechsel, bei den absolutistischen Reaktionen war Blut und Thränen ihr Loos. Dem Könige Carlos III schlugen die Vornehmen vor, die Leute der Gasse allesammt auf die Insel Cabrera zu verbannen, um sich dabei deren Güter bemächtigen zu

können. Der König aber, der das Gesetz der politischen
Freiheit gab, dehnte dieses auch auf die Leute der Gasse
aus und verbot, sie Juden, Hebräer, Chuetas oder mit
sonstigen Beinamen der Gehässigkeit zu benennen. Wie ver-
hielten sich dazu die „Vertheidiger von Thron und Altar?"
In einer Rathsversammlung sagte ein Rathsherr: „Dieses
Volk, dessen Frauen und Geld wir nicht begehren, können
wir regieren nach unserem Gutdünken". Im Jahre 1809,
als sich ein Krieg gegen Frankreich erhob, standen auch die
Leute der Gasse unter den Waffen; gleichwohl bürdete man
ihnen die Schuld des Krieges auf. Man begab sich in ihr
Quartier del Segell und richtete dort eine allgemeine Verwüstung an.

Die Constitution von Cadix im Jahre 1812 ließ die
Bedrückten neu aufathmen. Die Sambenitos oder Bilder,
welche die Wände des Dominikanerklosters bedeckten, wurden
entfernt, und wenngleich 1814 wieder angebracht, so wurde
doch das Kloster, das „den Feuerschlund der Hölle" in sich
barg, 1820 von Grund aus zerstört.

Als 1823 die Constitution wieder aufgehoben wurde und
die Franzosen ihren Thron wieder errichteten, fiel die Menge
in die Plateria ein, zerstörte und verwüstete, was sie antraf.
Diesmal warf man den „Silberschmieden und Kaufleuten" die
Urheberschaft der Constitution vor.

Erst in dem Dezennium von 1830—40 fielen alle
Schranken. Beim Militär, bei der Miliz der Stadt und Provinz, im Municipium und bei den Lehranstalten ist die völlige
Gleichheit hergestellt, auch in gesellschaftlicher Beziehung besserte
sich die Lage der Klasse. In allem, was vom Volke abhängt,
ist die enterbte Klasse emporgehoben worden; bei allen Parteien genießen sie das Vertrauen und erlangen ihre Wahl-
stimme. Vom einfachen Dorfschulzen bis zum Provinzial-
abgeordneten giebt es keinen Posten, der nicht von würdigen
Personen der Klasse wäre bekleidet worden. Ihre Namen
stehen in den Listen der industriellen, kaufmännischen, finan-
ziellen und landwirthschaftlichen Gesellschaften. Ohne sie wäre
Mallorka nicht zu einem gewissen ökonomischen Fortschritt, zu
einem Credit gekommen. Auf den Schiffen, die in dem Hafen
von Palma gesehen werden, auf den Eisenbahnen, die die
Felder durchziehen, zählen die Reeder, Besitzer oder Direktoren

Perſonen aus der Klaſſe. Ob Patrizier oder Plebejer, reich
oder arm, ſie vertrauen ihnen den Betrieb und alle Funktionen
an. In den geſelligen Cirkeln, in den Wohlthätigkeitsvereinen,
in den literariſchen, wiſſenſchaftlichen, pädagogiſchen und künſtle=
riſchen Kreiſen nehmen ſie eine geachtete Stellung ein. Hervor=
ragende Dichter und Schriftſteller ſind zu verzeichnen, wie z. B.
D Tomás Aguiló, Guillermo Forteza, D. José Ignacio Miró.

Alſo überall zeigt die Befreiung der Enterbten gedeihliche
Folgen. Trotz alledem werden die jungen Leute aus der Gaſſe
von allen kirchlichen Schulen ausgeſchloſſen, und nur zu den
Kirchen zugelaſſen, die am meiſten vom Volke beſucht werden.
Alſo nicht das Volk, ſondern die Geiſtlichkeit iſt dafür verant=
wortlich zu machen, wenn auf den Balearen gegen die Klaſſe
noch ein Vorurtheil gefunden wird.

Man hat darauf hingewieſen, welche Gefahren dieſerhalb
dem Lande drohen. Die Proteſtanten, die ihr Centrum in
Mahon haben, vertheidigen die Unterdrückten, erweiſen ſich
freundlich gegen diejenigen, welche von Katholiken und ihren
Prieſtern Unbill erfahren und malen in ſchwarzen Farben den
prieſterlichen Despotismus aus. Ebenſo heftig wenden ſich die
Schriften der Freidenker gegen die katholiſche Religion und
ihre Prieſter. O! nicht die Liebe, die von den Proteſtanten
den Gemüthern gepredigt wird, nicht der Freiſinn, der die
Geiſter erleuchten will, ſchafft auf dieſem Boden das Werk der
Erlöſung — die erlöſende Macht übt hier einzig und allein der
Rechtsſinn des Volkes, der das Gedeihen des Landes ſucht und
verhüten möchte, daß noch fernerhin die begüterten Familien
der Klaſſe auswanderten und dadurch der Inſel ſo viele Bene=
fizien entzögen.

Mein gepreßtes Gemüth fand eine Erleichterung in dem
Verkehre mit edelgeſinnten Männern. Ich nenne den ge=
feierten Quadrado, die Dichter Roſſelló, Juan Palou y Coll,
Pere de Alcántara Penya, Bartomeu Ferrá; die Profeſſoren
und Schriftſteller Carnicer und Eſtelrich; beſonders aber die
Dichter aus der Klaſſe: Aguiló und Forteza. Ihnen habe ich
es auch zu verdanken, wenn ich mich entſchließen konnte,
Streifzüge durch die ganze Inſel zu unternehmen, um ihre
Schönheiten zu genießen. Eine beſonders erhebende Erinnerung
bietet mir der Beſuch von Miramar.

Ueber Valdemoſa ziehend, von dem die George Sand ſagte:
„ſie habe nie etwas Lachenderes und Melancholiſcheres zu gleicher
10

Zeit gefunden", betreten wir den Boden, wo im 13. Jahrhundert der auf Mallorka als Heiliger verehrte Scholastiker und Alchymist Raimundo Lull gewirkt und eine Missionsschule unterhalten hat. Der österreichische Erzherzog Ludwig Salvator hat diesen Boden käuflich erworben und den früheren Namen Trinidad in Miramar geändert. Ein am Wege stehendes Haus mit Garten ladet den Wanderer zur Rast ein, darin ihm, wie schon früher Sitte war, drei Tage lang Obdach, Brot, Salz und Oliven unentgeltlich geboten wird. Mir ward die Gunst zu Theil, vom Erzherzog auf sein Landschloß geladen zu werden. Auf diesem zu beschaulicher Arbeit anregenden Sitze verweilt der Erzherzog mehrere Monate des Jahres, um der Schriftstellerei obzuliegen und seine Reisen und ethnologischen Studien in Werke zu fassen. Im Jahre 1882 erschien von ihm das große Prachtwerk: Die Balearen in Wort und Bild geschildert. Ein eigenes Schiff liegt unten am Hafen bereit, um auf ein gegebenes Zeichen sogleich in die weite Welt hinauszusteuern.

Am andern Morgen entließ mich der hohe Herr und nachdem er mir zur Erinnerung eine von ihm verfaßte Reiseschilderung eingehändigt, führte mich sein Wagen nach der berühmten Orangenstadt Soller, um von dort aus den höchsten Berg der Insel, den Puig mayor de Lluch zu besteigen.

Des Morgens um 6 Uhr — wir sind im Monat Januar — begeben wir uns auf den Weg. Der Gipfel des Berges wird von der Morgensonne vergoldet, indeß die übrigen Berge ringsum noch im Dunkel schlummern. Nach und nach senken sich die Schatten von den Bergen tiefer in das Thal hinab, bis auch das in dichtem Nebel hinter uns liegende Soller von der Sonne angestrahlt wird. Der Gesang der Drosseln und Amseln erfüllt die Lüfte, und wohlriechende Kräuter hauchen die Wonnen der Natur aus. Nach mehrstündiger Wanderung beginnt die Vegetation zu schwinden, bis wir nur noch über kahle Felsen schreiten und eine kühlere Region uns umfängt. Um 1 Uhr sind wir auf dem sattelförmigen Kamm angelangt. Da lag sie vor uns, die goldene Insel im silbernen Kranz!

Ein Trapezoid bildend, ist namentlich die nordöstliche und südliche Seite buchtenreich; nördlich das pittoreske Pollenza mit den zackigen Gipfeln des C. Formentor, weiter östlich die Bay von Alcudia, im Osten die Städte Manacor und Arta mit den weltberühmten Tropfsteinhöhlen, im Süden das C. Blanco, die Insel Cabrera und Palma, dessen Kathedrale auch von hier sichtbar ist. Den ganzen westlichen Theil dehnen sich zwischen malerischen Bergen liebliche Thäler aus; überall lachen uns freundliche Städte und Dörfer entgegen, die sich unter Feigenbäumen und auf Weinfluren gelagert haben. Nächst Capri, Taormina und Cintra haben wir nichts Herrlicheres gesehen. In diesem glücklichen Eilande haben einst auch meine Glaubensbrüder geweilt und den Garten Gottes angebaut und gepflegt.

Wir kehren nach Palma zurück, um die Rückreise anzutreten. Die Freunde, die ich mir dort während eines vierzehntägigen Aufenthaltes erworben, gaben mir das Geleit. Vom Schiffe ertönte das Signal und der letzte Händedruck in Palma war der des berühmtesten Sohnes der Gasse; in meinen Händen ließ er ein Bändchen seiner jüngst gesammelten Gedichte zurück. Leb wohl, Tomás Aguiló! lebt wohl, ihr edlen Freunde!

Vom Schiffe aus hefteten sich meine Blicke wieder auf die drei Gebäude, die mir der erste Palmesaner aus der Klasse erklärt hatte, doch diesmal vernahm ich die Stimme des ewigen Gerichts. Nahe der Kathedrale reden die Ruinen des Dominikanerklosters eine beredte Sprache; in der Lonja, die auch als Speicher dient, werden heute nur Volksbelustigungen abgehalten; und als ich das Schloß Bellvér passirte, fielen mir die Worte von Jovellanos ein: „Seit dem Jahre 1391, der ersten großen Judenverfolgung datirt der Verfall der Insel."

Das Schiff nahm den Weg nach Valencia, das Gestade hüllte sich in einen Schleier und bald war auch der letzte Saum der Insel den Blicken entzogen.

Eine unbekannte messianische Bewegung unter den Juden

vornehmlich Deutschlands und des byzantinischen Reiches
ums Jahr 1096.

Von David Kaufmann.

Der merkwürdige Brief, der offenbar aus dem ver=
zauberten Schatze der Geniſa von Kairo nach Orford ge=
kommen iſt und Dank Adolf Neubauer uns nun in
Jewish Quarterly Review IX, 27—29 gedruckt vorliegt, er=
innert an die Scherbe des Talmuds (Jebamoth 92b), unter
der die Perle ſich gefunden hat. Wie eine Gleichung mit
drei Unbekannten, ein unlösbares Räthſel ſtarrt die ſo un=
geahnt heraufbeſchworene Urkunde uns an. Wir erfahren
nicht, woher der Brief datirt war, nicht, wohin er gerichtet
iſt, nicht, wann er geſchrieben wurde. Der dunkle Erdtheil
der jüdiſchen Geſchichte im Mittelalter, das byzantiniſche
Reich, das ſich auf den erſten Blick als Heimath des
Schreibers darſtellt, läßt uns bei unſerer vollſtändigen Armuth
an Quellen für die jüdiſchen Vorgänge in ſeiner Mitte von
vornherein an der Aufhellung dieſes Denkmals, das uns in
jedem Namen, den es enthält, ein Räthſel mehr aufzugeben
ſcheint, verzweifeln.

Und doch ergeben ſich bei näherem Zuſehen Anhalts=
punkte, die mit der in geſchichtlichen Fragen überhaupt er=
reichbaren Sicherheit Zeit und Ort der hier geſchilderten Vor=
gänge entdecken helfen und ein verſchüttetes und vergeſſenes
Kapitel jüdiſcher Geſchichte zu Tage fördern, das zu ihren
denkwürdigſten und aufſchlußreichſten gerechnet werden muß.

Den Schlüssel zur Lösung mußte die bedeutendste der
hier mit Namen genannten Persönlichkeiten an die Hand
geben, das Schuloberhaupt Rabbi Ebjathar ha=Cohen. Aber
auch dieser Name tritt gleichsam in einer irreführenden Wolke
uns gegenüber. Er soll einen Brief aus Tripolis nach Kon=
stantinopel geschickt haben. War nur der Brief aus Tripolis
oder wohnte der Absender Ebjathar daselbst? War er ein
Afrikaner oder ein Palästinenser, da nicht zu entscheiden ist,
von welchem Trablus hier die Rede sein mag? Zum Glück
gehört der Name Ebjathar zu den seltensten der jüdischen
Gelehrtengeschichte [1]. Finden wir nun vollends einen Rabbi
Ebjathar, der noch dazu ebenfalls als Cohen und als Schul=
oberhaupt bezeichnet wird, so können wir mit einem an Ge=
wißheit grenzenden Grade von Wahrscheinlichkeit behaupten,
daß wir ihn in unserem Briefe vor uns haben. Ein solcher
Rabbi existirt aber in der That. Die Petersburger Hand=
schrift des grammatischen Werkes Muschtamil ist im Jahre
1423 der Seleucidenaera, d. i. 1112 in Fostat, d. i. Alt=
Kairo für Eliahu ha=Cohen abgeschrieben worden, der uns
als Sohn des Rabbi Ebjathar ha=Cohen, des Schuloberhauptes,
und als Enkel und Urenkel von Gaonen vorgeführt wird [2].
In diesem Jahre war R. Ebjathar bereits verstorben.
Der Ehrentitel des Schuloberhauptes, der ihn schmückt, be=
deutet, daß er an der Spitze der egyptischen Judenheit ge=
standen und die Funktionen versehen hat, die wir an die
Würde des Nagid geknüpft sehen. Die führende Persönlichkeit
der Judenheit an dem Sitze seiner Wirksamkeit erkennen wir
in ihm auch aus dem Briefe, der von ihm voraussetzt, daß
alle wichtigen Botschaften, welche die jüdische Gesammtheit
betreffen, zuerst an ihn gelangen. Wie nachmals die jüdischen
Gemeinden in allen Fragen, welche messianische Angelegen=
heiten, Bewegungen innerhalb der zehn Stämme betreffen,
sich an den Nagid von Egypten wenden [3], wie noch Isak
Cohen Scholal als Orakel für diese Angelegenheiten gilt [4], so

---

[1] Vgl. Zunz, Literaturgeschichte der synagogalen Poesie p. 704
[=Nachtrag p. 38].

[2] Bacher in Revue des études juives XXX, 235. Für א׳ ת׳ ר׳ ג
ist daselbst א׳ ת׳ כ׳ ג zu lesen.

[3] Kaufmann in Jewish Quarterly Review IV 505.

[4] קבץ על יד IV, 32 f.

wird hier von R. Ebjathar am frühesten die Heilsbotschaft erwartet. Vielleicht hieß er noch nicht Nagid, wenn wir die Angabe richtig verstehen, daß der Vezir=Chalif Al=Afdhal dem R. Meborach zuerst den Titel: Fürst der Fürsten, d. h. den officiellen Charakter eines Nagid verlieh[5]). R. Ebjathar hatte nun den Titel: Schuloberhaupt, d. i. Ober=haupt des Lehrhauses des Stolzes Jakobs oder Gaon[6]).

Wie aber erst durch zwei Punkte eine Linie bestimmt ist, so gewinnen wir auch hier erst durch die Sicherung eines zweiten Punktes volle Gewißheit. Wer ist R. Tobija, der stets mit dem Prädikate: unser Lehrer ausgezeichnet wird und eine führende Rolle in der Judenheit von Salonichi gespielt hat? Unzweifelhaft, nicht nur wahrscheinlich[7]) Tobija b. Elieser, der Verfasser der unschätzbaren Catene von Midraschim und Auslegungen zu den fünf Büchern Mose und den fünf Rollen, Lekach tob. Die Zeitgenossenschaft R. Ebjathars, das Ende des 11. Jahrhunderts, sichert diese Annahme, die uns zugleich Rabbi Tobija in neuem historischem Lichte zeigt. Wir wissen nunmehr, daß der aus Kastoria in Bulgarien stammende Gelehrte[8]) wahrscheinlich an der Spitze des Rabbi=nates, sicher aber in Salonichi gewirkt hat. Wir erfahren sogar aus dem Kreise seiner Familie, daß sein Neffe, der Sohn seines Bruders Jehuda und Namensträger seines Vaters, der unter dem auszeichnenden Namen R. Elieser der Große im Munde der Nachwelt fortlebte, ebenfalls in Salonichi wohnte und hier der Erscheinung des Propheten Elia, wie man fabelte, und der Beschenkung durch ihn ge=würdigt wurde. Wir brauchen jetzt R. Elieser den Großen[9]) nicht mehr in Mainz zu suchen und befinden uns

---

[5]) S. Jewish Quarterly Review IX, 36: וישם שמו שר השרים ונתנהו שר על בני ישראל אשר במלכותו. Auch der Nagid Nethanel, den Benjamin von Tudela kennen lernte, führt bei ihm den Titel: רבי נתנאל שר השרים ראש הישיבה.

[6]) Vgl. A. Harkavy, Studien und Mittheilungen III, 29 und IV, 414 Index s. v. und Kaufmann in Revue des études juives XVII, 304.

[7]) Neubauer a. a. O. 26.

[8]) Vgl. S. Buber מדרש לקח טוב (Wilna 1881) I, p. י"א.

[9]) S. Buber a. a. O. 16 ff. Neubauer a. a. O. 26 hält ihn für den Mainzer.

bei diesem Namen auf byzantinischem Boden, auf dem R.
Tobija entsprossen ist und gewirkt hat.

Aber auch eine Zeitbestimmung offenbart uns der an=
fangs so dunkle Brief. Menachem b. Elia, der Schreiber,
erklärt am Schlusse, nicht dahin, wie wir jetzt wissen, nach
Kairo kommen zu können, weil die Heerschaaren der Deutschen
in steter Bewegung seien, ohne daß man noch wissen könne,
wohin sie die Richtung ihres Zuges nehmen werden. Das
kann nur, da wir durch die sicher bestimmten Persönlichkeiten
uns am Schlusse des 11. Jahrhunderts befinden, auf den
ersten Kreuzzug sich beziehen, der die von Kaiser Alexius
Comnenus zur Befreiung Jerusalems aus der Hand der
Seldschuken zuerst herbeigerufenen und dann mit Angst und
Schrecken begrüßten Heere der Deutschen ins byzantinische
Reich brachte, und zwar auf den Herbst des Jahres 1096, in
welchem die deutschen Kreuzfahrer, noch von den übrigen ab=
gesondert, ihren Streifzug in die Nähe von Nicaea ausdehnten,
wo ihr Schicksal sie erreichte[10]). Wir werden also kaum fehl=
gehen, wenn wir den Brief auch zu datiren unternehmen und
ins Jahr 1096 verlegen.

Nur müssen wir uns hüten, in den Deutschen des
Schlusses unserer Urkunde, wie es Neubauer gethan[11]) hat,
der sich dadurch das Verständniß der historischen Aufschlüsse
dieses Briefes verschloß, die Deutschen vom Anfang erkennen
zu wollen. Hier haben wir es unmöglich mit Kreuzfahrern
zu thun, denn wo in aller Welt hätten diese Weiber und
Kinder mit sich genommen oder vollends ihr Vermögen, da
sie gewöhnlich sogar ihre Schulden in der Heimath zurück=
ließen, und wann hätten die Befreier von Christus Grabe
nur auf die Bewegung der verlorenen zehn Stämme Israels
gewartet, um nach dem heiligen Lande aufzubrechen!

Die Deutschen, von denen Menachem b. Elia im Ein=
gange seines Briefes redet, sind deutsche Juden. Mag die
Zahlangabe der vielen Tausende, die da ausgezogen sein sollen,
sich als noch so sehr übertrieben erweisen, jedenfalls muß es
eine gewaltige Bewegung gewesen sein, welche die deutschen
Juden vor dem Jahre 1096 ergriffen hatte und in großen
Schaaren zum Aufbruch nach Palästina und zum Zuge durch

---

[10]) B. Kugler, Geschichte der Kreuzzüge, S. 247.
[11]) Jb. 26.

das byzantinische Reich bestimmte. Juden und Christen des
griechischen Kaiserthums erschien es unfaßbar, was diese
Schaaren zum Verlassen ihrer Wohnsitze, zum Aufgeben von
Haus und Hof bewogen haben mochte. Mit Fragen be=
stürmt, werden sie mit dem Verse des Jeremia 31, 7 geant=
wortet haben, der sie mit geheimnißvoller Macht auf die
Wanderung getrieben hatte. Für den 256. Mondcyclus (‎רנו ‎)
sah man hier die Ankunft des Messias vorherverkündet[12]).
„Jauchzet in Wonne ob Jakobs, jubelt an der Spitze der
Völker, verkündiget, lobsinget und sprechet: Errettet hat der
Ewige sein Volk, den Ueberrest Israels." So hatte man
sich zugerufen und in immer weiteren Kreisen der europäischen
Judenheit eine unstillbare Sehnsucht angefacht. die endlich im
elften Jahre dieses messianischen Jubelcyclus in einem allge=
meinen Aufbruche nach dem heiligen Lande sich Luft machte.
Die Gemüther waren erregt, die Spannung und Erwartung
aufs Höchste gestiegen; jetzt blieben auch die Zeichen nicht
mehr aus, an die im Glauben des Volkes seit jeher das Er=
scheinen des Messias geknüpft war. Die zehn Stämme hinter
ihren finsteren Bergen[13]) sollten sich zu regen begonnen haben,
um mit den so lange getrennten Brüdern sich zu vereinigen.
In der Geographie Utopiens spielt der Raum so wenig eine
Rolle, wie die Zeit in den Träumen der Geologen, und so
läßt Menachem b. Elia die Juden Deutschlands erzählen,
daß das Finstergebirge, das in ihrer Nähe liege, auf einmal
in hellem Scheine vor ihnen aufgeleuchtet habe.

Daß die Bewegung eine allgemeine war und in der
That mit den messianischen Hoffnungen des Jahres 1096
in Zusammenhang stand, das beweist der Umstand, daß
Menachem b. Elia ausdrücklich überliefert, auch die Juden
Frankreichs[14]) hätten damals nach Konstantinopel einen de=

---

[12]) Hebräische Berichte über die Judenverfolgungen während der
Kreuzzüge ed. Neubauer=Stern S. 1, 36, 81, 153.

[13]) ‎הרי חושך‎. Vgl. Josippon II, 10, Raschi zu Amos 4, 3,
Petachja von Regensburg (s. Travels ed. A. Benisch p. 46, 100 f.
‎סבוב העולם‎ tour du monde ed. Carmoly p. 77) und Abraham
Jaghel in ‎קבץ על יד‎ IV, 40.

[14]) ‎מארץ פרנגיאן‎. Die arabische Namensform für Frankreich
lautet gewöhnlich ‎אפרנגה‎, vgl. Moses b. Esra's Rhetorik bei Har=

sonderen Boten abgeordnet, um sichere Kunde darüber ein=
zuholen, wie weit das Erlösungswerk gediehen sei und ob die
Stnnde der Befreiung wirklich geschlagen habe.

Sogar von den Chazaren waren Nachrichten dieser Art
im byzantinischen Reiche verbreitet. Siebzehn Gemeinden
sollten aufgebrochen sein und eine Wanderung durch die
Wüste nicht gescheut haben, um nur zu den Stämmen zu
stoßen, die es nicht länger in ihren sicheren Wohnsitzen
dulden wollte.

Was bisher an messianischen Hoffnungen und an Be=
thätigung solchen Verlangens Menachem b. Elia zu Ohren
gekommen war, das schien ihm verfrüht und übereilt, im
Widerspruch mit dem Seherworte Micha's 4, 12, daß erst
die Einsammlung Israels zur Tenne auf dem heiligen Boden
vorangehen müsse, ehe der große Tag der Erlösung andrechen
könne. Jetzt aber schien die Zeit gekommen, da die Tenne
voll sein wird, denn ein geheimnißvoller Zug hatte Israel an
allen Orten seiner Zerstreuung ergriffen, um es nach Zion
hin zusammenzuführen.

Jetzt werden auch die Zeichen wahr und glaubhaft, auf
die man eben noch, verblendet und in thörichter Klugheit,
nicht hatte achten wollen. In Abydos[15]) waren kleine Ver=
sammlungen, Gemeinden von Messiastrunkenen, aufgetreten,
die Wunder uud Zeichen gesehen haben wollten und vom
Propheten Elias zu erzählen wußten, der ihnen als Vorbote
des Messiasfrühlings erschienen sein sollte. Aber die Ge=
meinde Konstantinopel und die nicht minder bedeutende un=
genannte, in der wir den Schreider unseres Briefes zu suchen
haben, Smyrna, Adrianopel oder wie sie immer geheißen
haben mochte, hörten auf die ungeduldigen Schwärmer nicht
und glaubten, sie vielmehr mit Acht und Bann belegen zu
müssen.

Nnn aber drängten sich unaufhaltsam und unab=
weisbar die Zeichen der Erlösung. Christen und Juden,
Bürger und Behörden[16]) in Salonichi bezengten es laut, daß

צרפת אפרנגה וספרד אלאנדלס בלסאן מאסף נדחים טאby p. 103:
אלערב.

[15]) במקום איידן nach neugriechischer Aussprache und mit der
später bei den Ortsnamen so häufigen Accusativendung.

[16]) So glaube ich אכסנײם ..ושלטונים übersetzen zu dürfen.

dort Männern, an deren Glaubhaftigkeit nicht zu zweifeln war,
Elias sich gezeigt habe, nicht im Traume etwa, sondern leib=
haftig und im Wachen. Zeichen und Wunder in Menge
sollten auf einmal sich ereignet haben. Ein Enkel R.
Elieser des Großen, der Sohn seines Sohnes R. Jehuda
und Neffe R. Tobija's, des großen Lehrers und allver=
ehrten Rabbiners von Salonichi, konnte einen Stab vor=
weisen, den ihm der Paraklet des Messias, der Prophet Elias
überreicht hatte. R. Tobija selber war von dem Taumel
ergriffen worden. In einem Sendschreiben, mit dem er einen
seiner Schüler nach Konstantinopel betraute, hatte er eine
Darlegung der wundersamen Vorgänge und Begebenheiten
geliefert. Michael Jenimtsch, d. h. der Deutsche, ein Lands=
mann Menachem b. Elia's, hatte mit eigenen Augen
den Brief R. Tobija's in Konstantinopel gesehen und
gelesen und daraus auch die Nachricht geschöpft, daß
der gelehrte Michael b. Ahron[17]), der dem R. Nissim, offenbar
dem Oberhaupte der Heimathsgemeinde Menachem b. Elia's,
als ein an beiden Augen erblindeter Mann in Salonichi per=
sönlich bekannt war, in diesem Zeitpunkte der Zeichen und
Wunder plötzlich sehend geworden sein sollte. Michael Jenimtsch
hatte leider verabsäumt, von dem Briefe R. Tobija's eine
Abschrift mit in die Heimath zu nehmen, aber er war ein
kundiger Mann, dem man volles Verständniß und getreue
Wiedergabe des offenbar hebräisch abgefaßten Briefes wohl
zutrauen konnte.

Konstantinopel war der Brennpunkt, in dem die Strahlen
dieser Bewegung zusammenliefen. Dort war auch ein anderes
Schreiben eingetroffen, dem man besondere Bedeutung beilegen
mußte, da es vom Schauplatze der nächsten Zukunft, aus dem
heiligen Lande selber herrührte. Das Schuloberhaupt
Egyptens, der Lehrer und Leiter der egyptischen Judenheit,
R. Ebjathar ha=Cohen hatte aus Trablus in Palästina einen
Brief, der sich offenbar über die sichtbar hervorgetretenen An=
zeichen der messianischen Morgenröthe verbreitete[18]), erhalten
und nach Konstantinopel geschickt, wohin ihn ein christlicher
Bote, Namens Lugos, überdrachte. Bei diesem hatten vier

---

[17]) Neubauer ib. p. 26 nennt ihn durch ein Mißverständnis
der Vorlage: Ben Ahron.

[18]) Das deutet die Wendung: כתב מפורש מן טראבלס an.

Männer aus der Gemeinde Menachem b. Elia's den Brief
gesehen, jedoch auch diese waren nachläffig genug, nicht fo=
gleich für eine Abfchrift zu sorgen, die sie nach der Heimath
hätten mitnehmen können. Aber sowohl dieses Schreiben, das
die vier Unwissenden in einer Kopie mitzubringen verabsäumt
hatten, als das R. Tobija's, von dem der kundigere Michael
erzählt hatte, glaubte Menachem für die nächste Zeit in Ab=
schrift sicher erwarten zu können.

Den tiefften Eindruck machte die Nachricht von der
völligen Sicherheit und Sorglofigkeit, der die Juden in Salo=
nichi sich plötzlich hatten überlaffen dürfen. In der Haupt=
stadt des Judenhaffes, von dem R. Niffim aus eigener An=
schauung und Erfahrung so oft erzählt haben mochte, war ein
meffianifcher Gottesfriede wie aus dem Himmel herabgestiegen.
In ihre Gebetmäntel eingehüllt, Fasten und frommen Werken
hingegeben, hatten die jüdifchen Bewohner von allen Ge=
fchäften zu feiern begonnen. Wie hätte es nicht mit wunder=
baren Dingen zugehen müffen, wenn in dem Orte, wo kein
Jude feines Lebens sicher war oder froh werden konnte, die
in lichterloher Schwärmerei entbrannte Gemeinde unbehelligt
ihre Erwartungen pflegen durfte und selbst des Steuerdruckes
plötzlich ledig galt, da weder die Kopfsteuer noch der harte
Cenfus[19], der, wie etwa der Opferpfennig im heiligen
deutfchen Reich, doppelt von den Juden eingetrieben zu werden
pflegte, jetzt von ihnen eingefordert wurde. Das konnte nur
in Wundern und in einem Winke von oben seinen Grund
haben. In der That soll es der Kaiser oder der Sultan,
wie der arabisch denkende Schreiber des Briefes sagt,[20] also

---

[19]) גולגולת‎ = خراج‎ Charadj oder Kopffteuer. ענשים‎, das die
Vocalifation als Dual kennzeichnet, dürfte gleich קנם‎ Cenfus oder
Steuer bedeuten.

[20]) Ausdrückliche Arabismen wie p. 28 Z. 7 v. u. ואיך‎ = وكيف‎
oder وكيف ء‎. p. 29 Z. 6 מאצל‎ = من عند‎ zeigen den Einfluß
des arabischen Idioms, das dem Schreiber so natürlich ist, daß er
p. 27 Z. 18 תבלמו באן‎ = تكلموا بان‎ aus dem Hebräischen darein
übergeht. Auch die Bezeichnung der Ortsnamen wie קוסטנטיניה‎ und
שלוניקייה‎ beweifen die arabifche Färbung.

Alexius Comnenus selber und der Patriarch[21]) gewesen sein, der
den Juden von Salonichi seine Unterstützung habe angedeihen
lassen. Sie sollten nur ihre Häuser und ihre Habe verkaufen
und dem messianischen Rufe unbehelligt folgen, der an sie er=
gangen sei. War etwa das Gerücht von dem Aufbruch der
zehn Stämme auch zu dem Kaiser des byzantinischen Reiches
gedrungen? Lebte Etwas von dem Glauben an die große
jüdische Macht am Sambation und die Furcht vor diesen
Rächern der an den Juden verübten Ungerechtigkeit auch in
dem orthodox kirchlich gesinnten Alexius, wie nachmals die
Päpste Martin V.[22]) und Clemens VII. die Nachrichten von
der Bewegung der zehn Stämme ernst zu nehmen geneigt
waren? Sicher muß die Ueberzeugung eines Schutzes oder
einer Konnivenz von oben für diese messianischen Gelüste und
Umtriebe die Juden in byzantinischen Landen ausgefüllt
und geleitet haben, wenn sie, die eben noch jede Aeußerung
dieser Bestrebungen niederzudrücken und geheim zu halten be=
strebt waren, den Mantel fallen ließen und offen im Gewande
der neuen Hoffnungen vor aller Welt zu erscheinen wagten.

Jetzt war man auch in der Heimathsgemeinde Menachem
b. Elia's dabei, das Erlösungswerk offen zu erwarten und
durch fromme Uebungen herbeizuführen. Fasten und Buß=
werke waren an der Tagesordnung. Da gab es Viele, die an
jedem Tage fasteten, Andere, die wenigstens den Montag und
Donnerstag zu ständigen Fasttagen erhoben, sich geißeln ließen
und des Bekenntnisses ihrer Sünden sich gar nicht zu ersättigen
vermochten. Was man früher ängstlich zu verheimlichen be=
strebt war, wenn Gerüchte von messianischen Traumgesichten
umliefen, die Juden und sogar Christen erschienen waren, das
fing jetzt an, eine ungeahnte Bedeutung anzunehmen und laut
verkündet zu werden. So war unter Anderem einem Juden

---

[21]) והאגמון הגדול wörtlich: der große Erzbischof. Diese Schreibung
beweist, daß הגמון die spätere Bezeichnung für Erzbischof bildete, und
bestätigt die Richtigkeit der Leseart in der Chronik von Oria (s. Me-
diaevel Jewish Chronicles ed. Neubauer II, 120 Z. 18): וענה לו
האגמוני, wo die Vermuthung nahe liegt: והארדמוני zu lesen. Die
spätere Ueberlieferung hat in der Uebersetzung von כפה ואגמון durch
Bischof und Erzbischof diese Bedeutung von אגמון noch festgehalten
s. Grünbaum, Jüdisch=deutsche Chrestomathie 38, 529, 544.

[22]) Vgl. Jewish Quarterly Review IV, 503 ff.

aus dem Stamme Ahrou's, lange bevor noch die Nachrichten aus Salonichi die öffentliche Aufmerksamkeit erweckt hatten, mitten im tiefsten Frieden gleichsam, die Weissagung im Traume aufgegangen, daß alle Gemeinden der Romania, d. i. des byzantinischen Kaiserreiches[23]), in Salonichi sich versammelten, um von dort aus gemeinsam zum großen Auszug aufzubrechen. Damals hatte man ihm wie all den Träumern ihre Gesichte mit Strenge verwiesen und sie wie Feinde Gottes angeherrscht, die willkürlich und eigenmächtig die Erlösung heranträumen und den Tag des Herrn beschleunigen möchten[24]). Jetzt aber war Tobija aus Theben[25]) mit der Botschaft aus Salonichi eingetroffen, daß wirklich Wunder und Zeichen sich dort ereigneten und andere Gemeinden thatsächlich sich dort versammelten. Dieser Tobija werde ehestens auch nach Kairo kommen und von seinen Erfahrungen und Erlebnissen Mittheilung machen. So sei, was dem Ahroniden in ihrer Gemeinde als Traum vorgeschwebt habe, in Erfüllung gegangen.

Menachem b. Elia brannte nunmehr nur noch vor Verlangen, von R. Ebjathar aus Kairo aus dessen Umgebung, die, wie man annahm, von all den bei ihm eintreffenden Nachrichten und Botschaften verständigt sein mußte, die Bestätigung dafür zu vernehmen, daß die Vorzeichen für die bevorstehende Ankunft des Messias aus dem heiligen Lande bereits gemeldet würden. Furcht[26]), derartige Meldungen

---

[23]) Vgl. Zunz, die Ritus s. 79 c.

[24]) Die dunklen Worte: ואמרנו כי הם שוגאי יי ואיך scheinen diesen Sinn zu ergeben.

[25]) תיבם. Bei Charisi תחכמוני ed. Lagarde 18, p. 92 wird Michael b. Kaleb מעיר תבץ als Dichter genannt. Ich verbessere hier die entstellten Reime dieses Passus nach meiner alten Handschrift des Tachkemoni: ולפעמים ימלט מהם אחד מעיר. אשר האל שכלו עריו. Neubauer p. 26 äußert: Tobiah of Thebes perhaps not identical with R. Tobiah; natürlich hat der aus Theben stammende flüchtig Salonichi berührende Bote nichts mit dem Rabbi von Salonichi zu thun.

[26]) Wie sehr die Furcht, derartige Berichte könnten Anstoß bei den Regierungen erregen und den jüdischen Gemeinden ernste Verlegenheit bereiten, auch später noch bestanden hat, s. קבץ על יד IV, 33 Z. 3,

weiter zu berichten, bestehe nicht länger, seitdem die Kunde von diesen Vorgängen auch zum Kaiser gedrungen und von ihm keineswegs mit Feindseligkeiten gegen die Juden, sondern eher freundlich und unter Gunstbezeigungen aufgenommen worden sei. Dann erst, wenn die Bestätigung der Heilsbot= schaft von R. Ebjathar eingetroffen sein würde, sollten die Vorbereitungen auf das Erlösungswerk im vollem Umfange ihren Anfang nehmen. Menachem b. Elia schließt damit, daß er selbst bereits entschlossen war nach Kairo zu gehen, daß aber die Streifzüge der deutschen Heere, offenbar der Kreuzfahrer, deren Richtung noch nicht ausgesprochen war, ihn davon zurückhielten.

Dem Briefe Menachems scheint auch ein Brief Rabbi Nissin oder Nissim's beigelegen zu haben, der in der gleichen Angelegenheit wohl ebenfalls um Aufschluß sich nach Kairo gewandt haben mochte[27]).

Damit erlischt wie ein schnelles Blitzfeuer in tiefer Nacht unsere Kunde von einem Ereignisse, das die Judenheit Europa's in breiten Schichten aufgewühlt zu haben scheint. Aber selbst der kurze Schein dieses flüchtigen Lichtes genügt, um die Tragödie des ersten Kreuzzugs in der jüdischen Ge= schichte in einer neuen, noch gespenstischeren Beleuchtung zu zeigen. Es war ein furchtbares Erwachen, das auf den messia= nischen Traum der Juden in Europa folgen sollte. Statt der Be= grüßung mit den so lange ersehnten verlorenen Bruderstämmen brachte das Jahr 1096 das schrecklichste Ereignis seit der Zerstörung des Tempels, den Zusammenstoß mit der entmenschten Mord= lust der fanatisirten Kreuzfahrer. Statt des Zusammenströmens der Versprengten auf dem Boden der Verheißnng sahen sie Völkerfluthen ins heilige Land sich ergießen, die über ent= völkerte Judengassen und Tausende jüdischer Leichname ihren Weg nahmen. Die Tenne war voll, die Zeichen hatten nicht gelogen, aber von den Schwaden blutrünstiger Feinde, von einer Horde von Schnittern, die eine Ernte des Todes in Israel gehalten hatten.

Es war sicher nicht die erste Bewegung, welche die Hoff=

31 Z. 18 und Jew. Quart. Review IV, 507: ונפלה מאימת מלכות אדום עלינו על רוא דנא.

[27]) So dürfte die so sonst unverständliche Bemerkung: וו הכתב מאצל הרב המובהק מו' ורב ניסן ס"ט zu erklären sein.

nung auf die Erhebung der ersten zehn Stämme vornehmlich unter den Juden im deutschen Reiche damals hervorgerufen hatte, wenn es auch für uns die erste ist, von der die neue Urkunde uns Kenntnis bringt. Wir erkennen jetzt, wie tief im Herzen der deutschen Judenheit der Glaube an die Retter hinter den finstern Bergen gewurzelt war und wie es nur eines Anstoßes, eines zäh behaupteten Gerüchtes bedurfte, um die schlummernde Sehnsucht zu wecken und in unaufhaltsame That umzusetzen. Schon im Jahre 960 hatten die Gemeinden am Rhein, wie der vielgewanderte Isak b. Durbalo einem in Worms aufbewahrten Briefe entnahm, sich mit der Anfrage nach Palästina gewendet, ob das Gerücht, das zu ihnen gedrungen war, sich auch wirklich bewahrheite, daß die Ankunft des Messias bevorstehe[28]). Nur unter den deutschen Juden konnte die Sage entstehen von der wunderbaren Erlösung in der Zeit schwerer Glaubensbedrückung, von dem Bruder aus dem Stamme Dan, der plötzlich wie ein Engel des Himmels unter ihnen erschienen war, um durch seine Weisheit und Ueberlegenheit den Priester, der die Gefahr über sie heraufbeschworen, bei der Glaubensdisputation aus dem Felde zu schlagen[29]). So warm wurde dieser Glaube an die

---

[28]) Vgl. J. Perles in der Graetz-Jubelschrift p. 31 f.; הצפירה 24, 543, 549.

[29]) Abraham Jaghel קבץ על יד IV, 39 berichtet von einer Megilla, die er im Hause des Gerson b. Abraham Cohen Porto in Mantua gesehen habe, in der das Wunder der Rettung der deutschen Judenheit erzählt war. Diese Rolle soll in deutschen Gemeinden am Schebuothfeste auch verlesen worden sein. Im Briefe des Rabbinates von Jerusalem an die Bne Mosche vom J. 1830 gilt als Retter der deutschen Juden ein Mann aus der Mitte der Bne Mosche, Namens Dan s. ib. 54. Der am 27. Juni 1096 zu Altenahr als Märtyrer blutende Juda b. Abraham von Cöln, der ob seines Ansehens und Einflusses mit überschwenglichen Worten gepriesene Führer der Gemeinde Cöln wird als Danite bezeichnet, doch scheint mir והוא היה משבט דן nur im Musivstile der Quelle die gleichsam oberstrichterliche Bedeutung des Mannes zu bezeichnen s. Hebräische Berichte p. 20, 122. Um 1565 lebt in Turin der italienische Rabbiner Nathanael b. Schabtet ממשפחת הרני s. Mortara מוכרת חכמי איטאליא p. 19. Über eine Familie in San'a, die sich zu den Daniten rechnet, s. J. Saphir אבן ספיר I, s. 96a.

zehn Stämme bei den deutschen Juden gehegt, daß selbst die
schauerliche Ernüchterung durch die Schrecken und Todesstreiche
der Kreuzzüge sie aus diesem Traume nicht für lange zu erwecken vermochte. Jetzt erst begreifen wir, was Benjamin
von Tudela am Schlusse seines Reiseberichtes uns erzählt, daß
er die frommen Gemeinden Deutschlands so tief in die Ueberzeugung vom nahen Anbruch des Erlösungswerkes eingelebt
fand, daß sie gleichsam nur auf den Anstoß warteten, um sich
zu versammeln und das Land zu verlassen. „Freuet euch,
Brüder, so begrüßen sie ihre Gäste aus der Ferne, denn
Gottes Hülfe naht im Augenblick. Fürchteten wir nicht, daß
das Ende noch immer nicht herangekommen sei, so hätten wir
uns bereits zusammengethan, aber noch können wir es nicht,
bis die Lenzeszeit angebrochen sein und die Stimme der Turtel
vernommen werden wird und die Heilsboten kommen und für
immer sprechen werden: Hoch gepriesen sei der Ewige. In
ihren Briefen, die sie einander schreiben, sagen sie: haltet fest
am Gesetze Moses. Da giebt es Trauernde um Zion und
Trauernde um Jerusalem, die Erbarmen von Gott heraber-
flehen und sich in schwarze Gewänder hüllen und beten." Es
waren nicht hundert Jahre vergangen, seit der schweren Krise,
die durch die messianische Schwärmerei der freiwilligen Auswanderung und die so unmessianischen Greuel entfesselter Mordgesellen über sie gekommen war, als Benjamin sie wieder zu
neuen Unternehmungen frommer Träumerei reif und gerüstet
fand. Und wiederum sollten kaum hundert Jahre ins Land
gehen, bis vor dem Schlusse des dreizehnten Jahrhunderts
Schaaren deutscher Juden wieder Haus und Hof verlassen und,
von dem Fiebertaumel messianischer Heilsbotschaften ergriffen,
in hellen Haufen die Heimath verlassen, unbekümmert um die
schweren Folgen, die sie über die zurückbleibenden Brüder
bringen mußten, und den Zorn des Kaisers, der wie ein Blitzstrahl das Haupt des größten und verehrtesten Meisters der
deutschen Judenheit, Rabbi Meirs von Rothenburg, treffen
sollte.

So erweist es sich immer mehr, daß die Romanze von den
zehn Stämmen keine literarische Fabel, sondern eine tief ins
jüdische Leben einschneidende, gar häufig als treibende geschichtliche Macht auftretende Ueberzeugung und Erwartung des
jüdischen Volkes in allen Theilen der Diaspora, ganz besonders
aber in den durch ihre Frömmigkeit sprüchwörtlich gewordenen

deutschen Gemeinden gewesen ist. Von Eldad ha=Dani bis David Reubeni geht der Strom dieser messianischen, die Ruhe und die Stetigkeit der Entwickelung Israels so oft und so tief ge= fährdenden Bestrebungen, der oft weite Strecken hindurch sich unserem Auge zu verlieren scheint, bis die fortgesetzte Arbeit der Forschung und neue Entdeckungen die Spuren seiner Kontinuität uns aufweisen.

———

Die mittelhochdeutſche Sprache bei den Juden.

Von A. Berliner.

Die wiſſenſchaftliche Unterſuchung, wohin die deutſchen
Sprachreſte bei den mittelalterlichen Juden in den deutſchen
Ländern wie die bei den Juden der Gegenwart in polniſchen
Ländern gehören, hat noch immer nicht die gehörige Würdigung
erfahren. Ein blindes Vorurtheil hindert die Erkenntniß, wie
gerade in dem ſogenannten Judendeutſch, das man gewöhnlich,
wenn von ihm die Rede iſt, mit verſchiedenen Schimpfnamen
begleitet, wichtige Funde für die mittelhochdeutſche, ſehr oft
auch für die altdeutſche Sprache nachzuweiſen ſeien.[1]) Als vor
mehreren Jahren ein ſüddeutſcher Gelehrter mit Unterſtützung
der Regierung eine Reiſe nach den öſtlichen Grenzgebieten
unternahm, um dort die noch vorhandenen Reſte altdeutſcher
Sprachformen und Ausdrücke feſtzuſtellen, war nirgends davon
die Rede, daß gerade dort oben bei den littauiſchen Juden
und noch weiter in Polen hinein, die ergiebigſte Quelle für
ſolche ſprachliche Unterſuchungen zu finden ſei. Zu dieſer
Unkenntniß der Sache hat jenes Vorurtheil beigetragen, welches
ſelbſt von gelehrter Seite genährt wird. Es ſei nur daran
erinnert, daß in den Converſations=Lexicis die deutſche Sprache
bei den Juden ohne Weiteres als „Gaunerſprache“ bezeichnet
wird, um ſie wie eine eigene Species zu behandeln. Ja, ein
deutſcher Profeſſor hatte es ſogar für nöthig gehalten, ſeinem
Abriß der neuhebräiſchen Literatur einen beſonderen Artikel
für Jüdiſchdeutſch anzuhängen. Ihm wollte das ſogenannte

Hebräisch, für welches das Volksleben, wie bei verschiedenen Völkern und Sprachen, im Jargon den Nährboden bereitet hat, als hebräisches Sprachgut gelten. Er hat Jargon und Dialekt beim Judendeutsch nicht unterschieden. Jener, weil werthlos, interessirt uns nicht; dieser, weil er ächt deutsches Sprachgut aufweist, muß bei Allen, die Grimm's sprach= wissenschaftliche Wege gehen wollen, Aufmerksamkeit erregen. Diese werden finden, daß die deutsche Sprache bei den Juden eine ganz andere Beachtung verdiene, als die sogenannte Gauner= und Zigeunersprache, mit der jene gewöhnlich zusammengestellt wird. Denn, wie wir aus dem alten jüdischen Schriftthume in deutscher Sprache und aus gelegentlichen Anführungen in hebräischen Schriften zu erkennen vermögen, haben die Juden des Mittelalters die deutsche Sprache mindestens in derselben Reinheit und Correctheit zu benutzen verstanden, wie die deutschen Nichtjuden. Man überzeugt sich hiervon, wenn man das specielle Gebiet der Volksliteratur, der Moralschriften, der Testamente, der Namensregister, der Vocabularien und Glossarien, vorzüglich aber der Bibel=Uebersetzungen durch= wandert. Besonders letztere haben dazu beigetragen, die deutsche Sprache in ihren älteren Formen und Ausdrücken bei den Juden zu conserviren. Diese Uebersetzungen haben sogar den deutschen Wortschatz oft bereichert, indem, dem Begriffe im hebräischen Original entsprechend, ein neuer deutscher Ausdruck geschaffen wurde. So dürfte Männin als Femininum aus dem hebräischen אשה von איש nachgebildet sein; ebenso „Seher" erst durch die Uebersetzung von ראה und חזה zur Aufnahme in die deutsche Sprache gelangt sein. Hartnäckig, (קשה עורף) Joch auflegen und Joch zer= brechen können aus bekanntem biblischen Sprachgebrauch hervorgegangen sein.

Wir sehen hier eine große Aufgabe vor uns, zu deren Lösung bereits von verschiedenen Seiten ein werthvolles Material, das aber noch lange nicht erschöpft ist, zusammen= getragen worden ist.[2])

Was in den engen Rahmen dieser Abhandlung einge= schlossen werden soll, sind Proben von deutschen Sprachresten, die im jüdischen Schriftthum oder im Munde noch gegen= wärtiger Generationen vorhanden sind.

Mit dem elften Jahrhundert beginnen die ältesten An= führungen deutscher Ausdrücke in jüdischen Schriften, die eigentlich als Belege aus alter Zeit in den diesbezüglichen Wörterbüchern mit zur Verwendung gelangen sollten. Hier sollen von diesen nur einige Proben mitgetheilt werden.

Salomo b. Isac, genannt Raschi, starb 1105, führt in seinen Commentaren zuweilen auch den deutschen Ausdruck für seine Erklärung an. So übersetzt er zum 5. Buche Mos. c. 14 V. 4—5, wie auch in den Parallelstellen[3]) אשטנבוק, welches man nicht wie bisher Steinbock, sondern Astenbock zu lesen hat, vom Geweihe oder Ast. — Zum Worte נכים im ersten Buche der Könige 6, 9 findet sich bei Raschi neben dem französischen Ausdruck צליר das deutsche Wort „ge= himmelt". צליר muß nach handschriftlicher Lesart in צליר verbessert werden; es ist celier—celestre bei Burguy, Gram= maire de la languae d'oil III S. 75 s. v. ciel, der gern eine so alte Belegstelle den dort von ihm gegebenen Citaten hinzugefügt hätte, wenn sie ihm bekannt gewesen wäre. Was nun das deutsche Wort „gehimmelt" betrifft, so bezeichnet es nach Schmidt, schwäb. Wörterbuch, was über sich einen Himmel, eine frei in die Höhe gehobene Decke hat. Hierdurch wird das richtige Verständniß für jene Erklärung Raschi's vermittelt.

Elieser b. Natan, genannt Rab'n, in Mainz nach der Zeit des ersten Kreuzzuges lebend, hat mehrere deutsche Wörter in seinen Schriften, aus denen das Wort Stegreif hervorzuheben ist, weil es sich bei ihm noch in seiner ur= sprünglichen Bedeutung befindet, nämlich Steg — reif, d. h. der Ring, welcher zum Einsetzen des Fußes beim Besteigen eines Pferdes benutzt wird.

Hieraus hat sich eine Redensart gebildet, die so viel als etwas Improvisirtes bedeuten soll. So citirt Schmeller im bayerischen Wörterbuche II S. 741 einige Stellen, in denen bereits die übertragene Bedeutung „aus dem Stegraiff ohne abzusteigen, ex tempore" erscheint. Wenn wir daher heut zu Tage sagen „aus dem Stegreif sprechen", so soll das heißen, sofort und ohne Weiteres, dem aber nur das Wort „Stegreif", wie es beim Rab'n geschrieben ist, zu Grunde liegt, und nicht Steh—greif, wie manche denken mögen.

Seit den Zeiten des R. Meir aus Rothenburg wird das Wort „Jahrzeit" in jüdischen Quellen bekannt, das dann sich so sehr einbürgert, daß man es nur als eine specielle jüdische Bezeichnung erkennen mag. Aber bereits im zwölften Jahrhundert enthält ein christliches Klosterbuch in der Schweiz das Verzeichniß von Jahrzeiten, bei denen ein Licht angezündet und gewisse Gebete verrichtet werden sollen. Das Wort hat sich im Laufe der Zeit nur in jüdischen Schriften und Kreisen in dieser Bedeutung erhalten und ist sogar zu den Juden nichtdeutscher Länder übergegangen. Als ich bei meiner ersten Anwesenheit in Rom (im Jahre 1873) am 12. Nissan die Jahrzeit meines seligen Vaters dort beging, hörte ich von meinen jüngeren Freunden, daß sie einen solchen Sterbetag anniversario nennen; die älteren dagegen nannten ihn Jarzejat.[4]) Es war mir sofort einleuchtend, daß hierin das deutsche Wort Jahrzeit enthalten sei. Ich glaube für die Wandelung und die corrumpirte Wiedergabe des Wortes den richtigen Grund zu vermuthen. Wie nämlich das Wort, so ist in synagogaler Beziehung auch die ganze Institution der Jahrzeit deutschen Ursprungs. In den hebräischen Schriften, mit denen diese Einrichtung auch zu den Juden anderer Länder kam, ist nun das Wort als ein nichthebräisches durch zwei Strichlein darüber markirt. Leicht konnte es daher entstehen, daß dieses Wort von nichtdeutschen Juden als zwei Wörter getrennt angesehen und, beim Fehlen der Diphtonge in der italienischen Sprache, wie bereits erwähnt, Jarze—jat ausgesprochen wurde.

Eine andere mittelalterliche, aus unserer Sprachweise geschwundene Bezeichnung ist „Kerbholz“, welche uns durch die Responsen des R. Meir Rothenburg (ed. Prag n. 810) erhalten ist. Dort wird nämlich der talmudische Satz in Baba Kama (104b) אין משלחין מעות בדיוקני durch ein Beispiel erklärt, welches dem practischen Gebrauch jener Zeit entnommen ist. Man pflegt ein Stück Holz in zwei Hälften zu theilen, von denen eine in den Händen des Ausleihers, die andere in denen des Borgers bleibt mit der Bedingung, wer das andere passende Stück Holz bringen werde, dem werde das Pfand gegeben. Aehnliches berichtet Wuttke, die Entstehung der Schrift (S. 66): Weit verbreitet war die Sitte, den Betrag von Schulden durch Striche oder Einschnitte in einen Stab, der hernach in seiner Länge gespalten wurde, zu vermerken. Die verschiedenen Seiten konnten verschiedene Gegenstände und Werthe bezeichnen. Die eine Hälfte des Stockes nahm der Ausleiher,

die andere der Borger an ſich. Wenn danu die beiden in=
einander paſſenden Holzſtäbe zuſammengefügt, ein längliches
Viereck herſtellen, ſo war der Beweis über die Höhe der zu
zahlenden Summe geführt. Bei den deutſchen Stämmen
wurden Kerbhölzer allgemein angewandt. „Ankerben“ iſt ein
deutſches Wort geblieben. Wir gewahren ihren Gebrauch
daher überall, wohin deutſche Gewohnheiten ſich erſtrecken, in
Nowigrod, in England und Frankreich.

Jacob Levi (Maharil) erzählt von ſeinen Lehrern, daß
ſie am Rüſttage des Verſöhnungsfeſtes Waſſer getrunken und
hierauf die Frucht genoſſen haben, die man ערדאפיל nennt,
weil ſie kühlender Natur ſei. Sein Hauptlehrer R. Schalom
pflegte die Frucht zuerſt in kaltes Waſſer zu tauchen und
danu zu genießen. Moſes Heß (Orient 1842 S. 685) hält
dieſe Stelle für interpolirt, weil ſie einen Anachronismus
hinſichtlich der Erdäpfel, die Heß für Kartoffeln hält, involviere,
da dieſe erſt 1586 nach Europa gebracht worden ſeien, Jacob
Levi aber bereits 1427 geſtorben ſei. Dr. Beer (Orient
1843 S. 13) widerlegt die Annahme einer Interpolation, da
hier unter Erdäpfel nicht die Kartoffeln, ſondern eine andere
knollenartige Frucht, wahrſcheinlich Grundbirnen oder eine
Gattung von Trüffeln, verſtanden werde. Das Richtige glaube
ich durch Schmidt, ſchwäbiſches Wörterbuch (S. 168) gefunden
zu haben, wo aus einem Gloſſar v. J. 1452 mitgetheilt wird,
das „Erdapfel“ die Kürbisfrucht bezeichne.[4])

Derſelbe Jacob Lewi verordnet wegen des erforderlichen
Maßes für חלה, daß man nicht knete mehr als מירא, ein
Wort, das noch heute in den Mazzot=Bäckereien Polens ge=
hört wird. Schmeller, bayeriſches Wörterbuch (II S. 611)
kennt das Verbum merren, rühren, ferner den Teig ein=
merren. In unſerer Stelle lernen wir in dem Worte zu=
gleich die Bezeichnung für ein gewiſſes Quantum keunen,
was noch für Schmellers Wörterbuch, in welchem nicht
ſelten auf Ausdrücke bei Juden Rückſicht genommen wird,
nachzutragen wäre.

Das Wort „Teller“ kommt nach Kriegk, deutſches Bür=
gerthum im Mittelalter (S. 380) vor dem Ende des 15. Jahr=
hunderts faſt niemals vor, ſo daß Teller im Worte Schüſſeln
mit indegriſſen ſein müſſen. Maharil hat aber bereits das
Wort Teller zweimal, während ſonſt bei ihm auch nicht die
Ofenſchüſſel fehlt.

Im Maharil gestattet Jacob Levi für die aramäisch ab=
gefaßte Formel כל חמירא וחמיעא in deutscher Uebertragung zu
sagen: אל אורהפא און אל זאערטייג. Urhab bezeichnet nach
Schmidts schwäbischem Wörterbuch so viel als Sauerteig.
Demnach ist (nach talmudischem Ausspruch שאור חמוצו קשה)
das hebr. שאור = aram. חמירא = dem mittelhochdeutschen Urhab
und unser heutiges Sauerteig. Dagegen ist חמיץ = חמיע = Sauer=
teig, im heutigen Ausdruck „gesäuerter Teig" enthalten.

In den Reponsen Jacob Levi's (No. 127) ist bei der
Angabe über die Bereitung der Dinte von שטופטינט und
גליטשטיין die Rede. Löw in dem vielfach zu berichtigenden
und zu ergänzenden Buche: Graphische Requisiten S. 155
schreibt dafür (nach Abele Gombinner zum א"ח § 32) Gluthstein,
worunter er Schwefelkies verstehen möchte. Daß aber die eben=
daselbst bereits vermuthete Lesart „Gallitzenstein" die einzig
richtige ist, geht aus einer handschriftlichen Bemerkung hervor,
wo גליצנשטיין mit Vitriol, wie auch bei Isserlein im Terumat
hadeschen No. 129 wiedergegeben wird.

Das andere Wort שטופטינט, wofür Löw Stofftinte
liest, ohne über diese Benennung selbst Aufschluß geben zu
können, ist nicht anderes als Stouptint = Staubdinte, also
ähnlich dem mischnaischen אבק הסופרים, wahrscheinlich aus
zu Staub geriebenen Ingredenzien, worauf Wasser gegossen
wurde. [5])

In einigen besonderen Fällen hängen mit gewissen deutschen
Wörtern bei jüdischen Schriftstellern des Mittelalters cultur=
geschichtliche Veränderungen zusammen. So wird von Isser=
lein mitgetheilt, daß der Ausdruck „heirathen" im Deutschen
nur das Verlöbniß bezeichne, während der Act der ehelichen
Trauung selbst bei den Christen „gemählt" heiße. Es scheint
dieser Sprachgebrauch mit dem Umstande zusammenzuhängen,
daß das ganze Mittelalter darüber hingegangen ist, bis das
Volk sich überall gefügt und gewöhnt hatte, das rein bürger=
liche Verlöbniß gegen die kirchliche Trauung zu vertauschen
oder doch in dieser erst den rechten Abschluß des Verlöbnisses
anzuerkennen. Im 13. Jahrhundert wurde die Kirche bei der
Trauung selten in Anspruch genommen. Nur die Dichter
pflegen zuweilen der Trauung durch Priesterhand oder doch
eines vor der Kirchengemeinde abgelegten Bekenntnisses zu
gedenken. Die volksmäßigen Dichter dagegen wissen nur von

einem Verlöbniß vor Zeugen aus dem Laienstand. Der von Isserlein angeführte Sprachgebrauch läßt vermuthen, daß noch in der ersten Hälfte des 16. Jahrhunderts in Steyermark, der Heimath Isserleins, die christliche Ehe von der Mitwissenschaft und dem Segen des Geistlichen nicht abhängig gemacht wurde. So heißt es auch bei Freytag, Bilder aus dem Mittelalter: „Erst im 16. Jahrhundert galt es für ungebildet, nicht von einem Geistlichen eingesegnet zu sein. Noch im 15. war es möglich, daß Bauern ihren Pfaffen höhnten, weil er nach einer solchen Vermählung im Kreise der Genossen forderte, daß ein Aufgebot wegen möglicher Einsprüche erfolgen müsse. Die Bauern riefen lachend: Bevor es Mönche und Pfaffen gab, ist die Ehe gewesen!" —

Aus den Responsen jener Zeit läßt sich noch viel culturgeschichtliches und sprachliches Material gewinnen, besonders aus den Rheingegenden, welche die Heimath jener Responsenten waren. Bei den Anführungen von deutschen Wörtern und Phrasen in den Schriften derselben bemerkt man sogar eine gewisse Correctheit im Ausdrucke, die Berücksichtigung sprachlicher Formen und Gesetze, soweit sie die mittelhochdeutsche Sprache schon kennt.

Es finden sich auch manche Mittheilungen über die Aussprache des Deutschen. So heißt es im Maharil (94b) daß man in Regensburg das Deutsche richtiger als in Oesterreich ausspreche. Isserlein führt Beispiele für die Verschiedenheit der Dialecte am Rhein und in Oesterreich an und geht mehrere Male näher darauf ein.[6]) Es hatte diese Verschiedenheit auch Einfluß auf die jüdische Orthographie der deutschen Wörter; je nachdem nämlich der Schreiber am Rhein oder in Steyermark lebte. Moses Menz giebt in einem seiner Rechtsbescheide an, daß man in Sachsen den Anlaut ז als hartes ס ausspreche; ferner am Niederrhein sage man Selichmann, am Oberrhein dafür Selikmann.[7] Der Verfasser eines Commentars im Codex No. 61 der Hamburger Stadtbibliothek, welcher der Mark angehört, schreibt: Die Aussprache ist im Gebiet der Mark mannigfach verschieden von der in anderen deutschen Gegenden, doch immerhin ist es zu verstehen, daß es eine Sprache ist. —

Ueber den Gebrauch der deutschen Sprache bei gerichtlichen Verhandlungen vor dem jüdischen Gerichte besitzen wir ein interessantes Gutachten von Jacob Weil (No. 101). Es wird darin mitgetheilt, daß in einer Streitsache zwischen R. Tobia und R. Friedel der Erstere darauf bestand, daß die Verhand= lungen in deutscher Sprache abgefaßt werden, während Letzterer behauptete, daß sein Anwalt deutsch zu schreiben nicht verstehe. Jakob Weil antwortete auf eine diesbezügliche Anfrage, daß auf einer Synode in Nürnberg, in der verschiedene Einrich= tungen getroffen wurden, auch beschlossen wurde: Wenn die eine Partei die Verhandlungen in deutscher Sprache verlange, müsse die andere sich dareinfügen. Wenn also R. Friedel selbst nicht deutsch schreiben könne oder auch sein Anwalt diese Kenntniß nicht besitze, so müsse er einen Anwalt nehmen, der ja deutsch verstehe.

Die Kehrseite lernen wir in einem Rechtsbescheide Bacharachs (חוט השני No. 45) kennen. Dort wird nämlich von einem jüdischen Anwalt berichtet, der seine jüdischen Clienten vor dem christlichen Gerichte zu vertreten habe, aber nicht die geringste Kenntniß von deutscher Schrift besitze, daher er die Gründe der Parteien einem christlichen Schreiber in die Feder dictire, der sie dann in eine Form zu bringen habe, wofür dieser sonst jedesmal 20 Kreuzer erhalte, von dem jüdischen Anwalt aber, der ihm täglich zu verdienen gebe, nur 15 Kreuzer nehme. Hierbei entsteht nun folgende Rechtsfrage: Es kommen alltäglich ganz ehrsame Leute zu dem jüdischen Anwalt und tragen ihm ihre Streitsache vor, damit er ihnen Rath ertheile. Er setzt ihnen seine Gründe auseinander und fordert sie dann auf, diese schriftlich zu formuliren und das deutsche Schrift= stück dem zuständigen Richter zu übergeben. Jene aber, die ihn consultiren, pflegen dann, sei es aus Vornehmthuerei oder Trägheit, den jüdischen Anwalt zu ersuchen, dies Alles durch den christlichen Sekretär selbst besorgen zu lassen. Ihm selbst aber zahlen sie kein Honorar, obgleich er weiter keinen Erwerb hat, weil sie knauserige Leute sind und er ein anständiger Mann ist, der sich schämt, für sich Bezahlung zu fordern. Wenn sie nun von ihm die gefertigten Schriftstücke abholen, macht er die Rechnung auf 30 Kreuzer für jede Piece, wie= wohl er dem Schreiber nur 20 Kreuzer gezahlt hatte, um 10 Kreuzer für seine Mühe zu gewinnen und den Boten zu halten, der fortwährend Laufereien habe. In der Antwort wird dieses Verfahren unter gewissen Bedingungen nicht als unstatthaft erklärt; die von allen Seiten dafür herbeigeschafften Materien be= weisen, wie streng man es mit dem jüdischen Rechtsbegriffe nimmt. —

Die angeführten Beispiele und Nachweisungen für die deutsche Sprache können vermehrt werden. Sie mögen aber für dieses Mal genügen, da ich nunmehr dazu übergehen will, die sprachlichen Elemente bei den Juden in Littauen und darüber hinaus, wie sie noch in der Gegenwart vorhanden sind, in verschiedenen Beispielen nachzuweisen. Gerade von den Juden jener Länder sagt der berühmte Sprachforscher Hildebrandt (Germania 128, 69), daß sie recht eigentlich die Träger der deutschen Cultur nach Osten gewesen, wohin sie aus Deutschland eingewandert sind. Er fügt noch hinzu, wie die Juden am längsten die deutsche Sprache in fremden Ländern bewahren und führt dafür einen merkwürdigen, aber schönen Beleg an, daß nämlich Arnold von Harf in einer Reisebeschreibung nach Jerusalem seine Landsleute vor den dortigen Juden warnt, weil sie alle deutsch verstehen.

Seit den Verfolgungen des 14. und 15. Jahrhunderts wanderten viele deutsche Juden nach Polen aus, wo sie das Deutsche als ihre Mutter=, Umgangs= und Schriftsprache beibehielten. „Was tatsch", d. h. was deutsch, blieb bei ihnen zu allen Zeiten als ein Ausruf des Staunens, der Verwunderung und des Zweifels, in der Bedeutung, wie ist diese Auffälligkeit zu verstehen? Daher auch „vertatschen" nicht allein die Uebersetzung ins Deutsche, sondern auch „etwas durch Erweiterung des fraglichen Begriffes verständlich machen", bedeutet.

Eine alte deutsche Eigenthümlichkeit hat sich bei den, dem polnischen Ritus folgenden Juden erhalten sowohl im Worte als in der Sache selbst. Ich meine den Brauch, bei gewissen Gelegenheiten den Kittel zu tragen, nämlich als Festgewand. Hören wir zuerst, was Weinhold: Die deutschen Frauen im Mittelalter 2² S. 276 aus nichtjüdischen Kreisen schreibt: „Als weites ungegürtetes Oberkleid ist für die alte Zeit der Kittel zu erklären. Das Wort kommt samt der Sache nicht vor dem Ausgang des 13. Jahrhunderts vor. Es werden seidene und mit Bildwerk gestickte oder gewirkte Kittel erwähnt. Im 15. Jahrhundert scheinen besonders weiße Kittel bei Männern und Frauen beliebt gewesen zu sein. Sie deckten stets die ganze Gestalt und waren zuerst Festgewänder. Als Haus= und Arbeitskleid kommt der Kittel erst später vor. Bei den Frauen ist dann der Rock, der vom Mieder getrennt und an demselben befestigt wird, darunter gemeint." Hieraus möchte ich entnehmen,

daß aus der alten deutschen Zeit bei diesen Juden der Brauch
sich eingeführt hat, das weiße Festgewand, damals speciell
Kittel genannt, am Versöhnungstage zu tragen. Denn zu=
meist für diesen festlichen Tag wird in den talmudischen
Quellen als religiöse Vorschrift ausgesprochen, ihn durch die
Anlegung eines „reinen Gewandes" auszuzeichnen. Ganz
nahe lag es, auch für das Brautpaar am Hochzeitstage die
Anlegung eines solchen Festgewandes vorzuschreiben. Zur Zeit
des in Mainz lebenden Verfassers des Maharilbuches[8] finden
wir nur die Braut mit dem Sargenes als Festgewand ge=
schmückt, während der Bräutigam, welcher die sabbathlichen
Gewänder anlegte, mit symbolischen Zeichen für die Erinne=
rung an die Trauer um Jerusalem versehen wurde. Auch
der selbst bei den Aermsten verherrlichte Seder am Pessach=
abend konnte den Familienvater veranlassen, den Kittel als
Festgewand anzulegen. Bei dieser ursprünglichen Einrichtung,
den Kittel als Festgewand zu betrachten, konnte die Frage
aufgeworfen werden, ob ein Leidtragender den Kittel anlegen
dürfe.[9] Anders verhielt und verhält es sich aber, seitdem der
Kittel auch das Todtengewand wurde. Wenn zum ersten
Male beim Verfasser des Rokeach unter den Gewändern für
die Leiche auch das חלוק שרגניא, das Sargenes=Hemd, erwähnt
wird, so geht daraus noch nicht hervor, das hierunter der im
Leben am Feste angelegte Kittel gemeint sei. Erst aus den
von den Schülern des R. Meier Rothenburg gesammelten
Noteu zu Maimonides[10]) hört man: Wer am Sabbath und
Feste die Kleidung der Werktage nicht wechseln kann, weil er
ein zweites Gewand nicht besitze, ziehe darüber das Sargenes,
wobei wegen des Festtages auch bemerkt wird, daß man,
um die übermäßige Festfreude zu verhüten, das Sargenes,
welches das Todtengewand ist, anlege. Der Gedanke an den
Tod soll das Herz des Menschen ernster stimmen.

Dagegen ist in der ältesten Mittheilung über das Sargenes
von diesem Gewande noch nicht die Rede. Im Raben § 359 heißt
es nämlich, daß man am Sabbathtag ein weites Oberhemd,
welches man שרגניא nenne, anlege, das eben kein Kleid für
den Werktag sei. Denn mit demselben bekleidet, kann man
darin keine Arbeit verrichten. Man zeigt somit, daß es kein
Werktag sei, darum legt man ein solches Oberhemd an. Wer
keine besonderen Sabbathgewänder hat, verdeckt mit diesem
Oberhemd die darunter befindlichen Alltagskleider. Auch

zur Zeit des Verfassers des Maharil scheint der zweite so nebenher gehende Grund noch nicht maßgebend gewesen zu sein. Denn außer dem, was oben bei der Braut erwähnt ist, führt er in seinem Buche noch den Brauch rother Leichengewänder aus talmudischer Zeit an, wobei er mittheilt, daß nach der Ansicht der meisten Gesetzeslehrer die Todten in weißen Gewändern zu beerdigen seien. Zu diesen rechnet er als Obergewand die ganz ohne Schnitt hergestellte Umhüllung.[11] Dagegen ist von dem Kittel oder Sargenes, wie es jetzt in süddeutschen Gegenden heißt, durchaus nicht die Rede. Ich glaube daher, daß mit der Zeit, da man angefangen hat, an manchen Orten auch mit dem Kittel als dem vorzüglichsten Festgewand den Todten auszustatten, mit dem Tragen desselben im Leben auch der Nebengedanke, „daß es das Herz des sterblichen Menschen breche und es demüthig mache" verbunden wurde und dazu führen konnte, auch an den Festen, an denen nach der Tradition göttliches Gericht gehalten werde, dasselbe anzulegen; wenigstens sollte dies der Vorbeter thun. So an den Tagen des Neujahrs, am 1. Tage des Schlußfestes (beim Geschem Gebete) und im Gebete des 7. Sukkottages (Hoschana Rabba). Hierin hat sich in den Gemeinden ein abweichender Minhag gebildet; der beste Beweis dafür, wie der ursprüngliche Brauch im Anlegen des Kittels im Laufe der Zeit sich geändert hat.[12]

Nach dieser kleinen Abschweifung kehre ich zur Fortsetzung meiner eigentlichen Aufgabe zurück, indem ich eine kleine Probe von jenen deutschen Sprachresten gebe, wie sie noch heute unter den polnischen Juden in den littauischen Provinzen gehört werden. Ich führe zu diesem Zwecke einen jungen Mann aus jenem Lande vor, mit dem ich vor etwa 25 Jahren folgendes Gespräch hatte. Derselbe, damals 18 Jahre alt, verließ seine Heimath jenseits unserer Ostgrenze und kam nach Berlin, um zu studiren, ohne nur einen deutschen Buchstaben zu kennen.[13] In seiner Rechten ein Bündel mit beschriebenen Papieren tragend, welche die Geistesprodukte seiner Thora-Studien enthielten, sollten diese ihn beim Eintritt sofort als Talmudgelehrten legitimiren, und, um jeden Zweifel an seiner Gelehrsamkeit bald zu lösen, fängt er sofort an, Proben derselben auf mündlichem Wege zu geben. Er beginnt mit einer Stelle im Talmud, der er eine andere Stelle gegenüberstellt; danu setzt er mit scheinbarer Ruhe und mit einer Selbstbe-

friedigung, die im Laufe des Vortrages sich immer mehr
steigert, den inneren Widerspruch auseinander, welchen die beiden Stellen bei näherer Vergleichung enthalten. Um einen Ausgleich herbeizuführen, wirft er Fragen auf, zu deren Lösung
er neue Fragen aufstellt, wobei er seinen Körper hin und her
wiegt, mit der Rechten eine feine faubere Spirale in der Luft
beschreibend, wie sich Bernstein im Mendel Gibbor einmal ausdrückt. Ich versuche, ihn auf seine Höhen und in seine Tiefen
in der Discussion zu folgen, überall sammelt er Bausteine für
sein Gefüge, das er immer mehr zu einem ganzen Bau vereinigt. Je näher er seinem Ziele sich glaubt, die Krönung
des Gebäudes zu vollenden, nämlich sein talmudisches Problem
zur Lösung zu bringen, desto lebhafter wird er in Ton
und Geberde, die Spiralwindungen seines Fingers werden
immer schneller und beschreiben immer größere Kreise,
als wollte er alles abwehren, was sich darein drängen könnte.
Nicht genug, fast nach jedem Worte, das er spricht, ruft er
dazwischen mit ganz besonderem Nachdruck ot! ot! Was ist ot?
Ein echt deutsches Wort, das Schmeller in seinem bayerischen
Wörterbuche (S. 177) in der Bedeutung von halt!, als altdeutsche Partikel nachweist, hier also ein Zuruf, wo ein Widerspruch oder Einspruch gefürchtet wird, und der somit abge-
wehrt werden soll.

Nachdem der junge Mann seinen Discurs beendet hat,
frage ich ihn nach seinen Familienverhältnissen. „Lebt euer
Atti noch?" So versteht er meine Frage nicht. Da frage
ich ihn: „Lebt euer Tate noch?" Mein Tatten, antwortet
er hierauf, bis hundert Jahr soll er leben.

Merkwürdig, die westdeutschen Juden gebrauchen das
altdeutsche Atti als Bezeichnung für Vater, das bis zum
gothischen Atta hinaufreicht, während die ostdeutschen Juden
mehr der, aus der Kindersprache entlehnten Bezeichnung, die
aber auch im Mittelhochdeutschen vorkommt, sich bedienen.
Ihr seid nächten angekommen? frage ich meinen Gast, in dessen
Heimath die Anrede mit „Ihr", wie im deutschen Mittelalter noch
geläufig ist und die moderne Anrede mit „Sie" ganz fremd
ist. Nächten für gestern, wie das hebräische אמש in der
Bibelsprache, ist im deutschen Mittelalter im vollen Gebrauch.

Nachdem ich den jungen Mann nach seinem Begehr gefragt, faßt er Vertrauen zu mir und beginnt: „Seht meine

Treher und hört die Worte von meinen Lefzen. Ich will
euch meine Noth entplecken; vielleicht wird sich enker Harz
derbarmen." Wäre Jacob Grimm Zeuge dieses Gespräches,
er würde nicht wenig erstaunen, bei diesem Sohne des Ostens
die ächte deutsche Sprache des Mittelalters zu hören. Ent=
plecken, d. h. hier so viel als entdecken; enker, für euer,
enk für euch, harz für herz; derbarmen, wie derlauben,
derstechen, hat der als tonloses Praefix vor dem Verbum,
welches meistens der Vorsilbe er im Hochdeutschen entspricht.
Treher für Thräne und Lefzen für Lippen sind mittelhoch=
deutsches Sprachgut.[14])

Ich bin lange krank gewesen, fuhr der bleiche Jüngling
fort, an Hinepritten gelegen. Ich erinnerte mich sofort, daß
in Maharil erzählt wird, Jacob Levi habe einst drei Tage
hindurch in Hinepritten gelegen, d. h. im Hinbrüten, wofür
wir heut' zu Tage "Starrkrampf" sagen. Schmeller hat für
diesen mittelhochdeutschen Ausdruck verschiedene Belege, zu
denen jene Stelle im Maharil noch hinzuzufügen wäre.

"Ich habe von Kindheit an fleißig gelernt." Hier
hören wir ein rein deutsches Wort, mit dem ein ganz spezi=
fisch jüdischer Gedanke ausgedrückt wird. Denn lernen heißt
ohne weitere Hinzufügung, Thora studieren. Daher auch die
Redensart: Er kann lernen, d. h. er ist ein Gelehrter. Er
lernt gut, er lernt wuil (wohl), d. h. er ist ein ausgezeichneter
Gelehrter. Merkwürdig findet sich auch im Altdeutschen wohl=
singen für gut singen. Aehnlich verhält es sich mit der
Phrase "Schüler ausstellen", die nur ein Jude verstehen
kann, welcher der Mahnung in den Sprüchen der Väter I, 2
"stellet viele Schüler aus" eingedenk ist.

"Als ich acht Jahre alt war, habe ich schon ein Leinen auf=
gesagt." Leinen — hier haben wir einen Ausdruck, der in die
älteste Zeit der deutschen Sprache und der Abzweigungen der=
selben reicht und im jüdischen Cultus eine mehrfache Anwen=
dung findet. Denn man gebraucht ihn sowohl für die Vor=
lesung aus der Thora, als auch für das Lesen des Schma
im Nachtgebet und ebenso für das Studium des Talmud.
Was ist nun leinen? Seinen Ursprung erkennen wir aus
dem, was Ferdinand Wolf in seinem klassischen Werke, über
die Lais sagt: Von 1155 an bis zu den Troubadours des

13. Jahrhunderts finden wir den Namen Lais nicht blos von jenen epischen Liedern oder erzählenden Gedichten, sondern in der ganz allgemeinen Bedeutung von Lied, Weise, Gesang, Ton überhaupt gebraucht. Es ist das anglo-normandische und altfranzösische Lai, Lay oder Lais, das angelsächsische Ley, d. h. Gesang und mittelenglische Lay, in denen sich die ursprüngliche allgemeine Bedeutung der keltischen Stammwörter von Ton, Gesang, Gedicht überhaupt erhalten hat. Somit haben wir den Stamm lei für singen festgestellt, woran sich dann im Laufe der Zeit die deutschen Endungen en und nen, also leie'n und lei (e) nen angefügt haben. Daher ist ersteres keine poetische Licenz, wenn in der Einleitung zum jüdisch-deutschen Minhagbuche gereimt wird:

> Gott den Herrn soll man loben,
>
> Denn sein Namen ist sehr derhoben,
>
> Daß er uns seine heilige תורה hat gegeben
>
> Und d'rein gestellt מצות wonach wir sollen leben,
>
> Gleich wie Ihr in den מנהגים wert leien,
>
> Daß Ihr wert euch euer Herz derfreien.

Denn in der That gebraucht der Verfasser auch an anderen prosaischen Stellen den Ausdruck leyen, der auch in anderen jüdisch-deutschen Schriften nicht selten wiederkehrt, während die Umgangssprache dafür leinen hat.

Daß aber der Ausdruck sowohl für die Cantillation bei der Thora-Verlesung und dem Schma als auch ursprünglich für den talmudischen Vortrag zur Anwendung kommt, beruht auf der talmudischen Sentenz (Ende Megilla): Wer in der Thora liest ohne Melodie und Mischnah vorträgt ohne Gesang, von dem heiße es (Jecheskel 20): Auch gab ich ihnen Satzungen, die nicht gut sind und Rechte, durch welche sie nicht leben. So bezeugen Duran, Joseph del Medigo und Lipmann Heller, Mischnah-Texte mit Accenten (נגינות), gesehen zu haben. Auch ich habe ganz alte Mischnah-Handschriften in der National-Bibliothek zu Parma untersucht, welche mit den Haupt-Tonzeichen für die Satzeintheilung versehen sind. Wenig bekannt ist, daß in der Talmudausgabe von Sabionetta 1533 der Tractat Kidduschin den Mischnah-Text

mit Accenten versehen, enthält. Es sind meistens die Ton=
zeichen Tipchah, Atnach oder Sakef Katan.¹⁶)

In weiterem Verlaufe des Gesprächs gewinne ich immer
mehr Beiträge für die deutsche Sprachkunde, die ich aber hier
ferner mitzutheilen unterlasse, weil ich nunmehr zu einer anderen
Aufgabe übergehen will. Nur möchte ich zum Schlusse
über dieses Gespräch noch gelegentlich bemerken, daß mir
hier wie bei jeder anderen talmudischen Discussion der Ge=
brauch des Genus in drei besonderen Fällen immer auffiel. Man
sagt: „Der harbe Rambam", also im Masculinum. Harb
im Mittelhochdeutschen, wie herd im Hochdeutschen, hat auch
die Nebenbedeutung von scharf, zornig und böse (siehe
Schmeller I, S. 1158). In der hebräischen Discussion be=
zeichnet es einen Ausspruch des Maimonides im Jad hacha=
sala, der durch einen gegen ihn erwiesenen Widerspruch nicht
zur klaren Lösung gebracht werden kann.

Man sagt ferner „die Raschi", also im Femininum,
wahrscheinlich ist damit die Stelle im Raschi=Commentar
gemeint. Nun auch ein Neutrum, nämlich „das תוספת". Aber
auf welchem Wege ist zu jenen Talmudgelehrten im Osten
die Redensart „ein kratisch לשון", d. h. ein kritischer Aus=
druck, dessen richtige Auffassung schwierig ist und zum Nach=
denken auffordert, gelangt? In Midraschmanier würde
ich sagen וכשאני לעצמי, d. h. wenn ich zu mir allein sprechen
möchte, würde ich glauben, daß dieser Ausdruck mit oder seit
Salomon Maimon in den Lehrhäusern Littauens heimisch
geworden sei.

Nunmehr wünschte ich, zur Ergänzung des nachgewiesenen
Materials, die Aufmerksamkeit auf das Vorhandensein solcher
Sprachreste in einem anderen Landestheile des ehemaligen
Polens zu lenken. In meiner Heimath Obersitzko in der
Provinz Posen hörte ich noch in meiner Kindheit, also vor
mehr als einem halben Jahrhundert, im Munde alter Leute
eine ganze Anzahl von Wörtern, die mir damals natürlich
als ganz jüdisch klangen, heute aber, soweit ich sie mir ins
Gedächtniß zurückrufen kann, von mir als klassische Belege
für das Wörterbuch der mittelhochdeutschen Sprache erkannt
werden. In der Gegenwart dürften die hierher gehörigen
Ausdrücke dort nicht mehr gehört werden; die allgemeine Schul=
bildung hat sie wahrscheinlich vertilgt. Damals hörte ich noch

z. B. Zochen für Docht gebrauchen und der elfjährige Knabe legte sich die Etymologie zurecht, daß es vom hebräischen תוכן, das Innere (des Lichtes nämlich) herzuleiten sei. Natürlich konnte er nicht ahnen, daß bereits die alte Aventiner Chronik diesen deutschen Ausdruck bewahrt, wenn sie erzählt, „Kaiser Theodosius hab' ein Leuchter gehabt zu Nacht, der ihm selbst Oel zum Zochen gegossen habe“. — Damals deckte die Mutter beim Eingange des Sabbaths den Tisch mit dem Zwehl (Tischtuch) und das Bett mit dem Leilach (Lein- oder Betttuch). Am Freitagabend dampfte auf der Tafel die Schüssel mit dem Zimmes, welches jetzt speciell ein Gemüse aus gelben Rüben bezeichnet, früher aber als Zumis oder Zümis für Gemüse überhaupt gebraucht wurde; s. Levita im Tischbi s. v. קמשית. Wie Zimmes aber in deutschen Quellen als eine Zuspeise sich findet, dafür bietet Grünbaum a. a. O. S. 506 verschiedene Belege. — Es klopft an die Thür und herein tritt die arme Nachbarin Frümmet, deren Namen man bisher als einen jüdischen in der Bedeutung „fromme Maid“ halten wollte, die wir aber nach Grimm, Grammatik II, S. 246 von dem germanischen Namen Frümede in der Bedeutung von Rechtschaffenheit herzuleiten haben. Die würdige Frau, welche als gern gesehener Gast an jedem Freitagabend im Hause erscheint, wird von allen Anwesenden freudig begrüßt, indem man ihr „esgottselkümmt“ zuruft. Es ist dies eine Begrüßungsformel, die gewöhnlich beim Empfange einer Frau angewendet wird, während man den Mann beim Eintritt hebräisch mit Baruch habba, d. h. Gesegnet sei der Kommende, empfängt. Es hängt mit jenem noch zu erklärenden Ausdruck ein ganzes Stück Culturgeschichte zusammen. Grimm, deutsche Mythologie, entwickelt einen großen Aufwand von Gelehrsamkeit, um diese im Laufe der Zeit etwas corrumpirt gewordene Formel näher nachzuweisen. Hierbei sagt er u. A.: „Einige auffallende Anwendungen des Wortes Gott in der älteren und in der Volkssprache können noch mit heidnischen Vorstellungen zusammenhängen. So wird Gott gleichsam zur Verstärkung des persönlichen Pronomens beigefügt; in mittelhochdeutschen Gedichten liest man die treuherzige Empfangsformel: Gote sult ir willekommen sin. Grimm bringt dann verschiedene Citate aus mittelhochdeutschen Dichtungen, in denen diese Formel variirt und schließt dann: In Oberdeutschland hat sich diese Begrüßung

12

„Gottwilche, Gottwilkem, gotticum skolcoum" heute noch er=
halten, wobei weder Grimm noch Schmeller ahnen konnten,
daß noch heute unter den Juden des Ostens zum großen
Theile diese Begrüßungsformel, welche „s' Gott soll kommen"
bedeutet, allgemein gehört wird.

Eine andere urdeutsche Redensart, bei der ebenfalls Gott
angewendet wird, hören wir bald aus dem Munde der
gesprächigen Frummet. Sie erzählt nämlich von einer
armen Familie am Orte, in der man trotz der Armuth
doch manchen Aufwand treibe, wobei sie einleitend die
Phrase gebraucht „Gott unverwissen", d. h. Gott lasse es ohne
Verweis, verzeih mir die Sünde, daß ich üble Nachrede
halte. Uebrigens hat diese Redensart im Laufe der Zeiten
weitergehende Bedeutungen angenommen, sodaß wir bald
darauf an der Tafel hören, die Fische wären heute sehr knapp,
es bekäme „Gott unverwissen, Jeder nur ein Bissen." Was
im weiteren Laufe der Tischunterhaltung an ächt deutschem
Sprachmaterial zu Tage gefördert worden ist, hat sich meinem
Gedächtnisse so tief eingeprägt, daß ich es heute genau aus=
zuscheiden weiß von dem gewöhnlichen Wortschatze, um jenes
als mittelalterliche Sprachreste näher nachzuweisen. Allerdings
kann hier nur eine kleine Probe folgen, so z. B. Arbes für
Erbsen, Kumpes für Sauerkraut, Plutzker für Kürbis, eppes
für etwas, enk für euch, enker für euer, Brosem für Bro=
samen, Brotkrume, man tar oder tur für darf, es oder ez
für ihr, mir für wir, Tintoren für Dintenfaß, Seiger für Uhr,
Lekuch für Lebkuchen, Weitak oder Wentak für Leiden, Gegatter
für Gitter, Trendel für Kreisel. [17] u. a. m.

Die Unterhaltung, aus der ich diese Sprachreste hervor=
hebe, wird mit einem Male gestört; man hört Geschrei draußen,
Alles stürzt auf die Straße und Jeder öffnet seinen Mund
zur Frage: Was is der mer? in der Bedeutung: Was geht
da vor? Ein ganzes Stück Mittelalter knüpft sich an diesen
Ausruf. In jenen Zeiten, in denen man noch der Zeitungen
entbehrte, war man darauf angewiesen, von herziehenden
Wanderern Neuigkeiten und Kriegsgeschichten zu erfahren.
Man sah oft Leute den ganzen Tag über vor der Thür des
Hanses stehen, um nach einem solchen Boten auszuspähen.
Daher auch Elfar Levi Bonfant in Mainz mit dem Beinamen
der gute Rabbi Salman in seinem Testamente aus dem Jahre
1358 u. A. seine Töchter davor warnt, an der Thür des Hauses

zu stehen, um einen Vorübergehenden zu erhaschen und ihn nach Neuigkeiten auszufragen, während Weinhold in seinem klassischen Buche „Die deutschen Frauen im Mittelalter" schreibt (II S. 193): „Eine liebe Unterhaltung der Frauen, auf den Bergen und Schlössern war, in den Fenstern oder auf den Lauben und Zinnen zu stehn und in die Weite zu schauen, ob auf den Straßen jemand nahe, der ihnen bunten Wechsel in das alltägliche Grau der häuslichen Geschäfte schaffe"! So belegt Schmeller S. 1634 aus alten Quellenschriften die Redensart „Was ist der Maer" in der Bedeutung, was geht da besonders vor.

Jene erwähnten mittelalterlichen Botschaften haben zur Entstehung eines ganz besonderen Ausdrucks beigetragen, der auch in jüdischen Kreisen heimisch war und noch bis zum Ende des vorigen Jahrhunderts in jüdischen Schriften sich erhalten hat. Aus dem Gebrauche nämlich, dem eine Nachricht bringenden Boten ein Brod zu spenden, entstand für Verkündigung und Botschaft der Ausdruck Botenbrod. Daher ist noch bei Hans Sachs Botenbrod soviel als Botschaft. So wird auch in den Bibelübersetzungen das Wort בשורה, Nachricht gradezu mit Botenbrod übersetzt und איש בשורה mit Botenbroter, wie auch das Verbum מבשר und בשר gebotenbrot und betenbrot wiedergegeben wird.[18])

Dieses Wort gehört zu einer Anzahl von Wörtern, die sich aus der Umgangs= und Büchersprache späterer Zeit verloren haben, dagegen sei noch ein Wort erwähnt, welches dem Altdeutschen angehört, aber durch eine mißverständliche Auffassung hebräisirt worden ist. In dem Volksliede zum Schlusse des Seder am Pessachabend, welches mit den Worten אדיר הוא יבנה ביתו בקרוב במהרה beginnt, haben die Uebersetzungen das deutsche schier, welches in der Bedeutung von bald und schnell für בקרוב und במהרה steht, in das hebräische שירה verwandelt, sodaß das Volk singt: Allmächtiger Gott, bau' Deinen Tempel שירה, statt schier, d. h. bald.

Die gegebenen Proben beschließe ein anderes Beispiel, nämlich ein Wort, welches, eigentlich aus nichtjüdischem Kreise stammend, erst spät in die Umgangsprache der Juden zur Aufnahme gelangt ist, jetzt aber fast nur als jüdisch angesehen wird. Ich meine das Wort unberufen, unbeschrien, welches unter Juden so gebräuchlich geworden ist, daß man es oft in

der Rede der Freidenker wie der Strenggläubigen, der Ge=
bildeten wie der Ungebildeten bemerkt. Denn das Berufen oder
Beschreien gehört zu weitverbreitetem Aberglauben: durch das
laute Reden (namentlich über den erfreulichen Zustand oder
gedeihlichen Fortgang von Etwas) neidische, tückische Geister
erwecken (die ihn ins Gegentheil umschlagen machen).[19]) Man
glaubt sich daher durch die ängstliche Einfügung des Wortes
unberufen oder unbeschrien in die Rede, vor Unglück oder
Schaden zu schützen. Dies verstößt gegen die jüdische Gottes=
furcht und es sollte ein Jeder sich berufen fühlen, jene heidnische
Furcht vor dem Berufen und den vermeintlichen Schutz da=
gegen zu geißeln und dazu beizutragen, daß es aus jüdischem
Kreise verbannt werde.

Unser Schutz ist und bleibt ein anderes Wort: das Wort
der Gotteslehre.

Anmerkungen.

1) Einige Nachweisungen s. bei Zunz, gesammelte Schriften III,
S. 286.

2) Aus der betreffenden Literatur seien hier folgende Schriften
erwähnt:

Zunz, G. Gottesdienstliche Vorträge der Juden.

Grünbaum, M. Jüdisch-deutsche Chrestomathie.

Perles, J. Beiträge zur Geschichte der hebräischen und
aramäischen Studien.

Güdemann, M. Geschichte des Erziehungswesens und der
Cultur der Juden in Deutschland während des 14. und 15. Jahr=
hunderts.

3) Dieselben sind in meiner Raschi=Ausgabe zur Stelle näher
verzeichnet.

4) So ist auch in einem wahrscheinlich in Salonichi gedruckten
Ritualbuche, von dem ich nur einige Blätter besitze, ein besonderes
סדר לימוד לליל יאר ציאט enthalten.

4a) Erdaphel, lat. malum terrae wird aus einer Handschrift des
14. Jahrhunderts im Anzeiger für die Kunde des Mittelalters, Jahrg.
1839, S. 94 nachgewiesen.

5) So wird auch die Mischnah in Sabbat XII, 5 besser zu ver=
stehen sein.

6) S. Terumat hadeschen § 231 und Pesakim Nr. 142.

7) Näheres hierüber s. bei Güdemann, S. 74—76.

8) Siehe dort in הלכות נשואין.

9) S. die Meinungsverschiedenheit im Schulchan Auruch Orach Chajim, § 472 und 610, welche dort zwischen dem ט"ז und dem מג"א obwaltet.

10) Jad hachasaka הלכות שבת c. 30.

11) Diese Umhüllung heißt beim Verfasser des Rokeach וואלטורה, im Maharil בולטר, ohne Zweifel französisch volture, etwa Umwindung, wie ungefähr in Raschi zu Baba Kamma 18b. und 23b. וולטר für גלגול = Umwendung. Hieraus ist das bei den westdeutschen Juden gebräuchliche „Falter" entstanden. Auch das bei den Brüdern der heiligen Genossenschaft (חברה קדישא) der ostdeutschen Juden hierfür gebräuchliche Sauwe, welches mir bisher ganz unerklärlich war, wird dadurch verständlich: es heißt סובב, das obere Gewand, welches den ganzen Körper des Todten umgiebt.

12) Ueber den Ursprung des Wortes סרגנים hat Grünbaum S. 502 - 504 ein reiches Material zusammengetragen, er will es schließlich von Serge oder Sarge herleiten, von dem Stoffe, aus dem das Gewand gefertigt wurde, sodaß das ursprüngliche Wort eigentlich ein Adjektiv wie „leinenes, tuchenes", das dann substantivisch gebraucht ward, wie das auch bei andern Wörtern vorkommt und wie „Leinen" selbst eigentlich ein Adjectiv ist. So weit Grünbaum.

Ich habe bereits vor mehr als 25 Jahren im Literaturblatt der Jüdischen Presse (Jahrg. 1870, S. 27) eine andere Ableitung vorgeschlagen. Das in Moed Katan 23a. vorkommende חימוצתא übersetzt der Commentar dort einfach mit חלוק, also Hemd, während der Commentar in der Münchener Handschrift noch hinzufügt בלשון אשכנז זארוק, was correcter in Or Sarua II, S. 180 שרוק בל"א (vergl. Raschi zu Sabbat 77b., Schlagw. לבושא, wo ebenfalls so, statt רוק zu lesen ist) lautet. Dies ist das altdeutsche sarroch oder sarrôc, Hemd, und hierin ist die erste Bildung des späteren שרגנן zu suchen Der Uebergang vom ק im Worte zum ג kann nicht stören, wie dies ja auch in manchen anderen Wörtern bemerkt wird. Im Laufe der Zeit ist der eigentliche Ursprung des Wortes ganz unbekannt geworden, sodaß man zu den wunderlichsten Etymologien die Zuflucht genommen. Nur Lipmann Heller im הל. ציצית zu לחם חמודות begnügt sich zu schreiben: סרגנום שקורין קיטעל.

Heute füge ich noch hinzu, daß die weitere Formation so erfolgt ist, daß man es hebräisirte, indem man, analog dem hebräischen כתונת, an den Stamm die Endung נת setzte, sodaß dann sehr leicht שרגנן oder שרגנם entstehen konnte. Es braucht meine Vermuthung nicht so fremdartig zu klingen, wenn man an viele andere Wörter denkt, welche in gleicher Weise hebräisirt wurden, oder wie hebräische Wörter deutsche Flexionen erhalten haben.

13) Derselbe absolvirte in 7 Jahren den Cursus der Elementar= schule, des Gymnasiums und der Universität, wo er Medicin studirte. Heute ist er ein viel beschäftigter Arzt in Petersburg.

14) Bei der Anführung gebe ich nur dasjenige Wort in der Phrase nach seiner altdeutschen Weise, auf welches es eben ankommt, alle anderen Wörter in der Begleitung aber führe ich in unserer deutschen Sprechweise an.

15) **Maharil**, vor dem Schlusse der **Likkutim**.

16) Auf dem Titelblatte heißt es:

וכלפי מה שאמרו רז"ל סוף מסכת מגילה דהקורא בלא נעימה
u. s. w. וכו' נתאור עו לתת הטעמים במש ניות כרי להחזיר העטרה ליושנה

Ich theile dies aus dem seltenen Exemplare mit, welches sich in der Bibliothek zu Wolfenbüttel findet.

17) Die hier angeführten Wörter sind alle bei Grimm oder Schmeller aufzufinden.

18) Vgl. die Nachweisungen bei Zunz, ges. Schriften III S. 288 und Grünbaum, S. 99.

19) So bei Sander im Wörterbuch I, S. 805 und bei Wuttke: Der deutsche Volksaberglaube S. 218.

Zwei amerikanische Frauengestalten.

Von M. Kayserling.

Amerika, das Land, welches zuerst Freiheit und Gleichheit für alle seine Bewohner ohne Unterschied des Glaubens und des Bekenntnisses proklamirt hat, räumte auch den Juden, welche den ersten Ansiedlern, den spanisch=portugiesischen Maranen, aus Holland, Deutschland und England folgten und in Newport, Neu=Amsterdam, wie New=York früher genannt wurde, Philadelphia und anderen Städten Nord=Amerikas eine neue Heimat fanden, eine ihren Talenten und Fähigkeiten entsprechende Stellung ein. Wie aber überall, wo ein freier Geist sich regt, die Frauen zuerst von der allgemeinen Strömung mitfortgerissen werden und an der geistigen Regsamkeit in sozialer Beziehung lebhaften Antheil nehmen, so übten auch in den Vereinigten Staaten Nord=Amerikas jüdische Frauen, welche sich durch Bildung, Schönheit und Seelenadel auszeichneten, auf das gesellschaftliche Leben einen sehr wesentlichen Einfluß.

Weit früher als die reichen und schönen Jüdinnen in Berlin und Wien, die Henriette Herz und Rahel Levin, die Frau von Arnstein und von Eskeles, ihre Salons eröffneten und Diplomaten und Fürsten, Künstler und Gelehrte um sich versammelten, gab es in New=York und Philadelphia jüdische Familien, deren Häuser die Stätten edler Gastfreundschaft bildeten, gab es amerikanische Jüdinnen, deren Salons die geselligen Centralpunkte berühmter Generäle und Staats= männer, talentvoller Dichter und Schriftsteller waren.

Zwei amerikanische Frauengestalten, welche von ihren Zeit= genossen gefeiert und von Dichtern englischer Zunge verherr-

licht wurden, will ich meinen Lesern vorführen*). Sie gehörten
beide angesehenen, durch Reichthum und Stellung hervor=
ragenden Familien an, waren beide ausgezeichnet durch Geist
und Schönheit, lebten beide in Philadelphia, beide versuchten
sich literarisch, sie hießen beide Rebekka, die eine Rebekka Franks,
die andere Rebekka Gratz: bei der einen siegte die Liebe
über den Glauben, bei der andern triumphirte der
Glaube über die Liebe.

Rebekka Franks' Großvater stammte aus Deutschland,
ihre Großmutter gehörte einer spanischen Marannen=Familie
an, und ihre Mutter war eine Amerikanerin!

Jakob Franks, der Großvater Rebekka's, wurde im
Jahre 1688 in Deutschland, wie wir vermuthen, in Hannover
geboren; sein Vater Naphtali oder Aron Franks war Hofjude
und Freund des Kurfürsten Georg, des spätern Königs
Georg I. von England. Als junger Mann begab sich Jakob,
der ein tüchtiges jüdisches Wissen und die Kenntnis mehrerer
neueren Sprachen besaß, nach London, aber die Sucht schnell
reich zu werden, trieb ihn bald nach New=York. Hier ver=
mählte er sich im Jahre 1719 mit der Tochter des aus
Spanien nach London und von da nach New=York gewanderten
Moses Levy, der einen lebhaften Handel mit Indien betrieben
und ein sehr bedeutendes Vermögen erworben hatte. Levy
hing mit aller Liebe und Treue dem Judenthume an. Er
war bis zu seinem Tode Vorsteher der kleinen jüdischen Ge=
meinde in New=York und legte dort den Grund zu der ersten
Synagoge, zu deren Bau seine Tochter Abigail, die Gattin
Franks', als Präsidentin des zu diesem Zwecke gebildeten
Frauen = Comités, mit hingebungsvollem Eifer Beiträge
sammelte. Sie und ihr Gatte, der zu den reichsten und an=
gesehensten Männern New=Yorks zählte, bewahrten dem Juden=
thum und den Angelegenheiten der jüdischen Gemeinde, in der
er viele Jahre das Amt eines Vorstehers bekleidete, ihr Leben
lang das regste Interesse. Jakob Franks, der am 16. Januar 1769
im einundachtzigsten Lebensjahre starb, war, wie die New=

*) Die Quellen für diese beiden Frauen sind: Publications of
the American Jewish Historical Society, I—IV; Charles P. Daly,
The settlement of the Jews in North-America (New-York 1893).
Max J. Kohler, Rebecca Franks (New-York 1894). Is. Markens,
The Hebrews in America (New-York 1888); Publications of the
Gratz College I, I—IX (Philadelphia 1897), u. a. m.

Yorker Zeitung nach seinem Hinscheiden von ihm rühmte, ein Gentleman von liebenswürdigem Charakter, ein zärtlicher Vater, ein streng redlicher und gewissenhafter Kaufmann, ein hülfreicher Freund den Armen, leutselig und freundlich gegen jedermann.

Jakob Franks' Sohn David nahm als Agent des Königs von England für Pennsylvanien seinen Wohnsitz in Philadelphia, wo er im Alter von dreiundzwanzig Jahren mit Margarethe Evans, einem Mädchen aus vornehmer christlicher Familie, die Ehe einging, ohne jedoch seinem väterlichen Glauben zu entsagen und aufzuhören Mitglied der jüdischen Gemeinde in Philadelphia zu sein. Er bewohnte das schönste Haus der Stadt und war vermöge seines Reichthums und seiner einflußreichen Stellung einer der angesehensten Männer in ganz Pennsylvanien. Seiner Ehe mit Margarethe Evans entsproß Rebekka, welche als seine jüngste Tochter im Jahre 1758 geboren und, wenn auch das Kind einer christlichen Mutter, als Jüdin erzogen wurde.

Rebekka war von seltener Schönheit, entzückend in ihrem Wesen, fesselnd in ihrer Unterhaltung, voll Geist und Witz, immer schlagfertig. Sie genoß eine sorgfältige Erziehung, war sehr unterrichtet und belesen, vertraut mit den Schriften Miltons, Goldsmith', Swifts u. a. und hatte einen eleganten Stil. Sie bewegte sich in den vornehmsten Kreisen und galt überall als das schönste und reichste Mädchen Philadelphias. Wie ihr Vater und ihre ganze Familie hielt sie beim Ausbruch des amerikanischen Freiheitskrieges treu zu England; sie bildete den Mittelpunkt der „Loyalisten", wie die Anhänger des englischen Regimes genannt wurden, und ihre Sarcasmen auf die berühmtesten Männer der Revolution gingen von Mund zu Mund. Nachdem General Howe, der sich oft an Rebekka's geistreichen Gesprächen ergötzte, im Sommer 1787 Washington geschlagen und ihn genöthigt hatte, Philadelphia, die Hauptstadt der rebellischen Kolonie, zu räumen, schrieb sie ein langes Gedicht, in dem die Führer der „Rebellen", Hancock, Robert Paine, besonders Washington, mit beißendem Spott behandelt, verhöhnt und geschmäht werden. Diese politische Satire, welche den Titel „The Times, ein Gedicht von Camilio Querno, gekrönter Dichter des Kongresses" führte, und von der in jener Zeit viele Abschriften zirkulirten, wurde erst vor einigen Jahren als das Gedicht einer Loyalistin vollständig veröffentlicht.

Hohe Ehre genoß die schöne Rebekka bei dem glänzenden
Feste, das dem General Howe, als Oberbefehlshaber der eng=
lischen Truppen durch Clinton ersetzt, bei seiner Abreise von
Philadelphia gegeben wurde. Dieses Fest, „Maschianza" ge=
nannt, bestand hauptsächlich in einem Tournier, in welchem
Englands tapferste Ritter zu Ehren der schönsten Frauen
der Stadt Philadelphia kämpften. Die Ritter der „Blended
Rose", standen denen des „Burning Mountain" in mittel=
alterlicher Rüstung gegenüber. Der Führer der letzteren Partei
erschien zu Ehren der Rebekka Franks, welche eine kostbare
weiße, seidene Robe, besetzt mit blauen und weißen golddurch=
wirkten Bändern, und einen mit Perlen und Juwelen geschmückten
Hut trug: Rebekka Franks wurde als die „Königin der
Schönheit" gekrönt und bei dem nach dem Tournier abge=
haltenen Festmahle, bei dem es an royalistischen Trinksprüchen
nicht fehlte, als Königin gefeiert.

Rebekka's Bleiben war in Philadelphia nicht. Die
exzentrische Anhänglichkeit an das Mutterland verursachte ihr
bald viel Herzleid und kostete ihrem Vater den größten Theil
seines Vermögens. Er mußte mit seiner Familie das Land
verlassen und unter Verlust einer in der Staatskasse deponirten
Summe von 200 000 Dollars sich verpflichten, während der
Dauer des Krieges mit England weder nach New=York, noch
nach Philadelphia zurückzukehren und mit den Engländern
keinerlei Verbindung zu unterhalten. Er schiffte sich nach
London ein, wo sein Bruder Moses wohnte und wo im
Januar 1782 Rebekka mit Georg Johnson, dem nicht mehr jungen
Neffen des Generals Walsh, sich vermählte. Ein Jahr später
kehrte ihr Vater nach Philadelphia zurück, fiel aber sehr bald
dem gelben Fieber zum Opfer.

War Rebekka Franks glücklich?

Ganz anders als der Lebenslauf Rebekka Franks ge=
staltete sich der der Rebekka Gratz. Auch sie stammt aus Deutsch=
land. Michael Gratz, ihr Vater, war in Langendorf in Ober=
Schlesien im Jahre 1740 geboren. Kaum neunzehn Jahre
alt, folgte er seinem Bruder Bernhard nach Philadelphia und
betrieb mit ihm, mit David Franks, Joseph Simons u. a. das
Geschäft eines Waarenlieferanten für die Indianerhändler.
Innerhalb weniger Jahre war Michael ein reicher Mann und
führte die Tochter seines Geschäftsfreundes Simons heim, der,
im Jahre 1740 nach Lancaster in Pennsylvanien gekommen,

als einer der reichsten Kaufherren und der größten Grund=
besitzer in Pennsylvanien und den westlichen Territorien in
hohem Ansehen stand. Nach Beendigung des Freiheitskrieges
zog er sich vom Geschäfte zurück und widmete sich ausschließ=
lich der Verwaltung seines großen Grundbesitzes. In der
jüdischen Gemeinde Philadelphia, zu deren Gründer sein
Bruder Bernhard gehörte, bekleidete er eine Reihe von Jahren
das Amt eines Präsidenten. Sieben Jahre nach dem Tode
seines Schwiegervaters, der das hohe Alter von zweiundneunzig
Jahren erreichte, schied auch Michael aus dem Leben. Er
hinterließ elf Kinder; eine seiner jüngsten Töchter war Rebekka,
welche den 4. März 1781 in Philadelphia geboren wurde.
In ihr vereinigten sich Geist, Talent und Schönheit. Sie
hatte nach der Schilderung Van Rensselaar's, große, schwarze,
mildleuchtende Augen, ein feines edles Profil, eine Gestalt, in
der sich Anmuth und Würde paarten — Reize, welche durch
ihr elegantes und gewinnendes Benehmen noch erhöht wurden.
Sanft, menschenfreundlich, von natürlichem Zartgefühl und
innerer Reinheit nahm sie jeden für sich ein, der mit ihr in
Berührung kam. Da sie zugleich die beste Erziehung genossen
hatte, welche die Zeit und das Land ihr gewähren konnten,
besaß sie alles was sie zur Ausübung humaner und sozialer
Pflichten befähigte.

Rebekka Gratz wurde wegen ihrer Schönheit und ihres
Geistes nicht weniger gefeiert als Rebekka Franks nicht blos in
Philadelphia, wo ihres Vaters Haus der Sammelplatz der
hervorragendsten Patrioten und ausgezeichneten Gelehrten war,
sondern an allen Orten, welche sie in Begleitung eines ihrer
Brüder besuchte, bildete sie den Mittelpunkt eines vornehmen
Kreises hochgebildeter Männer und Frauen. So oft sie bei
ihrem Bruder Benjamin, dem Gründer der ersten Bank in
Lexington, weilte, wurden ihr ganz besondere Ovationen ge=
bracht. Henry Cley, einer der bedeutendsten amerikanischen
Staatsmänner, mit dem ihr Bruder innig befreundet war,
gehörte zu ihren wärmsten Verehrern. Einer der intimsten
Freunde ihres Bruders Joseph war Washington Irving. Auf
diesen hervorragenden Schriftsteller machte Rebekka's Schön=
heit und Anmuth einen so gewaltigen Eindruck, daß er sie
mit Heirathsanträgen bestürmte, bis sie ihm endlich entschieden
erklärte, daß nichts in der Welt sie bewegen könnte, ihren
väterlichen Glauben zu verlassen. Irving hörte nie auf sie

zu verehren. Der folgende Brief, durch welchen er einen jungen Künstler bei ihr einführte, drückt seine Hochachtung und Freundschaft für sie aus.

New-York, den 4. November 1807.

Ich habe kaum nöthig, Ihnen den Ueberbringer, Mr. Sully, vorzustellen, da ich überzeugt bin, daß Sie sich seiner deutlich erinnern. Er beabsichtigt, den Winter in Ihrer Stadt zuzubringen, und da er ganz fremd im Lande ist, bitte ich Sie, sich seiner gütigst anzunehmen. Er ist ein Mann, den ich sehr schätze, nicht allein wegen seiner künstlerischen Befähigung, sondern auch wegen seines liebenswürdigen Charakters und seines einnehmenden Wesens. Ich glaube ihm keinen Dienst leisten zu können, für den er mir mehr danken sollte als den, ihn Ihrem gütigen Wohlwollen und dem der Ihrigen zu empfehlen. Mr. Hoffmann's Familie ist wohlauf und Sie sind oft der Gegenstand des Gespräches derselben. Bringen Sie mich allen lieben Ihrigen in freundliche Erinnerung. Verzeihen Sie die Freiheit, welche ich mir genommen, und glauben Sie, daß ich bin mit wärmster Freundschaft

Ihr
ganz ergebener
Washington Irving.

Mathilde Hoffmann, die angebetete Freundin Irvings, war auch die theuerste Freundin Rebekka's. Während ihrer Krankheit, der sie im jugendlichen Alter von achtzehn Jahren erlag, war Rebekka beständig an ihrer Seite; sie starb in ihren Armen.

Und diese Rebekka wurde von Walter Scott verewigt: Rebekka Gratz ist das Urbild der Rebekka in „Ivanhoe"! Ein Jahr bevor Walter Scott seinen Roman „Ivanhoe" schrieb, wurde Washington Irving durch den Dichter Campbell bei ihm eingeführt. Irving verlebte mit dem schon leidenden gefeierten Scott auf Abbotsford, dessen Landsitze, die schönsten Tage seines Lebens. In einem seiner häufigen Gespräche über persönliche und Familienangelegenheiten sprach Irving von seiner und Mathilde Hoffmann's geliebten Freundin Rebekka Gratz in Philadelphia. Er schilderte ihre wunderbare Schönheit, erzählte von ihrer unerschütterlichen Glaubenstreue und rühmte ihre aufopfernde Philantropie. Scott war davon tief ergriffen. Sein Entschluß war schnell gefaßt, diese edle Frauengestalt nach der von Irving erhaltenen Schilderung in Ivanhoe zu verewigen. Ob Irving auch der schönen Rebekka Franks in seinen Gesprächen mit Scott gedachte? In Ivanhoe wird auch das „Maschianza" und die „Königin der Schönheit", wie sie in Rebekka Franks gefeiert worden ist, mit lebhaften Farben geschildert.

Rebekka Gratz wies jeden Heirathsantrag mit einem Christen, auch den eines Mannes von hoher Stellung, beharrlich ab; sie blieb unverheirathet. Mit ihrem gleich ihr unverheirathet gebliebenen Bruder Hyman, dem Gründer der Pennsylvanien-Akademie der schönen Künste in Philadelphia, ein Mann von hoher Intelligenz, inniger Liebe zum Judenthum und zur jüdischen Wissenschaft, sowie von männlicher Schönheit, führte sie zusammen Haus und widmete sich gänzlich der Menschenliebe. Ihr ganzes Leben ist eine Kette edler Bestrebungen. Sie gründete das Waisenhaus der Stadt und war länger als vierzig Jahre dessen Sekretär und eifrigste Förderin. Ihr Werk sind verschiedene Vereine zur Unterstützung armer Frauen und Kinder sowie die Gründung einer Sonntagsschule für jüdische Kinder, in der die von ihr selbst verfaßten Gebete im Gebrauch sind. Einen nicht unwesentlichen Antheil hat sie an der Gründung des von ihrem am 27. Januar 1857 verstorbenen Bruders Hyman gestifteten „Gratz College" in Philadelphia, das, der Verbreitung der jüdischen Wissenschaft gewidmet, im vorigen Jahre eröffnet wurde.

Rebekka Gratz, eine der edelsten Frauengestalten, schied im Jahre 1869 in dem hohen Alter von achtundachtzig Jahren von hinnen. Sie lebt fort in den Monumenten, die sie in den Wohlthätigkeitsanstalten sich selbst errichtet hat.

Die jüdische Gesellschaft Berlins im 18. Jahrhundert.*)

Von Ludwig Geiger.

Wer von einer jüdischen Gesellschaft Berlins im 18. Jahr=
hundert spricht, muß von vornherein sich eine Beschränkung
auferlegen und eine Vermehrung gestatten. Die Beschränkung
besteht darin, daß man in erster Linie von der Mendelssohn=
schen Periode spricht. Lange bevor die Juden durch das
Gesetz eine Stellung erlangten, hatten sie sich durch Wissen
und Reichthum eine Stellung selbst zu erobern gewußt.
Es gab eine jüdische Gesellschaft lange bevor es jüdische
Bürger gab.

Die Erweiterung des Themas besteht darin, daß man
unter jüdischer Gesellschaft auch die aus dem Judenthum hervor=
gegangenen, wenn auch leider nicht immer bei ihm verbliebenen
Männer und Frauen, besonders die letzteren, mit einbegreift.
Diese Anschauungsweise ist historisch durchaus berechtigt, weil
die Betreffenden ihre Bildung genossen zu der Zeit, da sie
dem Judenthum angehörten und weil ihre Stellung gerade

---

*) Die folgende Abhandlung ist seit dem Jahre 1889 mehrfach
als Vortrag in jüdischen Vereinen gehalten worden. Sie beruht in=
dessen auf Studien, die mich seit fast einem Vierteljahrhundert be=
schäftigen und trotz der langen Zeit an Reiz nichts verloren haben.
Für die benutzten Materialien darf ich auf meine ältere Arbeit
„Geschichte der Juden in Berlin" (zwei Bände, Berlin 1871) und
auf das neuere Werk „Berlin. Geschichte des geistigen Lebens der
preußischen Hauptstadt" (zwei Bände, Berlin 1893, 95) verweisen.
Unbenutzt waren bisher die Briefe Moses Mendelsohns an seine Braut
und Frau. Die Besitzer dieser Briefe haben mir nur die Erlaubniß
gegeben, einzelne Fragmente aus diesem Briefwechsel zu benutzen.

durch ihren Glauben, selbst nachdem sie ihn verlassen hatten, mitbestimmt war.

Mendelssohn war im Jahre 1743 nach Berlin gekommen. Er kannte damals kein deutsches Buch und wurde, als er später ein solches benutzte, von den Vorstehern der jüdischen Gemeinde gescholten und bestraft. Einige Jahrzehnte später bildete er und sein Haus den anerkannten Mittelpunkt der Gesellschaft überhaupt. Wir besitzen darüber ein merkwürdiges Zeugniß in einem Briefe des holsteinischen Philosophen und Politikers Hennings, der, im Jahre 1772 in Berlin verweilend, als Hauptstätten der Geselligkeit das Haus Moses Mendelssohns und die zahlreichen Mitglieder, besonders Frauen, der reichen und angesehenen jüdischen Familie Itzig nennt.

Drei Frauen stellen die Blüthe der Bildung und den Glanz des gesellschaftlichen Lebens jener Zeit dar. Die erste ist Brendel (Dorothea) Mendelssohn, geb. am 24. Oktober 1763, gestorben am 3. August 1839. Vielleicht bezieht sich auf sie eine Anecdote in einem Buche „Der allzeit fertige Schriftsteller", (Berlin 1737, S. 72). „Der edle Mendelssohn bemerkte einst mit Unwillen, daß eine seiner kleineren Töchter einzig Romane las. „Da lies einmal auch etwas Besseres!" ruft er der kleinen Leserin zu und reicht ihr einen Band unterhaltender moralischer Erzählungen. Das Mädchen blättert ein paar Seiten durch und — immer noch nichts für ihr kleines Herzchen, nichts von Liebe und Geliebtwerden. „Pfui, Papachen, Moral!" ruft sie dem philosophischen Vater mit weinerlichem Tone entgegen und legt ihm das Buch ungelesen auf den Schreibtisch. Sie wurde von dem Vater, wie in jener Zeit üblich, ohne befragt zu sein, vielleicht sogar gegen ihren Willen, an Simon Veit verheirathet. Ihre Ehe schien Anfangs durchaus glücklich, ihr Vater berichtete, „sie lebten glücklicher, als wenn der Sohn des reichsten Mannes sich großmüthig entschlossen, sich zu ihr herabzulassen." Er war ein vortrefflicher Mensch, verständig, klug in Betrachtung der Dinge des Lebens, feinsinnig in Auffassung der Dinge der Kunst. Die Art, wie er sich gegen seine Frau benahm, die ihn verließ, und gegen die Söhne, die fern von ihm erzogen wurden, ehrt ihn ungemein. Zu seiner Charakteristik möge die folgende Stelle dienen, die er an seinen Sohn Philipp nach der Nachricht von dessen Verlassen des väterlichen Glaubens schrieb:

„Ueber das Vorgefallene zwischen uns wollen wir einen Schleier ziehen und es der Vergessenheit übergeben. Ich werde Euch beide nicht aufhören zu lieben und das Mögliche thun, wenn wir auch in Rücksicht der Religion nicht einerlei Meinung sind. Moral und Religion, bürgerliche Rechte und bürgerliche Pflichten sollten zwar immer Hand in Hand gehen, allein mit dem Unterschied, daß die Moral und alle bürgerliche Pflicht für alle Menschen nur eine und die nämliche ist; ihr Wesen ist in der Natur des Menschen gegründet, abgesondert von allem Ewigen und Göttlichen. Die Moral ist für den Menschen im praktischen Leben, was die Logik für den Verstand ist. Die Moral ist der Wegzeiger, durch ihre Grundsätze werden wir sanft und glücklich durch die Welt geführt, ihre Grundsätze sind einfach und allgemein. Es giebt nur eine Moral für alle Nationen, für alle Menschen von Anbeginn der Welt bis zum jüngsten Tag, und diese kann mit den Worten ausgedrückt werden: „Liebe Deinen Nächsten wie Dich selbst". Religionen hat es aber von Beginn der Welt bis jetzo viele gegeben, und werden wahrscheinlich noch viele zwar nur anders modificirt folgen. Wenn indessen die Religion von der Toleranz beleuchtet wird, wenn sie mit der Moral Hand in Hand gehen darf und gehen kann, so thun sie sich unter einander nicht nur keinen Schaden, sondern sie nähern sich so lange gegen einander, bis sie fast neben einander fortlaufen. Also, mein lieber Sohn, so lange wir nur verschieden in der Religion, in unseren moralischen Grundsätzen eins sind, so wird nie eine Trennung zwischen uns vorfallen".

Nicht minder wird sein Wesen charakterisirt durch ein Gedicht, welches Dorothea bei Uebersendung einer Börse an ihn richtete:

An Simon Veit

Mit einer Geldbörse.

Der Irrthum nie mißbraucht und nie den Schwachen,
Auf Freundes Kosten nie den Reichthum mehret,
Der schnöden Vortheil waget zu verlachen,
Verschmähend tief, was Redlichkeit nicht lehret,
Den Klugheit nur und Fleiß zum Reichen machen,
Der den erworbnen Schatz stets milde leeret —
Zum Füllhorn wird die Gabe seinen Händen,
Das tief bewahrt, um reicher dann zu spenden.

Dorothea fand ihren Verführer in Friedrich Schlegel. Sie ward ihrem Gatten untreu, ging zum Christenthum über und lebte mit ihrem zweiten Mann in einer überaus glücklichen Ehe. Sie war eine geistreiche Frau, deren Roman „Florentin" die unklaren Bestrebungen jener Zeit trefflich darstellte, eine patriotische Deutsche, welche den Befreiungskampf mit viel Theilnahme verfolgte und nahm lebhaften Theil an literarischen Streitigkeiten der Zeit. Sie war keine emancipationslüsterne Dame, sie war daher weder begierig, für sich eine besondere Stellung einzunehmen, noch geizte sie nach schriftstellerischem Ruhm; die Bedeutung, die ihr zutheil wurde, nahm sie mit Bescheidenheit hin, und die Fehler, die sie begangen und wodurch sie Andere unglücklich und sich bekannt gemacht hatte, bereute sie tief.

Dorothea ward, trotzdem sie zum Christenthum überging, keine Apostatin in dem Sinne, daß sie alles Jüdische verwarf oder gar gegen ihre ehemaligen Glaubensgenossen auftrat. Als sie im „Moniteur" einmal las, alle Juden mit wenigen Ausnahmen seien Wucherer, war sie im tiefsten Inneren davon empört.

Eine Freundin der Dorothea war Henriette Herz, die schöne Frau eines bedeutenden Mannes, der uns noch zu beschäftigen hat. In ihrer Schönheit mehr als in ihrem Geist lag der Hauptreiz, den sie übte. Sie wurde der wahre Mittelpunkt einer großen Geselligkeit, in der die angesehensten und vornehmsten Männer und Frauen gern und oft verkehrten. Sie war die Freundin Schleiermachers und die angebetete Göttin des jungen Börne, sie war die Verkünderin neuer philosophischer Lehren und die Lobrednerin Goethes, als dieser in Berlin noch ein geringes Publikum hatte. Aber dieses geistige Interesse war bei ihr mehr Mode und Formsache als Wirkung eines nie rastenden geistigen Bedürfnisses. Sie war innerlich hohl, „eine übertünchte Unwahrheit," wie sie ein Zeitgenosse genannt hat. Diese Unwahrheit oder mindestens diese Lust an eitler Selbstbespiegelung zeigt sich auch in folgender Stelle ihrer Jugenderinnerungen, die erst kürzlich einem Kreise von Fachgenossen bekannt gemacht worden sind: „Wir Frauen waren sehr glücklich, wenn er (Mendelssohn) unser Vorlesen rühmte. Wie schlichen wir nicht umher, um ein freundliches Wort darüber von ihm zu hören. — Er war so gut und mild in seiner Klugheit, und tadelte er mich auch zuweilen,

13

was gewöhnlich nur dann geschah, wenn ich über leichten Scherz empfindlich ward — dann sagte er wohl: „Sie sollen das doch vertragen können". Einer der späteren Gäste ihres Hauses, der lieber lobte als tadelte, hat in einer erst jüngst bekannt gewordenen Stelle 1812 folgende Schilderung von ihr gegeben: „Madam Herz habe ich nach 5 Jahren endlich wiedergesehen. Ich fand sie in den fünsen wenigstens um zehn älter geworden an Körper, und an Seele um dreißig jünger. Ein zaghaft kindisch Wesen, dem keine Erfahrung etwas genützt hat, weder der Aufenthalt in Rügen und Wien noch die französische Revolution, weder die Verheiratung Schleiermachers noch der Brand in Moskau. Es ist ganz lächerlich, neben solch unreifer Grüne die Welkheit des Ueber= reifen zu sehen."

Doch mag man noch soviel an ihrer geistigen Unreife zu tadeln haben, ihre sittliche Reife ist über alle Zweifel er= haben. Die Hoheit, mit der sie neben Schleiermacher lebt, der Ernst, mit dem sie den stürmischen Börne abweist, ehren sie in gleicher Weise, und am meisten spricht für sie die un= ermüdliche Thätigkeit, mit der sie als Wittwe und in den schlimmen Zeiten persönlicher und allgemeiner Not niemals verzweifelnd ihre Thatkraft bewährt, und selber ohne große Hülfsquellen, erfinderisch Anderen Hülfe verschafft: „eine Frau voll praktischen Talents, das bis zur Unersättlichkeit geht", so hat Schleiermacher sie charakterisirt. Und sie selbst hat dem jungen Börne einmal das ernste und treffende Wort zugerufen: „Man muß sich entweder umbringen oder alles sein, was man nach seinen Kräften sein kann; und hat man einmal den Mut zum Ersten nicht, so muß man ihn zum Letzten haben und es ist ein großer Genuß dabei."

Sucht man indessen ihr geistiges Bild festzuhalten, so fällt dem Betrachter das Wort der Rahel ein: „Madam Herz lebt geputzt, ohne zu wissen, daß man sich ausziehen kann und wie Einem dann ist". Die eben erwähnte Rahel Lewin, eigentlich Friederike Robert, seit 1814 die Frau Varnhagens von Ense, ist die geistig bedeutendste Frau des damaligen Berlin. Sie war eine Frau, deren Geist so groß war wie ihr Herz, voll Thatkraft und Nachdenken, voll Leidenschaft, die sie gelegentlich auch irreführte, voll praktischer Sorge für die Ihren und von starkem Gefühle für das Vaterland beseelt. Sie hätte bei größerer Selbstzucht und reicherer Muße gewiß

eine der ersten Schriftstellerinnen werden können. Sie be=
gnügte sich damit, Aphorismen zu schreiben und Briefe zu
verfassen: „sie schrieb ihre Briefe, wie ich meine Werke schreibe",
hat mir der große Historiker Ranke einmal über sie gesagt.
Sie war Jahrzehnte lang als ein nicht sehr begütertes, auch
nicht durch Schönheit hervorragendes Mädchen der Mittel=
punkt eines großen Kreises. Man kann sagen, ihre gesellschaftliche
Stellung wurde geringer mit dem Moment, da sie von dem
Judenthum abfallend Varnhagen heiratete und eine vornehme
Frau wurde. Auch sie erfaßte wie Dorothea und Henriette das
Neue, aber nicht aus Neugier wie die erste, nicht aus Mode=
sucht wie die zweite, sondern aus innerem Drang. Für die
erste war es eine Befriedigung der Eitelkeit, daß sie Goethe
sah, für die zweite ein glänzender Schmuck, mit dem sie sich
gern zierte, für Rahel war es die notwendige Ergänzung ihres
Wesens. Dorothea geriet bald in Widerspruch mit Goethe,
Henriette hat ihn wohl niemals verstanden, Rahel wurde
seine Predigerin und seine Prophetin. Was sie liebte, Menschen
und Dinge, geistige Güter und sittliche Anschauungen, ver=
theidigte sie mit Begeisterung, und zwang sie mit Heftigkeit
selbst den Widerstrebendsten auf.

Der Eindruck, den sie auf Jung und Alt übte, war
ein überwältigender. Zwei Aeußerungen von Zeitgenossen,
des schwedischen Gesandtschaftssecretärs Brinkmann und der
weimarischen Hofdame Jenny von Pappenheim mögen ge=
nügen, die Art dieses Eindrucks festzustellen. Brink=
mann schreibt: „Was ich in den Hörsälen der Weisen,
in den geheimnißvollen Tempelhallen der Frauen, in der
sinnlichen Prachtwelt vergebens gesucht hatte: ungeschleierte
Wahrheit, Selbstständigkeit des Geistes und Innig=
keit des Gefühls kam mir in dem Dachstübchen dieser seltenen
Selbstdenkerin als eine heilige Offenbarung entgegen". Jenny
von Pappenheim stellt ihren Einfluß folgendermaßen dar:
„Sie trat ein in unsere Krümel liebende Zeit eine große
ganze Seele. Sie ging umher in Verhältnissen, in Charak=
teren mit der gigantischen Fackel, die sie am Altar der Wahr=
heit entzündet hatte. Sie beleuchtete das Kleinliche, Lügen=
hafte und Elende; und manches Johanniswürmchen, das man
für einen Edelstein ansah, stellte sie auf die Füße und es
ward dunkel; manchen Edelstein dagegen, der uns ein Kiesel
schien, schliff sie zurecht und er ward leuchtend. Sie griff

mit ihrer Philosophie im Leben ein; ihr Denken wurde zur
That, und wie sie mit ihrem Geiste in anderen Seelen un=
ermüdlich Geistesfunken weckte, wie sie das Kleinliche in allen
Herzen zu vernichten suchte, wie sie ohne aus ihrer Weiblich=
keit herauszutreten, das Große in den Männern förderte, so
stand sie mit voller Berufskenntnis im praktischen Leben da,
helfend, rathend, tröstend, unbekümmert um Dank und Undank,
die echte, reine deutsche Frau."

Rahel war eine gläubige Natur. Der Uebergang zum
Christenthum war bei ihr nur ein äußerlicher, sie fühlte sich
dauernd mit der Gemeinschaft vereint, aus der sie hervor=
gegangen war. Noch bis in ihre letzte Zeit bediente sie sich
häufig der hebräischen Schriftzeichen; in den Briefen an ihren
Bruder schreibt sie einmal: „Dir, Bruder, wiederhole ich das
heilige Wort unter uns abgeredet: beim Jochid". In Paris
rühmte sie sich laut, eine Berliner Jüdin zu sein; sie empfand
tiefes Weh, als sich in Deutschland Nachspiele der mittel=
alterlichen Stürme zeigten, sie bewahrte das Gebetbuch, aus
dem ihre Mutter, die sie als Jüdin bis zuletzt gepflegt hatte,
bis zum Ende Trost geschöpft hatte. An ihrem Begräbniß=
tage schickte Varnhagen eine ansehnliche Summe an jüdische
Arme. Noch auf ihrem Todesbette rief sie mit tiefer Be=
wegung aus: „Welche Geschichte! Eine aus Aegypten und
Palästina Geflüchtete bin ich hier, und finde Hülfe, Liebe und
Pflege von Euch! Mit erhabenem Entzücken denk' ich an
diesen meinen Ursprung und diesen ganzen Zusammenhang
des Geschickes, durch welches die ältesten Erinnerungen des
Menschengeschlechts mit der neuesten Lage der Dinge, die
weitesten Zeit= und Raumfernen verbunden sind. Was so
lange Zeit meines Lebens mir die größte Schmach, das herbste
Leid und Unglück war, eine Jüdin geboren zu sein, um keinen
Preis möcht' ich das jetzt missen."

Unter den jüdischen Frauen des damaligen Berlin, die
zu besonders glänzenden Stellungen gelangten, sind zwei
Schwestern Meyer zu erwähnen, von denen die eine als
Gattin des Fürsten von Reuß, Frau Marianne von Eybenberg,
die andere Sara, zuerst mit dem Herrn Lipmann Wulf vermählt,
nach eingetretener Scheidung eine Baronin von Grotthus,
durch ihre Schönheit und durch ihren Geist bekannt sind.
Beide Frauen standen mehrere Jahrzehnte mit Goethe in
brieflicher und persönlicher Verbindung. Goethe, der schönen

Jüdinnen gegenüber mehr seinen Sinn für Schönheit als seinen religiösen Standpunkt geltend machte, hegte für Marianne zeitweilig zartere Gefühle und ließ sich von ihr und Sara Huldigungen und Geschenke gern gefallen. Aus den Briefen beider Frauen, die neuerdings bekannt gemacht worden sind, mag der folgende hier mitgetheilt werden, etwa 1800, weil er ein Stimmungsbild aus der Berliner Gesellschaft giebt, mancherlei über Mendelssohn und Lessing mittheilt, das freilich in der regen Phantasie der Briefschreiberin eine von der Wirklichkeit etwas abweichende Darstellung erlangt hat. Der Brief lautet: „Ich war im 13. Jahre, als ich einen empfind=samen Roman mit einem Hamburger Kaufmannssohn, einem sehr hübschen, guten und unterrichteten jungen Menschen, hatte. Einst schickte er mir den Trost der unglücklich Liebenden, den göttlichen Werther; nachdem ich ihn verschlungen, schickte ich ihn mit 1000 unterstrichenen Stellen und einem sehr glühenden Billet zurück. Diese Depesche ward von meinem theuren Vater aufgefangen, ich bekam Stubenarrest und Mendelssohn, der mein Mentor war, erschien und machte mir bittere Vorwürfe, ob ich Gott und Religion vergessen könnte, nahm den lieben W., das unschuldige corpus delicti, und warf ihn (nachdem er mir über jede angestrichene Stelle wacker den Text gelesen) aus dem Fenster. Der Gram, zum ersten Male von meinem Vater so begegnet worden zu sein, der Aerger über Mendelssohns Gemeinheit, meine Liebe zu dem jungen Mann, den ich nie wieder sah, gaben mir einen harten Stoß. Ich fing an Blut zu speien, die Desolation meines ewig geliebten Vaters war groß. In dieser Zeit kam Lessing zum Besuch nach Berlin, er der mich väterlich liebte, mich immer zu unterrichten gesucht hatte, wo ihm mein un=fähiger Geist nicht im Wege war, erschrak über meine Blässe und frug ängstlich nach der Ursache meines Kummers. Außer sich über meine Erzählung, bot er mir seinen Schutz an, im Fall ich den jungen Menschen heirathen wollte (welches ich aber nicht mochte, die vielen Leiden, die ich um ihn erduldet, hatten mein heißes Gefühl, das wohl nicht ganz ächt war, wie ich jetzt fühle, ganz erkaltet), war indignirt gegen Men=delssohn und brachte mir ein ander Exemplar von Werther (das ich aber lange nicht ohne Schauer ansah), sagte mir alles, was er darüber dachte, welchen Apparat er darin ge=funden. „Du wirst einst erst fühlen,“ sagte er, „was für ein

Genie Goethe ist, das weiß ich, ich habe immer gesagt, ich gäbe 10 Jahre von meinem Leben, wenn ich Sternen's Lebenslauf um ein Jahr hätte verlängern können. aber Goethe tröstet mich einigermaßen über seinen Verlust, ich kann das Gewäsche von Verderben, Schwärmerei u. s. w. gar nicht hören, elendes Räsonnement, malt für Eure Kleisterpuppen lauter Grandisone, damit sie nicht am Feuer der Empfindung springen, soll man denn gar nicht für Menschen schreiben, weil Narren närrisch sind? Eins thut mir nur leid, daß der arme Jerusalem durch diese Meisterwerke öfter an den Verlust seines Sohnes wird erinnert werden, weil der große Narren= hause glaubt, der junge Jerusalem sei so gewesen und ihm noch mehr Trost zusprechen wird." So sprach mein verewigter Freund und ging zu Mendelssohn, mit dem er sich beinahe über mich entzweite."

II.

Es ist schwer, einen Uebergang zu finden von den Frauen der Berliner Gesellschaft zu den Männern, die den Mittel= punkt großer Kreise bildeten. Wenn wir die letzteren be= trachten, so kehren wir aus der Zeit der Romantik zurück in die Zeit der Aufklärung, aus mystischen Kreisen, die theils direkt der mystischen Literatur sich zuwenden, theils dem wirk= lichen Leben sich abwenden, zu denen, die mitten in dem realen Leben stehen. Die Frauen jener Zeit arbeiteten und sehnten sich nach einer Verklärung des Herzens, die Männer erstrebten den Sieg des Verstandes. Sie waren praktisch, verstandesklar und fühlten Theilnahme an den Bedürfnissen und großen Fragen des Augenblicks. Vor allem aber eins: die Frauen hatten keine Kraft zum Dulden und keine Lust, in den engen Kreisen zu verbleiben, in die der angestammte Glaube sie fesselte, die Männer wurden Märtyrer ihrer Religion und nahmen Schmerz und Pein auf sich, welche die Treue im Gefolge hatte.

Die Männer, welche die jüdische Gesellschaft Berlins im 18. Jahrhundert bildeten, waren Anhänger der Aufklärung. Wenn für die Frauen Goethe der leuchtende Stern war, so blieb für die Männer Lessing, in manchen Dingen Goethe's Widersacher, Anreger und Vorbild. Wenn die allgemeine Aufklärung in Deutschland sich gegen den Aberglauben zu wenden und die natürliche Vernunft an die Stelle der dog= matischen Religion zu setzen hatte, so bestand das Wesen der

Aufklärung bei den Juden außer dem auch hier nothwendigen Kampfe gegen die Vorurtheile, Unsitten und Mißbräuche hauptsächlich darin, die Juden zur Theilnahme an der allgemeinen Gesittung und zur Annahme deutscher Bildung zu veranlassen. Der praktische Zug, der in der allgemeinen Aufklärung sich zeigte, trat in dieser jüdischen besonders hervor. Außer den Wohlthätigkeitsanstalten, die damals wie zu allen Zeiten von den Begüterten ins Leben gerufen wurden, gab es damals besonders Versuche, durch Schulen die Erziehung der Jugend, durch Druckereien die Bildung der Aelteren zu begründen und zu vermehren.

Nicht alle Männer, die in jener Zeit und Gesellschaft eine Bedeutung erlangten, können hier charakterisirt werden. Zwei wie Isaak Euchel, der Wiederhersteller der hebräischen Prosa, und Hartwig Wessely, ein Meister der hebräischen Poesie, der aber auch gelegentlich in großen Zeitfragen schöne prosaische Worte zu sagen wußte, mögen sich mit kurzer Nennung ihres Namens begnügen. Von vier Schriftstellern muß etwas ausführlicher die Rede sein: Salomon Maimon, Lazarus Bendavid, Markus Herz, David Friedländer.

Bei Maimon könnte man zweifeln, ob er zu den Berlinern zu rechnen sei. Aber gerade diese Wandervögel aus einer anderen Welt, die gleich ihm sich nirgendwo fixirten, aber da, wo sie wie im Sturme erschienen, Alles aufzurütteln und zu erregen wußten, bilden einen integrirenden Theil der damaligen Berliner Gesellschaft. Maimon gehörte zu den Stürmern und Drängern, die nirgends Ruhe fanden und auch zu innerer Ruhe nicht gelangten. Er war ein großer Talmudist, der zugleich die jüdische Geheimlehre der Kabbala sich zu eigen zu machen suchte und erst von ihr abließ, nachdem er ihren Trug erkannt hatte. Er mußte aus seiner Heimath Polnisch-Litthauen beschwerliche Reisen unternehmen, um deutsche Bücher zu erlangen, er studirte jüdische philosophische Schriften, um zu reinerer philosophischer Erkenntniß, zu freierer Auffassung des Judenthums und der Religion überhaupt zu gelangen. Er war viermal auf kürzere Zeit in Berlin, von Mendelssohn und den Seinen herangezogen und dann fallen gelassen, aufs neue unterstützt und dann endgültig verstoßen. Er war ein gewaltiger Geist, der nirgends Ruhe hatte und mit keiner Lehre, auch nicht mit seinen eigenen Arbeiten zufrieden war, vor keinen Konsequenzen zurückschreckte und Nie-

manden schonte. Er gerieth in großes Elend und wurde von
dem Selbstmord nur durch seinen moralischen Muth zurück=
gehalten. Vor dem Uebergang zum Christenthum, zu dem
Viele ihm riethen, hielt ihn seine unbeugsame Wahrheitsliebe
zurück. Der polnische Jude war in seinem wilden Aussehen
und zügellosen Gebahren den geglätteten Berlinern eine un=
willkommene Erscheinung, den deutschen Schriftstellern war er
eine schwer begreifliche aber geachtete Persönlichkeit. Er war
Mitarbeiter der Schiller'schen „Horen" und Goethe sagte ein=
mal von ihm: „Wenn ein Mann so erstaunend viel thut,
ist es doch auch recht, daß man von ihm spricht".

Lazarus Bendavid war ein Berliner, einer wohlhabenden
Familie entsprossen, in gefesteten Verhältnissen auferzogen.
Er war kein Stürmer, sondern ein in sich einiger Charakter,
der auf methodischem Wege fortging und in konsequenter
Lebensführung ausharrte. Nach einem kurzen Versuche, in
Wien als philosophischer Docent zu wirken und nach vergeb=
lichen Bemühungen, im preußischen Justizdienst angestellt zu
werden, blieb er bis zu seinem Ende Privatgelehrter, Jahr=
zehnte Rektor der jüdischen Armenschule und mehrere Jahre
Redakteur der Spener'schen Zeitung. Er war ein moderner
Diogenes, der den Cynismus namentlich in seinem äußeren
Gebahren vielleicht ein bischen zu weit trieb, unabhängig
und entsagend, geehrt und geachtet von den Reichen
unter seinen Glaubensgenossen und von den geistig Be=
deutenden unter allen seinen Mitbürgern. Er war ein
freier Geist, der seine philosophischen Bedenken gegen Ceremonial=
gesetze und manche Lehren des Judenthums nicht verhehlte.
Seine literarische Bedeutung besteht hauptsächlich darin, daß
er ein Verbreiter und zum Theil Ausbildner der Kantischen
Lehre in Deutschland wurde und besonders auch naturwissen=
schaftliche Kenntnisse zur Aufklärung seiner Glaubensgenossen
und Landsleute verwerthete. Das schöne Wort Heine's über
ihn stellt am besten sein Wesen dar. „Ein Weiser nach
antikem Zuschnitt, umflossen vom Sonnenlicht griechischer
Heiterkeit, ein Standbild der wahrsten Tugend und pflicht=
gehärtet wie der Marmor des kategorischen Imperativs seines
Meisters Kant. Bendavid war Zeit seines Lebens ein eifriger
Anhänger der Kant'schen Philosophie. Für dieselbe erlitt er
in seiner Jugend die größten Verfolgungen und dennoch wollte
er sich nie trennen von der alten Gemeinde des mosaischen

Bekenntniſſes. Er wollte nie die alte Glaubenscocarde ändern, ſchon der Schein einer ſolchen Verleugnung erfüllte ihn mit Widerwillen und Ekel."

Marcus Herz, der dritte aus dieſem Kreiſe, ſtand auf demſelben philoſophiſchen Standpunkte wie Bendavid. Auch er war Kantianer wie jener und gab ſeiner Bewunderung für den Meiſter nicht blos in Briefen an dieſen, ſondern in einer Reihe von Schriften in den verſchiedenſten Epochen ſeines Lebens Ausdruck. Aber Herz war practiſcher Arzt, ſtand als ſolcher mitten im Leben, war mit Erfolg bei ſeinen Glaubens= genoſſen und einem großen Theil der vornehmen Geſellſchaft Berlins thätig und verſuchte ſich in mediciniſchen Schriften. Er hatte ein lebhaftes Intereſſe für Naturwiſſenſchaft; be= ſonders berühmt waren ſeine phyſikaliſchen Experimente und Vorleſungen, zu denen ſich die gute Geſellſchaft Berlins, ſelbſt einzelne Mitglieder des Königlichen Hauſes, drängten. Herz gehörte ſeinem Bildungsgange nach der Leſſing'ſchen Zeit an. Wie er in ſeinem Stile an Leſſing erinnert, beharrte er auch äſthetiſch bei dem Standpunkte, den jener vertrat, und konnte ebenſowenig an den Werken der Klaſſiker, die auf Leſſing folgten, noch der Romantiker, die ihm und jenem entgegen= traten, Geſchmack finden. Herz war ein Aufklärer, der ſeine Treue und Anhänglichkeit an den väterlichen Glauben beſon= ders dadurch zu bethätigen ſuchte, daß er _aufkläreriſche Ge= danken in das Judenthum brachte und praktiſch zu wirken verſuchte. Beſonders lebhaft trat er in Reden und Schriften, in deutſchen und hebräiſchen Abhandlungen gegen die damals allgemein übliche Unſitte der frühen Beerdigung auf. Mit Entſchiedenheit und mit Witz wehrte er Angriffe ab, die gegen Juden vorgebracht wurden; die Stellung, welche die Juden in der Geſellſchaft einnahmen, war zum Theil durch die Hoch= achtung, ja Verehrung beſtimmt, die Herz in den weiteſten Kreiſen genoß.

Auch ein Kantianer war David Friedländer. An Schärfe des Denkens läßt er ſich mit keinem der Vorhergehenden vergleichen. Er beſaß gewiß weniger jüdiſches Wiſſen als Salomon Maimon, ſeine philoſophiſche Durchbildung war geringer als die des Letztgenannten. Während all die Männer, von denen bisher die Rede war, ſtrenge Gelehrte waren, Männer der Wiſſenſchaft, die dieje ihre Wiſſenſchaft im praktiſchen Leben ausüben konnten, war Friedländer Kaufmann. Jene mußten

entweder den Kampf des Lebens mit großer Energie und ge=
ringem Gewinn führen oder brachten es höchstens zu mäßigem
Wohlstande; Friedländer dagegen war ein reicher Mann, der
seine Schätze mehrte. Fanden Jene, außer Herz, nur in den
Kreisen Anderer Beachtung, so öffnete Friedländer, seine
Söhne und Töchter, sowie seine zahlreichen Verwandten Vielen
ihr gastliches Haus. Er war der erste jüdische Stadtrath
Berlins, ein hoch angesehener Mann in Stadt= und Staats=
leben. Ihm war es vergönnt, die durch das Gesetz vollzogene
Gleichstellung der Juden im Jahre 1812 zu erleben. Aber
er gehörte zu den Wenigen, die diese Gewährung nicht als
ein zufälliges Geschenk annahmen, sondern die wacker an der
Erringung dieser Gabe mit gearbeitet hatten. Er gehörte
mehrere Jahrzehnte dem Aeltesten (Vorstande) der jüdischen Ge=
meinde an, und er vor Allem setzte es durch, daß diese Be=
hörde sich nicht darauf beschränkte, die inneren Angelegenheiten
der Gemeinde zu verwalten, sondern daß sie sich als Vertreter
der Hauptstadt berufen fühlten, für die Judenschaft des ganzen
Landes zu wirken. Unermüdet, durch kein Hinderniß und
keine Abweisung abgeschreckt, kämpfte er Jahrzehnte für die
Emanzipation der Juden. Wenn diese auch keineswegs allein
auf das Drängen des jüdischen Vorstands hin erfolgte, sondern
wenn sie im nächsten Zusammenhang steht mit den freisinnigen
Verordnungen der Stein und Hardenberg'schen Periode, die
darauf hinauslief, den Staat von Grund auf zu reformiren
und alle Kräfte zum Wohle des Ganzen zu verwerten, die
bisher geschlummert hatten, so|muß Friedländer dankbar unter
den Vätern dieser Emanzipation genannt werden. Aber seine
Thätigkeit ist damit noch nicht zu Ende. Er hat vielmehr
stets aufs Neue die Forderung gestellt, daß die Juden, um
sich als volle Staatsbürger zu bethätigen, auch an der Ver=
theidigung des Staates theilnehmen müßten. Diese Sehnsucht
nach einer vollkommenen Verschmelzung der Juden mit den
üdrigen Staatsbürgern brachte ihn freilich zu seltsamen An=
schauungen und Forderungen. In einem vielgenannten, herb
getadelten und nicht immer recht verstandenen Sendschreiben
an den damaligen Probst Teller gab er dem Wunsche Aus=
druck, daß die Juden mit ihren christlichen Mitbürgern eine
ungetrennte Brüderschaft ausmachen sollten, ohne zum Christen=
thum überzutreten. Glücklicherweise mußte die Antwort des
christlichen Geistlichen eine ablehnende sein, und dieser Abwehr

des treuen Dieners seiner Kirche war es zu danken, daß Fried=
länder die verhängnißvollen Folgen seines zwar nicht un=
bedachten, aber unklaren Schrittes nicht zu ziehen brauchte.
Friedländer blieb Zeitlebens seinem Glauben treu, aber er
gehörte zu denen, die eine völlige Verbindung deutscher Ge=
sittung mit dem Festhalten an dem alten Glauben durchzu=
führen entschlossen waren. Zu diesem Ende begünstigte er
alle Reformen des Gottesdienstes und der Gebräuche. Er
verfaßte selbst ein Gebetbuch und betheiligte sich an der Ein=
führung eines deutschen Kultus. Er unterstützte Herz' Be=
mühungen gegen zu frühe Beerdigungen. Er beförderte die
jüdische Freischule, aus der später die jüdischen Schulen
Berlins hervorgingen. In allen seinen Bemühungen meinte
er von Mendelssohn geleitet zu werden. Dieser, der wirklich
sein Lehrer gewesen, war sein großes Vorbild. Von ihm zu
erzählen, ward er nicht müde. Er gab seinen Phaedon, seine
Briefe und andere Schriften heraus und widmete ihm das
schöne Wort: „Unter Deinem milden Schatten hast Du auch
mich winzige Pflanze geduldet, gehegt und gepflegt. Es ist
ein herrliches Gefühl, einem Weisen nahe gewesen zu sein,
wahre Seelenwonne der Erinnerung, daß der Edle meine
kindliche Anhänglichkeit würdigte und mich väterlich liebte."

Will man aber den Mann nennen, dem die Juden ver=
danken, daß es ihnen möglich wurde, in die Gesellschaft ein=
zutreten, durch den sie Deutsche wurden, so muß man Mendels=
sohn's Namen nennen.

Mendelssohn (1729—1786) gehörte seit 1743 Berlin an.
Aus seiner Vaterstadt Dessau war er mit gelehrten Kennt=
nissen der jüdischen Literatur, aber des Deutschen wenig
kundig, nach Berlin gekommen. Dort lernte er die Anfangs=
gründe deutschen Wissens bei Dr. Aaron Gumpertz, einem
gebildeten Arzt, der ihm Zeitlebens treu verbunden blieb und
seiner Braut später dieselben Dienste leistete, die er ihm er=
wiesen. Eine ebenso große Epoche, als die Hingabe an deutsche
Sprache und Wissenschaft, bildete für Mendelssohn die Be=
kanntschaft mit Lessing. In ihm erlangte er einen Freund,
einen Mahner zu schriftstellerischem Wirken, eine Stütze seines
Selbstbewußtseins. Denn es gehörte viel dazu, den schüch=
ternen schwächlichen Jüngling zu bewegen, mit seiner Arbeit
hervorzutreten. Welch ungeheurer Schritt von dem armen
Knaben, der nur im Verborgenen, aus Furcht vor Bestrafung,

deutſche Bücher las, und dem Manne, deſſen edel gehaltene, weisheitsvolle Schriften bei den Deutſchen, die er nun als ſein Volk betrachten konnte, allgemeine Theilnahme und Bewunderung erregten und deſſen geſammtes Wirken bei ſeinen Glaubensgenoſſen eine ungeahnte nachhaltige Umwälzung hervorrief.

Mendelsſohn war Philoſoph, Aeſthetiker, Ueberſetzer. Nur in der letztgenannten Thätigkeit hinterließ er ein klaſſiſches Werk: die Ueberſetzung der fünf Bücher Moſis und einiger anderen Theile der Bibel, ein Werk, das zwar an Naivetät und ſchlichter Hoheit mit der lutheriſchen Uebertragung nicht zu vergleichen, durch Wirkung auf die Glaubensgenoſſen aber ihr ebenbürtig und durch freie Wiedergabe des ſprachlichen Ausdrucks ihr überlegen iſt. Als Aeſthetiker trat er ſowohl in Kritiken als in theoretiſchen Aufſätzen und Schriften auf. Mit ſeinem Geſchmack wußte er die Dichtungen vergangener Zeiten zu analyſiren und die damals geſchriebenen kritiſch zu würdigen, wurde Leſſing's, ja noch Schiller's Vorarbeiter, und vertheidigte mit den Beſten ſeiner Zeit die Anſchauung, daß die Kunſt die ideale Vollendung der Natur, nicht die Natur ſelbſt, darzuſtellen habe. Als Philoſoph war er unſelbſtändig, er kam über Leibniz-Wolff'ſche Ideen nicht hinaus und entwickelte keine ſchöpferiſchen Gedanken. Nur darin überragte er die Genannten, daß er ihre Gedanken in lichtvoller Klarheit und anmuthiger Einfachheit wiedergab, ſo daß er auch denen verſtändlich wurde, die bisher durch die Schulausdrücke abgeſchreckt davon waren, ſich mit philoſophiſchen Dingen zu beſchäftigen. Er ſuchte in den „Morgenſtunden" das Daſein Gottes zu erweiſen, mahnte in „Jeruſalem" zur Toleranz und warnte vor jeder kirchlichen und prieſterlichen Macht, und lehrte in „Phaedon" die Unſterblichkeit der Seele. Dies Buch, ſo unſokratiſch der in ihm docirende Sokrates auch ſein mochte, zog in weiter, glänzender Siegeslaufbahn durch die ganze Welt, machte den Alten den Abſchied vom Leben leicht und ſtärkte die Jungen im Kampfe ums Daſein. Denn wie Matthiſſon bezeugte, ſtand ſchon unter der Jugend der Glaube an Wiederfinden und Wiedererkennen unerſchütterlich feſt: „Dank ſei es dem tagverkündenden Morgenſtern Mendelsſohn." Selbſt dieſe Schrift als hochbedeutende Leiſtung anzuerkennen, wird dem modernen Leſer ſchwer. Will ein ſolcher, abgeſtoßen von manchem Unſelbſtändigen und vielen Mißverſtänd-

niſſen in Mendelsſohn's Schriften, ihm die gebührende geschicht=
liche Stellung anweiſen, ſo muß er mancherlei bedenken. Zunächſt,
daß Mendelsſohn kein unabhängiger Schriftſteller, ſondern ein
vielbeſchäftigter Kaufmann war, der ſeinem Berufe die zum
Studium und zur Schriftſtellerei nöthige Muße abringen
mußte; ſodann, daß er Zeitlebens mit der deutſchen Sprache
zu kämpfen hatte, wie man namentlich aus den vielen Nach=
läſſigkeiten und Unrichtigkeiten ſeiner vertrauten Briefe erkennt,
da er in ſeiner Jugend dieſe Sprache als eine fremde an=
geſehen hatte.

Aber nicht blos mit der Sprache führte M. einen Kampf,
ſondern auch mit den Gegenſtänden, über die er ſchrieb. Er
war ein ſcheuer, vorsichtiger Mann, der nach langem Ringen
erſt zu einer Anſchauung gelangte und dann doch nicht den Muth
hatte, dieſe unentwegt feſtzuhalten. Er war nicht zum Kämpfer
geboren. Er ſcheute vor jeder rückſichtsloſen Entschiedenheit
zurück, oder, wie Leſſing es ſchonend ausdrückte, er wünſchte,
„etwas Gutes an etwas Schlechtem zu entdecken". Der Satz,
den er in ſeiner erſten Schrift ausſprach: „Es hat vielleicht
noch nie ein Syſtem gegeben, das aus lauter falſchen Grund=
ſätzen beſtanden hat," machte ihm eine energiſche, vor nichts
zurückſchreckende Bekämpfung des Gegners unmöglich. Auf
der einen Seite fürchtete er, durch Bekennen oder ſelbſt durch
Dulden extremer Anſichten die Aufklärung zu gefährden, deren
glühender Verehrer er war; auf der anderen trug er Bedenken,
ſeine leicht empfindlichen Glaubensgenoſſen, deren Befreiung
aus geiſtiger, leiblicher und ſittlicher Noth ſein ſehnſüchtiges
Verlangen war, in ihren Gefühlen und Vorurtheilen zu ver=
letzen. Darum war er kühnen Neuerern ebenſo abgeneigt,
wie Vertretern des alten Standpunktes und verdarb es
mit beiden. Trat ein energiſcher Umſtürzler bei ihm ein,
wie jener von Chamiſſo ſo ſchön geſchilderte Abba Gloß Leczeka,
und forderte von ihm mit heiligem Zorn, des Aberglaubens
Schleier zu zerreißen, dann empfing er von dem Weiſen den
Rath, zu ſchweigen und im Stillen zu forſchen, das Korn der
Furche der Zeiten anzuvertrauen, damit der Enkel einſt die
goldenen Saaten erblicke.

Mendelsſohn war ein weiſer und guter Menſch. Aus
dürftigen Verhältniſſen erhob er ſich zu Wohlſtand und nutzte
ſein Vermögen, indem er anderen ſpendete. Er war von einer
Wohlthätigkeit und Gaſtfreiheit ohne Grenzen. Sein Haus

wurde nicht leer von Armen, von Freunden, die er speiste und beherbergte. Er hatte eine Frau gefunden, ein armes Mädchen, das er nicht ohne Mühe erwarb, mit der er eine Musterehe führte. Seinen Kindern war er auch ein geistiger Vater; zunächst für sie schrieb er seine bedeutendsten Werke. Aber auch ihretwegen hielt er sich frei von jeder Dienstbarkeit und lehnte glänzende Anerbietungen ab, sobald er sie nicht für verträglich mit seiner Ehre hielt. Niemals beugte er sich unwürdig vor den Vornehmen. In seinem praktischen Streben vermochte er ihrer nicht zu entrathen; trotz aller Hindernisse, die ihm von jenen gemacht wurden, blieb er seinen einmal gefaßten Vorsätzen treu, wann und wo es nur immer möglich war, mit Wort und That, helfend und rathend für seine Glaubensgenossen einzutreten. Mit dieser Consequenz vertrug sich recht gut seine so rührende Bescheidenheit, daß man aus seinen mündlichen und schriftlichen Aeußerungen nie den gefeierten Schriftsteller vermuthete. Und doch war er Vielen Rathgeber und Manchem Beichtvater. Jeder Fremde von Bedeutung suchte ihn auf; Viele, die zuerst aus Neugierde gekommen waren, erschienen wieder in Herzensnot; „nie ist vielleicht einer ungebessert von ihm gegangen," sagte K. Ph. Moritz, einer von denen, die selbst die Kraft seines milden Zuspruchs erfahren hatten.

Er blieb milde und weise trotz aller Kränkungen. Er, der für die Befreiung seiner Glaubensbrüder so vieles that, lebte als ein gewöhnlicher Schutzjude wie seine Genossen und seufzte darob nicht. Er ward in die Akademie gewählt, aber nicht bestätigt und fand doch auch darüber kein bitteres Wort. Von Lavater gereizt, von anderen heftig befehdet, blieb er maßvoll in seinen Antworten; nur als man seinem lieben Lessing an die Ehre ging, brauste er auf. Die größte Kränkung, die ihm widerfuhr, brauchte er glücklicherweise nicht mitanzusehen. Man wollte ihm und einigen Mitstrebenden eine Bildsäule errichten, aber die Sammlungen hatten keinen rechten Erfolg; als man später der ganzen friedericianischen Epoche ein Denkmal widmete, ließ man den Juden fort.

Mendelssohn begründete die jüdische Gesellschaft Berlins. Im Jahre 1763 führte er seine Frau heim und lebte Jahrzehnte mit ihr in schönem Frieden und reinem Glück. Berthold Auerbach hat eine sehr niedliche Geschichte erzählt, wie Mendelssohn seine Frau fand. Er habe sie, so berichtet Auerbach, in

einem Badeort getroffen, sich in ihre Schönheit verliebt, und
sie, da sie den häßlichen, mißgestalteten Mann nicht gebührend
gewürdigt, dadurch gewonnen, daß er ihr ein Märchen erzählte,
wie der Buckel eigentlich für sie bestimmt gewesen sei, er aber
durch Bitten bei Gott diese Verunzierung für sich erbeten
und auf sich genommen habe. Diese hübsche Geschichte, die
Mendelssohn hätte erfinden können, ist ins Reich der Fabel zu
verweisen.

Durch die Briefe Moses Mendelssohn's an seine Braut,
die ich durch einen Zufall entdeckt habe, leider aber nicht
vollständig veröffentlichen, sondern nur bruchstücks= und aus=
zugsweise verwerthen kann, gewinnt die Sache ein anderes
Aussehen. Auch die Heirath Mendelssohns wurde, wie damals
die meisten Ehen, durch Vermittlung gemacht, und zwar waren
Frau Bernhard, in deren Geschäft Mendelssohn eine erste
Stelle einnahm und sein alter Lehrer Dr. Gumpertz, der in
Hamburg ·verheirathet war, die Vermittler, welche Frommet
Gugenheimer und Mendelssohn zusammenbrachten. Man muß
nicht denken, daß die Eltern der Brant den Bräutigam mit
offenen Armen empfingen. Die Mutter allerdings war als=
bald auf der Seite des jungen Paares, aber der Vater, ein
ehemals reicher Mann, der einen großen Theil seines Ver=
mögens eingebüßt ·hatte und zur Regelung seiner Verhält=
nisse sich damals in Wien befand, machte, nachdem die Sache
im Wesentlichen ohne ihn verhandelt war, Einwände. Er
wünschte, wie aus einem Brief Mendelsohns an seine Schwieger=
mutter hervorgeht, daß die Verlobungspacten ihm zur Unter=
schrift geschickt würden, daß der Schwiegersohn eine bestimmte
Verschreibung zu Gunsten seiner Frau nach seinem eventuellen
Tode festsetze, und daß er sich für eine genau fixirte Summe
an Geschenken verpflichten solle. Die Art und Weise, wie
Mendelssohn diese ihm unwürdig dünkende Forderung abweist,
ist eine ganz vortreffliche. Eine Stelle aus dem Brief
lautet: „Kann man solche Kleinigkeiten nicht meiner guten
Denkungsart überlassen? Liebe Madame, wenn mich Ihr Mann
für einen so pflichtvergessenen Menschen hält, daß ich seine
Tochter nehmen würde, ohne sie zu lieben, so bin ich ihrer
nicht würdig, so thut er Unrecht, daß er consentirt. Ich muß
gestehen, daß mich diese überkluge Vorsorge von der empfind=
lichsten Seite attakirt. Ich müßte niederträchtig sein, wenn
ich eine Person, die ich liebe, nicht bestmöglichst versorgen

wollte und davor habe ich in meinen Gedanken schon An=
stalten gemacht. Die mich bei meinem Leben glücklich macht,
soll nach meinem Tode nicht ganz elend sein. Allein welches
Recht hat ihr Vater, hierin Gesetze vorzuschreiben? Die
Summe der Mitgift wird nur pro forma eingeschrieben und
wegen der Gegenverschreibung will man mir nicht einmal
das Vergnügen lassen frei zu sein? Können Sie das billigen,
liebe Madam? Können Sie das billigen, theuerste Fromm?
Ich kann mich auf Ihre vernünftige Denkungsart berufen,
denn Sie können unmöglich so gemein denken, eine solche
Prätension zu machen oder eine solche Vorsorge für nöthig
halten. Man lasse mir die Freiheit, so werde ich nach meinen
Grundsätzen handeln; diese werden mich schon lehren, wie ich
für meine andere Hälfte sorgen muß."

Diese kurze Stelle giebt vielleicht eine Vorstellung von
dem Ton des Briefes. Die Mutter wird stets mit liebe
Madame, die Tochter häufig mit ihrem Vornamen, häufiger
als Fräulein, beide immer mit „Sie" angeredet. Die Sprache
der Briefe bietet eine seltsame Mischung von deutsch, hebräisch
und französisch. Jeden Augenblick begegnen wir hebräischen
Formeln, bei der Erwähnung von Tagen „der zum guten
kommen möge"; bei Aufführung von Personen „sein Licht
leuchte" oder „der leben soll" oder Verstorbener „sein Andenken
zum Segen", und sehr vieles andere. Die Feste werden durch=
aus mit ihren hebräischen Bezeichnungen gegeben. Hebräische
Glückwünsche und Segensformeln durchziehen die Briefe,
auch außerordentlich viele jüdisch=deutsche Ausdrücke kommen
vor, z. B. „poel sein" = thun, „Jomtow halten" =
Feiertag begehen. Sehr merkwürdig aber ist die starke
Mischung mit französischen Ausdrücken. Man sieht aus diesem
einen Beispiel, wie durchaus französirt die Bildung des da=
maligen Berlin war, z. B. Modesten oder Einfügung fran=
zösischer Worte, wie Dessin, Etablissement, derangirt u. s. w.
oder ralliren, Jalousie und viele andere. Manchmal kommen
geradezu Formen vor, die man als Ueberfetzungen aus dem
Französischen auffassen möchte, z. B. der Satz: „sie ist sehr
wenig auf ihre Versprechungen zu verlassen" und Aehnliches.
Aber auch im Gebrauch des Deutschen findet sich mancher
Fehler. Präpositionen und Adjective werden mit falschem
Casus verbunden. M. schreibt z. B. „für ihm" oder „für seinem
Alter", „gegen Ihuen", „ich gratulire ihm" und vieles Aehnliche.

Die Briefe Mendelssohns sind die Briefe eines ernsten Mannes an ein junges Mädchen, dem er ohne Leidenschaft entgegentritt. Er hat das Bewußtsein, ernste Pflichten auf sich zu nehmen, und will die von ihm Gewählte in diese Pflichten einweihen. Daher enthalten die Briefe manches Geschäftliche, und Vieles, was sich auf die zukünftige Einrichtung des Hauses bezieht. Aber es kommen auch Notizen über die Gestaltung der politischen Verhältnisse, einzelne Nachrichten über den Krieg, den Friedensschluß und die damalige öffentliche Stimmung Berlins vor. Häufiger sind literarische Notizen. Mendelssohn sucht zu erwirken, daß seine Braut philosophische Bücher lese, französischen Unterricht erhalte und sucht von der Ferne aus ihre Lektüre zu bestimmen, empfiehlt ihr den Philosophen Shaftesbury, spricht seltener über neue dichterische Erzeugnisse und sendet einmal eines seiner Werke mit sehr bescheidenen Aeußerungen über den Verfasser. Neben den Briefen an die Braut gehen solche an die Mutter, und es ist natürlich, daß die ernsteren Lebensfragen in den Briefen an die letztere erörtert werden. So erfahren wir z. B., daß Mendelssohn eine ansehnliche Stelle bei dem Münzunternehmer Veitel Ephraim, einem Schwager der schon erwähnten Frau Bernhard, angeboten, aber von ihm abgelehnt worden war. Es scheint, daß die Schwiegermutter ihn darüber Vorwürfe gemacht hat. Er antwortete darauf in folgender Weise:

„Liebe Madame dies kann ich nicht. Ich kann so wenig wie Sie ernten, was ich nicht gesäet habe. Soll ich von der Freundschaft der Vornehmen Vortheil ziehen? Wer den Schritt thun will muß kriechend sein; wenn ich es wäre, so wäre ich unwürdig Ihr zukünftiger Schwiegersohn zu heißen."

Und in ähnlichem Zusammenhange schreibt er an seine Braut:

. . . . „bei mir ist es eine ausgemachte Sache, unsere Reichen sind zu keiner Freundschaft aufgelegt. Man muß auch auf keinen anderen Fuß mit ihnen leben als mit guten Bekannten. Aber zur Freundschaft gehört ein Mittelstand. Soll ich es ihnen gestehen? Sie, meine liebe Frommet, wären lange so liebenswerth nicht, wenn Sie Gott in Ihren brillanten Stand gelassen hätte."

14

In Briefen eines Bräutigams an seine Braut erwartet man nun schwärmerische Ausrufe und Liebesdeklamationen. Aber so wenig man solche in den nicht viel späteren Briefen Lessing's an seine Braut findet, so wenig begegnet man deren in unseren Briefen. Nur zwei Stellen, in denen ein gewisser resignirter Humor nicht zu verkennen ist, sind etwa als Liebesbriefe zu erklären und anzuführen. Die erste lautet: „Apropos! Reb Salmen Emmerich verlangt eine schriftliche Vollmacht von mir. Ich kann nicht umhin sein Gesuch stattfinden zu lassen. Ich ertheile ihm also die Freiheit sich alles das zu unterstehen, was ich mich bei meinem Dasein unterstanden habe. Dieses besteht in folgendem: des morgens habe ich meiner Braut mit niedergeschlagenen Jünglingsaugen gewünscht wohl geruht zu haben. Des Tages haben wir einige Stunden moralisirt, da habe ich ihr schon dreister unter die Augen gesehen. Dann und wann habe ich sie wider die Attacke muthwilliger Leute defendirt. Des Abends habe ich mit ihr an einem Tische gespeist und endlich ihr nach einem vielstündigen Gespräche eine angenehme Ruhe gewünscht. Reb Salmen beliebe also gütigst meine Stelle zu vertreten." Auch eine andere Stelle verdient eine Anführung, in der gleichfalls der nach unseren Begriffen sehr schüchterne Liebhaber zu Worte kommt. „Was das Gartenhäuschen betrifft, so vergessen Sie es auf ewig. Ich kann Ihnen nicht beschreiben, wie unruhig mein Herz damals gewesen. Die Küsse selbst, die ich von Ihren Lippen gestohlen, waren mit einiger Bitterkeit vermischt, denn die nahe Trennung machte mich schwermüthig und unfähig ein reines Vergnügen zu genießen. Ich ärgere mich überdies über meine Dummheit, daß ich Sie ganze 4 Wochen habe lieben können, ohne mich mit Ihnen tête à tête zu unterhalten. Was für angenehme Stunden habe ich nicht verscherzt, ganz ungebraucht verschwinden lassen. Jetzt dachte ich, da alle Augenblicke der Postillon Dich abrufen soll, ergreifst Du die erste Gelegenheit deiner Geliebten Dich zu erkennen zu geben. Das schien mir überaus thöricht. Kurz unter diesen angenehmen Reflexionen ist endlich auch die letzte Stunde verschwunden, die ich in Hamburg zugebracht, und ich seh' mich auf den Postwagen neben Reb Itzig Eisenschütz. Verdient ein so halbgenossenes Vergnügen, daß wir daran gedenken?"

Gewiß es ist ein sehr schüchterner Liebhaber, der also spricht, aber es ist eine innerliche Natur, die die Freuden und den Segen eines köstlichen Lebens voraus ahnt. Eine solche recht gemüthvolle Stimmung findet sich auch in einem kleinen Purimbrief, der am 12. März 1762 von Berlin nach Hamburg ging. Er lautet: „Liebe Frommet! Alle Menschen beschenken sich heute, und ich habe Ihnen nichts zu schenken, aber ein Historchen will ich Ihnen erzählen: „Einst kam zu Sokrates dem Weisen ein Schüler und sprach: mein lieber Sokrates, wer mit Dir umgeht, bringt Dir was zum Geschenk, ich habe Dir nichts zu schenken als mich selbst, sei so gut und verschmähe mich nicht. Wie, sprach der weise Mann, achtest Du Dich so gering, daß Du mich bittest Dich anzunehmen. Nun gut! Ich will Dir einen Rath geben, bemühe Dich gut zu werden, daß Deine Person das angenehmste Geschenk werden mag. Meine Geschichte ist aus. Auch ich, meine liebe Frommet, will mich bemühen, so gut zu werden, daß Sie sagen sollen, ich könnte Ihnen nichts anderes schenken als Ihren aufrichtigen Moses."

Die Ehe wurde geschlossen, es wurde ein Haus begründet, das Allen zum Vorbild dienen konnte, und in dem zu verkehren für die Zeitgenossen, Juden und Christen, ein Stolz und eine Freude war.

Auch eine Anzahl Briefe M's an seine Frau von den Reisen, die er theils zur Erholung, theils zu Geschäftszwecken unternahm, ist erhalten. Briefe eines Gatten pflegen weit weniger als die eines Bräutigams Liebesbriefe zu sein. Wenn schon die Briefe M.'s als Bräutigam fast ohne zärtliche Anwandlungen sind, so sind die des Gatten einfache Berichte des Entfernten über das Erlebte, Fragen nach den Kindern, nach den täglichen Erlebnissen, nach Freunden und Bekannten. Von Königsberg aus weiß M. allerdings zu berichten, daß er Kant gesehen und gesprochen, von Pyrmont, daß er mit einem Fürsten zusammen gewesen sei, von Braunschweig, daß er Lessing gesehen habe. Der Sabbat zwang ihn sich länger dort aufzuhalten, als er ursprünglich beabsichtigt hatte, aber er giebt über die geführten Gespräche nichts an. Von der Frau

sind nur wenige Zettel erhalten. Das interessanteste Schrift=
stück, an dem auch sie mitgeschrieben hat, ist ein Collectivbrief
der Verwandten und Freunde, die in M.'s Hause wohnten
und verkehrten. Die Namen der Correspondenten sind freilich
kaum zu entziffern. Ich gede den Anfang und Schluß, der
von der Frau herrührt, und ein von einem Hausfreunde her=
rührendes Mittelstück, das die Verehrung bekundet, die M.
bei seinen Nächsten genoß. Der Brief beginnt: „Lieber
Mausche, der Anfänger ist Geld werth. Du wirst Dich ge=
wiß freuen, mit dem heutigen Brief, denn die meisten Deiner
besten Freunde werden Dir heute schreiben. Dein Brief von
Braunschweig hat mich recht amüsiert, aber Deine mündliche
Unterredung wird mir noch angenehmer sein. Ich sange
schon an die Stunden zu zählen; bis Mittwoch bin ich immer
ein wenig unruhig und fürchte, daß Dir der Prinz nicht er=
lauben wird abzureisen. Noch bin ich dem Prinzen sehr gut
über die Elogen, die Du mein lieber Mausche mir von ihm
machst, aber er muß dich keine Stunde länger aufhalten. Nun
will ich Deinen Freunden Platz machen."

Als zweite schreibt Frau Röschen, vielleicht Frau Bern=
hard, die mittheilt, daß man gewaschen habe und dazu gutes
Wetter gehabt, das sei, wie sie fortfährt, „schon eine kleine
Zerstreuung", „aber nun fängt man an ungeduldig zu werden,
diesen Abend schon zwei halbgebrochene Seufzer, bis
künftige Woche werden wir das möglichste thun, sie zu
amüsiren".

Auch die Schwester Blümchen, der Mendelssohn in seinen
Bräutigamsbriefen sehr häufig eine liebenswürdige Galanterie
oder ein Scherzwort sagt, hat an diesem Sammelbrief mit=
geschrieben, aber ohne rechten Humor. Unter den Freunden
mag Mordche Segall das Wort führen. „Ich dem Sie es nicht
gesagt, den Sie es nur empfinden lassen, daß ich unter Ihre
Ungenannten gehöre, glaube der Danksagung für Ihr werthes
Andenken überhoben zu sein, indem ich eine jede Danksagung
an einen Mann wie Sie für eine Beleidigung halte. Glück=
lich, wenn mich dereinst Gegenhandlungen gleichfalls dieser
Mühe überheben möchten, Ihnen mit Worten zu sagen, wie
groß der Antheil ist, den ich an Ihrem Vergnügen nehme
und wie sehnsuchtsvoll ich nach Ihrem freundlichen Brief und
lehrreichen Unterredungen verlange."

Und die Frau schließt den Brief mit den Worten: „Der Herr Doktor aus Halberstadt läßt Dir seine Empfehlung machen und bedauert es sehr, daß er Dich nicht zu Hause sprechen kann. Und ich noch mehr, mein liebes Kind, denn ich habe heute eine zweistündige Visite von ihm gehabt. Der Mann ist sehr gut, nur ein wenig zu langweilig. An alle Menschen habe ich Deine Grüße bestellt, nur an meinen Bruder nicht. Ich habe ihn noch mit keinem Auge gesehen. Meine Schwester Blümchen hat ihn gefragt, warum er Schabbes nicht da war, er sagte aber, daß er mit einer Frau nicht sprechen kann, wie gefällt Dir das, Reb Mauscheleben?"

Schon aus diesen wenigen Zeugnissen geht hervor: es war ein glückliches, harmonisches, echt jüdisches Familienleben, das in diesem Hause geführt wurde. Nicht große Leiden= schaften durchwühlten es, die einer verzehrenden Flamme gleich wohl einen Moment erhellen, aber schließlich vernichten und zerstören, sondern ein ruhiges, mildes, heiliges Feuer, friedlich strahlend und sicher erwärmend. Nur durch Mendelssohns Tod wurde das Glück vernichtet, das Haus verödet.

Mendelssohn starb und der ganze Kreis seiner Schüler und Freunde war tief erschüttert. Seine Mitglieder kamen sich vor wie ein großes Heer, das seinen Führer verloren hatte und auseinander zu fallen drohte. Marcus Herz, der als Arzt Mendelssohn's letzte Lebensstunden beobachtet hatte, gab die Stimmung Aller durch seine Worte wieder: „Ich er= faßte gleich im ersten Augenblick des Schreckens seinen Kopf und blieb so, Gott weiß wie lange, versteinert stehen. Da neben ihn hinzusinken und mit ihm zu entschlafen, das war der heißeste Wunsch, den ich je gehabt und haben werde."

Aber es wäre Unrecht, mit dieser Betrachtung zu schließen. Denn das Gefühl, das ein bedeutender und guter Mensch den Seinen hinterläßt, ist, außer der grenzenlosen Vereinsamung, das Bewußtsein der Pflicht, die Aufforderung, ihm ähnlich zu werden und in seinem Geiste zu wirken. So bleiben wir nicht an der Bahre Mendelssohn's stehen, sondern treten lieber nochmals ein in sein Haus.

Es ist Sabbath Nachmittag. Eine große Gesellschaft hat sich versammelt; Christen und Juden, Vornehme und Geringe, Männer und Frauen. Die Gesellschaft hat sich lebhaft unterhalten über die höchsten Fragen des Wissens, des Glaubens, der Kunst. Alle

Schranken, welche Standes- und Glaubensunterschiede sonst ziehen, schienen verschwunden; reine Menschenverbrüderung war eingetreten. Schon längst hatte man an dem Hausherrn eine Unruhe bemerkt; nach einiger Zeit war er verschwunden. In das Summen der erstaunten Gesellschaft klang zuerst leiser, dann immer vernehmlicher, bald klagend, bald aufjauchzend ein eigenthümlicher Ton: Mendelssohn war mit den Seinen beschäftigt, den Sabbathausgang zu begehen. Und als eine Stille in der Gesellschaft eingetreten war, in ihr die eben noch auf den Höhen der Menschheit geweilt hatte, da hörte man aus dem Nebenzimmer den lauten Ruf: „Laß Israel in seiner Arbeit, in seinem Ringen nicht ermatten, laß es nicht zu Schanden werden, laß es zunehmen an Erkenntniß, daß es in Deinem Lichte wandle! Schon lange Zeit wandert es einher auf mühsamer Pilgerfahrt. Doch Du bist ihm ein treuer Erlöser, hast es erhalten, daß es in jugendlicher Kraft und mit immer neuem Muthe seinen Weg fortsetzt. So wirst Du auch uns zur Seite stehen, uns ein Helfer und Erretter sein, uns mit Freuden im Herzen und Frieden im Hause beglücken, auf daß wir am Ende der Woche mit freudigem Danke auf dieselbe zurückschauen". — Als Mendelssohn wieder zu den Freunden zurückkehrte, herrschte bei ihnen heilige Stille. Man hatte den Philosophen bewundert, nun sah man mit Ehrfurcht auf den eifervollen Juden, der mit Treue und Innigkeit an seinen Gebräuchen festhielt, der selbst in die einfachsten Worte etwas Weihevolles zu legen wußte. Als sich die Fremden entfernten, nahmen sie den Eindruck mit sich, etwas Höheres mitangeschaut zu haben.

Und noch ein anderes Bild aus dem Mendelssohn'schen Hause: Es ist Freitag Abend. Schon sitzen Hausherr und Hausfrau mit ihren Kindern bereit, um den Sabbath zu grüßen; noch fehlen zwei Söhne. Da stürmen sie herein, und der eine klagt, um dem strafenden Blick des Vaters zu antworten: „Was ruft uns jener Bursche nach? Was werfen sie mit Steinen hinter uns her? Was haben wir ihnen gethan?" Und der andere ruft: „Ja, sie verfolgen uns immer auf der Straße und schimpfen: Jude! Jude! Ist denn dieses so ein Schimpf bei den Leuten, Jude zu sein?" Der Vater schüttelte sorgenvoll sein Haupt, aber er antwortete nicht. Nach kurzem

Schweigen, das auch den Anderen Ruhe zu gebieten schien, begann er mit leiser Stimme: „Wohlan, wir wollen lobsingen Gott und jauchzen dem Fels unseres Heils". Und immer kräftiger wurde sein Gebet, immer lauter sein Jubel; er schien die Welt und ihre Unbilden, die Gegenwart und ihre Plagen vergessen zu haben, als er anstimmte und die Seinen jubelten: „Komm, Geliebter, der Braut entgegen, wir wollen froh den Sabbath begrüßen" und als er schloß:

So sei uns willkommen, o Sabbath, willkommen,
Sei Du uns zum Heil und zum Frieden gekommen,
Dich grüßen im Chor die Treuen und Frommen,
So laß uns ins freundliche Antlitz Dir blicken.

Auch die Knaben vergaßen das Leid, das ihnen geschehen war. Der milde Blick des Vaters hatte sie getröstet, das frohe jubelnde Wort hatte sie dem Elend der Gegenwart entrückt. Sie lebten dem Sabbath und seiner Weihe.

Drei Gedichte

aus dem Nachlasse von **Leopold Kompert.**

I.

Das jüdische Herz.

Durch tausende von Jahren tönet
Von Mund zu Mund ein kleines Wort —
Verkannt, geschmähet und verhöhnet,
Doch ist es uns'res Volkes Hort!
In Schmach, in Banden und Verderben,
Bedroht von seiner Dränger Erz —
Eins lebte, zuckte, konnt' nicht sterben,
Es war das treue, jüdische Herz!

Bald scheu und zaghaft wie die Taube,
Bald wie die Löwin, kühn und stark
Bei ihrer Jungen frechem Raube,
Gebrechlich, doch voll Riesenmark —
Ein dünnes Rohr, gebeugt im Winde,
Ein Baum der aufragt himmelwärts —
So unvergleichlich fest und linde
Bist Du, o treues jüdisches Herz!

Mein Volk! wer lehret Dich zu weinen,
Wenn Unheil trifft des Bruders Dach,
Wer, um ein Banner Dich zu einen,
Bei Deiner Armen Ungemach?
Wer lehrt Dich trösten, Kranke pflegen,
Mitfühlen Andrer herben Schmerz —
Mit voller Hand, wer spendet Segen,
Ist's nicht Dein treues jüdisches Herz?

Wer lehrt Dich überall entfalten
Dein Banner ohne Scheu und Hehl?
Das Wort, voll heiliger Gewalten,
Das mächtige: „Schmah Jisroel",
Wer lehrt es Deine Kinder lallen
Das Wort, das mächtiger als Erz?
Das beste, lieblichste von Allen —
Der Mutter frommes, jüdisches Herz!

Dies Herz, es hat den Bau gegründet
Des Gotteshauses Herrlichkeit,
Die Flamme hat es uns entzündet,
Die Hände hat es uns geweiht,
Die Säulen, die den Prachtbau tragen,
Die ihn geschmückt in Stein und Erz,
Sie mögen es den Enkeln sagen:
Das thut das fromme, jüdische Herz!

Dies Herz, ist es nicht unser Erbe,
Der Schätze kostbarster Besitz?
Seh' jeder denn, daß es nicht sterbe,
Daß es verkümmere nicht der Witz!
Laßt es uns sein ein mahnend Zeichen
In Drang und Qual, in Lust und Schmerz!
Die Hände uns zum Bunde reichen —
Es leb' das alte, jüdische Herz!

II.

Prolog

zur Eröffnung der Liedertafel „Zion"

am 25. Januar 1860.

———

Auch wir, wir sangen einst und hatten Lieder,
Rings hallten Thal und Berg und Fluren wieder
Von unf'res Volks melodischreicher Luft!
Was Menschenweh und Freude im Gemüthe
In Tönen sucht, das drang als Liedesblüthe
Hervor aus seiner Brust!
Doch als sie zu den Wassern niederstiegen,
Zu deinen Trauerweiden, Babylon!
Da starb der Sang, verstummte jeder Ton,
Sie hingen da die Harfen auf — und schwiegen.

Und schwiegen fort und fort! Mich faßt ein Schauern,
O Gott! wie kann ein Volk es überdauern
Das durch Jahrtausende nicht — singt,
Und durch die Welt mit stummen Lippen wandern
Und horchen kann dem fremden Sang von Andern,
Doch seinen eig'nen niederzwingt!
Singt nicht das Vöglein in der Bäume Zweigen,
Laut kündend seines Daseins Wonne an? —
Wie kam's, daß sich zum allerschwersten Bann
Ein Volk verdammt — zu ew'gem Schweigen?

Wohl hätten Antwort wir auf Deine Frage!
Doch nimmer aus dem Grab vergangner Tage
Ruf' ich die schaurige herbei!
Nur Eines künd' ich Dir:—Wer so entblättert,
Gebrochen und zerstückt ward und zerschmettert,
Bleibt ihm ein andres — als der Schrei?
Der Schrei, er leitet Dich durch tausend Jahre,
Ihn hörst Du aus der Weltgeschichte Blatt,
Du kannst ihm nicht entgehen — denn er hat
Begleitet von der Wieg' uns bis zur Bahre!

Kann singen, wer mit blutig flücht'gen Sohlen
Zaghaft und scheu, von Angst gehetzt, verstohlen
Sich schleichet durch der Völker Land?
Kann singen, wer nicht sein nennt eine Stätte,
An dessen Schlummerpfühl, an dessen Bette,
Die Angst der Sorge reicht die Hand?
Kann singen, wer inmitten steht der Dränger,
Kommt, wenn die Seele offen nicht und frei,
Des Liedes zaubervolle Melodei?
O sag' es mir: Ist der ein Sänger?

Doch .., hör' ich nicht melodisch weiche Töne? ...
Vernehm' ich recht? Seid ihr es nicht, ihr Söhne
Des Volks, das einst gesungen in Zion?
Ihr singt? ... Ihr habt den alten Bann entsiegelt,
Daß eure Seele frei und wie geflügelt
Sich wiederfand im längstvergeßnen Ton?
Dann ist sie ja vorbei die Nacht, die trübe.
Ihr singt? dann kann das helle Licht
Des Tages hinter Wolken säumen nicht.
Denn Sang ist Lust, denn Sang ist Liebe!

Ja Lust und Liebe! weil in milder Klarheit
Aus dunklem Irrwahn tagt die ew'ge Wahrheit
Vom menscheneinigenden Bruderthum!

Zu Boden fällt der Spott und die Verhöhnung,
Entgegen tritt tiefinnerste Versöhnung
Und sagt den Lippen: Seid nicht länger stumm!
Erschließet euch und stimmet an die Lieder
Mit freier Seele, hellem Klang,
Steig' himmelwärts, der Lerche gleich der Sang —
Sind wir nicht eines Vaters? Alle Brüder?

Mit Sang und Klang, so gehen wir entgegen
Des jungen Tages frühlingswarmem Segen,
Nun da geborsten ist das Eis:
Am Liederquell, da wollen wir erlaben
Die Seelen, die so lang geschmachtet haben,
Zur Freude uns und Gott zum Preis!
Wir singen .. und die alten, bösen Meister
Hohn und Verleumdung, flieh'n davon; —
Vor eines Menschenliedes frohem Ton
Versinken in ihr Nichts die nächt'gen Geister.

Wir singen ... Weil die Zeit naht, wo die Bürde
Die lang getragne, fällt und Bürgerwürde
Wie Thau vom Himmel auf uns niederträuft.
Wir singen, weil dereinst auf eig'ner Scholle,
Die wir mit eig'ner Hand bestellt, die volle
Und goldne Saat entgegenreift.
Der erste Gruß, den wir entgegenbringen
Nach langer, schwerdurchträumter Nacht,
Er gilt des jungen Tages Pracht.
Ihm unsern Gruß! Ihm unser Singen!

III.

Gottes Waisenkind.

Zur Eröffnung eines jüdischen Waisenhauses.

———

Wie friedlich liegt in stiller Ruh' das Haus!
Geschützt, bewahrt vor Sturm und Wetterbraus!
Der Vater schafft, die treue Mutter waltet,
Und selbst die Armuth, seht, wie sie entfaltet
Um ihr Entbehren einen Blumenflor.
Da! plötzlich aus des Schicksals dunklem Sitze
Sendet der Tod vernichtend seine Blitze ...
Tiefschwarze Nacht. Dann tönt ein Schrei empor!
Wo ist das Haus? sagt an! Daß Gott erbarme,
Ein Waisenkind ringt seine zarten Arme!

Wo ist das Haus? Der Schrei schrillt fort und fort,
Tönt mächtiger wie lauten Donners Wort!
Und rastet nicht ... Da kommen lichte Boten,
Geleiten ihn vom Haus des stillen Todten
Und tragen ihn hinan zu Gottes Thron!
„Der Du auf freiem Felde nährst die Raben,
„O Herr! dort unten ward ein Mann begraben ...
„Für immer ist des Vaters Licht entfloh'n;
„Was thust Du, daß es einen Gleichen finde,
„Was thust Du, Herr, mit diesem Waisenkinde?

Und stille wird's! Der einst so furchtbar klang,
Entsetzlich klagend durch die Wolken drang,
Den Einlaß sprengend an des Himmels Thoren ...
Der Schrei des Kindes hat sich längst verloren,
Ward stummes, heißes Dankgebet!
Du sturmgebeugte, arme Menschenblüthe,
Gefunden ist, daß er Dich treu behüte
Ein Wächter, der in Gottes Diensten steht!
Ein Wächter und ein Held unüberwindlich,
Und wieder auch so mild und unergründlich.

Vernichtet ward das Haus! Des Blitzes Raub,
Der Vater ruht im kühlen Erdenstaub ...
In Schutt und Moder ist der Bau zerfallen,
Doch wunderbar! es steigen neue Hallen
Aus den geborst'nen Trümmern auf!
Nun ist Dein Haupt, Du müdes Kind, geborgen,
In Deine Augen lacht der junge Morgen,
Nun erst beginne muthig Deinen Lauf!
Denn der dem Feld' schickt Thau und warme Winde,
Er schickte Labung seinem Waisenkinde.

Und der die Raben letzt auf wüster Flur,
Dem Würmchen zeigt der kargen Nahrung Spur,
Das Vögelchen auf seinem Flug begleitet,
Er hat, der Herr, das Menschenherz besaitet,
Und es erklingt in seiner Hand!
Er hat's bestellt als seinen liebsten Boten,
Der wandelnd zwischen Lebenden und Todten
In treuer Wacht behüt' das theure Pfand!
Erbarmungsvoll die neue Heimath gründe,
Und Vater sei dem armen Waisenkinde!

Dichterblut.

Von B. Placzek.

I.

„Ergreif den Mjölnir, starker Thor,
Wohlauf zu kühnem Streite!
Und fleuch' hinab nnd zeuch' empor;
Es gilt gar hehre Beute.

Reifriesenkönig Suttung hanst
Im rauhen Felsverließe
Von Eis umstarrt, vom Wtnd umbraust —
Daß Hel ihn schon umschließe!

An grausem, weltvergeß'nem Platz,
Wo Loke's Geister schaffen,
Dort birgt der Unhold einen Schatz,
Juwel nicht noch Gewaffen.

Doch mehr als sie, der Fülle Horn
Von Macht und Siegesehren,
Der Weisheit unversiegter Born —
O, daß wir sein entbehren!

Von Quaser ist's das Herzensblut,
Vom Weisen, den erschlagen
Der schwarzen Elfen böse Brut —
Mag Fenris sie zernagen!

Das Köstliche, sie hüten's baß
In tiefster Kluft der Berge
Und letzen sich am edlen Naß
Vom kunsterfahr'nen Zwerge.

Draus schöpfen sie Verschlagenheit
Und rasche Rathbereitschaft,
Der Tücken Mannigfaltigkeit,
Die noch den Asen Leid schafft.

In meinem Ohre widerhallt
Schon Ragnaröfurs Schrecken;
Ich seh' die grausen Arme bald
Sich auf nach Asgard recken.

Des Gegners Kraft und Zauberwehr
Wir müssen sie erringen,
Denn mehr als Hammer, Schwert und Speer
Giebt jener Trank Gelingen.

Ist uns der listenreiche Sinn
Des Feindes einmal eigen,
Dann führt der Kampf uns ewig hin
Zu frohem Siegesreigen . . .

Zur Hand, ruft Odin, Asathor!
Den unfehlbaren Hammer,
Die Felsen spalt' und trag' hervor
Den Meth aus düstrer Kammer.

Doch deinen stolzen Mund mit Macht
Zu holdem Lächeln zwinge,
Denn eine Riesenmaid bewacht
Den Schatz im Zauberringe.

Nicht mit des Hammers Allgewalt
Läßt Weisheit sich gewinnen:
Du sollst in liebender Gestalt
Das Quaserblut erminnen."

Und nicht mit Mjölnirs Funkelstahl
Ward jenes Gut errungen:
Der Liebeswonne gold'ner Strahl,
Er hat die Wacht bezwungen.

Die Beute führet Thor davon
Auf zur kryſtall'nen Veſte.
Ihn grüßen ſchon mit Jubelton
Walhallas lichte Gäſte. —

Da läßt er aus dem Horn im Lauf
Zur Erde Tropfen fallen —
Den Himmelsthau, ihn f a n g e n auf
Die **Dichter** raſch vor Allen ...

II.

Die Götter tafeln lichtbeglänzt
Auf dem Olympos droben,
Von Eos Roſen rings bekränzt,
Von Wolkenduft umwoben.

Und Hebe ſchenkt den Nektar ein
So anmuthreich beim Mahle,
Es perlt der ſüße Purpurwein
In ſonnig gold'ner Schale.

Der ew'gen Jugend Elixir,
Der Schönheit ſtetes Glühen,
Kredenzt ſie dort, kredenzt ſie hier,
Daß hell die Tropfen ſprühen.

Wie zierlich und wie ſchön geneigt
Läßt ſie die Schale kreiſen!
Ruft Mancher ſtaunend vorgebeugt;
Den Andern hört man preiſen:

Der Lilienarme holden Schwung —
Ich glaub', Hephäſtos war es.
„Mein Alter fühlt ſich ewig jung!"
Winkt Venus zu dem Ares.

Homerisches Gelächter scholl
Da in der Tafelrunde:
Der fernetreffende Apoll,
Er lacht aus vollem Munde.

Minervas Eulenauge lacht,
Es kichert still auch Here,
Dieweil nicht in Gefahr gebracht
Zeus' Treue, ihre Ehre.

Doch Hebe zittert jäh, sie schließt
Verschämt die Augenlider.
Von übervoller Schale fließt
Zur Erde Nektar nieder.

„Gesegnet sei, wohin" ruft Zeus —
Die Tropfen auch gelangen!"
Da haben sie im Erdenkreis
Die Dichter aufgefangen ...

III.

In Edens Lustgefilde springt
Ein wundersamer Bronnen,
Dem sich die helle Fluth entringt
Von Paradieses Wonnen.

Sie spendet Fülle weit und breit
In Gottes Gnadenraume,
Dem Baume der Unsterblichkeit
Und dem Erkenntnißbaume.

Sie wecket ungeahnte Pracht
Und glühendes Entzücken,
Mit aller Herrlichkeiten Macht
Die Geister zu beglücken.

Doch achtundvierzig Tropfen nur
Entsteigen jenen Fluthen
Und thauen auf die Erdenflur
Als Genien des Guten.

Sie bringen hohen Himmelsgruß
Und tiefe Weisheitskunde,
Sie drücken auf den Weihekuß
Dem liederreichen Munde.

Wenn diese Eden=Fluth sie netzt,
Verklärt sie Angesichter,
An ihren süßen Tropfen letzt
Vor Allem sich der Dichter.

*   *

So ward prophetisch lichter Sinn
Und ewig Jugendleben,
So ward der Seligkeit Gewinn
Dem Dichter einst gegeben.

Drum sind Poeten reckenhaft,
Wie Nordland zaubermächtig,
Olympisch froh, wo Schönheit schafft,
Wie Südland farbenprächtig.

Denn Nektarthau und Quasertrank
Und was von Edens Gute
Zur Erde wonnekündend sank,
Es wallt im Dichterblute ...

Haß und Rache.

Eine alte und eine neue Geschichte
von Peter Smolensky,
aus dem Neu=Hebräischen übersetzt
von S. Heller.

I. Jugend=Ideale.

Auch ein Geisterseher vermöchte es nicht, dem Geiste
seine Geschichte vorzuspähen. Gegensätze platzen auf einander,
entfesseln Stürme, gewaltiger, als die die Erde in ihrem
Sturmlauf um die Sonne erregt. Wer aber nennt die An=
lässe zu diesen mächtigen Bewegungen? Wer kann also den
Weg im vorhinein bestimmen, den die menschliche Ent=
wickelung nimmt? Ein neuer Geist war in die studirenden
Jünglinge in der Residenz gefahren, ein ihren Vätern wie
kurz zuvor noch ihnen selbst fremder Geist, der sie beseelte.
Es waren angehende Heilkünstler, Bautechniker und Rechts=
beflissene, bei denen es freilich erst nach Erreichung des Di=
plomes sich herauszustellen hatte, ob sie einst, statt zu heilen,
nicht Unheil stiften sollen, ob das Fundament ihrer Bauten
nicht Wind statt festen Bodens, ob der Rechtsversteher nicht
ein Rechtsverdreher sein werde.

Die Jugend ist das Kleinod und die Hoffnung jedes
Volkes; auf die Jugend vertraut das Alter nach verträumtem
Dasein und verfehltem Lebensziel. Der wollte eine Leuchte
der Nation sein und blieb unbekannt und sieht mit seinem
Leben sein Streben verschwinden; jener, der wie ein Heiland
in der Jugend seiner glühenden Phantasie Ausdruck gegeben,
mußte mit verschlossener Lippe in einem Kerker verschmachten
und trauert jetzt über sein versunkenes Ideal. Ein dritter,
der, nach Gewalt strebend, gegen die Gewalthaber gedonnert,
bis sie ihm richtig den Mund gestopft, ist in seinen alten

Tagen scheu zurückgewichen, weil er nicht reüssirt. Alle aber, die jahraus und jahrein all ihr Sehnen und Trachten immer schattenhafter verdämmern gesehen, blicken mit erneuter Zuversicht auf die Jugend. An der Schwelle des Grabes erwarten sie von ihren Geisteserben mehr Ausdauer und größeres Glück.

Seufzt eine Nation rettungslos unter dem Joche des Siegers, dann sieht sie in den heranwachsenden Jünglingen die Werkzeuge späterer Rache. Sie selber muß unthätig bleiben, sie erstickt den Schrei tiefinnerster Empörung, denn des Bedrückers Uebermacht läßt sie für die Familie, für die wehrlosen Frauen und Kinder fürchten, die es entgelten möchten. In der Jugend aber sieht sie ihren Racheengel; die hat nicht Weib noch Kind, die bebt vor nichts zurück, die bringt höchstens sich selbst zum Opfer. Aber auch ein glückliches Volk ohne Tyrannei von innen und bedräuende äußere Feinde baut auf die Jugend, die es um einen Schritt vorwärts bringen werde. So ist einmal das Lebensgesetz, daß aus Tod und Vergänglichkeit ein neuer Quell überströmender Lebenskraft entspringt. Das fühlt denn auch der Jüngling, ihm schwillt das Herz und gährt wie junger Most allem Großen entgegen; von jedem erhabenen Ausspruch mächtig angezogen, traut er sich das Außerordentlichste zu, schwebt auf Geistesflügeln unbehindert nach endlosen Weltenfernen, denn freilich fühlt er noch die beengenden Ketten von Zeit und Raum nicht, noch haben ihm Unfälle den mühseligen langen Weg nicht verbittert, getäuschte Hoffnung noch die stolze Erwartung nicht betrogen; noch hat die Lebenserfahrung sein bohrendes Auge nicht getrübt.

Auch hier hat eine lebens- und hoffnungsvolle Jugend sich versammelt, sie ist tief erregt und wechselt begeisterte Reden. Und doch ist's ganz anders, wie bei der sonstigen Jugend. Da ist nichts von großen Worten, von stolzer Zuversicht zu hören, liest man auch auf jedem Antlitz Thatenlust und Begier, sich aufzuopfern, die Bereitwilligkeit, alle die Wunder zu verrichten, die das Volk von der Jugend erwartet. Aber auch das ist deutlich an ihren Mienen zu erkennen, daß ein gedrückter Geist auf dieser Jugend lastet. Sie kennt ihr trauriges Schicksal: ihr vertraut Niemand, zu ihr sind die

Tausende von Augen eines absterbenden Geschlechtes nicht erhoben, das ihr seinen Platz einräumt, und geht es einst ohne Wiederkehr, dann werden mit ihm, wenn es dies nicht längst selber gethan, seine Hoffnungen begraden. Wer sind sie, die Jünglinge ohne Jugend, die, vor der Zeit gealtert, nur der Noth der Zeit entrinnen, nicht sie bekämpfen wollen? Juden sind es! Dieses Volk verzweifelt längst an seinem Emporkommen, sieht in seiner Jugend nur sich und seine Ahnen, die von der Last des Lebens ruhen — die hoffnungslos tragen, deren jedes nur auf sich und die eigene Rettung bedacht ist und wenn das Unheil da ist, ohne eine Spur davon geht.

Nicht besser wird es ihren Nachkommen ergehen, denn was vermag mit der höchsten Kraft ausgestattet, ein Vereinsamter? Irrten die Alten in pfadloser Sandwüste, jedem Vergewaltiger zur Beute, so werden die Jungen, wenn sie auch im Meer der Wissenschaft schwimmen gelernt, in den sich bäumenden Fluthen unter stürmenden Orkanen mit aller Weisheit schmählich untergehen und sich jedenfalls im unendlichen Ocean verlieren. . . . Dieses traurige Lied haben die Väter längst den Kindern vorgesungen, was haben sie also zu hoffen? Jüdische Kinder sind leider keine Landeskinder, auf sie sieht das Volk nicht mit stolzer Befriedigung. In trüben Zeiten erwartet man von ihnen nichts und in glücklichen Tagen ist man gegen sie zu engherzig. Wofür mühen sie sich also ab, sie, die Fahnenträger des Lebens? Nicht für ihre Eltern, die sich den Schluß von Dante's Höllen-Inschrift: „Laßt, die ihr herkommt, jede Hoffnung fahren" längst zum Wahlspruch ihrer Existenz gemacht. Nicht für ihre christlichen Mitbürger, denen ihr ganzes Sinnen, Leben und Streben ein Dorn im Auge ist. Statt Ehre ernten sie Schmach, für ihr Wissen Verachtung; treten sie kühn für ihre Ehre ein, werden sie als frech weggestoßen; bescheiden sie sich, so gelten sie als mattherzige Memmen — wo wäre da ein Stützpunkt für sie zu gewinnen? Und doch lebt und stirbt man, auch ohne viel zu denken; Gedanken und Wünsche erheben sich ohne Plan und Ziel im Herzen der Jugend. Auch die hier Versammelten hat jugendlicher Sinn vereinigt; sie sprechen, als wären sie die Mannen des Volkes, die Zukunft des Jahrhunderts, ja in der Uebergewalt seiner Empfindungen spricht der eine oder der andere auch ein starkes und übergreifendes Wort.

„Ich sage Dir's vor allen Kameraden, das war eine Leistung von Dir! Du hast wie ein Mann mit Schimpf er=widert, dem, der Dich, der uns alle beschimpft hat, das soll Dir unvergessen bleiben,“ rief einer der Studiosen feurig; seine dunklen Augen blitzten, alles an ihm bewies seine Auf=richtigkeit und seinen vollen Ernst, als er sich an einen der mit ihm am Tische Sitzenden wandte, vor dem ein Glas Bier stand, auf das seine Blicke sich hefteten, so lange der andere redete. Der Angesprochene war an 22 Jahre alt, von auf=fallender Schönheit; die runden vollen Wangen wie aus dem reinsten Marmor. Das blasse Antlitz hoben bis auf die Schultern und in die halbe Stirne fallende schwarze Haare; in den Augen von gleicher Farbe spiegelte sich Seelengüte und Wohlwollen, ein Lächeln schwebte auf den hochrothen, von einem schwarzen Schnurrbärtchen bedeckten Lippen. Als er jetzt zur Erwiderung sich erhob, wurde seine wie gemeißelte Gestalt sichtbar, nicht hoch, aber von kräftigem Bau. Alle wie durch einen Zauber auf ihn gerichteten Augen bewiesen, daß sie sich seinetwegen hierher begeben, aber freilich zeigte sich eine Enttäuschung auf jedem Gesicht, als er mit einer Schwenkung der Hand erwiderte: „Nicht doch, was war da Großes daran? Er hat mich beschimpft, ich gab ihm eine Ohrfeige, und so ist's gut, und dabei ist nichts weiter zu reden.“ Dann setzte er sich. Rasch erhob sich einer aus der Gesellschaft von hoher Statur und ungefähr 24 Jahren. Er sprach heftig in russischer Sprache, wie der andere: „Meine Herren! Uns hat eine ernste Absicht hergebracht, die uns einen neuen Lebensweg zu bahnen, einen neuen Geist in uns allen zu wecken im Stande ist. Die Zeit ist uns günstig und wir dürfen nicht davon ablassen, wenn auch Hagrowicz die Ehre, welche wir ihm erzeigen, von sich weist. Ich weiß nicht, was ihn zu Worten bewog, die wie Eis unsere für ihn erregte Bewunderung abkühlen sollten. Ich weiß nicht, war's Bescheidenheit oder das uns allen von Jugend an einge=pflanzte Vorurtheil, von der Zukunft zu glauben, daß es uns nicht gut gehen und unsere in den Staub getretene Ehre wieder aufblühen werde. Ich weiß nicht, was er meint; auch

ist es mir ganz gleichgiltig. Nur eins ist mir bewußt. Das
Große, was Menschen für das Allgemeine gethan und wes=
halb sie zu Berühmtheit gelangt, lag meistens im Anfang
gar nicht in ihrer Absicht. Bald wäre es vielleicht vergessen
worden, hätte der Zufall ihm nicht ein Relief gegeben und
es zur Grundlage von etwas Bedeutendem gemacht. So
wollen auch wir die That Hagrovicz' ansehn, will er sie auch
nicht in unserm Lichte sehn. Genug für uns: der Bojare,
ein alter Freund Hagrovicz', nannte ihn im Zorn öffentlich
einen schäbigen Juden und Hagrovicz' gab ihm vor allen eine
Maulschelle. Das scheint mir etwas sehr Wichtiges. Es
kann uns die Augen öffnen, uns den Standpunkt endlich klar
machen, daß es Thorheit ist, Liebe zu erwarten und daß die
Scheidewand zwischen uns und den Christen falle. Der Haß
währet ewig, unser harrt nur Spott und Verachtung. Ob
wir gebildet sind, ob wir zum Pöbel gehören, Gebildete und
Pöbel verschmähen uns in gleicher Weise. Der heutige
Tag muß das Ende unseres bisher eingeschlagenen Weges
und der Beginn eines neu einzuschlagenden sein. Darum,
mag er auch unser Lob ablehnen, wollen wir Hagrovicz'
That hoch erheben." Viele klatschten in die Hände, ein=
zelne schüttelten mit dem Kopf. Hagrovicz hob den Kopf,
ein leichtes, spöttisches Lächeln überflog seine Lippen; er
sprach ruhig, ohne sich vom Fleck zu rühren: „Also ge=
bührt auch dem Bojaren Dank und wir theilen uns brüder=
lich darein."

„Nicht spotten!" rief jener und fuhr mit Nachdruck fort:
„Ich sagte es ja, manchmal thut man unwissentlich etwas
Großes. Ja wohl, Dank auch dem Bojaren, der uns die
Gefühle seiner Millionen Glaubensgenossen verdolmetscht. Sie
verbergen diese Gefühle, er hat sie uns geoffenbart. In
seinem Zorn hat er nicht blos Dich, nicht blos Deinen
Namen verunglimpft, sondern unser ganzes Volk, als ob es
ihm dafür verantwortlich wäre, daß Du ihm nicht nach
Wunsche gesprochen, oder Dich unterstandest, einer Frau den
Hof zu machen, in die er sich vergafft. Hiermit hat er uns
klar gezeigt, daß ewig wie ein Naturgesetz die Verhaßtheit
unseres Volkes ist. Du kannst die Katze nicht dazu gebrauchen,
die Maus zu verschonen und wenn Du sie auch mit Krammets=

vögeln fütterst, so ist auch alle Bemühung, unser Judenthum
zu Ehren zu bringen, umsonst."

„Ist denn unsere Bemühung vergeblich, die Katze zur
Vernunft zu bringen, dann lassen wir sie und gehen unseren
Weg," rief einer von den Uebrigen.

„O nein," war die Antwort, „lehren wir die Mäuse sich
wehren, dann bekommen die Katzen Einsicht, nicht aufzulauern.
Das lehrte Hagrowicz praktisch, drum Preis ihm."

„Also eine Mäuse=Universität," scherzte einer aus der
Versammlung.

„O, nur keine Frivolität! Dazu kamen wir nicht her,"
mahnte ein jüngerer, 20jähriger; „das kann keiner von uns
leugnen, daß uns wider unsern Willen ein ganz neuer Geist
überkommen hat. Seit lange fühlen wir alle, daß es an der
Zeit, etwas für unser Volk zu thun, daß die Gelehrten von
uns nicht gut daran gethan, sich vom Volke abzuwenden und
über jeden guten Bissen zu freuen, während das Judenthum
in Qual und Noth zu Grunde ging. Sie waren wie Fremde,
häuften Schmach auf ihr eigenes Volk und warfen die Flinte
ins Korn, sie vermehrten das feindliche Heer. In uns lebt
ein neuer, ein anderer Geist! Wir wollen für unsre Brüder
handeln. Dieser Zufall hat uns zusammenberufen, so laßt
uns denn die Zeit nicht verschwatzen. Jeder rathe, was zu
machen sei, und jeder von uns wird, hoffe ich, seine Schul=
digkeit thun. Jakubovicz nennt uns Mäuse unter Katzen.
Wer straft ihn Lügen? Ist dem etwa nicht so? Leben wir
nicht ausgeschieden von den anderen Studenten?"

„Nicht doch! Nähern wir uns ihnen, so nähern sie sich
uns," entgegnete jener, der das Witzwort von der Mäuse=
Universität vorgebracht hatte.

„Nur keine Unwahrheit! Du weißt vielleicht den großen
Unterschied zwischen Annäherung und Assimilirung nicht. Bei
einer Annäherung beachten sie uns, kommen wir jedoch in
ihre Versammlung, dann toleriren sie uns, so lange auch nicht
einer von uns ihnen in den Weg tritt. Daß wir ihnen
aber zur Last sind, das sehen wir, wenn wir nur sehen wollen."

„Was räthst Du also?" fragte jener.

„Ich bin der Ansicht des Jakubovicz: Lehren wir die

Mäuſe ſich wehren, dann nehmen die Katzen leichter an, den
Mäuſen nicht nachzuſtellen."

„Das ſind doch alles nur Worte," ſagte jetzt einer der
Herumſitzenden, ein ſtattlicher Dreißiger, der längſt graduirter
Arzt war, an den Studentenverſammlungen aber noch immer
unter allgemeiner Achtung theilnahm. „Heutzutage ſtellen ſie
uns nicht nach und thun uns nichts zu Leide. Und ſind ſie
auch noch nicht brüderlich gegen uns geſinnt, ſo beſteht doch
nicht mehr die alte Anfeindung; darum ſteht zu hoffen, daß
ein ſpäteres Geſchlecht noch freundlicher gegen uns geſinnt
ſein wird. Hagrovicz! Deinethalben ſind wir zuſammen-
gekommen, ſprich Du zuerſt, was zu thun iſt."

Hagrovicz erhob ſich und ſprach ruhig: „Meinen
Rath kennt Ihr längſt. Dieſer Zufall hat meine Anſicht
nicht im geringſten geändert. Ich ſagte längſt, daß uns
die Pflicht der Annäherung obliegt. Wir haben uns von
der Landesſitte entfernt und ſind darum gemieden. Unſere
Lebensweiſe, Speiſegeſetze, Kleidung, unſere ſeltſame Art
zu beten; in allem und jedem entfremden wir uns ihrem
Herzen, dann möchten wir Ehre und Annäherung von ihnen!
Bei wem ſie's können, da thun ſie's, die ihnen jedoch zuwider ſind, bei denen giebt's keine Annäherung. Wir haben,
dünkt mich, nichts zu thun, als unſere Brüder das Wort des
Chriſten zu lehren, daß ſie ihn lieben und ehren, ſeine Sprache
und Sitten, ſeine Sprache ſich zu eigen zu machen, vor allem
jedoch zu vergeſſen, daß zu allen Zeiten zwiſchen Jud' und
Chriſt eine Trennung beſtand. Dann werden wir eins mit
ihnen ſein und in einem Zeitalter iſt aller Haß und alle
Feindſchaft verſchwunden. So dachte ich ſtets, ſo denke ich
auch heute. Daher iſt es unſere Pflicht, viele ruſſiſche Zeit-
ſchriften zu gründen, um dem Volke die Sprache geläufig
zu machen und es zu gewöhnen, ſich ſelbſt für ruſſiſch zu
halten. So lange es aber die eigenen Wege geht, in einer
anderen Sprache ſpricht, in einer anderen Sprache betet, iſt
keine Ausſicht, daß es ruſſiſch werde."

„Und ich," meinte der junge Student, „füge hinzu, ſo lange
es an anderen Andachtsſtätten und zu einem anderen Gott betet."

„Auch Du denkſt," fragte Hagrovicz, „daß ſie uns
unſerer Religion wegen haſſen?"

„Nicht wegen unserer Religion, sondern aus Religion.
Sie haffen uns, weil sie uns haffen, weil sie's von ihren
Altvorderen und diese von den ihrigen gelernt. Sie haffen
uns, weil sie wähnen, daß wir ihren Heiland gekreuzigt. Sie
feinden uns an, weil wir, in so geringer Zahl, nicht thun,
was die Maffe thut und zu thun gebietet. Sie haffen uns,
wie alle Menschen eine Kaste oder Selte haffen, die sich von
ihnen absondert und ihnen etwas am Zeuge flicken wollen.
Was sie an uns sehen, ist ihnen ein Greuel. Und fänden sie
nichts weiter an uns, so genügte es, daß wir etwas andres
glauben. Und was sollte sie veranlassen, einen Haß anzu-
geben, in dem sie geboren und erzogen worden sind, um uns
wieder zu lieben? Großes Gaudium für sie, wenn wir
Schweinefleisch essen und uns wie sie kleiden!"

„Und wie willst Du es anstellen? Sollen wir in die
Judenschule zurück, unsere Branntweinschänken öffnen u. s. w.?"

„Ich bin kein Deputirter der Judengemeinde, um dem
ganzen Volle meinen Rath zu geben; ich will nur als College
unter uns jüdischen Studenten, die gerne für ihr Volk etwas
thäten, meine Ansicht aussprechen, und auch ich bin für die
Herausgabe mehrerer Journale in der Landessprache, nicht jedoch,
um die Juden zu ruffificiren, sondern sie zu unseren Kampf-
genossen zu machen. Sie sollen den Vergewaltigern die Ver-
gewaltigung ins Gesicht sagen und dafür einstehen, wenn's
gegen die armen unschuldigen Juden losgeht."

„Ja, das hilft, wie ein Blutegel einer Wunde," rief
Jakubovicz.

„Und Dein Recept?" fragte der Arzt.

„Mein Recept ist, das Volk darüber aufzuklären, nicht
den thörichten Glauben zu hegen, als könne es sich selbst
helfen, daß es vorsichtig um sich blicke, um nicht plötzlich
überfallen zu werden, daß all unsre bisherige Anstrengung
eitel war; daß wenn wir aber unser Volk einigen, damit nicht
jeder seinen Irrweg wandle und mit den anderen sich ver-
feinde, noch nicht die Möglichkeit verloren ist, uns zu retten
und nicht in unwiderbringliches Unheil zu gerathen. Sonst
bricht es unversehens über uns herein, wir sind hilflos verloren. Haben wir doch unsere Häuser selbst zerstört und

werden auf die Straße geworfen und bald ist auch da kein Platz mehr . . ."

„Spricht er doch heute, wie der gewisse jüdische Schrift=steller," unterbrach einer der Versammelten, „aber noch ist der Feind nicht da und einen Jeremias brauchen wir nicht."

„Und ist der Feind da, dann nützt Euch kein Jeremias mehr. Hört doch! Ihr müßt darauf achten. Der Mann hat recht, der nur Unheil drohen sieht. Er allein sieht das Richtige, die anderen sind alle mit Blindheit geschlagen. Könnte unser Volk ihn doch begreifen, vielleicht wäre die Noth, wenn sie kommt, dann nicht so groß. Wir jungen Leute sollten merken, was die Alten nicht spüren; wir sollten die Augen vor dem Lichte nicht verschließen, wir, die wir keine Fanatiker sind und denen die sonstigen Wünsche der Alten nicht ans Herz gehen. Wir sollten ihn aufmerksam hören und um Rath angehen, denn mündlich spricht er noch deutlicher, als er drucken läßt und hört man ihn, dann sagt sich jeder aus vollster Ueberzeugung: Der Mann redet die volle Wahrheit."

„Du hörst ihn also auf 300 Meilen Entfernung, Du Auserwählter?" höhnte einer.

„Auch das noch! Und Ihr schämt Euch nicht in die Seele! Dieser Schriftsteller weilt seit einigen Tagen in unsrer Mitte und von Euch weiß nicht einer, daß er da ist. Die meisten von Euch sind nur durch seine Schriften das, was sie sind. Hätte er nicht Euch oder Euren Eltern die Augen geöffnet, Ihr säßet heute tief in talmudischen Spintisirereien oder schachertet mit alten Kleidern. Ihr wollt Ehre von den anderen und tretet die eigene mit Füßen. Wäre er nicht Volksschriftsteller, schriebe hebräisch für unser Volk, dessen Ehre er zu schätzen weiß, er wäre in der ganzen Residenz berühmt und Ihr . . ."

„Wir kennen weder ihn, noch was er will," riefen zwei oder drei, „was willst Du von uns? Mögen die ihn ehren, die seine Sprache verstehen."

„Gern," sagte Hagrovicz, „erweise ich ihm die verdiente Ehre, gefallen mir auch seine jetzigen Ansichten ganz und gar nicht. Aber ich weiß, was er für die Aufklärung gethan.

Und noch heute verdient er alle Hochachtung als ein Mann, der frei und selbstständig ohne Ansehen der Person seine Meinungen äußert. Das kommt bei uns höchst selten vor und ich wünschte sehr, zu vernehmen, wie jener Mann gegen Dich sich ausgesprochen."

„Dieser Mann belehrte mich so, daß ich in einer einzigen Stunde ein anderer geworden bin. Ihr alle wißt, daß auch ich meinem Volke helfen wollte, wie alle die vielen Helfer, indem sie ihm die Eigenart nehmen oder ihm eine Maske anziehen. In diesem Glauben war ich selig und hielt mich selbst für einen Erlöser und Befreier. Nun ging ich zu ihm, ihn darüber zur Rede zu stellen, weil er anderen Sinnes geworden und die Jugend von der Bildung wieder abwendig macht, für welche er einst so warm gesprochen. Aber wie groß war mein Schrecken, als ich zur Einsicht kommen mußte, daß ich bis jetzt so sinnlos geredet. So begann ich zu ihm: Du willst also, daß wir unsre alten Wege betreten, uns wieder verbergen und vom Volke absondern, die Bauern wieder an unserem Branntwein sich einen Rausch antrinken lassen, wir mit Kind und Kegel? Worauf er antwortete: Ich weiß wirklich nicht, was mehr frommt: ob wir uns absondern oder sie uns gewaltsam; besser, ob wir unsere Kinder lehren, den Bauern Branntwein zu schänken, oder ihnen die Bauernwissenschaft beizubringen, uns selbst mit Kind und Kegel an Branntwein einen Rausch zu trinken? Wahrlich, an Wissen stehen wir dem Christen nicht nach, auch nicht an Ehrlichkeit, Kraft, Gerechtigkeit und Aufrichtigkeit. Was also fehlt uns noch, um als fremd im Lande angesehen zu werden? Offenbar nur, daß wir nicht ihre Wege gehen und sie uns keine anderen gehen lassen wollen. Dies war seine Antwort, die mir die Rede ganz verschlug; dennoch ermannte ich mich zu einer Entgegnung und sprach: Aber Du willst doch nicht, daß wir alles bereits erworbene Wissen aufgeben, weil wir keine Ehre dafür eingelegt. Er seufzte, dann antwortete er: So reden sie alle! Aber lehrt nur um, es ist nichts Schlimmes dabei! „Ihr habt keinen Grund stolz zu sein, alle Ehren und Würden nur für Euch in Anspruch zu nehmen, denn der Gedanke der Wissenschaft ist ja ohnedies nur von Euch allein ausgegangen." Wenn die christliche Jugend so spricht, hat

sie vollkommen recht. Denn ihre Priester, Kirchenväter,
Scholastiker und Baumeister haben den Wissensdrang von jeher
eingeschränkt und zum Popanz zu machen gesucht, während
uns Erkenntniß immer zur Pflicht gemacht worden ist. Von
Urbeginn ist es unsern Hütern anbefohlen, ihre Kinder im
Studium des Gesetzes zu unterweisen und ebenso haben sie
selbst vom Urbeginn nach Wissen gestrebt. Denn das Wissen
eines Volkes besteht in der Kenntniß seiner Geschichte, der
urväterlichen Sitten und dessen, was ihm frommt; dieses
Wissen haben sie stets angestrebt, es war gleichsam der Quell=
punkt ihres Lebens, ihrer Selbstachtung. An ihnen wahrlich
lag es nicht, daß ein neues Geschlecht erstand, welches, das
eigene Wissen verschmähend, ein fremdes sich angeeignet.
Fehlten unsre Väter, daß ihr eigenes Volk das Centrum ihrer
Gedanken und Wünsche war, daß sie dieses vor allem er=
forschten und wie die anderen Nationen zuerst das Eigene
und erst dann das Fremde zu erkennen suchten, oder fehlten
wir, die wir unser Volk vergessen, nur unserem Wesen ganz
Entgegengesetztes in uns aufzunehmen strebten und alles für
Thorheit und Schande hielten, was unser eigenes Volk be=
trifft? Keiner, der sein Volk liebt, wird es Abfall von der
Wissenschaft lehren wollen; thäte er das, so würde er sich am
Volk und an dessen Geiste versündigen. Aber er wird dazu
mahnen, zuerst Einsicht in das Eigene zu gewinnen, dann
aber auch in alles andere, was jeder zu fassen vermag.
Thöricht aber wär's, wenn ein Jude dächte: Der Christ wird
meines Wissens wegen mich auszeichnen; wenn er sich der
kindischen Hoffnung hingäbe, durch seine Bildung seine Ab=
stammung zu verwischen. Denn nicht den unwissenden Juden
verachtet der Christ, sondern den Juden. Besitzt er keine
Bildung, so gilt er als verkommen, hat er Wissensschätze ge=
sammelt, so wird es ihm als Verbrechen angerechnet. Haß
fragt nicht nach Recht, Verfolgung nicht nach Gründen, beide
nicht nach Wahrheit. Unsere blinden Führer aber nehmen
die Worte unserer Feinde für baare Münze, sie haben unser
ganzes Volk zu einem falschen Glauben verleitet, zu einem
Glauben, schädlicher als der an Hexen und Gespenster, zu dem
Glauben an unsere Feinde. An Hexen glauben und uns des=
halb von ihnen fernhalten, kann nicht sonderlich schaden, aber

an den Teufel glauben und ihm Schritt für Schritt nach=
gehen, heißt sich im Vorhinein verloren geben. Wir werden
mit der Behauptung nicht irre gehen, daß der Glaube an
die Gerechtigkeit der Menschen und an das Rechtsgefühl des
19. Jahrhunderts uns mehr geschadet hat, als aller falsche
Glaube, als aller Aberglaube. Und was lehrten uns, so
lange sie lebten, diese unsre weisen Führer, die Erfinder dieses
Aberglaubens? Sie, welche alle die herrlichen Gebete, in
denen unsre Väter Herz und Seele ergossen, gründlich dis=
creditirten, brachten es selbst nicht weiter als zu Gebeten.
Da kommt zuerst ihr Morgengebet: Hoffe, Israel! Hoffe
auf die Toleranz, auf die Liebe der Christen! Hoffe auf
Liebe, auf Anerkennung, hoffe dis auf den letzten Athemzug!
Dann ihr (Abend=) Opfer=Gebet mit der Lehre, ihren Erz=
widersachern Opfer darzubringen, und alles wurde hingeopfert,
das Gesammterbe der Väter — umsonst! Nun freilich er=
übrigt uns nur noch das letzte Stoßgebet, das Nachtgebet:
Der Tag ist hin, unsere Mühe vergeblich, nicht Rast, nicht
Ruhe — kehre denn jeder heim, vielleicht ist da noch Er=
quickung zu finden."

„Ach! Das ist Dichtergeschwätz und Pfaffengewäsch!"
rief unwillig einer aus dem Kreise.

„Gott gnade Dir Deine Weisheit!" antwortete Jakubovicz,
„so weise war ich auch und sagte ihm dasselbe, doch unent=
wegt gab er zur Antwort: Muß denn die Wahrheit nur im
Sturm, nur unter Jammer und Elend zum Vorschein kommen?
Darauf kommt's an, ob etwas wahr ist oder nicht. Ein
Poet, der seinen Zuhörern ruhig die Wahrheit ins Gesicht
sagt, ist mir lieber, als der predigende Pfaffe im Gotteshause,
der in heiligem Feuereifer Brandreden unter die Menge
schleudert, im Herzen aber den Schelm sitzen hat, da er
den Armen zu demüthigen, des Reichen Schlechtigkeit aber
zu bemänteln sucht. Beweise mir, daß ich nur erdichtet
und ich will Dir von Herzen dafür dankbar sein. Mich
aber so ohne weiteres für einen Lügner und Pfaffen er=
klären, das halte ich für ein Unrecht. Dies seine Worte.
Jedem, der sie hören will, rufe ich sie zu: Erst urtheilen,
dann reden."

„Das sind ja doch alte Sachen," sprach Hagrovicz, wie

eines langen Geschwätzes müde, „das sind nur Negationen.
Was aber positiv thun? Sagte er das?"

„Auch danach fragte ich ihn," erwiderte Jakubovicz, „und
sein Bescheid lautete: Lehren läßt sich nur, was nicht geschehen darf. Was wir positiv zu thun haben, das sagen
uns die Verhältnisse und Bedürfnisse. Lehren müssen wir,
daß es Schimpf und Schande ist, die Anthe zu küssen, daß
es eine Niedertracht ist, uns in Dank und Lob gegen den
Räuber zu ergießen, der alles rauben will, uns einen kleinen
Rest zu lassen, damit wir mit diesem wieder erwerben und er
uns abermals räuberisch überfalle; daß es ohne Verstand
handeln heißt, zum Feinde überzugehen und sich ihm doch
nicht ganz zu unterwerfen. Kurz, wollt Ihr wahren Frieden,
dann lügt und heuchelt nicht, sagt offen: wir können den Krieg
nicht weiter führen, das Feld nicht behaupten, treten wir in
die Reihen des Feindes und unter seine Botmäßigkeit. Nur
belügt Euch selber nicht, zu meinen, daß Ihr mit Säbel und
Flinte in der Faust, ohne Euch zu demüthigen im Feindeslager freundlich und friedlich aufgenommen werdet. Diese
Doppelwaffe ist der Namen Jude und Euer Glaube, gleich-
viel ob innerlich oder blos äußerlich. So lange Ihr diese
Waffen nicht von Euch geworfen, um deretwillen allein dieser
ewige Krieg geführt wird, wagt nicht, um Frieden bittend ins
Feindeslager überzutreten. Dies seine Worte und ich bin
stolz darauf, ihre Richtigkeit begriffen zu haben, habe mir
auch vorgenommen, danach zu handeln. Das hat mich dazu
angespornt, die Kameraden zu versammeln und sie aufzufordern,
jenen Schriftsteller aufzusuchen, damit wir ernste Worte vernehmen, wie sie unter Juden bisher nicht vorgekommen."

Diesmal erreichte Jakubovicz seinen Zweck, denn auf
dem Gesichte der meisten Zuhörer zeigte sich Ergriffenheit und
Bereitwilligkeit, seiner Aufforderung Folge zu leisten. Nur
Hagrovicz, wenn auch nicht mehr mit der gewohnten Sieges-
zuversicht, gab den Streit noch nicht auf. Seinen Sitz ver-
lassend, sprach er, doch nicht mehr mit der früheren Ruhe:
„Und war jener Mann der Prophet und Du sein Echo, so
wirst Du doch zugeben, daß man heutzutage keines Propheten
achtet und noch viel weniger seines Echos. So lange er den
Beweis nicht liefert, daß er das bevorstehende Unheil richtig

gesehen, oder so lange Du uns nicht in seinem Namen den Beweis geliefert, erschreckst Du uns nicht. Bange machen gilt nicht, wir vermögen eben jenes finstere Unheil nicht zu erkennen."

"Ihr verlangt Zeichen und Wunder," rief kopfschüttelnd Jakubowicz aus und bewegte die Lippen mit Spott und Schmerz. "Wer Augen hat zu sehen, der sieht es ohne jedweden Fingerzeig. Wer aber blind ist, dem nutzt kein Zureden. Zeichen fordert Ihr? Er gab ganz unzweideutige. Ist es nicht an denen genug, die er allen gab, welche klar sehen wollen? Wer möchte z. B. das längst von ihm gegebene Anzeichen Lügen strafen, daß wir vor feindseligen Ausbrüchen keine Sicherheit mehr haben, daß das Gesetz gegen uns jederzeit angewendet wird, nicht für uns, wenn es zum Ausbruch kommt. Wer kann dem widersprechen? Sehen wir uns nicht Tag für Tag in empfindlichster Weise in allen Zeitungen beschimpft? Broschüren und dicke Bücher schreiben unsere Gegner gegen uns und bringen darin haarsträubende Beschuldigungen gegen uns und unsere Vorfahren vor. Das Gesetz belegt dies ausdrücklich mit Strafe, weil es gegen das Verbot zu Haß und Verachtung zwischen Privatpersonen und Glaubensbekenntnissen aufzureizen verstößt. Auch das Schmähen einer Religion oder deren Bekenner, oder Anfeindung der Bewohner eines Landes bildet ein Vergehen. Kein Beleidiger einer fremden Confession bleibt straflos. Uns aber wirft man allen Unflath ins Gesicht und niemand wehrt es. Dies ist ein klarer Beweis, daß das Gesetz und seine Wächter uns nicht schützen. Bleibt aber die Verleumdung ungeahndet, so wird man sich auch ungeahndet thätlich an uns vergreifen. Wenn dies noch nicht geschehen ist, dann war's nicht aus Liebe zu uns, oder weil wir für Mitbürger angesehen werden, sondern weil es noch niemandem eingefallen ist, weil es noch niemand versucht, offen unser Vermögen und Leben anzutasten. Hat er's aber einmal versucht, dann läßt er auch nicht mehr davon ab, niemand wird die zügellosen Geister an Verheerungen hindern. Denn wer bürgt uns dafür, daß die Gesetzeswächter unser Hab und Gut und Leben mehr denn unsere Ehre schirmen werden? Und wenn auch, ob nicht umsonst? Bis die Menge etwas zu glauben anfängt, ver-

16

fließt lange Zeit, eine unendliche aber, bevor es gelingt, ihr einen einmal angenommenen Wahn zu rauben. Die Zeitungs= angriffe haben es richtig schon dahin gebracht, daß das Volk zu glauben beginnt, wir seien aparte Wesen, Schurken, die sich auf seine Kosten bereicherten, daß wir daher außerhalb der Gesetze stehen. Beweis dafür, jeder sagt uns die Wahr= heit straflos ins Gesicht. Fängt jedoch die Menge einmal an, diesem Wahne auch durch die That Ausdruck zu geben, dann wird kein Richter, kein Beamter im Stande sein, sie davon abzubringen. Sehen wir's doch mit Augen, daß sie es nicht einmal wollen. Das alles saht ihr, seht ihr täglich und fordert Beweise?"

Einen Augenblick schwiegen alle, weil niemand eine Wider= legung wußte, bis Hagrovicz aufstand und diesmal sagte: „Mit solchen Worten triffst Du entschieden ins Schwarze, denn der von Dir vorgebrachte Beweis dringt uns ins innerste Mark, wir spüren die Wunde bei der leisesten Berührung, vergessen im Uebermaße des Schmerzes Recht und Billigkeit, nennen auch einen Schatten und ein Irrlicht einen Beweis, denn jeder, der uns so kommt, gewinnt unser Ohr und Herz. Ich war noch ein Kind, als ich mit meinem Vater in die Synagoge kam, um eine Trauerrede anzuhören, die der Prediger über das Ableben eines großen Rabbiners, eines Anverwandten meines Großvaters, hielt. Dies war auch der Grund, warum der Vater, was er seit Jahren nicht gethan, in die Synagoge ging und mich mitnahm gegen den Willen meiner Mutter, die sich dagegen sträubte, mich unter Menschen kommen zu lassen, welche wild und wiehernd an einem Orte lärmten und herumtobten, das man ein Gotteshaus nennt. Der Prediger sprach lange, wies nach, jeder müsse den Dahin= gegangenen beweinen, er sei einer der Großen gewesen, für die es keinen Ersatz gebe; daß der Edle nur um der Sünden seiner Zeit wegen im 83. Lebensjahre verstorben, daß Gott die seinethalben vergossenen Thränen zähle und zur Erinnerung aufbewahren werde; allen Lohn des Dies= und Jenseits ver= sprach er den Weinenden. Aber nirgends wollten Thränen sich einstellen, sicherlich wegen des auffälligen Umstandes, daß mein Vater keinen Bart trug und ich christlich gekleidet war. Als der Prediger all seine Mühe umsonst sah, als er bei

allem lauten Jammern und trotzdem er ein= und zweimal das
Taschentuch in die Augen drückte und doch nicht im Stande
war, auch nur einen Thränentropfen den Anwesenden zu ent=
locken, da äuderte er mit einem Male Ton und Thema und
rief laut: „Der Kleine für Tausend, der Jüngste zu einer
großen Nation" (Jes. 60, 22). Die kleinen Knaben Israels
müssen ins Feld für tausende ihrer Brüder und der Jüngste
wird in ein fremdes Land, zu einem großen Volke geschickt,
dessen Sprache er nicht versteht. Und als hätte eine Zauber=
hand jedes Auge berührt, brachen die Thränen hervor und
hörte man Seufzen und Wehklagen. Die Weiber fingen zu
schreien an, die Männer machten Chorus, denn in der ganzen
Versammlung war keiner, dem nicht ein Sohn, ein Bruder
rekrutirt worden oder der doch vor der Rekrutirung zitterte. So
hatte der Prediger seinen Zweck erreicht, denn alles weinte und
wimmerte. So hat uns auch Dein Wort in die Seele ge=
troffen; das ist's ja, was uns täglich bekümmert, das ist ja
der Stein des Anstoßes, den wir entfernen möchten; aber das
ist noch lange kein Beweis, daß sie uns thätlich angreifen,
wie sie es mit Worten thun. Gab es doch noch viel furcht=
barere Zeiten, Zeiten, da wir uns in keinem christlichen Hause
blicken lassen durften, wo man uns allzusammen verabscheute,
ohne zwischen Gebildeten und Ungebildeten, Guten und
Schlechten zu unterscheiden. Seit einigen Jahren jedoch ist
dies anders geworden, auch wir fangen an, Stellung im Leben
zu finden, einige von uns haben sie längst gefunden, werden
anerkannt, keiner zischelt ihnen ins Ohr: Herunter und fort
mit Euch! Jene Schmähschriften sind nur ein Rest des
furchtbaren Hasses, der wie eine eiserne Wand sich zwischen
Jud' und Christ aufthürmte. Jetzt ist die Wand gefallen;
was blied, sind nur noch einzelne Steine und Sandgerölle,
die uns, wenn der Wind darein fährt, wohl noch in die
Augen kommen und den Fuß ins Wanken bringen. Es ist
aber übertrieben, zu behaupten, daß diese Steine, dieses Ge=
rölle unseren Feinden zu Angriffswaffen auf unser Leben
dienen werden. Wer sich darauf versteht, wird einsehen, daß
zuerst die Schranke fiel und an ihrer Stelle eine bloße Ruine
blied, daß mit der Zeit der Wind nach und nach diesen Rest
zerstreuen wird, daß endlich hilfreiche Hände und ehrliches

Wollen zuletzt den Ort reinigen werden, bis auch die Er=
innerung daran aufhört, wenn nicht etwa wir selbst die bereits
dem Einsturz drohende Scheidewand wieder aufrichten."

„Hoch Hagrovicz!" rief es aus vielen Kehlen und die
Gläser wurden fröhlich emporgehoben. Spöttisch sah man
auf Jakubovicz, als sei er völlig geschlagen. Dieser blickte
finster mit gefalteter Stirn, als dächte er darüber nach, ob er
antworten oder schweigen sollte. Als er jedoch den Hohn der
Umgebung bemerkte, beherrschte er sich nicht länger und sprach:
„Sagt' ich's ja gleich: Blinden helfen nicht Zeichen und
Wunder. Dir scheint es also ausgemacht: die Scheidewand
ist gefallen und der Wind wird das Weitere thun, den Staub
vollständig zu entfernen? Das ist ja die alte Weisheit des
Vogels Strauß, der vor den Jägern den Kopf im Sande
verbirgt. Nicht ein wahres Wort ist an dem, was Du ge=
sprochen, nichts als Wahnbilder, um Leichtgläubige zu be=
stricken. Du erinnerst an die Tage, wo man uns zurückstieß,
wobei Du vergissest, daß wir damals keine Annäherung
wollten. Unsere Alten waren gescheidter als wir und ver=
standen die Sache besser, denn bei jeder Annäherung wurden
sie auf das roheste zurückgewiesen. Darum blieben sie sein
sittig zu Hause und legten bei ihrem Volke Ehre ein. Ihren
thörichten Nachkommen jedoch fehlte diese Einsicht und sie
wurden den Christen ein Hohn, den eigenen Brüdern zum
Gespött. Diese Thoren beharren, wie die Juden in der Wüste,
darauf, den Berg zu besteigen, wo die fremden Völker wohnen
und Tag für Tag werden sie zurückgeschlagen und in die Tiefe
hinabgestoßen. Eine Stellung haben sie nicht, denn der Väter
Standpunkt haben sie verlassen und ihr eigenes Ziel nicht er=
reicht. Sie steigen also wieder hinan, um abermals zurück=
getrieben zu werden. Und da sagen sie: Die Scheidewand
ist gefallen. Etliche Straßenjungen erklettern den Zann, um
Früchte aus einem Obstgarten zu stehlen und halten sich selbst
für Eigenthümer des Gartens. Erwischt er sie aber, bricht
er ihnen den Hals. Als Straßenjungen, die sich erfrechen,
in fremdem Garten Obst zu stehlen, gelten wir den Christen.
Noch fiel die Scheidewand nicht, die Gartenwächter brachten
Steine und Sandgerölle zur Verstärkung und Umwallung des
Zaunes. Wagt sich einer von uns an den Zaun, dann

werfen sie Steine auf uns, Mist uns ins Gesicht und Sand
in die Augen, daß uns zu entrinnen schwer wird. Die Steine,
die der College sieht, sind nicht Trümmer der Scheidewand.
Sie steht noch fest, die Steine wurden frisch dazu getragen,
daß keiner von uns nahe. Ja, jene früheren Tage waren
schlimm und bitter, aber die heutigen sind noch viel ärger.
Damals befanden wir uns in einem Ausnahmezustande, aber
wir hatten unser Recht und die Menge wußte, daß dieses
Recht uns schützte und niemand wagte, dieses geringe Recht
anzugreifen. Jetzt aber verfährt jeder nach Belieben mit uns.
Damals hatten wir unter den Großen nicht viele Feinde, die
meisten von ihnen, Fürsten und Minister, hatten Mitleid mit
uns, sprachen für uns, suchten uns aufzuklären, munterten
uns zu Bildung und Wissen auf, freuten sich unserer Einsicht
und lobten offen unsere Fähigkeiten, um uns Muth zu machen.
Jetzt aber haßt uns jedermann, all ihr Sinnen und Trachten
geht nur dahin, uns von der Bildung abzuschneiden und ver=
ächtlich zu machen. Und wie viel übler ist unsere Lage jetzt,
als damals! Damals in unsrer Erniedrigung lernten wir von
Kindheit an, standesgemäß uns ernähren und ernährten uns
auch für's ganze Leben. Jetzt aber schwärmen wir in unsrer
Jugend einem Irrlichte nach, hoffen, einst in Palästen zu
wohnen und finden, herangewachsen, auch die allergewöhnlichste
Wohnung nicht. Damals in unsrer Verachtung fanden sich
humane Menschen, die dem Volke zuredeten, uns zu toleriren,
Milde an uns zu üben; sie entschuldigten unser abstoßendes
Aeußere, unsere krummen Wege damit, daß sie selbst uns ge=
waltsam dazu gezwungen, sie prophezeiten uns und den Christen
eine bessere Zukunft, sobald wir aus dem Joche wären. Jetzt
aber hört man nirgends etwas von Milde und Toleranz,
sondern von Anfeindung und Rachegefühl, und all ihr Streben
geht nur dahin, uns fern zu halten. Damals hatten wir
wenigstens Hoffnung, jetzt aber ist auch diese vereitelt. Und
doch finden sich Verblendete unter uns, die sich nicht schämen,
vor aller Welt zu behaupten, daß damals die böse Zeit war,
jetzt die gute angebrochen ist. Erfreut Euch nur immerzu an
der guten Zeit, wenn sie nur gut für Euch ausfällt. Doch
was reden wir mit Blinden! Wissen wir doch, daß Blinde
die Wand nicht sehen und erst, wenn sie anrennen und den

Kopf anschlagen zur Einsicht gelangen, daß sie noch nicht ein=
gefallen."

„Und was gedenkst Du nun zu thun?" fragte der Arzt,
nachdem er sich überall umgesehen, ohne daß einer Jakubovicz
eine Antwort gab.

„Ich? Bin ich denn ein Wegeführer? Habe ich denn
eigene Gedanken ausgesprochen? Ich bin ja nur das Echo
jenes Schriftstellers, mit dessen Worten ich zu widerlegen ver=
suchte. Wollt Ihr einen Rath, dann geht zu ihm und achtet
auf ihn, wenn er Euch anspricht."

Die Versammlung theilte sich in Parteien und jeder sprach
seine Meinung aus. Die einen sagten, man brauche keine
Belehrung von einem Manne, der die Dinge auf den Kopf
stelle, der Jugend von der Bildung abrathe und ihr böse Tage
prophezeie, die nie eintreffen könnten. Der Geist der Bildung
steige immer höher und werde nicht wieder sinken, das Rad
der Zeit gehe nicht rückwärts, sondern immer weiter vorwärts;
wer nicht mitgehe, trage selbst die Schuld. Gegen diese
Meinung erhoben sich Einzelne, welche auf der Seite von
Jakubovicz standen. Sie redeten hin und her, bis der Arzt
seine Ansicht dahin aussprach, daß auch sie von jenem Schrift=
steller nicht gerade Belehrung nöthig hätten, daß es ihm
jedoch recht und schicklich scheine, hinzugehen und ihm Auf=
merksamkeit zu erweisen. Und als auch Hagrovicz dazu
beifällig genickt, wurde beschlossen, es an dem angehenden
Feiertage öffentlich zu thun.

II. Täuschung auf Täuschung.

Hagrovicz taumelte rückwärts und wäre bald vom Sessel
gefallen, als er zufällig in den kleinen auf dem Tische stehenden
Handspiegel sah und bemerkte, wie verstört er aussah. Auch
der Spiegel, sein alter Kumpan, seit er hier zu Wirthe war,
auch der zeigte das alte Gesicht nicht mehr. Immer hatte er
ihn angelächelt, und erst heute Morgen, als er aufgestanden
war, sich gewaschen, angezogen und rasirt hatte, um der Haus=
frau den Ostergruß zu bringen, war er vor ihn getreten und
strahlend hatte dieser seine Gestalt zurückgeworfen und nach
der Visite, mit höher gerötheten Wangen, war er wieder
lange vor ihm gestanden; denn ihn und das ganze, ihm

eigentlich völlig fremde Haus hatte er, seit er hier wonte, äußerst lieb gewonnen — da, vor einer Stunde brachte der Postbote zwei Briefe, die alles um ihn herum verwandelten. Freilich nur in seiner Phantasie, sonst war ja alles unverändert. Nun aber belehrte ihn ein Blick in den Spiegel, daß sich sogar sein Antlitz, das er so genau, so eingehend kannte, seine schöne Miene ins Gegentheil verzerrt hatte — was war es denn?

Seit er vor vier Jahren die Universität in der Residenz bezogen hatte, lebte er hier. Die Hausfrau, eine noch schöne Dreißigerin, eine Generalswittwe, hatte ihn lieb gewonnen, nicht nur weil Gestalt, Gang und Bewegung an ihm einnehmend waren, sondern auch wegen der in seinem Zimmer, wie sie es bei einem Juden gar nicht für möglich gehalten, herrschenden Ordnung und Reinlichkeit. Nein, verbesserte sie sich schnell, um ihn nicht zu kränleu, als sie ihm einst sein Lob ins Gesicht sagte, nicht bei einem Juden, bei einem Studenten! Diese seine Liebe für Ordnung und Reinlichkeit und sein dafür eingeerntetes Lob machten ihn erst recht peinlich, auf Ordnung im Zimmer zu halten. Nie rührte er seinen kleinen Hausrath an oder bewegte ihn von der Stelle. Und hatte ihn ein böser Zufall ein Sandkörnchen oder ein Stäubchen ins Zimmer bringen lassen — das kam höchstens einmal im Jahre vor, da er immer geraume Zeit an der Treppenbürste zubrachte — danu schloß er sich im Zimmer ab und reinigte den Fußboden mit dem Taschentuche, bis er wie früher glänzte. Dies hielt ihn auch ab, Collegen, selbst christliche, zu sich zu laden. Und wollte ihn der eine oder der andere im Hause aufsuchen, war seine beständige Ausflucht: Studenten kommen am besten in der Kneipe zusammen, dort bewegen sie sich frei und brauchen die Ruhe anderer nicht zu stören. Und so hielt er die Collegen vom Hause fern, obwohl er dort nicht als Fremder, sondern als einheimisch angesehen war. Bei jeder Festlichkeit, an jedem Feiertage, den die Hausfrau beging, war er wie ein Kind vom Hause dabei und war nicht nur als erster Gast, sondern wie der Herr des Hauses geachtet. Seinetwegen schaffte sie auch jenen Bojaren ab, der bei ihr wohnte, als er Hagrovicz gereizt und eine schallende Ohrfeige davongetragen hatte. Diese seine allgemeine Beliebheit freute

ihn doppelt. Alle um ihn waren Christen, Leute von Stande.
Hier sah er denn doch deutlich, wie aller Religionshaß auf=
gehört hatte, da auch er, der Jude, mit Liebe und Achtung,
wie einer der Ihrigen behandelt wurde. Und wenn ihn auch
niemand an Sprache und Lebensart als Juden erkannt hätte,
er selbst auch mit größter Behutsamkeit seine Confession ver=
barg und den Namen Jude nie über die Lippen brachte, wußte
er doch den Hausgenossen Dank dafür, daß sie ihn wie ihres=
gleichen behandelten. War das nicht ein offener Beweis, daß
nur die Juden selbst es verschuldeten, wenn man sie nicht
wie Freunde und Brüder ansah? Warum überall den Juden
hervorkehren? Warum in Manieren, Essen und Feiertagen
sich vom Christen absondern? Wozu überhaupt daran er=
innern, daß noch Juden auf der Erde und im Lande existirten?
Thäten alle es ihm nach, wäre dieser allgemein verhaßte Name
längst vergessen und alles brüderlich vereinigt. Stammte er
selbst nicht aus einem von uraltersher durch Gottesfurcht und
Gottesgelahrtheit in der ganzen Judenheit hochangesehenen
Hause? Sein eigener Vater war von seiner Kindheit an be=
stimmt, ein Licht in Israel zu werden. Doch hatte er sich
von so hochfliegenden Plänen nicht verleiten lassen und war
lieber eine Leuchte der Aufgeklärten und Gebildeten geworden.
In dieser Weise hatte er auch seine Kinder angeleitet, so daß
er mit seinem ganzen Hause als ein Hort moderner Cultur
galt. So hatte er sich denn auch stets danach gehalten und
als er her in die Hauptstadt gekommen und bei einer ange=
sehenen christlichen Dame Wohnung gefunden, studirte er noch
eingehender christlichen Brauch und Sitte und heute, als am
ersten christlichen Ostertage, machte er auch Feiertag und ein
Osterfleck und eine gefüllte Spansau auf seiner Tafel bewiesen
zur Genüge, daß er alles nach Uebung und Herkommen mit=
machte. Alles das gereichte ihm zu hoher Befriedigung und
keine bloße Förmlichkeit war sein Handkuß, als er die Haus=
frau zum Fest begrüßte und auf ihren herzlichen Spruch:
„Wahrlich, er ist erstanden!" die landläufige Antwort gab:
„Der Heiland ist erstanden!" Er fühlte sich gehoben dabei
und hoffte, daß in kurzem die ganze Judenschaft, die jetzt noch
ihr Fest für sich feierte und daher vom Christen scheel angesehen
wurde, den ganzen Krimskrams von alten Erinnerungen:

Paffahlamm, ungefäuerte Kuchen, bittere Kränter bei Seite
werfen und sich erst dann recht der vollen Erlösung und des
Einswerdens mit den Christen freuen werde. So reizende
Aussichten gaukelten an jenem Morgen um ihn; er sah nur
Schönes und Erfreuliches in der Zukunft. Wie ein Wölkchen
zog es ihm höchstens über das Antlitz, als dieser Tag ihn
erinnerte, heute sei der fünfte jüdische Feiertag; wo ja in jener
Versammlung beschlossen worden war, dem Schriftsteller die
Ovation zu bringen. Er mußte sich jetzt daran erinnern, denn
damals, als der Tag festgesetzt wurde, hatte er's im Stillen
ausgerechnet, daß er auf den ersten christlichen Ostertag fiel.
Dies paßte ihm ganz vortrefflich, denn die Hausfrau würde
danu über sein Festtagsgewand nicht erstaunen und denken,
daß er's etwa wegen des jüdischen Paffah anlegte. Darum
dachte er jetzt bei der Rückkunft vom Besuch bei der Hausfrau
an sein Versprechen, und das umwölfte ihm die Stirne. „Ich
habe mein Wort gegeben und muß es auch halten. Ziemt
es mir aber, einen Mann aufzusuchen, der alle unsre Zukunfts=
ideale so unbarmherzig zerstört? Gehe ich hin, danu beweise
ich ihm meine Hochachtung. Darf ich das aber, da er uns
wieder nach rückwärts weist und die wahre Erlösung aufhält?
Ohne ihn und seine Parteigenossen stände ich nicht mehr mit
meinen Anschauungen so allein. Nnn aber hat das Gegen=
theil sich ereignet. Collegen, die Aufklärer werden wollten,
wurden zu Finsterlingen, wollen, was sie schon Jahre lang
nicht gethan, wieder Ostern nach Judenweise abhalten, ja sogar
die Synagoge besuchen! Rückwärts wollen sie. Wohin aber
kommt es mit unseren Hoffnungen, wenn selbst die Jugend
rückwärts geht mit dem Wahne: Wir sind auch ein Volk und
feiern unser Volksfest! Nein, ich will mich nicht selbst be=
lügen, ich gehe nicht hin! Auch dieser Schriftsteller ward ein
Finsterling, der die Jugend nach rückwärts drängte, da darf
unsereins ihm keine Ehre erweisen. Er stiftet viel Unheil
durch seine falsche Unglücksprophezeiung, macht seine Anhänger
verzagt und erregt Uneinigkeit und Spaltungen. So zuver=
sichtlich giebt er seine persönlichen Eindrücke für Wahrheit aus
und die Thoren glauben ihm. Wer kann denn so bestimmt
die Zukunft vorhersagen? Die Zukunft gehört uns und unseren
Nachkommen, Narren tasten im Dunkeln. Wir werden noch

den allgemeinen Frieden erleben, Jud' und Christ vollständig
geeinigt, die Unglückspropheten aber werden sich vor Scham
verstecken. Denn vor=, nicht rückwärts geht die Zeit, Intelligenz
ist ihre Führerin, die aller Hindernisse spottet. Nein, nein!
ich gehe nicht hin. Man soll es mir einst nachrühmen, daß
ich mich diesen Rückschrittlern nicht angeschlossen habe." Und
während er sich so im Wortbruche bestärkte, brachte der Post=
bote die zwei Briefe.

„Von den Eltern!" rief er tröstlich aus; „sie begrüßen mich
zum Feste, sie feiern es doppelt, jüdisch und christlich. Es
ist eine Rücksicht auf Großpapa, mich aber grüßen sie zum
christlichen Feiertag." In diesen Gedanken erbrach er
das Couvert und entsetzte sich gleich über die ersten Worte:
„Das Telegramm hat dich sicherlich erschreckt, doch kann ich
nichts dafür." Das Telegramm? ich bekam ja keins! rief er
erstaunt und las weiter: „Ich habe es nicht aufgegeben, und
dachte: Schlimm genug, wenn Du die Sache seinerzeit er=
fährst. Aber viele drangen in mich, dich unsre Noth so rasch
als möglich wissen zu lassen, damit Du es in den Journalen
bald veröffentlichst. Auch haben wir selbst es an uns freund=
lich gesinnte Blätter gesandt, und Du weißt wohl schon alles.
Ja, mein Sohn! schlimm, sehr schlimm steht es um uns, alle
unsere Hoffnungen sind zu schanden geworden. Durch den
Telegraph haben wir es Dich doch nicht wissen lassen, aus
Furcht, man könnte es inhibieren. Brieflich will ich es aber
versuchen, vor Dir ein Gemälde zu entrollen, dessen bloßer
Anblick tödtlich ist. Am ersten Feiertag vernehmen wir, das
Voll habe vor, sich zu unserer Vernichtung zu erheben. Alles
zitterte. Wir spotteten ihrer und ihrer Feigheit, beschlossen
jedoch auf Anträge der meisten Stadtbewohner, zum Kreis=
hauptmann zu gehen und ihn um Schutz zu ersuchen. Natür=
lich stand ich an der Spitze der Deputation. Aber wie er=
schrak ich, wie schämte ich mich, da er uns erst eine volle Stunde
warten ließ und dann, als man uns in sein Kabinet herein=
gebracht, mich ansah, als kannte er mich nicht, er, der erst
vor einigen Tagen an meiner Tafel gesessen und vorgestern
Karten mit mir gespielt. Ruhig blieb er stehen und fragte
verdrießlich: „Was wollet Ihr?" Mir verschlug es dennoch
bei dieser Ansprache, und erst nach einigen Sekunden nahm ich

mich zusammen, ihm zu sagen, daß die uns zugekommene
Nachricht die meisten Stadtbewohner, da es Juden sind, in
Aufregung gebracht, daß aber ich, obwohl dem Gerücht nicht
trauend, die feste Ueberzeugung habe, der Herr Stadthaupt=
mann werde uns beschützen, trotzdem aber, der allgemeinen
Beruhigung wegen, das Vermittleramt übernommen habe.

„Was habt Ihr Euch denn vorgestellt?" rief er zornig;
„meint Ihr, noch ungestraft das Blut der Christen zu sangen?
Ihr wollt immer die Herren spielen, immer höher steigen und
das Volk durch jeden Lug und Trug gegen diese Harmlosen
immer tiefer herabdringen? Das Vermögen einfältiger Bauern
soll Euch zukommen, damit Ihr durch Kniff und Pfiff immer
reicher werdet? Das Volk hat es endlich satt, Euch mit
Eurer Tücke zu ertragen, und wenn es Euch sein Gut wieder
abnimmt, ist es ganz im Recht. An ihm habt Ihr Euch be=
reichert, Euch geschieht ganz nach Verdienst!" Dabei ging er ins
Kabinet und verabschiedete die Deputirten hinaus. Wie tausend
Donner hallte mir seine Stimme ins Ohr und Millionen
Feuerfunken stoben in allen Farben mir um die Augen, ich
war wie außer mir. Im ersten Augenblick erfaßt mich Gram,
und um ein Haar hätte ich mich tigerartig auf ihn gestürzt
und ihm den Garaus gemacht. Seine letzten Worte jedoch
kühlten mich schnell ab; ich zitterte wie ein Espenblatt und
konnte kaum auf den Füßen stehen, geschweige denn ant=
worten. Statt meiner redete Josizonicz, und seine sanfte
ruhige Sprache brachte mich noch mehr außer mir. Wie? ich
zitternd und wortlos dastehend, während Josizonicz, der all sein
Lebtag geschachert und Talmud gelernt, unerschrocken und
ruhig redete? Dies waren seine letzten Worte: „Von Dir
also haben wir nichts zu erwarten, so bleibt uns denn nur
übrig, in der Residenz Hilfe zu suchen." Darüber war der
Stadthauptmann empört, stampfte mit den Füßen und rief:
„Wagt Ihr das, dann mache ich mit Euch allen ein Ende!"
Doch blieb ihm Josizonicz die Antwort nicht schuldig. „Ob
Du," sagte er, mit uns ein Ende machen kannst oder nicht,
weiß ich nicht, soviel jedoch ist sicher, daß der Schutz der
Stadt Dir obliegt. Giebst Du sie auf und sagst es offen
heraus, so danken wir vom Herzen; denn der Juden sind
mehr als der Christen, und das Blut Deiner Brüder werden

jene zu verantworten haben, die die Stadt in Aufruhr ge=
setzt und ihre Pflicht nicht gethan. Ohne Zweifel werden die
Ruhestörer uns viel Böses anhaben, rauben, plündern, morden;
aber auch wir werden uns nicht verstecken, sondern uns ver=
theidigen und den Feind zurückschlagen." Obwohl der Fürst
vor Zorn an allen Gliedern bebte und er die weitere Drohung
ausstieß, er werde jeden Juden hängen lassen, den man mit
einer Waffe ergreifen würde, sprach er doch: „Geht Ihr nur
nach Hanse. Das Volk hat ganz recht, es Euch heimzu=
zahlen, und wenn ich's nicht zulasse, so geschieht es nicht
Eurethalben, sondern weil ich Aufruhr nicht mag. Geht nur
nach Hanse, ich verbürge mich für die Ruhe der Stadt." —
Am Abend jenes Tages fing es an. Sie kamen überall hin,
rissen die Häuser nieder, ohne einen Stein auf dem andern
zu lassen, zerschmetterten, zersetzten, was ihnen in die Hand
kam und was zu schwer war, um es wegzutragen. Sie
wütheten die ganze Nacht und den darauf folgenden Tag.
Kein Mensch kam uns zu Hilfe, kein Polizeimann, kein Soldat.
Nur wo Juden sich zum Schutz ihres Lebens und ihrer
Häuser zusammenfanden, da, als hätte der Abgrund sie plötz=
lich ausgespieen, waren Polizeimänner da, sie wegzujagen oder
zu fesseln. Und so ging's von Haus zu Haus mit Ver=
wüsten, Niederreißen, Schlagen und Verwunden; ganz offen
auf der Straße wurde jede Schandthat verübt. Auch über
unser Haus fielen sie her, rissen es nieder, plünderten alles
darin, selbst Rahel raubten sie den Schmuck vom Halse und
es wäre ihr noch schlimmer ergangen, wären nicht die Nach=
barn ihr zu Hilfe geeilt und hätten sie im Keller eingeschlossen.
Dasselbe geschah mit Deiner Mutter und den Kindern. Der
Keller bot Schutz, denn seine Eisenthore leisteten den Mördern
Widerstand. Zwei Tage und zwei Nächte haben sie ohne
Speise und ohne Trank dort zugebracht. Ich wurde, nach=
dem ich mich mit dem Gesindel herumgeschlagen, erschöpft und
ohnmächtig ins Nachbarhaus gebracht. Doch waren meine
Wunden nicht lebensgefährlich, nur die gebrochene Hand that
mir noch weh. Alle 40 Verwundeten sind es mehr als ich,
zwölf sind den Wunden erlegen, außer dreien, die man auf
der Straße umgebracht. Bei uns blieb kein Sessel ganz;
nicht Fenster und Thüren nur sind zertrümmert, auch das

Dach ist abgedeckt. Für jetzt wohnen wir, ich, Deine Mutter
und Deine Schwester, beim Großvater, gegen den sich keine
Hand rührt. Er, sagten sie, habe niemandem etwas zu leide
gethan, im Gegentheil armen Christen viel Gutes erwiesen.
Durch ihn wurden manche mit ihren Häusern verschont. Denn
unerschrocken ging er mitten in der Verwüstung hin und her
und redete den Mordgesellen zu, nicht alles zu Grunde zu
richten. Und so oft er ihnen zurief: „Nehmet doch dieses
lieber für Euch, als daß ihr es verwüstet und niemand etwas
besser hat," riefen sie hurrah! nahmen, was sie nur nehmen
konnten und ließen das Uebrige stehen. Und erst nach zwei
vollen Tagen, als nichts mehr da war zu verwüsten und die
Räuber müde geworden waren, sah man bewaffnete Polizei
und Soldaten auf den Straßen, um die Ruhe wieder herzustellen.

„Was soll ich dir noch schreiben, mein Kind? Du fühlst
gewiß, was ich fühlte, als ich meine Brüder, 20 000 Menschen,
darunter Frauen und kleine Kinder, buchstäblich in den Koth
treten sah, mein Weib, meine Kleinen wie Thiere in den
Keller gesperrt, ohne Licht, Matratze, Decke, Essen und Trinken,
meine Tochter in der Hand von Mördern, die ihr den Schmuck
und fast auch die Ehre raubten, mein Haus auf den Grund
zerstört und alle Habe unwiederbringlich dahin, mich selbst in
der Gewalt von Todtschlägern, deren Mitleid ich wahrlich
mein Leben nicht zu danken habe. Doch all dies ist noch
nichts gegen mein schauderndes Entsetzen beim Anblick der
Räuber und Plünderer, die baarhaupt, die Blöße nur mit
Hemd und Hose bedeckt, mit weit vorgerecktem Hals, im Lauf-
schritt entblößten Arms zu Hunderten dahergingen, hurrah
brüllend, als ging's zur Plünderung einer eben im Sturm
eingenommenen Festung, Mord, Blut und Rausch aus dem
Antlitz stierend, die Augen wie Raubthiere blutunterlaufen und
vor ihnen hergejagt von Haus zu Haus, von Straße zu
Straße Schaaren Unschuldiger, Angst und Schrecken im Gesichte — ein Bild, wie es die Hölle selbst so scheußlich nicht
malen könnte; alles Edle, alles Heilige erbarmungslos nieder-
getreten, zarte Mädchen vor ihren Eltern erdrosselt. Dieser
Anblick hat mich vollends niedergeschmettert; denn ich sah nicht
nur Räuber und Mörder, nicht nur Hohn des Rechts und die

Angst der Unschuld vor mir, ich sah, daß es keine Menschen
bei uns giebt, Bestien sind's, so man nur ihren Käfig öffnet.
Meine ganze Lebenshoffnung und Lebensaufgabe, Jud' und
Christ näher zu bringen, ist im Schlamm von Mord und Un=
zucht erstickt; denn vermöchten wir auch, eine solche Annähe=
rung zu Stande zu bringen, wir dürften es nicht, denn Raub=
thiere wären dann unsere Freunde, Drachen unsere Brüder.
Nicht nur Proletariat und Gesindel war dabei, auch Bürger,
auch Adelige in Menge; der Mann, der Rahel's Schmuck ge=
raubt, ist von hohem Hause, den ich kenne, wie Du ihn erkennen
würdest. Nicht der Verlust von Haus und Vermögen, nicht
Ehre und Einfluß, die mit mir zu nichte geworden, grämen
mich, das kommt ja alles im Leben vor! Daß aber all das
im Straßenraub ungestraft von Leuten verübt werden konnte,
denen ich mein ganzes Leben geweiht, sie Brüder nennen zu
dürfen, das kann ich nicht verschmerzen. Meine Ideale sind
für immer zerstört. — Bis zum heutigen Tag hatte ich ein
festes Ziel vor Augen; jetzt aber seh' ich's ein, daß es Blend=
werk war. Von diesem Schmerz erhole ich mich nicht mehr.
Der Trost und die Rechtfertigung früherer christlicher Freunde
sind sehr dürftig, leidige, mir nur allzubekannte Lüge und
Heuchelei.

Tröste Dich, mein Sohn! In kurzem bin ich wieder her=
gestellt, dann berufen wir Dich vielleicht zu uns und wir gehen
zusammen ins Ausland, um wieder ein bischen Athem zu
schöpfen."

Von Granen überrieselt nahm sich Hagrowicz, als
er ausgelesen hatte, beim Kopf, wie einer, der in seine Woh=
nung kommt und sie einen Raub der Flamme findet. Wie
einer, bei dem es nicht richtig ist, rannte er im Zimmer hin
und her, vergaß für einen Moment sogar die Hausfrau mit
ihrer Ordnungsliebe, trampelte auf dem schönen Teppich und
auf dem erst gestern spiegelblank gewichsten Fußboden; auch
den vielen Hausrath auf dem Tische ließ er nicht in Ruhe,
nahm jetzt ein Gefäß und betrachtete es genau und stellte es
anderswo hin, als hätte er keine andere Absicht, als alles im
Zimmer von unterst zu oberst zu kehren. Plötzlich, wie über
sich selbst erschrocken, schloß er die Thür ab, setzte sich nieder,
setzte die Ellendogen auf den Tisch und drückte das Gesicht

in die beiden Handflächen und saß lange besinnungslos da.
Gedanken und Empfindungen wogten zahllos in ihm, aber
alles wie verschleiert, er erkannte nichts. Er fühlte tiefen
Schmerz und Seelenqual. Ob des Vaters Wunden, der Ver=
lust seines häuslichen Herdes es ihm angethan, ob die so
schreckliche Auslegung seines Traumes von der Einigung der
beiden Glaubensbekenntnisse, nicht wie er es gewollt, sondern
wie jene, die er meist seinem Volke als Muster hingestellt, ob
Reue an ihm nagte, weil er die Warnung der Einsüchtigen
nicht beachtet; ob Scham über seinen Vater, der anderen
Sinnes geworden, wie ein Weib verzweifelte, nicht mehr den
Muth hatte, vorwärts zu gehen, sondern erschrocken zurückwich
und wie ein fanatischer Finsterling redete — er wußte es
nicht, wollte es auch damals nicht wissen. In ihm jagte eins
das andere, seine Entwürfe flatterten in wilder Flucht über
sein Antlitz, keinen konnte er fest ins Auge fassen; nur eins
fühlte er: Das Herz that ihm weh, der Körper schmerzte ihn,
wie zerschlagen von jenen Geschehnissen. Allmählich aber be=
ruhigte sich sein Gemüth; in die Vergangenheit blickend, gingen
in Wechselbildern sein Vaterhaus und was darin einst lebte,
alle Jugend=Erinnerungen und sogar die Zeiten vor seiner
Geburt gingen an ihm vorüber. Denn oft hatte er seine
Eltern in seiner Knabenzeit ihr Vorleben erzählen hören und
es hatte sich, als ob er's erlebt, tief in ihm eingegraben.
Das Haus seines alten Großvaters, das größte und schönste
der Stadt, und sein alter Großvater selbst stand lebendig vor
ihm — ein hochgewachsener Mann, mit tief herabwallendem
Bart und sanfter einnehmender Ruhe, bei dem Jud' und Christ
sich Rathes erholten und Hilfe begehrten und die ihm alle
anhingen bis auf seine Stiefmutter, die in seinem Hause kein
Behagen fand, wie sie es zeitweilig selber gestanden, weil er
von strenggläubiger Gottesfurcht war und in seinem Hause das
ganze Ceremonial und Ritual mit allen seinen Geboten und
Verboten in vollster Blüthe standen. Das fühlte die schöne
Frau aus reichem Hause als harten Druck. Bei ihrem Vater
beugten Fürsten das Knie vor ihr, sie wuchs in Reichthum
und hoher Ehre auf, Adelige und begüterte Freiherren waren
ihre Hausgenossen. Ihr Vater baute für die Regierung und
stand mit den Ministern immer im innigsten Verkehr. Dabei

war er freigebig im Uebermaß, lieh Völkern und Gewalt=
hadern und verlangte auch gar nicht strenge Rechenschaft von
ihnen. Liquidirte er dann bei der Regierung seine Forde=
rungen, fanden auch sie alles in bester Ordnung und ohne
jeden Haken. Ihre Tage vergingen ihr unter Gelagen und
Lustbarkeiten, in Unterricht, in Studien, die gut bei ihr an=
schlugen und worin sie Ruhm erntete, besonders in der Kunst des
Gesanges, mit dem sie Seelen fesselte. Das alles sagte man
ihr ins Gesicht, und wenn man auch in ihrem Vaterhause
nicht offen das Gesetz verletzte, kam es denn doch vor, daß
sie am Sabbath ohne ihres Vaters Wissen die Harfe spielte.
Oder sie war christlicherseits zu einer Festlichkeit geladen und
fragte nicht viel, ob das Fleisch auch rituell eingesalzen worden,
wie sie auch nicht gewissenhaft sich davon überzeugte, ob der
Partner im Tanz ihres Glaubens sei. Auch davon wußte
ihr Vater nichts, klärte ihn niemand auf; denn alles im
Hause wußte, daß, wer sich so etwas unterfing, vom Haus=
vater mehr zu erwarten hatte, als ihm lieb war. So ge=
schah es einst, als einer aus der Familie, ein frommer Mann
der Talmudlehre, den Söhnen, den Mädchen etwas als gegen
die Religion verwies. Gleich war er draußen und kam nie
wieder ins Haus. O Mardochai Eger war gar fromm, aber
wie er von seinen Geschäften niemandem Rechenschaft gab, so
rechnete er es auch jedem als unverzeihliche Sünde an, der
sich zwischen ihn und seinen Gott einzumischen wagte. Und
so fühlte seine Tochter in ihren Mädchenjahren im Vaterhause
nicht die geringste Beengung, und nur aus Liebe zum Vater
und aus Achtung vor ihm verschloß sie ihr Ohr dem Liebes=
geflüster ihrer vielen Eroberungen, die alle hoch und theuer
schwuren, sie müßten sterben aus Liebesgram, wenn sie nicht
mit einem Worte sie erlöste. .... Beim Schwiegervater jedoch
fühlte sie überall Schrecken, dort wachten offene Augen über
den Wandel eines jeden im Hause, über Vater und Kinder.
Sie hätte auch gewiß bald Abhilfe geschafft, wenn sie nicht
ihren Mann so sehr liebte, den Christen an Wohlgestalt, den
unvergleichlich vernünftigsten unter allen Männern, die sie ge=
sehen. Dieser trug sie auf Häuden und tröstete sie im Stillen
mit dem baldigen Ende dieser Gefangenschaft, da er bald sein
eigenes Haus aufzurichten gedachte, wo sie niemand über=

wachte. Auch hielt er Wort, richtete in seinem Hause alles
christlich ein, fragte nicht viel nach Sabbathfeier, nach
rituellem Vorgehen im Essen und Trinken. Und obgleich er
dies seinen Eltern verheimlichte und sie nicht wagte, dem
Schwiegervater zu gestehen, daß im Hause nicht nach Vorschrift
geschehe, wußte der Greis doch alles. Und seit er sich trotz
allem Zureden seiner Schwiegertochter weigerte, zu Tische zu
kommen, that sich gleichsam eine Kluft zwischen dem Greis,
seinem Sohn und seiner Schwiegertochter auf. Diese Kluft
wurde täglich größer, denn bei seinem Sohne huldigte man
den Fortschritt, die Frau warf immer mehr die Maske ab
und verführte auch den Mann, bis er sich den Bart scheeren
ließ und am Sabbath christliche Gesellschaften gab, Juden gar
nicht mehr zu Besuch kamen; man ging offen, kochte und
rauchte. Lange trauerte der Greis trostlos wegen seines
Sohnes und wollte sich nicht mit ihm versöhnen. Als ihnen
aber dieser ihr Sohn geboren wurde und die Mutter ihr Verlangen laut werden ließ, ihn nicht beschneiden zu lassen, da
hielt er mit dem Zorn an sich und besuchte seinen Sohn, um
ihn von diesem gefahrvollen Schritte fern zu halten. Seine
Schwiegertochter kam seinem Begehren nach und beruhigte ihn
mit der Versicherung, daß ihr so etwas nie eingefallen sei
und sie es nur gesagt habe, weil sie, die sich so herzlich gesehnt,
ihn wiederzusehen, hierin das einzige Mittel gesehen, ihn ins
Haus zu dringen. Da leuchteten dem Greise die Augen, und
erst, als sie zum Bundesfestmahl funkelnagelneues Geschirr
kommen ließ, da sie für die rituelle Zulässigkeit des alten
nicht stehen könne! Die ganze Stadt rühmte ihre Klugheit,
die Aufgeklärten wie die Orthodoxen, denn inzwischen war
unter den Jüngeren die Zahl derer immer mehr gewachsen,
die ungescheut das Gesetz übertraten, und die meisten betrübten
überdies noch die Eltern durch Hoffart und Uebermuth; da
war dann die Schwiegertochter des Salomon Hagrowicz ein
Muster von klugem Takt, da sie nicht so weit ging, wie
die anderen jungen Frauen. Alles dieses, was Hagrowicz in
seiner Kindheit hatte erzählen hören, ging jetzt an ihm vorüber, und sein Herz hob sich stolz bei der Erinnerung an
seine kluge Mutter. Auch an den Frieden dachte er, den
Großvater und Mutter nach langem Streit geschlossen, da er

17

den Knaben in jüdischer Weise unterrichten lassen wollte, sie
aber sich dessen weigerte und ihn in eine christliche Schule
zu schicken beschloß. Der Ausgleich bestand darin, daß der
Knabe die christliche Schule besuchte, ein jüdischer Lehrer aber
ihn im Hebräischen und im Talmud unterrichtete. Auch an
die Geschenke mußte er denken, die sein Vater in großer Zahl
vertheilte, als er bereits ein Kapitel der Schrift oder einen
talmudischen Abschnitt vortragen konnte, und das Lob, das er
allenthalben über sein talmudisches Wissen zu ·hören bekam,
was ihn zum Lernen anspornte, obwohl die Mutter ihn dar=
über nie lobte, auch keinen, der zum Besuch kam, aufforderte,
ihn darin zu prüsen, wie sie es in den Sprachen und Profan=
wissenschaften that. Alle diese Einzelheiten beschäftigten ihn
jetzt und sein Konfirmationstag, wo er zum erstenmal in der
Synagoge den Propheten vortrug und Großvater ihm die
Phylakterien gab und ein schönes Konfirmationsgeschenk dazu...
Wo sind die Phylakterien hingekommen? Das Präsent besaß
er noch heute. Ruhe und freundliches Behagen umgaben ihn
überall, große Achtung kam auch auf ihn durch diejenige,
welche Großvater genoß, da in der ganzen Vaterstadt sich
niemand fand, nicht Jud' noch Christ, der ihn nicht auf
Händen getragen hätte. Wie oft, wenn sie allein waren, be=
theuerte die Mutter dem Vater, der Greis komme ihr wie ein
überirdisches Wesen vor. Als sie damals verarmten, weil sie
bei einem der Großen in der Stadt um ihr Vermögen ge=
kommen waren, suchte sie es zu verheimlichen und bat nie um
Unterstützung, und als sie dann nur von seiner Beisteuer lebten,
sprach er nie ein Wort über Glaubenssachen. Das konnte sie
nie vergessen, auch als ihr Mann Finanzverwalter in der
Provinz mit hohem Gehalte geworden war, und er auf des Vaters
Güte nicht mehr angewiesen war, da schärfte sie den Kindern
erst recht ein, ja vor Großpapa den Sabbath nicht zu entweihen
oder von Schweinefleisch und dergleichen vor ihm zu sprechen.
Dies alles stand jetzt vor ihm, auch seine vielen christlichen
Freunde, die er hatte, und wie er beim Lehrer M. wie ein
Kind vom Hause gehalten wurde, auch Anna's gedachte er,
die ihn wie einen Bruder behandelte, und plötzlich, fünf Jahre,
seit er sie nicht gesehen, sehnte er sich nach ihr. Wie?
Fünf Jahre schon? Schien es ihm doch schier ein Tag ... Und

da blickte er in den Spiegel und war tief erschrocken. Wieder
stand er auf und redete mit sich: „Nein, nicht so! nur eine
Bande beschäftigungsloser Proletarier hat dies angestiftet; das
christliche Volk ist gut und sanft, wo giebt es ein Land in der
Welt ohne Proletarier? Die Gerichte werden ihnen das Hand=
werk schon legen. Aber wie? Mein Vater, eine Zierde der
Menschen, mein Vater, zu dem der Statthalter einmal sagte:
Wären alle Juden wie du, hätten wir schon längst Ruhe und
Frieden im Lande; worauf mein Vater zu erwidern sich ein
Herz nahm: Wären alle Christen so, dann wär' es noch besser,
was jeder lobte, der diese Antwort hörte — ein solcher Mann
in der Haud von Einbrechern, und der Kreishauptmann, der
ihn so beschimpfte! O Friede und Verträglichkeit müssen auf
sehr schwachen Füßen stehen!" sagte er zu sich und seufzte und
setzte sich an den Tisch und wollte des Vaters Brief noch ein=
mal lesen. Da bemerkte er erst, daß ein zweiter Brief von
seiner Mutter auf dem Tische lag, den er gar nicht gesehen. Voll
Begier riß er schnell das Couvert auf und las: „Theures
Kind! Es thut mir leid, daß man Dich mit der dösen Nach=
richt betrübt. Auf mein Verlangen ist es nicht geschehen, denn
ginge es nach mir, so hättest Du von der ganzen Sache nichts
erfahren. Wozu auch von einem bösen Zufalle reden, der ge=
wiß wie eine Wolke spurlos vorübergehen wird. Erfährt man
aber christlicherseits, daß wir die Nachricht im ganzen Lande
verdreiten, danu haden sie erst ein Recht, uns wegen öffent=
licher Verleumdung zu hassen. In Wahrheit schämen sie sich
des Treibens einiger Proletarier. Und hätte dieser bitterböse
Zufall nicht deinen Vater so tief bekümmert, ich würde ihn
nicht einmal erwähnt haden. Allein Dein Vater ist plötzlich
ein anderer geworden; die Furcht lastet schwer auf ihm. Wir
sind ja doch nur Juden, und wenn wir von Wissen und
Bildung noch so viel erworben, so reicht das doch nicht hin,
unsere Verzagtheit durch etwas mehr Muth zu stählen.
Möchtet doch Ihr, die Söhne eines künftigen Zeitalters, glück=
licher als wir sein! Dein Vater schwelgt förmlich in furcht=
baren Vorstellungen, hat seinen Glauben an Aufklärung und
Vereinigung abgeschworen und prophezeit nur Schlimmes für
die Zukunft. So ganz hat der Schrecken ihn überwältigt, daß
er versichert, Dinge, die gar nicht existiren, mit Augen gesehen

zu haben. Denke Dir nur: er spricht es aus, daß der Sohn des Fürsten Sejmowicz, Dein Schulkamerad, mit dem Du immer als Freund und Bruder gelebt, daß der Sohn dieses Edelmannes mit geplündert und Rahel den Schmuck geraubt. Alle meine Entgegnungen waren umsonst. Die Angst, die ihn einmal befallen, malt ihm solche Bilder vor, die ihn immer umschweben, worüber ich mich tief gräme. Ein Haus läßt sich wieder bauen und für den zertrümmerten Hausrath Ersatz finden; daß aber Dein Vater dem Zeitgeist sich so ganz entfremdet hat, das betrübt mich auf's äußerste. Darum bleibe Du fest, mein Sohn! laß Dir nicht beikommen, wieder krebsartig rückwärts zu gehen, das darf ein Mensch von Bildung nicht. Sei selber stark und suche auch dem Vater mehr Kraft zu geben, vielleicht siehst Du bald ihn und uns alle, denn wir wollen die Stadt verlassen, bis unser Haus wieder aufgebaut ist. Dein Vater sehnt sich nach dem Auslande, denn plötzlich ist ihm sein einst so geliebtes Heimathland zum Abscheu geworden. Ich und Deine Schwester wollen in die Residenz und Dich aufsuchen. Schreibe ihm, ersuche ihn hinzukommen, und zeige jedermann, daß Du mein Sohn bist. Deine Dich liebende Mutter."

„Das nenne ich Weisheit! Welch ein Weib! Ihre Seelenstärke übertrifft weit die des Vaters! Der Talmud hat in der Jugend sie nicht fanatisch gemacht, darum ist ihr Herz voll Muth und Kraft. Wie edel denkt sie! Ganz richtig, ein böser Zufall war's; ein schlimmer Geist ist über das Land gekommen, davon es bald befreit sein wird. Fiel ihm auch mein Vaterhaus zum Opfer, soll es darum aus sein mit der Bildung und dem Ruhme unseres Zeitalters? O wärst du hier, Mutter! wie wollt' ich dich küssen, als wahre Lehrerin! Du hast Geist und Muth und hast mir etwas davon mitgetheilt. Alle sollen es auch nach deinem Wunsche sehen, daß ich dein Sohn bin, geistig wie leiblich!" Dieser Brief belebte ihn wieder, daß er abermals Zimmer und Einrichtung vergaß, es nach allen Dimensionen durchschritt, die Geschirre von der Stelle rückte — und plötzlich erschrak er, wie ein beim Einbruch Ertappter. Es pochte an die Thür; sogleich dachte er an die Hausfrau, stellte die Sessel wieder dahin, wo sie gestanden, ebnete den Teppich auf der Diele, und zog sein

Taschentuch, um die Schmutzflecken der Schuhe zu entfernen. Alles dies geschah in einem Augenblick; denn als es wieder klopfte, öffnete er ruhig, als hätte er's zum erstenmale nicht vernommen. Aber er trat zurück, als er sah, daß es nicht die Hausfrau war, sondern zwei der Kollegen, die jenen hebräischen Schriftsteller aufzusuchen mitbeschlossen hatten. Erst war er verwirrt und wußte nicht, was beginnen. Dann nahm er sie bei der Hand, führte sie ins Zimmer und fragte sie: „Was führt Euch her?" Die Zwei sahen ihn ganz erstaunt an, und einer von ihnen antwortete: „Du hast wohl vergessen, daß wir heute jenes Schriftstellers wegen in die Synagoge wollten?"

„Ich habe mich eines andern besonnen, ich gehe nicht," sagte Hagrowicz.

„So? Damals hast Du uns die Hand darauf gegeben — und jetzt!?"

„Warum jetzt mehr als damals?" fragte Hagrowicz unfreundlich.

„Kamen Dir denn nicht die furchtbaren Gerüchte zu Ohr aus den vielen Städten und Dörfern, wo das Volk sich erhob, die Juden mit Stumpf und Stil auszurotten?" antworteten beide und nannten ihm alle Städte mit Ausnahme seiner Vaterstadt beim Namen. „Nicht halten sie es länger geheim, daß es mit uns zu Ende gehen soll. Was der Schriftsteller vorhergesagt, ist eingetroffen, und es könnte leicht noch ärger kommen, als selbst er vermuthete."

„Auch an diesen Orten also?" rief Hagrowicz kleinmüthig.

„Auch dort? also auch von anderwärts hast du Kunde dieser Schandthaten, und nach alle dem weigerst Du dich, mit uns zu gehen."

„Ja, nach alle dem und in Folge von alle dem," rief Hagrowicz hastig, eifrig; „mehr als je obliegt uns zu zeigen, daß wir brave Landeskinder sind. Diese Ausschreitungen sind nur das letzte Aufflackern des Hasses, bevor er für immer erlischt. Sie sind vollends ausgebrochen und also auch zu Ende. Dann strahlt die Sonne wieder auf und wir kommen wieder zu unserem Rechte; aber nun sich ereifern und Land und Bewohner wegen einiger weniger verbrecherischen Gesetzesstörer in Verruf bringen, das geht nicht an."

„Nicht einige wenige Gesetzesstörer: Das ganze Volk stand wie ein Mann auf, zu schlachten, zu morden, zu plündern," riefen beide einmüthig.

„Unter uns gesagt, gestehen wir es offen: wir haben sehr gesündigt, so daß Toleranz schwer ist. Der Christ sieht sein Vermögen in fremden Händen, in der Hand träger Wein= und Branntweinwirthe, die selbst nichts thun und sich an Andrer Fett mästen und Schätze häusen. Darf es uns wundern, wenn sie sich endlich empören und die ihnen abgenommene Beute wieder zurücknehmen, an jenen Verworfenen wieder Rache nehmen? Mögen diese aufhören, Unrecht zu thun, sie werden wieder in Gnade aufgenommen werden. Nein! ich gehe nicht mit, und auch Ihr, wenn Ihr es recht überlegt, werdet es bleiben lassen. Ihr erregt damit nur den Zorn der Christen, weil Ihr frei Eure Feindseligkeit und Euren Rachedurst zeigt. Jetzt haben wir uns zu erproben, ob wir's mit Land und Volk gut meinen und sie nicht allenthalben verschreien, oder uns selbst als Fremdlinge erweisen, denen die Schmach wohl thut." „Einer von uns rast," sagte einer von den Kollegen. „Und da wir alle heute eines Sinnes sind und auch jene, welche vor acht Tagen uns nicht zustimmten, jetzt beitraten und ihres früheren Unverstandes sich schämen und nur in Dir noch jener unholde Geist hanst, der alle die sehend Blinden und Verstockten ergriffen, darum bist Du der Rasende; zur Besinnung wirst Du erst an dem Tage kommen, wo man auch Dich Jude Ephraim und nicht mehr Herr Hagrowicz nennen wird." Sie gingen und warfen die Thüren hinter sich zu, daß die Pfosten zitterten.

„Judenpack!" schrie Hagrowicz mit zornbebenden Lippen ihnen nach.

III. Rache und Vergeltung.

Traurige Ferien verlebte Hagrowicz im väterlichen Hause; das war das frühere Haus nicht mehr, das nicht die Stille, die dort ehedem gewaltet. Da war der Mutter des Vaters Wort ein Königsgebot, dem Vater der Mutter Wunsch ein Gottesgesetz, und jetzt — von Zank freilich war die Rede

nicht, und viele Judenhäuser würden für friedlich gegolten
haben, wenn es in ihnen ausgesehen hätte, wie noch jetzt bei
Hagrowicz. Aber nur ein von Jugend auf an Dürftigkeit
Gewöhnter giebt sich mit einem Gericht von Kohl, nur ein
Obdachloser mit einer Hütte zufrieden. Der im Wohlleben
Aufgewachsene, dem der Eltern Reichthum den leisesten Herzens-
wunsch gewährt, und der, bleibt auch etwas immer unerfüllt,
Druck und Entbehrung fühlt, der begnügt sich nicht mit den
traurigen Resten und weint dem unwiederbringlich Verlorenen
ewig nach. So empfand auch Hagrowicz jetzt tiefschmerzlich
den Mangel. Sein Vater war wohl wieder hergestellt, mit
nichten aber sein Gemüth; seit jener grauenhaften Zerstörung
fürchtete er für sich, für seine Stadt, für das gesammte Judenthum. Zu Zeiten ächzte er wie ein krankes Kind, blickte um
sich, als hörte er aus der Ferne das Zetermordio einer Räuberbande und sah die Tochter entsetzt an. Doch dessen achtete
man weniger; es war eben eine Krankheit, die er ertrug, und
die seine Hausgenossen liebevoll mit ihm trugen. Allein von
Zeit zu Zeit kam der Name seines Volkes ihm auf die Lippen;
je weniger er früher in diesem Hanse gehört worden war,
desto öfter kam es jetzt vor. So oft es aber geschah, zitterte
er am ganzcu Leide. Dies war der Mutter ein viel furcht-
bareres Strafgericht, als alle die schweren Leiden dieser Tage.
Denn was hat das nächste Geschlecht zu hoffen, wenn die
Erleuchteten, die einstigen Träger der Aufklärung, wieder zur
alten Finsterniß des Ghetto zurückkehrten? Was war das für
ein Leben einer Frau wie sie, gewöhnt, Besuche zu machen
und zu empfangen, zu plaudern und Andere plaudern zu
hören, überall zu brilliren, wenn sie die christliche Haute-Voleé
nicht mehr bei sich sehen durfte? Trübsinnig war sie, wenn
sie allein ohne ihren Gemahl dasaß, gedrückt ihr Gemahl in
seiner Vereinsamung mitten unter dem Hausgesinde. Und auch
Rahel, früher voll Lebenslust mit ihren strahlenden schwarzen
Augen, auch sie seufzte zeitweilig beim Anblick des Vaters;
wie ein Schleier umwölbte ihre schöne Stirn, dämpfte den
Blitz ihres Auges. Das alles machte auf den jungen
Hagrowicz den wehmüthigsten Eindruck. Zwischen Vater und
Mutter Frieden stiften, ging nicht an; denn sie sprachen sich
nicht aus und hatten nie Streit und freuten sich heute, wie

einst, sich gegenseitig Freude zu bereiten. Dem Vater aber
den heiteren Sinn und den alten Muth wiederzugeben, ging
ganz und gar nicht an; er wußte ja doch von vorn herein,
daß man mit Trost= und Liebeswerben ihm nicht nützte. Aus
diesen Gründen fand er in den Ferien, nach denen er sich dies=
mal mit aller Macht seiner Gefühle gesehnt hatte, nicht die
gehoffte Freude. Noch angstvoller als beim Vater sah es für
ihn beim Großvater aus. Bis jetzt ging er dort aus und
ein, genoß Liebe und Freundlichkeit die Fülle; er hatte nur
die Mahnung der Mutter zu beachten, den Greis nicht da=
durch aufzubringen, daß er etwa ein Bibelgebot oder einen
alten Brauch ins Lächerliche zog. Und wenn er nun hierin acht=
sam war, wußte er, daß er nur Wohlwollen zu erwarten
hatte. Jetzt aber hörte er auch dort nur Schreckgeschichten,
Angst vor der Zukunft, Verwünschungen gegen die schamlosen
Räuber, was ihn in fortwährender Aufregung erhielt. Noch
mehr regte es ihn auf, als er vernahm, daß die gesammte jüdische
Studentenschaft eine Versammlung zu berufen beschlossen, um
Geld und freiwillige Gaben zur Colonisirung Jerusalems zu
sammeln. Auch viele von den Alten gesellten sich zu ihnen
und lobten ihr Vorhaben. Auch in Großvaters Hause ward
viel darüber geredet; er gab seine Zustimmung und einen an=
sehnlichen Beitrag. Jerusalem wieder aufbauen! Weh dem
Ohre, das solches hören muß! So fanatisch also ist dieses
Volk wieder geworden, daß es den Namen Zions und des ge=
lobten Landes wieder ausspricht! Ihr ganzes Leiden bestand
ja nur darin, daß sie sich von ihren Nachbarn absonderten und
nicht zu den Einheimischen zählten, und nun kommt die alte
Leier wieder, die Kluft noch zu erweitern und zwischen sich und
Christen eine ewige Scheidewand zu stellen. O Jahr=
hundert! wie tief bist Du plötzlich mit deinen Priestern und
Sehern gesunken! Das ist dein eignes Werk! Immer in den
Spuren Deiner Apostel wandelnd hast Du plötzlich, fast an
deine Wende, wo Du deinem Erben, dem nächsten Jahr=
hundert, zu weichen im Begriffe bist, eine Schwenkung gemacht,
umgeschlagen und alle deine Herrlichkeit in nichts zerrinnen
lassen. „Nein!“ sprach er zu sich, „ein solches Leben ist uner=
quicklich, und wie groß ist mein Schmerz, da ich weiß, daß
die Mutter mitleidet, sie, die einzige, die klar sieht, während

des Vaters Sinn wie von Todesschatten umdunkelt ist." Ergoß
er sein Herz gegen seine Mutter, so rieth sie ihm, sich Trost in
Gesellschaft seiner alten Genossen im Hause des Fürsten M.
zu suchen, da dort sein Trübsinn weichen werde. Der Rath
that ihm wohl, in jenem Hause verkehrte er noch als Kind
wie bei den Eltern, von dort kam man zu den Eltern fleißig
auf Besuch. Mit den Söhnen des Hauses ging er zusammen
in die Schule; nicht Kameraden, nein! wie Brüder waren sie
ihm, die ganze freie Zeit verbrachten sie in seinem Elternhause.
Des Fürsten Tochter nannte ihn nur immer Bruder. „Dieses
wilde Mädchen ist schon zur Jungfrau herangereift, seit
acht Jahren sah ich sie nicht; gewiß, sie ist groß und schön ge=
worden — wie wird sie mich jetzt ansprechen? Wird sie mich
wieder bei der Hand nehmen und um die Wette mit mir
laufen? . . . Dort werde ich mich erholen." . . .

Und dort erholte er sich wirklich, als die groß und schön
gewordene Jungfrau ihm freundlich zulächelte, ihm die Hand
in Freundes= und Geschwisterweise entgegenstreckte, unverholen
ihre Freude darüber aussprach, ihn in voller Reise, als Mann,
wiederzusehen. Auch ihre Mutter ließ es an Zeichen der Liebe
und Freude nicht fehlen und bat ihn, einige Tage bei ihnen
zu bleiben, bis die Söhne mit ihren Kameraden vom Felde
heimkämen, da sie gestern auf die Jagd gegangen. Zum Zer=
springen war sein Herz vor Lust, als am zweiten und dritten Tage
das Mädchen ihn einlud, sie beim Ausreiten zu begleiten, und er
ihr zur Rechten ritt über Berg und Thal, daran sein Auge
sich weidete. Seit langem hatte Hagrowicz die Schönheit der
Natur nicht gesehen. In der Residenz blüht nur das Elend,
schießt nur die Niedertracht ins Kraut; üppig steht dort List in
Halmen, die Thränen der Bedrückten sind der Wein, den
man dort keltert. Wie es aber aus dem wirklichen Gottes=
boden keimt und sproßt und wächst, das hatte er längst ver=
gessen, und so erquickte er sich an allem, was er sah. Hoch
stand der blaue Flachs und blitzte in die Sonne, so hoch, daß
er ihn und das Fräulein überdeckte, wenn sie durchritten.
Die wogenden Korn= und Weizenfelder, die reich in Frucht
standen, neigten die Häupter einander zu, als ob sie sich
treulich unterhielten und wie wellige Hügel schwankte es im
ganzen Umkreis bis ans Ende des Horizontes. Endlos

streckten sich die grasigen Weiden hin, von leuchtendem Grün
bedeckt, darin es in allen Farben wie von Edelsteinen funkelte.
Das Blöken der Heerden, das Tönen der Hirtenflöte, das
Murmeln des Baches, wenn er an die Kiesel des Ufers leise
anschlug — das alles redete nur die eine Sprache der Liebe.
Auch die Lippen des Mannes schienen sich zu bewegen und
zu öffnen, wie die eines kleinen Kindes, das dem ihm Vor=
sprechenden nachzustammeln versucht. So oft das Mädchen
durch ein Flachsfeld strich und sie jedem Blicke und der ganzen
Welt verborgen waren, regte es ihn an, ihr etwas ins Ohr
zu flüstern. Aber fühlte sein Herz auch die Sprache, die alles
um ihn her redete, vermochte er sie doch nicht dem Mädchen
ins Ohr nachzuflüstern. Er war während seines Rittes von
seinem Gefühle wie trunken. Und nach ihrer Rückkehr, als
sie zu Tische gingen — und wieder nachher, als das Fräulein
ihr Zimmer aufsuchte, um dort auszuruhen und ihm in den
Garten zu gehen rieth, und er, ihr folgend, das Paradies vor
sich sah mit dem Baum der Erkenntniß und des Lebens, aber
ohne Schlange. — Frißt doch die Schlange längst nur Staub
und kommt nicht mehr ins Paradies zu dem Baum des
Lebens? — Aber wer war's denn, der ihm ins Ohr blies: Und
wenn das Mädchen dich liebt und dir ihre Hand reicht und
die Eltern zustimmen? Dann giebt's keinen Herzens= und keinen
Familienzwist mehr, nur Ruhe und Frieden! Der Traum aller
Weisen und Propheten des Friedens und der Erkenntniß er=
füllt sich. Du genießest die Frucht dieses Baumes, dünkst dich
einen Gott und stehst als Muster da vor der ganzen Jugend
deines Volkes, die gegenwärtig ein Irrwahn erfaßt und ihren
Standpunkt verrückt hat. Nicht der Schlange Stimme war das,
sondern die des Jahrhunderts, das so freigebig mit der
Frucht des Baumes der Erkenntniß ist und hinzufügt: „Nur
festgehalten am Baume der Erkenntniß und nie nachgelassen!"
Er streckte unwillkürlich die Hand aus, als wollte er die
Zweige dieses Baumes fassen, als stände er vor ihm. Was
er jedoch dafür hielt, das stand nicht im Garten, das lag in
seinem Gemach auf dem Pfühle und redete, da es ja auch
einen nur zu reizenden Mund besaß: O, er ist schön! Für
Aug' und Herz eine gleiche Ladung, schade, daß es ein Jude
ist! Was würden meine Brüder, was Fürst Sejmovicz dazu

sagen? Er wird ihm neidisch sein — o, das ist recht! ich will ihn ermuthigen, er soll ihn beneiden, Eifersucht erhöht die Neigung . . . Was für köstliche, zum Küssen wie geschaffene Lippen! welch eine Hand, wie die der verwöhntesten Dame! ja, ich will ihn ermuthigen!"... Zischelte jetzt keine Schlange? O nein! Es war wieder nur die Stimme des Jahrhunderts, das sich im Lustgarten gemächlich erging.

Doch wenn schon in seine Herzensgedanken keine Schlange sich geschlichen, spürte er doch wie ein Gift in sich, als flammte und siedete und stürmte sein vergiftetes Blut und stieg ihm zu Haupte und fluthete wieder zum Herzen zurück und so in ewigem Kreislauf. Wie im Traum saß er da und blickte um sich, seufzend, lachend, zürnend, stand auf, setzte sich, lehnte sich an, legte sich nieder, sprang wieder auf, bis er in den Empfangs=Salon der Hausfrau gerufen wurde. Ihr Antlitz strahlte und blendete ihn . . . Er kam in ein großes Gemach mit vier Fenstern, die Wände mit Ebenholz ausgelegt, köstlich geschnitzt, vom Plafonds durch eine kranzartige Umrahmung geschieden. In der Mitte eine große Tafel mit vielen meisterlich geformten Stühlen. Ein schwerer kostbarer Teppich bedeckte den Fußboden und auf dem Tische stand ein mächtiger Samovar von spiegelndem Glanze, in welchem die angezündeten Lichter blitzten und das große vor ihm stehende Becken. Alle Geschirre auf dem Tische leuchteten und glitzerten. Das Fräulein saß auf einem Stuhle, das Haupt an die Wand rückwärts gelehnt. Als er eintrat, winkte sie ihm mit der Hand, näher zu kommen. Er setzte sich an ihre Seite, und als er ihr die Hand gab, hielt sie dieselbe fest, und fliegende Gluth durchströmte ihn vom Wirbel bis zur Zehe. An ihrer Seite wußte er nicht, ob das Sieden im Samovar oder in seinem Herzen so laut war. Bevor er den Mund aufthat, öffnete sich die Thür und seine Jugendfreunde, des Mädchens zwei Brüder, kamen nach Hause, nach ihnen Sejmovicz, auch ein ehemaliger Kamerad von Hagrovicz. Hagrovicz stammelte seinen Gruß wie trunken den Söhnen vom Hanse und dem Sejmovicz zu, und sah sie beim Sprechen nicht an. Daß die Brüder erschraken, daß Sejmovicz abwechselnd erröthete und erbleichte, ihm unsicher antwortete und eine eiskalte Hand darreichte, bemerkte er nicht, wie untertauchend in die Glanzfluth, die

aus den Augen des Mädchens bei ihrer Unterredung mit ihm
spricht. Erst als auch die Hausfrau dazu kam, jeder, ein
Glas Tschaj in der Hand, seinen Platz einnahm, die Söhne
der Mutter und der Schwester ihr Jagdabenteuer erzählten
und die Dame Hagrovicz über die Residenz ausfragte: da
legte sich die innere Wallung ein wenig; er staunte selbst über
sich und seinen bisherigen Zustand und nahm sich sehr zu=
sammen, sich wieder zu beruhigen, um alles, was mit ihm
redete, anzuhören und genau darauf zu antworten. Sejmovicz
blickte von Zeit zu Zeit Hagrovicz finster an, der rechts vom
Fräulein saß, und als das Fräulein es bemerkte, sprach sie
erst recht fleißig und ihn immer mit Lächeln ansehend mit ihm.
Die Brüder achteten nicht sonderlich des Gespräches und redeten
nur von ihrer Jagd, und kaum vom Tische aufgestanden,
nahmen sie die Mutter bei der Hand, um sie in ihr Zimmer
zu führen und ihr das erbeutete Wild zu zeigen, Sejmovicz
begleitete sie, um sehen zu lassen, was er selbst erjagt; doch
sah man ihm an, daß er's nur gezwungen that. Hagrovicz
blieb mit dem Mädchen allein, und als sie aufstand, ging er
ihr nach. Doch was war geschehen? Warum ward er todten=
blaß, bebten ihm Hände und Füße, gingen seine Augen irre
und lallten seine Lippen? Was war ihm? Auch das Fräulein
erschrak einen Augenblick, als sie ihn ansah. Sie beruhigte
sich jedoch bald, und mit leichtem Spott, der ihr die Lippen
kräuselte, sah sie ihn liebevoll an und fragte ihn: „Was hast
Du?“

„Gebieterin! edles Fräulein! rief er mit kranker Stimme;
sie aber winkte, als wollte sie ihm Herz machen, sich ganz
auszusprechen.

„Gebieterin!“ fuhr er fort mit schwerer, lallender Stimme.
„Was trägst Du auf dem Herzen?“ Sie sah ihn verdutzt an,
denn sie erwartete etwas ganz anderes; sogleich aber kräuselte
wieder leichter Spott ihre Lippen und sie antwortete: „Ei, ein
goldenes Medaillon für eine Photographie!“

„Gebieterin!“ rief er noch stärker, und in seiner Stimme
lag ein unsäglicher Kummer. „Fort, zu Boden mit diesem
Schmuck. Doch nein! berühre ihn mit Deinen reinen Händen
nicht; heraus mit ihm und tritt ihn mit den Füßen, er ist
Sünde und Schande!“ Wieder blickte sie ihn ängstlich an,

ob er nicht geistesabwesend. „Du räthselst, ich verstehe Dich nicht!" Und schnell zeigte sie wieder ein holdseliges Antlitz: „Vielleicht kränkt Dich die Photographie darin, Du möchtest die eines andern hinein geben?"

„Du begreifst mich nicht, wie weh es mir thut, das Räthsel aufzuhellen; mit tödtlicher Qual bring' ich es über die Lippen. Wisse also: Der Schmuck ist geraubt."

„Du bist nicht recht gescheidt!" erwiderte sie und trat etliche Schritte zurück.

„O wär's doch so und säh ich Dich, herrliches Mädchen! nicht geraubtes Gut am Busen tragen. Ja, dieser Schmuck wurde am hellen Tag einem Judenmädchen an jenem Schreckenstage geraubt."

„Gott sei Dank!" sprach sie, Athem schöpfend; „ich war einen Augenblick wirklich recht erschrocken!"

„Ja, so ist's," fuhr Hagrovicz fort, ohne sie zu hören; ich kenne das Mädchen, kenne den Schmuck und bezeuge, daß er ihr gehört, und daß man ihn ihr vor aller Welt geraubt."

„Was geht mich das Jud..., das israelitische Mädchen an, ob er ihr einst angehörte oder nicht? Ich bekam ihn von einem hochangesehenen Edelmanne," gab sie zurück und wehrte ihn mit der Hand ab, wie einen, der thörichtes Zeug vorbringt.

„Allein ich sage, der Schmuck ist geraubt."

„Wovon habt Ihr gesprochen?" fragte die Hausfrau, als sie das zorngeröthete Antlitz der Tochter und das von Hagrovicz sah, das Schmerz, Flehen, Staunen und Entsetzen zugleich ausdrückte.

„Dieser Herr sagt," antwortete das Mädchen, die Mutter, die Brüder und Sejmovicz ansehend, „dieser Schmuck an meinem Busen sei einem Judenmädchen geraubt worden."

„So ist es," rief Hagrovicz laut; „darum wirf ihn weg, er soll Deine reine Schönheit nicht entstellen. Der Mann, von dem Du ihn hast, ist ein Straßenräuber." . . .

Eine in allen Ecken des Hauses widerhallende Ohrfeige war die einzige Antwort auf Hagrovicz' Reden, sie kam von Sejmovicz. Wie vom Donner gerührt stand Hagrovicz da. Tausend Donner hallten ihm im Ohr, Blitz auf Blitz zuckte ihm in allen Farben vor den Augen, und außer sich hob er

die Hand zum Gegenschlage. Aber in diesem Augenblicke
packten ihn sechs Hände und wälzten ihn die Treppe hinunter.
Ein schallendes Gelächter kam aus dem Gemache, das selbst
die tausend Donner überdröhnte.

„Jude! ist Dir der Preis für den Schmuck hoch genug?
Wo nicht, ich gebe zu!" hörte man aus dem geöffneten
Fenster, und wieder ein schallendes Gelächter. Doch das vernahm der Arme nicht mehr; er war versteint. Auch daß
seine Kleider von einem Gusse aus dem Fenster über seinen
Kopf besudelt waren, merkte er nicht. Denn als wären ihm
auf einmal alle Glieder gebrochen, war er unfähig, aufzustehen,
als er sich hinausgeschleppt hatte und am Baume sich auf-
stützte, ohne mehr zu fragen, ob es der Baum der Erkenntniß
sei. Wie ohne Vernunft, wie ein Holzklotz saß er da und
starrte ins Dunkel der Nacht, ohne etwas zu denken, denn er
hatte keine Gedanken.

Längst war es still im Hause, das rohe Lachen verstummte, kein Licht war mehr durch das festgeschlossene Fenster
zu sehen; Hagrovicz ließ all das unbeachtet, als läge er in
seinem Bette, es fiel ihm nicht ein, aufzustehen und eine Lager-
statt zu suchen. Plötzlich, wie aus furchtbarer Ohnmacht
geweckt, erwachte er beim heftigen Gekläff eines Hundes.
Es war der Hund des Portiers, der um den Palast draußen
in der Runde ging, bevor er das Thor abschloß. Der Hund
sprang im Finstern auf ihn; der Portier aber verjagte schnell
den Hund und ergriff die Hände des Daliegenden, den er für
einen eingeschlichenen Dieb hielt und richtete ihn empor. Betroffen erkannte er jedoch beim Lichte der Handlaterne
Hagrovicz und wußte in der Verwirrung kein Wort der Rechtfertigung vorzubringen. Auch traute er seinen Augen nicht,
den Herrn unter einem Baume sitzen zu sehen, und so blieb
er denn stehen und kratzte sich verlegen hinterm Ohr. Auf
einmal dämmerte es in ihm und er sagte: „Ich verstehe,
Herr! ich verstehe. Du wartest hier auf eine . . . Hier ist
das Stelldichein . . . doch warum auf freiem Felde? Komm'
in mein Haus, es steht ganz leer; mein Mund schweigt wie das
Grab aller Mädchen und Junggesellen . . . Mein Zimmer
steht Dir zu Diensten."

Jetzt öffnete Hagrovicz die Augen und sah den Redenden

an, und als erinnerte er sich an das Geschehene, erschrak er, ein Schauer durchrieselte ihn, hastig griff er in die Tasche und gab dem Portier sprachlos ein Stück Geld und winkte ihm nur mit der Hand, zu gehen. Dieser sprach kopfschüttelnd: „Thue nach Belieben, aber verbringe doch nicht die ganze Nacht unterm Baume." Auch darauf antwortete Hagrovicz nicht, sondern stand auf und ging ein wenig vorwärts, und als der Portier den Rücken zum Gehen gewandt, zog er eine kleine Flinte aus der Seitentasche und lud sie. Beim Heraus= nehmen des Hedels war er ihm naß geworden. Ihm war, als komme damit neues Leben in ihm, seine Leidenschaft war auf's höchste gestiegen, er fühlte den Schmerz im Körper, und nach einem viertelstündigen Gehen im Finstern erinnerte er sich allmählich des von ihm Erlebten und blieb stehen und sprach: „Mit seinem Blute will ich die Schande abwaschen."

Zwei Stunden lang war er stumm geblieben, und jetzt konnte er nur zum zweiten und dritten Male das Eine wieder= holen: „Mit seinem Blute will ich die Schande abwaschen." Und so oft er es sagte, nahm er die Waffe und zielte gegen den Palast. Wieder vergingen Stunden, ohne daß er an etwas dachte, er suchte keine Rechenschaft seines Thuns, sondern ging im Finstern auf und ab, wie ein Wächter auf der Wacht und erwartete das Morgenlicht, um seinen Beleidiger wieder ins Gesicht zu sehen. Vor Morgenanbruch fühlte er sich ganz durchfröstelt und erinnerte sich, daß sein Oberrock im Schloß geblieben, und ohne zu wissen, warum er dabei plötzlich an das Mädchen denken mußte, überlegte er ihr und ihrer Mutter Betragen. Hatte er auch sie lachen gehört? O gewiß nicht! aber . . . nein! das war unrecht! sie, das edle Mädchen! Aber den Schmuck, einer Jüdin Schmuck, sie warf ihn nicht weg. „Es ist ein Geschenk" . . . „Hölle und Teufel!" rief er plötzlich und eilte von der Stelle und der Widerhall seines Rufes scholl aus dem Wald, „sagte der Vater nicht, daß Sejmovicz Rahel's Schmuck geraubt, aber die Mutter stellte es in Abrede, und so vergaß ich's. Sejmovicz also ist der Straßenräuber am helllichten Tage, er kommt ins Haus, von ihm nimmt sie Geschenke an und wirft sie nicht weg, auch wenn sie hört, daß es Raub ist, weil doch nur eine Jüdin die Beraubte ist. So theilt auch sie mit dem

Räuber die Beute! Ja, so sind sie alle, das ist ihre Art, ihre Weise, ihr Thun; sie haben mich mit Schimpf hinausgeworsen, sie, die Räuber! Und an einem solchen Pack soll ich mich nicht rächen. Rache will ich nehmen, einmal nur; und kniee ich dann zum Henkertode nieder, so habe ich den Trost, ihnen heimgezahlt zu haben, den Schurken und Mördern, dem Auswurf der Menschheit!" Immer stürmischer raste sein Geist, pochte sein Herz; von Zeit zu Zeit hob er die Hand nach der Richtung des Schlosses, und unaufhörlich bebte es ihm „Rache!" von den Lippen. Blutig ging die Sonne im Osten auf, kaum konnten ihre Strahlen durch den dichten Thau dringen, er ging nur immer vorwärts mit aufgewühlter zerrissener Seele. Nach und nach bahnte sich die Sonne ihren Weg durch die dichten Thauwolken, der ganze Horizont glänzte in Morgenpracht. Welch eine Ruhe lag rings umher ausgebreitet; wohin das Auge blickte, nur die Hand der reichspendenden Natur, die keinen Unterschied kennt zwischen Familie, Stamm und Sprache. Auch Hagrovicz fühlte endlich ihr Walten, er sühlte eine Abspannung und mit grenzenlosem Schmerze rief er aus: „An wem soll ich aber meine Rache auslassen? Sind sie doch alle Gauner, eine Diebs- und Räuberbande; das ist ihr Handwerk. Werde ich mit einer Schwenkung der Hand sie allgesammt ausrotten? Es ist nicht anders! alle denken sie so, dies sind ihre Anschläge gegen uns, wir irren wie eine Heerde Lämmer, wie Lämmer werden wir geschoren, wie Lämmer abgeschlachtet! Vater! wie ein Morgen steigt Deine Gerechtigkeit empor, Du siehst den eigenen Irrthum, wir haben Thorheit hinzugefügt und sehr, sehr gefehlt. Wie uns rächen? Das Lamm gegen seinen Schlächter sich erheben? Wir können uns nur verbergen oder den Hals hinstrecken. Auch Du bist nicht mein Eigenthum, sondern das unserer Feinde, nicht uns gehörst Du an" — und er wandte sich an seine Flinte — „oder bist auch Du gegen mich? willst Du etwas von mir? Sie haben es ja alle auf uns abgesehen, Du kannst mir nicht mehr Leid zufügen, als unsere Feinde. Und der große Schade, wenn du es mir angethan hast? Meine stolzen Hoffnungen, daß ich den Tod zu fürchten habe? Jammer und Tod folgt mir auf Schritt und Tritt, sollen wir selbst uns noch unseren Bedrängern anschließen? Auch das ist Sache unserer Feinde, andern oder

sich selbst den Tod zu geben. Nein! Du gehörst mir nicht!"
Und er warf sie hin und wie sie fiel, ging die Kugel unter
Krachen und Getöse los und schlug in einen Baum. Und als
hätte er seinen Todfeind angegriffen und niedergestreckt, ent=
setzte sich Hagrovicz von dem Ton und floh und eilte aus
Leibeskräften, ohne hinter sich zu blicken, der Stadt zu.

Wie er so versunken in der Tiefe seiner Gedanken daher=
ging, erwachte er mit einemmal wie aus dem Schlafe beim
Brüllen von Kühen und Meckern von Ziegen, die ein kleiner
Knabe anstried. Es war die Heerde der Stadt, und als er
hinsah, floh eben der wirkliche Hirte aus einem Kohlgarten,
wo er sich satt gegessen und auch einen Sack davon mitge=
nommen hatte, und der tief erschrak, als der Knabe ihm das
Warnungszeichen vor dem eben ihnen entgegen Kommenden
gegeben hatte.

„Wie beklag' ich dich, du Armer!" sprach Hagrovicz zu
sich, „du wurdest zu einer Zeit geboren und erzogen, wo Raub
und Diebstahl noch nicht gestattet waren; du hast noch nicht
gelernt, offen zu rauben unter dem Vorwande, daß es ja doch
dem Juden gehört. Die jetzt aufwachsenden Kinder werden
glücklicher sein, sie werden niemals wegen Diebstahls und Raubs
bestraft ... Aber Gott schütze dich", fuhr er im Selbstgespräche
fort, als er bemerkte, wie der Hirte wiederholentlich vom Zaun
zu springen versuchte und immer rückwärts fiel, „daß du dich
irgendwo anschlägst. Wegen eines Tropfens deines adeligen
Christenblutes würden sie tausend meiner Brüder hinmeucheln...
Ist die Passahzeit noch nicht nahe?" fragte er sich und sah
mit verstierten Augen nach allen Seiten herum. „Alles eins!
Wir feiern unser Passah täglich, viele Hände rüsten uns das
Fest." Plötzlich blickte er sich um, zu erfahren, wer diese
Worte gesprochen. „Wie? das sprach ich? Bin ich nicht mehr
der eingebildete Narr, der klüger sein will, als alle, die Ver=
stand reden? Ich mit der herausgelösten Zunge führe plötzlich
eine gallige und vergiftete? Weh Euch, Kurzsichtige! Das ist
die Folge Eures Thuns, ihr Frevler! Ihr reißt den Keim
des Friedens mit der Wurzel aus und säet Streit und Zank
und ewige Feindschaft und Blutvergießen. Meine Seele, mein
Leben, meinen Verstand und mein ganzes Urtheil habe ich
ihnen geopfert, und sie haben mich mit Schmach und Schimpf
zurückgestoßen. Und da wollen sie für ihre Feindschaft Liebe

18

von uns?" Ein Hohnlachen brach aus seiner Kehle, und
Spott und Seelenqual zeigten sich auf seinem Antlitze, als er
fortfuhr: "Doch ihnen liegt so wenig an unserer Liebe wie an
unserem Haß. Was kümmern sie unser waffenloser Zorn,
unsere kraftlose Rache und unsere nie zum Ausbruch kommenden
Gefühle, die, wie ein schlecht gehandhabter Bogen nicht das
Ziel, sondern den Zielenden ins Herz treffen? Wer kann es
mit diesem Gelichter aufnehmen? Auf unsere Seite sind Recht
und Gerechtigkeit — arme Schlucker, die vor einer geballten
Faust sich zage verstecken. Ha, hätten wir eine Faust statt
Recht, kräftige Arme statt Redlichkeit, dann hätte auch unsere
Stimme Gewicht. Eine Faust! ja, eine Faust, um uns auf
die eigene Backe zu schlagen, da würde uns unser Recht wider=
fahren! Wir alle ohne Ausnahme haben gefrevelt: unsere Väter
mit ihrer Zucht und Erziehung, unsere Mütter mit ihrer Unter=
weisung und wir haben dann stolz das Haupt gehoben und
unsern Ruhm darin gesetzt, vom Glauben abzufallen ... Das
hörte ich alles längst, jener klar Blickende sah das alles vor=
aus und rief unaufhörlich: Drachen und Ottern nennt ihr
Brüder und Freunde, die in kurzem die ganze Welt mit dem
ausgebrüteten Gift durchtränkt haben werden. ... Haben
wir ein Recht zu klagen? Sie thun uns viel weniger, als wir
uns selbst gethan. Sie tödten unsern Leib, während wir
längst die Seele getödtet haben und dem Winde nachgejagt
sind." ...

Einzelne wie Trauernde barfuß und gebeugten Hauptes
vorüberziehende Juden rissen ihn aus seinen Betrachtungen.
"Was? wurden sie aus ihrer Heimath vertrieben, hat man
ihre Häuser zerstört? Aber sie fliehen ja nicht. Andere
kommen nach und alle gehen nach einer Richtung. Was ist
ihnen geschehen? Die Juden trauern! Begreift ihr Aermsten
unter den Armen, wie groß Euer Unglück ist? Eure eigenen
Kinder und Enkel haben sich gegen Euch verschworen!" So
rief er ihnen nach und schüttelte sein Haupt. Lange wandelte
er, sich umschauend, durch die Straßen und trat nicht in das
am anderen Ende der Stadt liegende väterliche Haus, denn
er wollte frühmorgens den Hausfrieden nicht stören. Auch
fühlte er sich bei der Erinnerung an die Mutter beengt, denn
was soll er ihr sagen, was sie ihm antworten? Mit eins
erschrak er, denn er hörte ein furchtbares, durch Mark und

Bein dringendes Wehklagen, wie die Stimme von Tausenden, die man ermorden will. Die Stimmen von Männern, Weibern und Kindern vereinigten sich und machten die Wolken erdeben. Er erstarrte, ermannte sich jedoch schnell und rief mit gewaltiger Stimme: „Schlächter, habt Ihr wieder die Schlachtbank gerüstet? Der Brüder Stimme ist's, sie verscheiden unter der Mörderfaust. Auch ich gehöre zu Euch! Rache an den Feinden! Wo ist meine Flinte? Auch dies zu meinem Unglücke! Ich habe sie als werthloses Werkzeug von mir geworfen und doch vertheidigt sie die Bedrückten. Wie dem auch sei, sterben will ich mit diesen Redlichen; mein Ende sei wie das aller meiner Brüder, die zur Besiegelung ihres Glaubens ihr Leben hingegeben. Ich theile die Noth mit Euch!" Mit diesen Worten eilte er gewaltigen Schritts dahin, von wo die Stimmen kamen. Es war die große Synagoge der Stadt. Gewaltsam riß er die Thüre auf und seinen Augen nicht trauend sprang er zurück, als er die große Menge wie einen Todten betrauernd, auf der Erde sitzen sah, darfuß, gedeugten Hauptes, ihr Auge in Thränen ergossen und mit herzergreifender, markerschütternder Stimme betend. Noch wußte er nicht, was um ihn vorging und kam sich wie im Traum oder im Wahnsinn vor. Fast hätte er sich beredet, daß es nur ein böser Traum, ein leerer Wahn sei. Aber als hätte eine verborgene Hand ihn ergriffen und erst hoch emporgehoben, dann tief hinabgeschleudert, so warf er sich plötzlich zu Boden, zog rasch die Schuhe aus und warf sie hin, schlug mit beiden Händen auf den Kopf und ergoß sich in so heftiges Weinen, daß er alle übrigen Stimmen übertönte; ein Weinen, darob alle Herzen und die Säulen der Synagoge erdebten. Eine Stimme war's, wie die eines gewaltigen Heeresordners, von mächtigster Wirkung, denn ihm nach seufzten und wehklagten alle, bis die Kraft versagte. Der Sturm von hundert zerbrochenen Herzen todte in dem einen in hundert Stücke gebrochenen und ward zu einem Orkan, der alles und jedes mit sich fortriß. Der Jammerruf des mit Füßen getretenen und verachteten Juden stieg zum Himmel, und als hätten sie beim Verhauchen ihrer ganzen Seele eine neue Seele gewonnen und durch Erneuerung der Thränen ihre Kraft verjüngt, so wuchs die Aufregung, auch nachdem Ephraim Hagrovicz schwieg und seine Stimme, die er nur zwei oder dreimal erhob, nicht mehr

vernehmen ließ. Denn ihm war, als würgte es ihn am
Halse, er setzte sich auf die Erde, den Kopf in beiden Händen,
schaute vor sich hin und verstummte. Lange saß er da, Öde
und Vereinsamung in tiefinnerstem Herzen, da kam an sein
Ohr die Stimme eines, der sang: „Wie soll mir Trank, wie
soll mir Speise munden. Seh' deine Glieder ich geschleift von
Hunden?" Die tiefsten Seiten seines Gemüthes berührte und
erschütterte diese Stimme seines Vaters, der auch an diesem
Gedenktage der beiden Tempelzerstörungen (9. Ab) in das
Gotteshaus gekommen war, was er seit Jahren unterlassen.
Und nun blickte auch Ephraim ins Gebetbuch, und als er
mit seinen Lippen das Klagelied mitsang: „O Zion, bietest Du
denn keinen Gruß," vergossen seine Augen einen Thränen=
strom; er weinte, er hörte gar nicht auf zu weinen und fühlte
eine ungeahnte Beseeligung in diesem Weinen. Als wäre er
bisher unter Schutt begraben gelegen, der wie eine Steinlast
auf seinem Herzen drückte und nun das alles auf einmal weg=
geräumt war durch die harte Arbeit eines rasch herdeigeeilten
Befreiers, so fühlte er, daß ein Stein nach dem andern ihm
vom Herzen falle und auch sein bereits versteintes Herz von
der Stelle rücke und ein menschlich fühlendes an seine Stelle
komme. Und als er am Schlusse des Gottesdienstes auf=
stand, blickte er um sich, als sähe er eine neue Welt, eine
Welt der Liebe und Verbrüderung, vor sich; bevor er sich
jedoch aller dieser Gedanken noch recht bewußt war, trat in
seiner hohen Gestalt, mit ehrfurchtgebietender Miene sein Groß=
vater vor ihn hin, legte ihm die Hand aufs Haupt und rief
mit zitternder Stimme: Gott segne Dich, mein Ephraim!
Des Greises Antlitz, aus dem Ehrlichkeit und Offenheit
strahlten, seine Augen, in denen Thränen wie Edelsteine
funkelten, der weiße bis auf die Brust herabwallende Bart,
an dem wie Thautropfen die Thränen träufelten, seine Stimme,
in der Trost, Hoffnung und Vergebung zugleich klangen, ver=
breiteten ringsumher heilige Andacht und nicht blos Ephraim's
Vater, sondern alle Umstehenden erfaßte ein Geist der Liebe
und Milde, die Kinder mit den Eltern, die Eltern mit den
Kindern wieder zu versöhnen, und auch die übrige Jugend,
die mit ihren Eltern nur in hergebrachter Weise, ohne Herz
und Gefühl in die Synagoge gekommen war, ging bei
diesem Anblicke in sich und ward zerknirscht, und alle baten

ihre Eltern flehentlich um Verzeihung und versicherten aus
tiefster Seele, zum Horte ihrer Väter zurückzukehren und von
diesem Tage an treue Glieder ihres Volkes zu sein. So ver=
wandelte die Trauer sich in Freude, der Tag des Fastens und
Weinens zu einem hohen Feiertag für alle diese innerlichst
Gebrochenen, für Kinder und Väter.

Das sind die echten jüdischen Feiertage! Nachdem das
Volk auf das wüthendste verfolgt worden ist, nachdem man
es in den Staub getreten und es seine Thränen, sein Blut
und sein Herz hingeschüttet, dann findet es wieder Trost und
Kraft und Muth, sein Schicksal weiter zu tragen, bleibt es
nur fest auf eigenem Boden und sieht von da ruhig das
Uebrige.

Die ganze Jugend war eifrig in der Umkehr und ernst=
lich zu geloben, vollen Herzens zum Glauben zurückzukehren,
Ephraim vor allen andern. Von einem tiefinnerlichen Ge=
danken erfaßt, rief er aus: Ich habe gefehlt, ich habe schwer
gesündigt; und jetzt, da ich einsehe, was ich verbrochen, will
ich meinem Volke ein Opfer bringen, um das zu versöhnen,
was ich euch gethan — ich will in das Land ziehen, die
Wiege unserer Jugend, die ewige Wonne unserer Hoffnung —
„O trügen Flügel mich zu jenen Orten, der Seele tiefsten
Frieden fänd' ich dorten."

„Wie das, mein Sohn?" fragte sein Vater, der bisher
still und zitternd dagestanden.

„Ich halte mein Wort! ich versprach, an unsern Feinden
Rache zu nehmen und rächen werde ich mich. Mein Leben,
meine Kraft, meine Unschuld und Redlichkeit habe ich den
Feinden geopfert; mein ganzes Verlangen und Bestreben war,
uns mit ihnen in Liebe und Brüderlichkeit zu vereinigen, die
Vergangenheit zu vergessen und Aug und Herz nur der einen
gemeinsamen Zukunft zuzuwenden. Ja, wir selber wollten den
Namen Jude nur der Liebe und des Friedens Willen ausrotten.
Sie aber wollen uns nach alter Gewohnheit mit Grausam=
keit und Mord wirklich vertilgen. Dies daher meine Wieder=
vergeltung: So lange ich lebe und athme, will ich Kraft und
Dasein dem Wiederaufbau Israels widmen, das verlorene
Volk wieder zum Selbstbewußtsein zu bringen, ihm Kraft und
Muth einzuflößen. Keine Noth, kein Unglück soll mich davon
abdringen. Und jeder meiner edlen Jugendgenossen wird mit

mir Hand an die Sache legen und das sei unsere Rache: zu
beleben, was sie tödten, aufzurichten, was sie niederreißen.
Wer sich zu unserem Volke zählt, er trete her zu mir, die
Fahne aber, die uns vereinigt, sie heißt Jerusalem! Nicht
mit Heeresmacht, nicht mit draufschlagender Faust, nicht mit
Blut und Mord, sondern durch den Geist! Rache wollen wir
an unsere Feinde, die Rache des Bundes, den wir von heute
bis in die fernste Zukunft schließen, eins dem andern zu helfen,
eins das andere zu stützen für unser Volk, für das Ideal
unserer Väter! — Während er sprach, erschien er den Ver=
sammelten wie ein göttlicher Prophet; freudestrahlend wie zum
erlösenden Engel blickten sie zu ihm auf. Zehn Jünglinge in
der Tracht der Universitäts=Hörer gaben ihm die Hand unter
feierlichem Eide mit ihm zu ziehen und Leid und Mühsal
mit ihm zu tragen. Und als wäre der Messias längst ge=
kommen und hätte sie aus allen Nöthen erlöst und als hätten
sie auf dem Berge Zions den Tempel längst auf unerschütter=
lichen Säulen errichtet, so leuchtete das Antlitz aller, die das
Prophetenwort vernahmen damals und in aller Zukunft. . . .

*　　*　　*
*

Eine Seele nur gab es in der Stadt, die jetzt im tiefsten
Elend war und um den Einzigen jammerte. Es war Ephraims
Mutter, die vor Schwiegervater, Gemahl und Sohn ohne
Unterlaß weinte, daß ihre Ehre hin sei, daß sie alles Ansehen
beim Christen verloren. . . . „Wie soll sie Trank, wie soll
sie Speise laden und darf keinen Christengast bei Tisch sie haben?“
Wie sollte sie nur ihr Antlitz zeigen, wenn ihr einziger, ihr
Sohn ihr und dem neunzehnten Jahrhundert abtrünnig ge=
worden? Sie vergoß Thräne um Thräne, ohne Trost zu finden;
denn ihre christlichen Freunde hatten Schadenfreude über ihr
Unglück, und auch der Stadthauptmann fragte sie, als er ihr
einst auf dem Marktplatz begegnete: Wann sie denn zu ihrem
Sohne auf Besuch gehen werde? . . . O du bist tief ge=
sunken, du neunzehntes Jahrhundert, wer hilft dir auf!

Die Geschichte zweier Sabbathnachmittage.
Von Ulrich Frank.

———

Sabbathstille herrschte in der Gasse. Vor der Thür
des Ladens, der mit eisernen Querstangen verschlossen ist,
sitzt Schmul Feiertag und ruht aus von den Mühseligkeiten
der Woche. Das „Häubenbrettel", das, eine Art Barett,
die Kopfbedeckung der mährischen Juden an den Sabbathen
und Feiertagen bildete, hatte er mit einem Kappel vertauscht,
das aus der Stirn gerückt war. Die feiertägige „Schubeze",
unter der die Kniehosen, die langen Strümpfe und die
Schnallenschuhe sichtbar wurden, war weit auseinanderge=
schlagen, als sollte die Sonne recht unmittelbar und ein=
dringlich seinen Körper durchwärmen.

Es lag ein Ausdruck des Friedens und Behagens über
dem tiefdurchfurchten, sorgendurchwühlten Antlitz, der ihm
etwas Feierliches gab. Wie der Abglanz des Ruhetages,
der dem armen, gehetzten Volke nicht nur gegönnt, sondern
durch seine weisen Gesetze sogar aufgezwungen war. Schmul
Feiertag segnete dieses Gesetz, das ihm gestattete, hier in der
Sonne zu sitzen, die müden Knochen auszuruhen und die
kraftspendende Wärme den Leid durchdringen zu lassen. Was
waren das für himmlische, erquickende Stunden nach den
sechs langen, schweren Arbeitstagen, in denen der „Jud" sich
nicht einen Augenblick des Zauderns, der Ruhe gönnen
konnte. Auch Schmul Feiertag zog jeden Sonntag früh
hinaus aufs Dorf, um mit dem „Pinkel" auf dem Rücken
seine Kunden zu besuchen, bei denen er übrigens wohlbekannt
und wohlgelitten war. Aber „Jud blied Jud" und so mußte

er sich in der Herberge mit einem „Polster" und einer „Kotzen"
begnügen die ganze Woche hindurch und mit dem Inhalt
seiner von Hause mitgenommenen „Käsebüchs" zufrieden sein,
in der er Brod, Butter und Käse mit sich führte. Nur selten
gönnte er sich ein Gericht „Griesnockerl". Sein Getränk
bestand aus Wasser, hie und da ein Glas Milch. Zu dieser
Lebensweise von höchster Mäßigkeit und Anspruchslosigkeit
waren die Juden des vormärzlichen Oesterreichs gezwungen,
denn sie waren in ihrer großen Mehrheit auf den Hausir-
handel und das „Dorfgehen" angewiesen. Auch wer wie
Schmul Feiertag schon ein kleines Schnittwaarenlädchen in
der Gasse besaß, mußte trotzdem hinaus, die Käufer anzu-
suchen. Denn die Bauern kamen nicht nach der Stadt, um
ihre Einkäufe zu machen, sondern waren gewohnt, daß der
„Dorfgeher" ihnen Alles ins Haus brachte. Und so war
Schmul ebenso wie die meisten seiner Glaubensgenossen die
ganze Woche unterwegs und kehrte erst Freitag Nachmittag
nach Hause zurück. Gerade zur rechten Zeit, um noch seine
weihevollen Vorkehrungen treffen zu können für den Abend
und den darauffolgenden Sabbath. Rastlos und unermüdlich
schaffte er für das Stückchen Brod für sich und die Seinen,
an sich selbst dachte er dabei in letzter Reihe.

Aber der Sabbath, das war dann auch sein Lohn. Der
leuchtende Stern, der wie ein Verkünder des Friedens über der
schweren Arbeitswoche stand. Ein Stern, der ihn mit so viel
Glanz und Macht umstrahlte, daß er ihm die Königswürde
lieh. Und wie ein König saß Schmul Feiertag da. Der alte,
brüchige Lederpolsterstuhl wurde zum Throne, von dem er
sein Reich überschaute. Ein merkwürdiges Reich. Zwanzig
Meter lang und elf Meter tief. Soweit die Mauern des
kleinen Häuschens sich ausdehnten, deren Besitz den Juden
in der Gasse gestattet war, ohne daß das Fleckchen Erde auf
dem es stand etwa ihr Eigenthum wurde. Aber dieses
Häuschen hatte ihm, als dem ältesten Sohn der Familie, es
sogar möglich gemacht, einen Hausstand zu gründen. Sein
Großvater wurde einst mit ausgelost, als das Reskript der
sogenannten „Familien" erlassen wurde, das 5400 Familien
das Recht gab, in Mähren zu wohnen. Nur dem ältesten
Sohne einer solchen Familie, der „Familiant" genannt wurde,
war es gestattet zu heirathen. Schmul Feiertag durfte, schon

der dritte „Familiant" seit Erlassung jenes Edikts in seiner Familie, eine Ehe schließen. Das gab ihm ein gewisses Gefühl von Würde. Er hielt etwas auf sich, wenn er auch durchaus nicht zu den Begüterten unter seinen Glaubensgenossen gehörte. Trotz alles Fleißes und aller Sparsamkeit kam er über die Kümmerlichkeit eines kleinen Schnittwaarenhandels nicht hinaus und während er unterwegs war, hatte Kobele Stern, ein junger Mensch, den er ins Geschäft genommen hatte, zu Hause auch keine sonderlich großen Einnahmen zu verzeichnen. Was nutzte es sich zu quälen, zu darben und zu sparen, wenn die Willkür fanatischer und krasser Bedrückung jedes Vorwärtskommen erschwerte und niederhielt. Man mußte in Zeitläufen, wie die des vormärzlichen Oesterreichs, schon zufrieden sein, wenn man ungeschoren und unbeachtet blieb, sein Stückchen Brod essen konnte, ohne zu viel Schikanen und Bosheiten — etwas hinzunehmen war man ja schließlich gewöhnt — und dann der — Sabbath! Der hielt schadlos für vieles. Wenn die Gasse so ruhig und einsam dalag wie heut, nur die heiße, stille Sonne über sich, dann war es wirklich wie ein Gottesfrieden in dem Viertel, wo die Verhetzten und Verachteten dicht bei einander wohnten.

Nichts regte sich rund umher. An der Ecke des Hauses saß, ebenfalls im vollen Sonnenschein, die „Bobe[1] Zorel" auch feiertägig gekleidet. Die goldene Haube bedeckte ihren Kopf und über dem schneeweißen „Kräusel"[2] sah ihr faltiges Gesicht ganz pergamentartig aus. Die Hornbrille war ihr tief auf die Nase herabgerutscht und die Hände hielt sie über der „Zeenu urenu"[3] gefaltet, über der sie eingenickt war. Den zahnlosen, halbgeöffneten Mund umspielte ein welkes Lächeln. Sie träumte vielleicht von den Barches, die ihr gestern besonders schön gerathen waren und davon, daß sie ihrer Enkelin Lea, die dabei stand, als sie „Challah"[4] nahm, gesagt hatte: „bei Dir in Freuden". Womit sie ihr die Würde der Hausfrau wünschte. Lea war blaß geworden bei diesem Wunsche. Das hatten aber die müden, geröteten Augen der alten Frau nicht wahrgenommen. Sie führte ihrem Schwiegersohn Schmul nach dem vor einigen Jahren erfolgten Tod

---

[1]) Großmutter. [2]) Halskrause. [3]) Jüdische Postille. [4]) Frauenpflicht, von dem Brotteig ein Theilchen abzubrechen und — als Opfersersatz — ins Feuer zu werfen.

seiner Frau Channe die Wirthschaft so gut sie es konnte, aber um das Innenleben seiner Tochter, die beim Tode der Mutter erst 14 Jahr alt war, vermochte sie sich nicht zu kümmern. Sie hätte es auch wohl kaum verstanden. Ebenso wenig, wie der Vater selbst. Von Individualität und Seelenleben war damals noch nicht die Rede bei den Kindern dieses bedrückten Volkes, das zu einem großen, dichten Haufen gemeinsamen Elends zusammengeballt war. Wer hätte da den Regungen des Einzelnen Beachtung schenken sollen, wer mit dem Fühlen und Denken besonderer Erscheinungen sich beschäftigen? Das Wort: „Jude" umfaßte sie alle. Ihre Sonderart war für die andern eine Quelle des Spottes, des Hasses, für sie selbst aber der Kitt, der sie zusammenhielt unlöslich . . . ewig. Auch in einer Gleichheit der Formen und Sitten und Lebenshaltung, die sie nur wenig von einander unterschied. Einzig, daß das Gewand des Reicheren etwas feiner war und die „Kugel" fetter und süßer, aber sonst machten sich in Gesinnung und Gesittung wenig Unterschiede bemerkbar. Sie waren Alle bedrückt, verängstigt und eingeschüchtert, demüthig und unterwürfig. Sie waren verachtet und verspottet, aber vielleicht gerade darum von größerer, innerer Würde, einem heimlichen Stolze und jenem unbewußten Adel, den die gewaltige Tragik des Märtyriums ihres Stammes ihnen aufdrückte. Und je weniger die Außenwelt sie achtete und von ihnen wissen wollte, desto mehr hielten sie auf sich und hatten das große Gefühl der Tradition, eines starken Familiensinnes, der Ehrbarkeit und Keuschheit zur Grundlage ihres Sittenkoder gemacht.

Dabei hatten die Landesgesetze es den Juden nicht gerade leicht gemacht, daran festzuhalten. Das Verbot der Eheschließungen verurtheilte die Söhne und Töchter der damals unter den Ausnahmegesetzen schmachtenden mährischen Israeliten zum unfreiwilligen Cölibat. Die frühzeitige Reise der jungen Mädchen, die Abgeschlossenheit, in der die Jünglinge erhalten wurden, ließen diese Anordnung noch grausamer und haltloser erscheinen. Trotzdem wurde die strengste Zucht und Sitte aufrecht erhalten und in der „Khille" wurden nicht einmal die Ehen anerkannt, die heimlich nach mosaischem Ritus von einem Talmudisten geschlossen wurden. Die Kinder aus einer solchen Ehe galten als uneheliche. Das Paar selbst wurde als: „Emigranten" bezeichnet, und verachtet und gebrandmarkt innerhalb der eigenen Glaubensgenossenschaft war, wer als

„Magrant“ und mit einer sogenannten „Bodenhochzeit“ sich begnügte und das gesetzliche Heirathsrecht umging. So gab es viel heimliches Sehnen, viel ungestilltes Hoffen und Wünschen in der Gasse, es mußte aber auch Schuld und heimliche Sünde geben und das, was bei diesem scheuen Volke, dem die Reinheit des Familienlebens ein Heiligthum war, als das Fürchterlichste galt — die Schaude.

Wenn Schmul Feiertag geahnt hätte, daß sie mit schwarzen Fittigen schwer und gramvoll seinem Hause nahe, er hätte nicht mit so behaglichem Schmunzeln Feifele Schammes begrüßt, der, die lebendige Chronik der Gasse, soeben zu ihm trat.

„Gut Schabbes Reb Schmul“ redete er diesen an und streckte ihm die Hand entgegen, „wie schaut's aus draußen bei den Gojim?“

„Laßt mich aus mit die Gojim; wenu ich daheim bin, will ich nix hären von sie, noch dazu an Schabbes, Feifele! Erzählt mir lieder, was es Neies giebt in der Gass'.“

„Nu, was werd's Neies geben in der Gass'“ . . . sagte das kleine Männchen und trat näher an Schmul heran, „man sagt Avromele Danziger war die Woche auf Proßnitz, um mit Leib Pincus zu reden, wegen ein Schidduch[1]) von sein Sohn Josefs mit Pessele Pulvermacher“. . . .

„Josefs, der Schlemihl und die schöne Pessel? Und an Neddan[2]) wird Reb Itzig auch nicht sparen, wie ich ihn kenn'.“ . . .

„Gar nix, aber was soll er nebdich thun? Pessel ist ä reise und schwere Mad und braucht einen Chosen[3]), wie der Topf ä Deckel — un woher nehmen in unserm gebenschten[4]) Kire[5]) und nicht stehlen? Josefs ist ein Familiant und Reb Itzig kann noch froh sein, wenn er will. Avromele erzählt, man redt ihm die größten und feinsten Schiduchim. 's Haus rennen sie ihm ein, und Leib Pineus schlägt von ein mal zum andern auf mit dem Nedan.“ . . .

„So ä mießer Mensch, und ä Amhorez[6]) . . Ich glaub nicht, daß er a Blatt Gemore kann und in Geschäft is er auch nicht Leibs Sohn. . . . Er wart immer bis der Vater kommt.“ . . .

„Davor is er von Adel“ . . . spöttelte Feifele, hüpfte

---

[1]) Partie. [2]) Mitgift. [3]) Bräutigam. [4]) gesegneten. [5]) Kaiserreich. [6]) Unwissender.

von einem Bein auf's andere und grinste so, daß die Winkel des schmalen Mundes sich zu beiden Seiten in den langen struppigen Bart völlig verloren. „Er derf takke[1]); mehr kann man nich verlangen . . . was wollt Ihr Reb, Schmul?" . . .

„Schlimm genug" . . . antwortete dieser und ein Ausdruck von Kummer und Zorn beschattete das bis jetzt heitere Antlitz. „Warum? Wir andern zahlen nicht die Familientax, und den Contributionszuschlag und die Verzehrungssteuer? Un vor'u Krieg, un vor'n Frieden, und das mer überhaupt leben dürfen und Chaßwe scholem[2]) sterben? Un ddafür erlaubt man unsern Kindern nicht zu heirathen; A Erstgeborener muß man sein! Und wenn keiner da is? . . . Darf man keine Eininkel haben? Darf man sich keinen Sohn einsetzen, der Kinder bekommt, die einem einmal Kadisch nachsagen?[3]) . . Was geht das dem Staat an, was ich thu mit meine Söhn und Töchter . . . gebt er mer etwas dazu? Tommer[4]) verkehrt! Er nemmt, wo er was kriegt, un wo nischt is chappt er auch noch darnach." . . .

So tiefgehende politische Gespräche waren sonst nicht Schmul Feiertag's Art. Aber Feifele Schammes hatte mit seinen Mittheilungen eine wunde Stelle seines Herzens berührt. Auch er hatte eine Tochter, die hübsch und kräftig und gesund emporgeblüht war. Wer sie genauer beobachtete, sah in ihren Augen ein heimliches Feuer lodern, ihr Gang und ihre zur Ueppigkeit neigende Gestalt deuteten darauf hin, daß sie heißen Naturells sei und daß unter der züchtigen Außenseite das Begehren und Verlangen junger Sinne sich barg. Lea war ein sehr schönes Mädchen und der Vater seufzte tief auf, als er daran dachte, daß diese Blüthe bestimmt sei zum Verwelken und Absterben. Er konnte ihr keine Mitgift geben, wie Leib Pulvermacher seiner Peßel und nicht einmal einen Schlemihl und Amhorez hätte er für sie zum Manne bekommen können, selbst wenn er für das Familiantenrecht, diese in der Gasse geradezu verachteten Eigenschaften mit in den Kauf genommen hätte.

Feifele Schammes beobachtete mit listigen Blicken unter buschigen Augenbrauen hervor den erregten Mann, der auf seinem Lehnstuhl sich emporgereckt hatte.

„Un Kobele Stern?" . . . seine Stimme klang heiser und flüsternd, fast lauernd brachte er diese Frage vor. Dabei stand

---

[1]) grade. [2]) Gott behüte. [3]) das Todtengebet. [4]) vielleicht.

er jetzt so dicht vor Schmul, daß dieser von seinem Sessel sich nicht hätte erheben können, ohne das zapplige Männchen um= zustoßen.

In diesem Augenblick war die Großmutter erwacht, hob ihre trüben Augen zum Himmel, um nach dem Staude der Sonne die Zeit bestimmen zu können und stand schwerfällig auf, um ins Haus zu gehen und das „Scholosch seudot" (Vesperbrod nach dem Minchagebet am Schabbes) zu richten. Sie sah Feifele Schabbes im Gespräch mit ihrem Schwieger= sohn und sagte, als sie ins Zimmer trat und Lea am Fenster sitzend fand:

„Feifele is beim Taten¹), wer weiß, was er ihm für Narisch= keiten sagt" . . . damit ging sie zu dem mit zinnernem Ge= schirr besetzten Schranke, der damals in keinem jüdischen Hause fehlte und stellte die Geräthschaften für das Mahl auf den Tisch. Auch den Becher mit Wein, das Wachslichtel und die Psomenbüchse²) für die auf das Vespermahl zu Ausgang des Sabbaths folgende Habdala. Aber zwischen Lipp und Kelchesrand. . . .

Zwischen Mincha und Mairew hatte das Schicksal furcht= bare Zerstörungen in dem frommen, einfachen, stillen Juden= hause angerichtet und alle guten Geister der Sabbathruhe daraus verscheucht.

Als Lea hörte, daß der geschwätzige Feifele Schammes draußen bei ihrem Vater sei, erhob sie sich von ihrem Platze und ging mit leisem Schritte hinaus. Im Rahmen der Haus= thür, die die Großmutter offen gelassen hatte, blieb sie stehen, ungesehen von den beiden, die in einem erregt geführten Ge= spräch nicht darauf achteten, daß jemand in ihrer Nähe war. Lea sah bleich aus und fuhr erschreckt zusammen, als ihr Vater mit heftiger Stimme ausrief:

„Kobele Stern? Seid Ihr meschugge³), Feifele? Die Sonn is euch wohl in Kopp gestiegen? Oder habt Ihr in Schul den Kidduschwein ausgetrunken, oder is euch der „Scholet" ange= brenzelt? Oder vielleicht gar möcht ihr den Metternich à Drosche⁴) sagen . . . meschugge . . . ganz meschugge, Kobele Stern!"

Lea drückte sich tiefer in den Schatten der Hausthür, als Schmul Feiertag diese Worte hastig hervorsprudelte. Sie wagte kaum zu athmen, aber mit gespannten Sinnen lauschte sie auf Feifele's Antwort, denn daß dieser keine schuldig blieb, wußte sie, wie jedes Kind in der Gasse.

---

¹) Vater. ²) Gewürzbüchse. ³) verrückt. ⁴) Predigt.

„Was schreit Ihr, Reb Schmul? Warum? Kobele ist kein braver Jüng? Un fleißig und bekowet[1])? Un grad gewachsen ... Gott behüt, sie soll'n nich derwischen für die Balmechomes[2]) .. Das wär ä Unglück sor euch." ...

„Wie so sor mich? Ich krieg gar kein auder Jüngel in den Laden?" ... antwortete Schmul Feiertag gereizt. „das Kunststück wird gar kein anderer nich kennen? Spaß! Ich hab schon in mein Leben gesehen a Menschen, was verkauft Schnittwaaren, un was ä Ell kann unterscheiden von ä Kanone. Ewscher[3]) wird's nix schaden, wenn er sich jetzt amal ä Kanone ansieht oder ä Pistol." ...

Der Zorn Schmul's schien ganz unbegreiflich, denn Kobele Stern war wirklich treu und bescheiden und seinem kleinen Handel fast unentbehrlich, wenn er draußen in den Dörfern umherzog. Dazu ein entferntes Geschwisterkind, das ihm also durch die bei den Juden so hochgehaltenen Verwandtschaftsbande nahe stand. Es mußten daher tiefer liegende Gründe sein, die seine Erbitterung und seinen Hohn hervorriefen. Vielleicht mochte eine innere Stimme ihm das schon manchmal gesagt haben, was er in der nächsten Minute zu hören bekam und wovor er Aug und Ohr absichtlich bisher verschlossen gehalten hatte. Aus Furcht und Scheu und hilfloser Zaghaftigkeit vor einer Gefahr, die er beseitigt glaubte, wenn er sie nicht sah — nicht sehen wollte.

„Man weiß nix in der Gass', daß Kobele und Eure Lea sich gern haben? Man sieht nix? Man merkt nix? Freilich, die Bobe Zorel sieht nix, denn ihre Augen sehen nich scharf, un se merkt auch nix, denn der Chochem[4]) aus der Manischtane[5]) heißt nix Zorel, aber deswegen weiß es doch jedes Kind, wie's um die Beiden steht ..."

Lea ballte die Hand fest zusammen und preßte sie auf ihren Mund, um einen lauten Aufschrei zu verhindern. Da stand es, das lang dehütete Geheimniß, riesengroß, dreist und schamlos ... Da stand es in der heißen Spätnachmittagssonne, die draußen über den Hügeln, die das Städtchen umgrenzten, den Horizont schon mit den sanften Farbentönen des sich neigenden Tages färbte. Da stand es gewaltig, mit erhobenem Haupte vor dem Vater, in dem stillen Frieden des Sabbaths mit schrillen Tönen seine Existenz ankündigend.

---

[1]) anständig. [2]) Soldaten. [3]) Uebrigens. [4]) Kluge. [5]) Ein Absatz der Hagaga des Sederabends.

Kobele Stern und Lea!

Und so jäh und plötzlich trat es vor ihn hin. Dieses fürchterliche Geheimniß! Schmul Feiertag stöhnte tief auf und griff, wie um einen Haltepunkt zu finden, nach den Seitenlöckchen, die ihm sauber gedreht vor den Ohren herabhingen. Er rang nach Fassung und dann kam es mühselig über seine verkniffenen Lippen:

„Stuß![1]) Man redt viel, wenn der Tag lang ist und noch mehr, wenn man nix zu thun hat, wie Feifele Schames und die Weiber in der Gass'. . . . Ausgerechnet! Kobele Stern! Warum? Darf er unter die Chuppe[2]) gehn? Is er ä Familiant? Mein Lealeben, ausgerechnet mit ä Menschen, der nix derf und nix hat! — Wenn er noch wenigstens ä Recht hätt' zu heirathen."

„Wer hat ä Recht? Wenn Ihr darauf warten wollt, Schmul Feiertag, kann Eure Lea neddich ä alte Mad werden und Ihr werd oßer ihre „Tenoim"[3]) schreiben lassen und „Maseltow"[4]) zu hören bekommen."

Schmul Feiertag zuckte zusammen vor dem grellen Lichte dieser Wahrheit. Dann sagte er mit gepreßter Stimme: „Was kann ich dazu thun? Mer sein neddich geschlagene Lait un as der Kaiser nix will, kann man ka Chassene[5]) nich machen . . ."

„Wer kann nix? Was haißt, man kann nix? Es ist noch gar nix dagewesen, daß man hat Chuppe gemacht ohne ä „Familiennummero?" Laßt Lea und Kobele von Reb Jainkew Pollaczek Kiduschen[6]) geben, es werd grod ä so gut halten, als wenn es von Kreisamt derlaubt is. — Haißt ä Sach! . . . . Kimpetenzbehörde! Se soll Schabbes dervon machen, de „kaiserlich-königliche Studien-Hofkomixsiohn" . . . ä schwarz Johr auf ihr!" . . . Feifele war in einen komischen Zorn gerathen, aber weder Schmul noch die lauschende Lea hatten einen Sinn für die Komik, die seiner Erbitterung die Spitze nahm.

Der alte Manu hörte aus seinen Worten nur heraus, welch entsetzliche Schwierigkeiten den Israeliten bei ihren Eheschließungen bereitet wurden, ohne daß er sich deshalb hätte entschließen können, gegen das Gesetz zu handeln. Wie

---

[1]) Unsinn. [2]) Trauhimmel. [3]) Verlobungsparagraphen. [4]) Glückwunsch. [5]) Hochzeit. [6]) trauen.

hätte er es jemals möglich machen können, von den Competenz=
behörden, dem Kreisamt, vielleicht gar der Landesstelle und
endlich der Studienhofkommission eine Heirathserlaubniß zu
erlangen, selbst wenn er Kobele Stern zum Eidam hätte
machen wollen? Auf die sonstigen zu einer Heirath erforder=
lichen Vorzüge zu verzichten, hätte vielleicht eher im Bereich
der Möglichkeit gelegen, aber wenn schon nichts anderes, die
gesetzlichen Bestimmungen mußten danu doch wenigstens er=
füllt sein; . . . deshalb sagte er barsch:

„Genug, Feifele Schammes, spart Eure Chochmes[1]) für
Andere auf, bei mir kümmt Ihr nix an mit solche Schmonzes
berjonßes[2]) . . . mein Eidam werd ä Familiant sein, wie ich
aner wor, oder gor kaner . . . ich will kein „Magrant" als
Eidam und keine „Mamserim"[3]) als Einikel[4]) . . ."

Lea griff mit der Hand nach der Thüreinfassung, um
sich zu stützen. Sie hatte eine Empfindung, als müsse sie
im nächsten Augenblick zusammenstürzen. Das Haus und
die Gasse schienen sich mit ihr im Kreise zu drehen und vor
ihren Augen wurde es plötzlich Nacht. War der Sabbath
mit einem Schlage von ihnen gewichen? Ohne daß die
frommen Segenssprüche der Habdala erklungen waren, den
Festtag dankbar beendend, die Arbeitswoche demuthsvoll be=
grüßend? Oder hatte ein rasch auftauchendes Gewitter den
reinen Sommerhimmel jäh verdunkelt und würde es in der
nächsten Sekunde über sie niederstürzen in vernichtendem
Blitzstrahl, mit Donnergetös und Sturmesbrausen? Es
heulte und krachte und stöhnte um sie herum in schreck=
lichen Lauten, aus denen nur ein Wort deutlich an ihr Ohr
klang: Mamser!

Das Grausamste, Erniedrigendste, Schrecklichste, was die
Gasse kannte und was ein jüdisch Kind treffen konnte. . . .

Und sie?!

Der Vater hatte nichts bemerkt. Er sah sie ja die ganze
Woche nicht und wenn er Freitag zurückkehrte, nahmen ihn
die feierlichen Vorbereitungen für den Schabbes so in An=
spruch, daß er für seine Tochter kein rechtes Auge hatte. Es
schien ihm so selbstverständlich, daß seine Lea brav und züchtig
sei, daß ihm niemals der entfernteste Gedanke aufgestiegen

---

[1]) Klugheiten. [2]) Thörichtes Gefasel. [3]) Bastarde. [4]) Enkelkinder.

wäre, sich damit befassen zu müssen. Wenn er nach „Kebolas Schabbes"[1]) aus Schul kam, stand sie hübsch und bescheiden da, um seinen Segensspruch zu empfangen und immer mit besonderer Emphase sprach er über ihrem geneigten Haupt die Worte: „Gott lasse Dich werden wie Sarah, Rebekka, Rahel und Lea" und sang mit leiser Stimme: „Eschet chajil mi jimza"[2]), ehe er Kidusch machte. Und nichts anderes sah er in ihr, wie die „Perl", die sein Weib Channe ihm in ihr zurückgelassen hatte. Die alte, müde Großmutter, deren geistige Fähigkeiten niemals besonders große gewesen, auch als sie noch jung war, kannte nichts anderes, als den ewigen Kreislauf der Gasse. Die vom Glauben vorgeschriebenen Monotonie, stillsten, pflichtvollsten Frauenlebens, mit seiner aus dem Lande der Väter in die Fremde mithinübergenommenen Engniß, und der Unterwürfigkeit orientalischer Eheformen. Daß irgend etwas anderes sich ereignen könne in diesem Rahmen, der so fest gefugt war durch Brauch und Sitte, das hätte ihr beschränkter Geist niemals begreifen können.

Aber die Frauen in der Gasse sahen Lea schon seit vielen Wochen kopfschüttelnd nach, wenn sie bleich und scheu, in vornübergeneigter Haltung vorüberschlich, und wenn Feifele Schammes heute zu Schmul Feiertag so merkwürdige Dinge redete, so geschah dies nicht nur aus eignem Antriebe. Er hatte gewissermaßen eine Mission. Es schien manchem in der Gemeinde gerathen, wenn Schmul Feiertag sich mit einer „Bodenhochzeit" begnüge, ehe er schlimmeres erlebe. Aber es traf ihn doch, und anders als man erwartete.

Als Feifele, nachdem er seine diplomatische Sendung erfüllt zu haben glaubte, ihn verlassen hatte, trat Schmul nach einigem Zögern in die Stube. Er sah sich in dem kleinen Raum um, als wäre er für ihn plötzlich eine fremde Welt geworden.

Was wollte eigentlich das närrische Männchen von ihm und warum kümmerte er sich um seine Angelegenheiten?

War er ä Schadchen, wie Avromele Danziger, daß er ihm sein eigenen Commis Kodele Stern für seine Lea redete?

Er kennt den Bocher selber gar nix, er weiß gar nix, daß er fleißig ist und ehrlich und anhänglich? . . . Aber er weiß auch, daß er niemals sein „Edan" werden kann. — Und dort neben dem Tisch steht er und Lea dicht dabei. . . .

---

[1]) Eingang des Sabbaths. [2]) Lob des Biederweibs.

Auf dem weißen Tischtuch ist Wein, und Fisch und
Barches zum Vespermahl angerichtet, auch ein Stück Braten
winkt verheißungsvoll . . . gewiß, es soll ein „Scholes seudot"
werden, behaglich und freundlich wie immer. Der meschuggene
Feifele hat ihn in unnütze Aufregung versetzt mit seinem Ge=
schwätz. Noch zittert er am ganzen Körper, die Füße tragen
ihn kaum, alle Pulse fliegen und das Herz hämmert ihm in
der Brust wie ein Schmiedehammer. — Hatte Lea nicht be=
merkt, welche Veränderung mit ihm vorgegangen war, als sie
jetzt plötzlich vor ihm niederstürzte, seine Knie umklammerte
und mit schluchzender Stimme ausrief: „Vater, Vaterleben
verzeih! Verzeih; Stoß mich nicht weg . . . laß uns von Reb
Jainkew Pollaczek Kiduschen geben!" . . .

Mit Blitzesschnelle verbreitete sich in der Gasse die Nach=
richt, daß Schmul Feiertag zwischen Minche und Mairew vom
Schlage getroffen worden sei. Sofort waren der „Row"[1] und
der „Roschekol"[2] zu ihm geeilt. Werkthätiges Mitleid drängte
sich von allen Seiten hinzu. Die Frauen beschäftigten sich
mit der „Bobe Zorel", die völlig stumpfsinnig geworden, gar
nicht wußte, was um sie vorging. Lea war ganz gebrochen,
kauerte in einem dunkeln Winkel des Zimmers und stierte wie
geistesabwesend vor sich hin. Und ab und zu kamen
wimmernde Laute über ihre entfärbten Lippen. Nur einen
hatte der Schrecken der letzten Stunde nicht zertrümmert,
sondern zu ungeahnter Kraft erhoben, Kobele Stern. Der
schüchterne, gedrückte junge Mann war wie umgewandelt.
Ruhig und besonnen traf er alle Anordnungen, die der traurige
Fall erforderte. Er ließ sofort den Chirurgen holen, der durch
einen Aderlaß Schmul Feiertag wieder zu sich brachte. Er
entfernte die unruhigen, geschäftig allerhand überflüssige
Dienstleistungen verrichtenden Männer von dem Erkrankten:
Er erkannte sogleich richtig, daß, so gut gemeint alle diese
Bemühungen auch waren von den, bei jedem Unglück be=
sonders innig und intim zu einanderstehenden Glaubens=
brüdern, dem Patienten von einem verständigen Arzt sicherer
zu helfen sei, als von den Mitgliedern des „Bikur Cholim"[3],
die sich um ihn versammelt hatten. Er sorgte dafür, daß
der Kranke Ruhe fand, mit einer Energie, die niemand in ihm
vermuthet hätte und als allgemach sich die Leute entfernten,
die sowohl im Hause, als auf der Gasse sich eingestellt hatten,

---

[1] Rabbiner. [2] Vorsteher. [3] Krankenverein.

nahm er Lea sanft bei der Hand und geleitete sie hinaus nach ihrem kleinen Stübchen. Mit einem herzzerreißenden Blick sah sie ihn an und tiefer Gram drückte sich auch in seinem Antlitz aus. Kein Wort aber wurde zwischen beiden gewechselt. Es war ein stummes Gelöbniß, das sie sich gaben. Dem Vater mußte die Schande erspart bleiben, deren bloßes Herannahen ihn schon zu Boden gestreckt hatte. In Schmul Feiertag's Haus würde es keine heimliche Ehe geben und kein „Mamser" würde den gelähmten, gebrochenen Mann eine immer sich erneuernde Kränkung bereiten. Sie beide allein hatten zu tragen, was sie verschuldet hatten. So klar stand das vor ihrer Seele, als hätten sie es ausgesprochen und miteinander verabredet.

Es gab noch andere Wege, um über das Mißgeschick hinauszukommen, daß sie betroffen hatte, aus dem unseeligen Glück und tiefen Leid ihrer Liebe zu einander. Kodele Stern kannte diese Wege. Er hatte in schlaflosen Nächten mit Ent= setzen daran gedacht, daß sie betreten werden könnten. Jetzt mußte es sein. Am nächsten Morgen hatte Lea die Gasse ver= lassen. Schmul Feiertag erholte sich nur langsam. Das Gedächtniß hatte er fast ganz verloren und seine linke Seite blieb gelähmt. Aber Kodele Stern hatte ihm alle Arbeit und Sorge für das Haus abgenommen und der alte Mann mochte niemanden um sich leiden als ihn. Nach Lea fragte er gar nicht und auch, daß die Großmutter, den Aufregungen jenes Abends erlegen und einige Tage vor Roschhaschano zu Grabe getragen worden war, war eindruckslos an ihm vorüber= gegangen. „Er ist ganz „meschugge" und weiß von nix," sagte Feisele Schammes, wenn von Schmul Feiertag die Rede war.

*

Sabbathstille herrschte in der vornehmen, schönen Villa, die Jakob Berger in Mödling bewohnte. Die heiße Sommer= sonne flimmerte goldig über dem dichten Geäst der Bäume, das sie aber nicht zu durchdringen vermochte. Angenehme Kühle durchzog den großen Garten, in dem, wie eingebettet in das grüne Laub, die Villa stand. Auch die Veranda des Hauses lag im Schatten und ein Hauch stillen Friedens,

sommerlichen Behagens ruhte über Allem. Sabbathruhe!
Jakob Berger hielt darauf, daß der Sabbath heilig gehalten
werde in seinem Hause. Er hatte der Väter Sitte mit hin=
übergenommen in die neue Welt, die den Juden sich erschlossen,
nachdem der Völkerfrühling des Jahres 1848 auch manche in
der Gasse verborgenen Keime zum Blühen gebracht hatte.
Er hatte die Satzungen der geheiligten Lehre nicht vergessen,
als dieser Blüthen reife Früchte ihm ein glückliches, freies,
gesegnetes Leben brachten. Mochte in der großen
Fabrik, die in einiger Entfernung sichtbar wurde, auch der
Alltag herrschen und das geschäftige Treiben der Woche,
mochten die Schlote rauchen, die Maschinen sich drehen und
die Arbeiter unermüdlich schaffen, im Hause selbst herrschte
die weihevolle Stimmung des Ruhetages, und die festlichen
Gebräuche des Sabbaths wurden mit aller Strenge beobachtet.
Freilich waren diese schon gemildert und hatten feinere Formen
angenommen durch den großen Stil, in dem der Hausstand
Jakob Bergers geführt wurde. Aber die Urschrift war zu
erkennen trotz des Palympsestes, das die neue Aera darüber
hingeschrieben hatte. Jakob Berger machte Freitag Abend
„Kidduſch“ und an Sabbathausgang „Habdala“. Barches,
Fisch und Braten bildeten die vorschriftsmäßigen und rituell
zubereiteten Speisen, wenn auch ein Diener in weißen Hand=
schuhen und einer dunkelblauen Livrée mit silbernen Knöpfen,
die das Monogramm J. B. trugen, diese „koscheren“ Speisen
servierte. Berger selbst verließ Freitag Mittag das Comtoir
des Fabrikgebäudes, das er vor Beendigung des Sabbaths
nicht wieder betrat. Für ihn ruhten alle Geschäfte, wenn
auch der Betrieb sonst keine Unterbrechung erlitt.

„Der Schulchen=Aruch[1]) hat für solche Fälle kluge An=
ordnungen getroffen,“ sagte er lächelnd, „die es einem leicht
machen, seinen staatsbürgerlichen Verpflichtungen nachzukommen,
ohne deshalb die mosaischen Gesetze und Gebräuche übertreten
zu müssen.“

Berger's große Cottonfabrik gab Hunderten von Ar=
beitern Brot, beschäftigte ein Heer von Beamten, die unter
der Oberleitung des Ingenieurs Martin Krummbacher in
technischer Hinsicht standen, während der erste Buchhalter und

[1]) Gesetzsammlung von Rabbi Josef Karo.

Prokurist Samuel Stern die kaufmännische Seite des umfang=
reichen, bedeutenden Unternehmens leitete. Es war ein
musterhafter Organismus in diesem Geschäfte, dessen Reellität
und materielle Machtstellung in ganz Oesterreich wohl bekannt
und geachtet war. Eines jener Geschäfte, die, nachdem das
Emanzipationsedikt den Juden „das Recht zur Ausübung von
Gewerben, Industrien, Manufakturen und freien Künsten" in
Oesterreich gegeben hatte, entstand, und aus den kleinsten An=
fängen zu seiner jetzigen Größe gediehen war. Fleiß, Ausdauer,
die Fähigkeit, allen Schwierigkeiten gegenüber sich zu behaupten,
Sparsamkeit und Bedürfnißlosigkeit hatten die Jüden als ein
Erbtheil aus der dumpfen Gasse mit hinausgenommen in die
frische, stärkende Luft der Freiheit. Und die Freude am Be=
sitz, der ihnen so lange vorenthalten worden war, machte sie
unternehmungslustiger und findiger, während ihre ausschließ=
lich auf den Erwerb concentrirt gewesenen Fähigkeiten diesem
naturgemäß gesammelte Kräfte zubrachten. So prosperirten
die industriellen Unternehmungen der Juden im ganzen Reiche.
Sie gaben ihnen eine gesicherte und geachtete Stellung, ver=
schafften ihnen Anerkennung und Zusammengehörigkeit mit den
Andersgläubigen, die von ihnen vielfach die geschäftlichen
Manipulationen erlernten, bis später wiederum der Neid das
gute Einvernehmen störte, das die Ideale einer großen, be=
geisterten, humanen Bewegung geschaffen hatten. Eine ganz
eigenthümliche Erscheinung war, daß diejenigen jüdischen
Familien, die trotz der politischen Befreiung und Gleichheit
sich ihre religiöse Sonderart bewahrt hatten, sich besonderer
Beliebtheit erfreuten. Zu ihnen gehörte das Haus Berger.
Sein Vater hatte ihn „gebenscht"[1] als er, ein junger, kaum
vierundzwanzigjähriger Mensch, damals die Gasse in Eiden=
schütz verließ und hinauszog in die Freiheit des Landes, das
ihnen „allen" ein Vaterland sein wollte, das ihnen mit
Jubel übernommene „gleiche Pflichten" auferlegte und „gleiche
Rechte" verhieß. Dann hatte er ihm das Versprechen abge=
nommen, immer treu zu bleiben dem Glauben der Väter,
ihre Gesetze und Gebräuche zu üben und kein „Posche
Jisroel"[2] zu werden draußen unter den „Gojim". Diese
hatten es ihm nicht schwer gemacht, seinem alten Vater das

---

[1] gesegnet. [2] Abtrünniger Israels.

Verſprechen zu halten. Und wenn er zur „Jahrzeit“ heim-
fuhr nach Eibenſchütz, die Gräber von Vater und Mutter
zu beſuchen, konnte er reinen Herzens auf „Kewer owes“[1]
gehen. Er hatte ſein Wort gehalten. Seine Nachbarn und
Geſchäftsfreunde hatten ihn gern, auch wenn er ſich fern hielt
von ihren Mahlzeiten und Feſten. Als er in Mödling das
Grundſtück gekauft, die impoſante Fabrik errichtet und dieſe
endlich eingeweiht hatte, waren ſie, alle erſchienen. Wenn
auch die Speiſen koſcher zubereitet waren und der derzeitige
Eibenſchützer Rabbiner, den er extra dazu verſchrieben hatte,
die „Broches“[2] ſprach über das neue Haus, ſo hatte das weder
den Bürgermeiſter, noch den Pfarrer, noch die Honoratioren
des Ortes abgehalten, dem „Weihefeſt“ beizuwohnen. Jakob
Berger hatte dem Oertchen zur Wohlhabenheit verholfen.
Was er anfaßte, gedieh. Der Werth der Grundſtücke ſtieg
draußen. Fabrik neben Fabrik entſtand, denn er war mit
Rath und Hilfe ſtets gern bereit, wo es galt, ſeinen Mitbürgern zu nützen. Auch bei der Arbeiterbevölkerung ſtand
er ſehr hoch in Ehren. Aus ſeinem Hauſe ſtrömte Segen
und Wohlthun, und je mehr ſein Vermögen und ſein Anſehen
wuchs, deſto eifriger war er bemüht, andere theilnehmen zu
laſſen an den Segnungen, die der „allmächtige Gott Israels“
ihm, dem armſeligen, gedrückten Kind der Gaſſe verliehen
hatte. In dieſem Geiſte erzog er auch ſein einziges Kind.
Er war ſeit vielen Jahren Wittwer, aber wenn auch ſeiner
Recha vielleicht die mütterliche Zärtlichkeit gefehlt hatte, ſo
gab es in ihrer Umgebung nichts, was der harmoniſchen Ausbildung ihres Geiſtes hätte Abbruch thun können. Eine feine,
gebildete, ältere Frau ſtand dem Hausſtand bevor.

Frau Marjam Schiff. Sie war die Wittwe eines Arztes,
der damals von der Talmudſchule in Preßburg aus dem Weckruf gefolgt war, der beſonders in den Herzen der talmudiſch
gebildeten Jugend wie Poſaunenton widerhallte und ſie hin-
lockte in die Hörſäle der Univerſitäten, in die Laboratorien
und auf den Secierboden, wo ſie bald durch Verſtand, Eiſer
und Tüchtigkeit ſich hervorthaten. Der von ſeinem Beruf
beglückte jüdiſche Arzt hatte danu in einer Landpraxis, die
ihn überaus beſchäftigte, aber wenig abwarf, verabſäumt,

---

[1] Grab der Ahnen. [2] Segensſprüche.

irdische Güter zu sammeln. Als er nach dem Kriege von 66, den er als Militairarzt mitgemacht, der Choleraepidemie erlag, die in den Städten Böhmens wüthete, war seine Frau ganz mittellos zurückgeblieben. Sie erwarb ihren Unterhalt durch Unterrichtgeben, und als ihr einige Jahre später die Stellung einer Repräsentantin des Hauses und Erzieherin der Tochter von Jakob Berger angetragen wurde, nahm sie sie mit Freuden an. Recha war zehn Jahr alt, als Frau Marjam zu ihnen kam und sie sowohl, als ihr Vater hatten von Stunde an die Empfindung, daß das junge Mädchen nicht mehr verwaist sei. Sie wußte dem Hause vollste Vornehmheit und Würde zu wahren, in einem höheren Maße wohl, wie es die sehr einfache kränkliche, auf einem niedrigen Bildungsniveau stehende, zurückgebliebene Frau Jakobs vermocht hätte die nicht wie er mit den Verhältnissen sich zu erheben verstanden hatte. Marjam gewann die Liebe und das Vertrauen der kleinen Recha, deren erwachendes geistiges Leben sie sorgsam hütete und pflegte und in derem Herzen sie die Pietät weckte für die dem Vater heilige Tradition. Es war nicht ganz leicht, in einem jungen, reichen Mädchen, das mit allen Schätzen moderner Bildung ausgestattet wurde, die Ideen und Anschauungen einer neuen Zeit mit den veralteten Sitten und Formen des Judenhauses von ehemals zu harmonischem Einklang zu dringen. Manche Frage, mancher Zweifel mochte sich in der Seele des reichbegabten, gesund und kraftvoll heranblühenden jungen Geschöpfes regen. Aber Marjam besaß die herrliche Gabe, alle diese oft wunderlichen Ueberbleibsel einer alten Kultur auf ihren poetischen Inhalt zu erklären. Sie umkleidete sie mit dem Nimbus einer Vergangenheit, deren grenzenloses Leid und Elend nur gemildert wurde durch die Intimität eines Familienlebens, das in diesen komplizirten Gebräuchen eine Verinnerlichung fand. Einen Zusammenhang von Hütte zu Hütte, von Herd zu Herd in der strengen Ausübung derselben. Die kluge Frau hatte viel von ihrem früh verstorbenen Manne gelernt, der die Tiefsinnigkeit talmudischer Gelehrsamkeit mit moderner Wissenschaft in sich vereinte. Recha sah durch sie das urväterliche Judenthum, umstrahlt vom Glorienschein eines Martyriums, das ihr weiches Herz rührte, gedeutet in einer Symbolistik, die ihre Phantasie befruchtete, und auf dem reichen, glücklichen Boden des Vater-

hauses vollzogen, mit so verfeinerten Formen und so trau-
lichem, innigem Behagen, daß auch ihr ästhetisches Gefühl
volles Genügen fand und beste Anregung. Wie schön er-
schienen ihr die jüdischen Feste! Wie weihevoll und innerlich!
Wie rührend und ergreifend die hohen Feiertage! Des
Menschen Seele ganz hinnehmend, und nicht einen einzelnen
Gedanken, sondern die allumfassende Idee: „Gottesvolk" in
die Herzen senkend. Wie ein Patriarch erschien ihr dann der
Vater und wie eine Zionsburg die schöne, kostbar ausgestattete
Villa in Mödling. Der weite, blumenprangende, schattige
Garten wurde ihr zu den Gärten von Saaron und das Bäch-
lein, das ihn leise plätschernd durchzog, zum Brunnen von
Hebron. Daß Recha unter solchen Einwirkungen zu einem
ganz außerordentlichen Menschenkinde emporwuchs, war nur
natürlich, und neben dieser edlen Lebenshaltung begünstigten
auch alle übrigen Umstände diese Entwickelung. Zu dem
intimeren Kreise des Hauses war von Jakob Berger sein
Oberingenieur Martin Krummbacher und sein Prokurist
Samuel Stern herangezogen worden. Marjam hatte es als
wünschenswerth erklärt, daß Recha, nachdem sie ihr achtzehntes
Jahr erreicht hatte, auch mit gebildeten jungen Männern in
Berührung komme. Sie wollte gerade dadurch vermeiden,
daß das lebhafte, anmuthige, fröhliche Mädchen in einer Abgeschlossenheit von der Welt lebe, die sie schüchtern und un-
gewandt mache und falsche Vorstellungen in ihr erwecken
könnte über die Beziehungen der Geschlechter zu einander.
Im freien, geistigen Verkehr sollte sie andere Individualitäten
kennen lernen, beobachten, beurtheilen und bewerthen. Das
schien ihr für ein Mädchen von Rechas Vorzügen und ihrem Reichthum durchaus nothwendig, um bei der Wahl eines Gatten
dereinst nach eigenem Ermessen die geeignete Persönlichkeit zu
finden. Von so durchaus modernen und den jüdischen Sitten
freilich ganz fernliegenden Ansichten ahnte Jakob Berger allerdings nichts. Aber er ließ die treue Hüterin seines
Kindes vertrauensvoll gewähren. Marjam hatte viel Trübes
und Unerfreuliches gesehen durch die Verheirathung jüdischer
Mädchen, die nur nach dem Willen der Eltern, ohne nach
Neigung und Uebereinstimmung der jungen Leute zu fragen,
zusammengegeben wurden. Sie wollte ihr Kleinod Recha vor
einem solchen Geschick bewahrt sehen. Das mochte ihrer An-

ficht nach gut gewesen sein für eine Zeit, wo die Daseins-
bedingungen der Juden jede selbständige Regung niederhielten,
Alles nivellirten und von eigenen Entschließungen und einem
Selbstbestimmungsrecht bei dem armen, unterdrückten Volke
überhaupt noch nicht die Rede war. Aber das waren keine
religiösen Satzungen und deshalb konnte sie für Recha andere
Normen gelten lassen, die mit dem Geist der Zeit und der
Richtung ihrer Erziehung besser übereinstimmten. Auch traf
es sich gut, daß zwei junge Männer wie Martin und Samuel
in so bevorzugter Stellung in dem Hause Bergers beamtet
waren, so daß sie schon darum als dazu gehörig betrachtet
werden konnten. An Recha's achtzehnten Geburtstag waren
beide zu Tisch geladen worden und verkehrten nun seit fast
einem Jahre in der Familie.

Der junge Oberingenieur, der ältere von ihnen, war ein
großer, starker, außergewöhnlich hübscher Mann. Ein Bild
der Gesundheit und Kraft. Die Bewegungen seines schlanken
Körpers waren voller Elastizität, der Gang stolz und fest.
In Haltung und Miene der Ausdruck männlichen Selbst-
bewußtseins, aber ohne Ueberhebung und Anmaßung in seinem
Wesen. Dieses war bescheiden, schlicht und harmlos - heiter.
Das offene Gesicht war gebrännt, die dunkeln Augen blickten
unter hübsch geschwungenen Brauen lebhaft und glänzend in
die Welt. Die Nase war stark und gab dem Antlitz einen
Zug von besonderer Energie. Das dunkelbraune Haar
wellte sich über einer gut geformten, etwas vorspringenden
Stirn. Im Ganzen machte Krummbacher's Erscheinung den
Eindruck, als ob er ein Südländer wäre, etwa ein Spanier
oder Italiener, am wahrscheinlichsten aber ein Ungar, denn
er war jedesfalls Oesterreicher von Geburt und in St. Pölten
bei Wien getauft worden. Mehr wußte man nicht über ihn.

Ganz anders war es bei Samuel Stern. Von dessen
Vater hatte Jakob Berger schon reden gehört, als er noch
daheim war in Eibenschütz und auch von seinem Großvater
Schmul Feiertag, nach dem der Enkelsohn Samuel benannt
worden war. Die Leidens- und Familienchroniken der Gasse
pflanzten sich durch Ueberlieferung fort und man wußte in
den benachbarten Gemeinden stets, was sich da oder dort zugetragen hatte. Es war ja, was den oder jenen betraf, zumeist nur ein Abbild des Elends, das auf Allen lastete, der

Unterdrückung, unter der sie Alle seufzten, der schweren Bürde, die sie Alle keuchend durch ihr verhetztes Leben schleppten. Als Berger dann, nachdem der Ruf der Freiheit ertönt war, mit andern die enge, dumpfe Gasse zu Eibenschütz verlassen hatte, um draußen das Glück zu suchen, hatte er unter den vielen Geschichten, die als Wunder der Erlösung und Befreiung die Luft durchschwirrten, auch die von Kobele Stern und Lea Feiertag erzählen gehört, die nach langem Schmachten, Sehnen und Wünschen endlich heirathen durften. Später hatte er nichts mehr von ihnen vernommen. Sein Leben hatte sich abgespielt auf den breiten, jetzt geebneten Pfaden, die zum Erfolg führten, unter den anderen im Wettbewerb des Daseins, und erst als Samuel in sein Haus kam, erinnerte er sich flüchtig dieser Angelegenheit, deren weitern Verlauf er nicht kannte.

Das Alles lag längst hinter ihm, hatte auch zur Zeit keine besondere persönliche Bedeutung für ihn und war ihm nur bekannt geworden aus der Allgemeinheit der Interessen und der Zusammengehörigkeit, die wie ein unsichtbares Band die Juden umschlang.

Jahrzehnte waren darüber vergangen. Während er hinausgezogen war in die Welt, war Kobele Stern damals in der Gasse geblieben, von der man allerdings sowohl die räumlichen Wälle, als die der Vorurtheile wegzuschaffen versuchte, deren Spielraum aber trotzdem keine sonderliche Erweiterung erfuhr. Man quälte sich in der „Khille", die jetzt überall stolz „israelitische Kultusgemeinde" genannt wurde, nach wie vor. Diejenigen, die damals nicht mehr jung genug waren, um es mit ganz Neuem zu versuchen, oder diejenigen, die durch bestimmte Umstände gezwungen waren, in ihren Existenzbedingungen keine Veränderungen vorzunehmen, zu diesen hatte Kobele Stern gehört. Er war zufrieden gewesen, als das Emanzipationsgesetz ihm endlich gestattete, Lea zu heirathen. Das war seine Errungenschaft aus jener Zeit, im übrigen führte er das Schnittwaarengeschäft seines Schwiegervaters Schmul Feiertag so weiter wie bisher. Von der Vergangenheit war zwischen dem Paare nie die Rede. Dennoch ruhte sie wie ein unsichtbarer Alb über ihnen. Ihr Haus war still und fromm und freudlos, und in diesem Hause wurde Samuel geboren.

Dort begann seine Lebensgeschichte.

Als die Hebeamme und die Gevattern die Eltern zu ihrem „Erstgebornen" beglückwünschten, sahen diese sich stumm an und wie ein schwerer Schatten zog es über das Gesicht der Wöchnerin. Diese war sehr schwach und schon vorher leidend gewesen und so war eigentlich niemand erstaunt, als es sich herausstellte, daß das Kind verkrüppelt war. Zart und schwächlich wuchs Samuel heran. Die Eltern behandelten ihn mit größter Sorgfalt, und besonders die Mutter, die sich wieder erholt hatte, wußte in aufmerksamer Pflege sich nicht genug zu thun. Aber es war, als ob etwas zwischen ihnen stände, etwas Geheimnißvolles, Unaufgeklärtes, was es zu einem innigen Verhältniß nicht kommen ließ. Als Samuel älter wurde, zermarterte er oft seinen Kopf, um zu ergründen, warum er so scheu und fremd sich den Eltern gegenüber fühle. Es war Alles bei ihnen wie in den anderen Judenhäusern. Man lebte in engster Gemeinschaft, alle Ceremonien, die die Herzen so innig zu einander führen, wurden streng gehalten. . . . . Samuel trat seinen Eltern innerlich nicht näher. Er sah und empfand, daß seine Mutter schwer darunter litt, daß sie sich alle erdenkliche Mühe gab, diese unnatürliche Stimmung zu bannen — vergeblich. Er liebte sie mit heißem Schmerz und leidvoller Empfindung, denn er glaubte in sich die Ursache suchen zu müssen, daß sie sich so gegenüberstanden. Aber seine Bemühungen, das Verhältniß zu ändern, scheiterten an diesem unlösbaren Räthsel, diesem traurigen Verhängniß, daß die Eltern ihrem Kinde mit einer beinahe ängstlichen Scheu auswichen. Dies auf seine unschöne, verkrüppelte Gestalt zurückzuführen, schien ihm doch nicht möglich. Denn was konnte er für das unverschuldete Unglück, das er mit großer Geduld und stiller Bescheidenheit ertrug. Alle diese Umstände machten ihn frühreif, einsam und schüchtern und in dem kleinen Körper entwickelte sich eine große, nachdenkliche Seele. Während die anderen Knaben spielten und sich ihrer Jugend freuten, die sie jetzt eher genießen konnten, saß er über seinen Büchern. Seinen Wünschen, sobald er nur welche äußerte, setzten die Eltern nie einen Widerspruch entgegen, aber das was er so heiß und innig begehrte, die volle, freudige Elternliebe, zeigten sie ihm niemals. Schlimmer als das, wenn sie sich unfreiwillig empordrängte, dann suchten sie sie gewaltsam niederzuhalten.

Warum?

Er hoffte immer auf ein Wunder, das eine Aenderung bewirken könne. . . . Als der Tag seiner „Bar mizwah"[1] bevorstand, hatte er eine Anrede an die Angehörigen und die Gäste ganz selbstständig ausgearbeitet. Das sollte die Seelen der Eltern rühren — ihm ihre Herzen gewinnen! Auch diese letzte Hoffnung scheiterte.

Alle Frauen weinten, alle Männer waren voll des Lobes über Samuels ausgezeichnetes Wissen . . . man beglück= wünschte die Eltern, der Rabbiner erklärte, die Gemeinde könne stolz sein auf Samuel, aber wenn Vater und Mutter diese Freude und diesen Stolz vielleicht innerlich empfanden, sie trugen ihn nicht zu Schau. Fast wie in Furcht und Be= klemmung sahen sie diesen ersten und höchsten Festtag ihres Sohnes an sich vorübergehen. Und es war sichtlich wie eine Erlösung für sie, als der Tag zu Ende war und alles in die gewohnten Gleise zurückkehrte. Sie ahnten nicht, daß oben in seinem Stübchen ihr Sohn in tiefsten Schmerz sich wand und seine junge Seele sich aufbäumte und nach Fassung rang.

„Was muß die Mutter leiden? Und der Vater? Und ich? Was hat Gott Schweres über uns verhängt!"

Warum?

Und vor dieser immer wiederkehrenden Frage, für die er keine Antwort fand, löste aus dem Persönlichen das Unend= liche sich aus — in dieser Nacht wurde der philosophische Geist in ihm geboren. Er wurde von jetzt ab ruhig, fast heiter. Er betrachtete die Dinge um sich her und die Ereig= nisse, die in sein stilles Leben traten, nicht mehr im Zu= sammenhang mit sich, sondern unter den Gesichtspunkten der Ewigkeit. Mit klugem Sinn und feinem, durchdringenden Blick. Die Schärfe der Talmudgelehrsamkeit, mit der er sich beschäftigte, gab diesen Reflexionen die Prägung, die litera= rische Bildung, die er sich in rastlosen Studien aneignete, die edle Form. Sein Geist war thätig, sein Denken ausgefüllt, das persönliche Begehren hörte auf. Und vielleicht grade da= durch, daß der Zwang wich, der auf diesen drei Menschen ruhte, wurde das Verhältniß im Hause viel erträglicher. Er lernte und studirte, der Vater ging seinen Geschäften nach,

---

[1] Eintritt in das 13. Lebensjahr.

die Mutter führte die Wirthschaft und sorgte für sie beide — es machte sich Alles viel besser als er je zu hoffen gewagt hätte. Und als er danu nach einigen Jahren nach Wien ging, um auf der Universität seine Studien fortzusetzen, da verließ er das Elternhaus dankbaren Herzens. Es hatte ihm doch viel gegeben. Wer weiß, ob er je seine Fähigkeiten so hätte entwickeln können, so viel des Größten und Besten in sich aufnehmen, wenn er im Alltag gewöhnlicher Familieninteressen aufgewachsen wäre? Es war vielleicht eine andere Art Liebe, die die Eltern hatten, als die in kleiner Münze von banalen Zärtlichkeiten sich ausgiebt . . . und wenn sie sich auch dessen nicht bewußt sein mochten, ihm war es doch zu Gute gekommen. Sie hatten seinem Dasein einen ewigen Feiertag geschenkt: die Wissenschaft und die philosophische, selbstlose Auffassung des menschlichen Lebens.

In Wien hatte er danu mit großem Eifer seine Studien betrieben. Aber kurz bevor er das Doktorexamen ablegen sollte, traf ihn ein harter Schlag. Durch das rastlose, übereifrige Studiren und Lesen hatten seine Augen gelitten. Er achtete nicht darauf, bis eines Tages eine plötzlich auftretende Augenentzündung ihn sehr schmerzhaft an diese Vernachlässigung erinnerte. Als die Entzündung vorüber war, erklärte ihm der Professor, daß sein Augenlicht derart gelitten hade, daß die Fortsetzung einer Thätigkeit, die eine besondere Anstrengung der Augen zur Nothwendigkeit mache, völlig ausgeschlossen sei. Die Gefahr gänzlicher Erblindung sei nur zu vermeiden, wenn er seine gelehrten Studien aufgeden und sich einer anderen Beschäftigung zuwenden würde. Es war eine fürchterliche Prüfung, die über ihn hereindrach. Aber sein starker Geist, seine erhadene Denkungsweise drachten ihn auch darüber hinaus. Des Wissens Schätze besaß er, auch wenn er sie für andere nicht fruchtbar machen konnte, ihm selbst gaden sie ein Gleichgewicht der Seele, einen inneren Frieden, der es ihm möglich machte, diesen schweren Schicksalschlag mit Gleichmuth zu ertragen.

Er wuchs hinaus über das traurige Verhängniß und gewann rasch die Heiterkeit und die Harmonie einer in sich gefestigten Persönlichkeit wieder. Seinen Eltern hatte er mit=

getheilt, daß er, um schneller vorwärts zu kommen, sich ent=
schlossen habe, Kaufmann zu werden, und so kam er in das
Haus von Jakob Berger. Dort hatte er von einem anfäng=
lich bescheidenen Posten in verhältnißmäßig kurzer Zeit zu
seiner heutigen Vertrauensstellung sich aufgeschwungen. Da
er mit großer Ueberlegung arbeitete, wie ein feiner Kopf und
selbstlos wie ein befreiter, jeder Kleinlichkeit abholder Geist,
war es natürlich, daß er dem Geschäfte sich sehr nützlich er=
wies. So war es ihm auch gelungen, das Haus einmal vor
einem großen Schaden zu bewahren und ihm einen besonderen
Dienst zu erweisen. Seitdem schwärmte Jakob Berger von
seinem Prokuristen.

Auch an dem Sabbathnachmittage, an dem über der
Villa in Mödling eine heiße, stille Sonne ihre Strahlen aus=
goß und eine so tiefe, echte Sabbathstimmung dort herrschte,
daß es wie ein Gottesfriede war, in dem seinen vornehmen
Hause, hatte Jakob Berger mit Frau Marjam Schiff über
ihn gesprochen. Sie saßen beide vor der Thür der Villa,
neben der breiten Freitreppe, die von der Veranda zum Garten
hinabführte. Der Hausherr liebte es grade, diesen Platz im
Sonnenschein des Sabbathnachmittags einzunehmen. Erinne=
rungen aus der Gasse, in der er seine Jugend verbracht,
mochten dabei in ihm wach werden und Frau Marjam konnte
diese Gefühle in ihm aus eigenem Erleben nachempfinden.
Sie leistete daher dem Hausherrn gern Gesellschaft bei dieser
sabbathlichen Muße. Von Zeit zu Zeit flog ihr Blick nach
der Veranda empor, auf der Recha saß, neben ihr Samuel
Stern. Er las ihr aus einem Buche vor und ihr belebter
Blick hing an seinen Lippen. Es war wie Andacht und Be=
geisterung in ihrem schönen Antlitz, und in der etwas vorge=
neigten Haltung, mit der sie in dem bequemen, amerikanischen
Gartenstuhl saß, drückte sich die tiefste Antheilnahme aus.
Sie trug ein weißes Kleid und ihre Hände ruhten über einem
großen Strauß dunkelrother Rosen, die auf ihrem Schoße
lagen. Es war ein Bild von eigenthümlichem Zauber, wie
das schöne Mädchen, in dessen erregten Zügen sich Liebreiz
mit Stolz paarten, vor dem kleinen, verwachsenen Manne
saß und mit fast ehrfürchtigen Blicken ihn betrachtete.

Er hatte ihr aus: „Nathan der Weise" vorgelesen, jenem
herrlichen Werke, das den Juden wie eine Offenbarung der

Toleranz erschien und gewissermaßen den Grundpfeiler ihrer modernen Anschauungen bildete.

„Es wird nie anders werden, Herr Stern," sagte sie mit leiser Stimme, „was Dichter und Denker darüber auch sagen, die Glaubensunterschiede sind nicht zu verwischen. Und nicht an ihnen liegt das, an den andern" ... Eine jähe Röthe stieg in ihrem Antlitz auf, „viel eher sind sie geneigt uns in ihren Reihen aufzunehmen als wir sie. ... Was würde mein Vater sagen, wenn er erführe, daß ein solcher Wunsch sich in meiner Seele regte? Und Marjam? Nichts gäbe es, die Vorurtheile zu zerstreuen, in denen sie beide befangen sind."

„Befangen sein müssen, Fräulein Recha! Denken Sie an den Entwicklungsgang eines Juden aus der Zeit, aus der Ihr Vater stammt! Sie kennen die Geschichte unseres Volkes. Ist es zu verwundern, daß Mißtrauen und Scheu die Herzen erfüllt? Generationen werden kommen und gehen, Jahrhunderte auf- und niedersteigen, ehe der Geist der Versöhnung alle Menschen zu Brüdern machen wird. Darüber dürfen wir uns nicht täuschen ... aber was bedeuten solche Zeiträume in der Geschichte der Menschheit — Augenblicke."

„Darüber aber kann das Glück des Einzelnen in Scherben gehen," sagte sie bitter.

Ein feines, schmerzliches Lächeln umspielte seinen ernsten Mund.

„Das Glück des Einzelnen, Fräulein Recha, oder was man so darunter versteht, geht so leicht in Trümmer und aus so vielerlei wichtigen und nichtigen Gründen, daß man sich immer sagen muß, es giebt kein Glück eines Einzelnen. Oder fragen, was ist das Glück eines Einzelnen? Ich wäre auf die Antwort begierig."

„O, ich wüßte sie Ihnen schon zu geben" ... stieß sie hastig hervor.

Er sah sie mit einem langen, nachdenklichen Blick an.

„Sie selbst sind das Glück, Fräulein Recha! Denn Sie erfreuen so viele schon dadurch, daß Sie sind. ... Sie geben so viel ... Sie bereiten Freude und bringen Segen ... Vielen."

„Und nicht Einem, dem Einen," ... kam es wie in leidenschaftlicher Klage über die zuckenden Lippen.

Sie ahnte nicht, mit wie grausamem Schmerz diese Worte
ihn treffen mußten. Sie wußte nicht, wie heiß und stark auch
in ihm das Feuer der Liebe lohte und wie es seiner ganzen,
gewaltigen Willenskraft bedurfte, um es niederzudrücken und
sein Vorhandensein nicht einmal durch ein emporzuckendes
Flämmchen zu verrathen, durch einen jähen Lichtstrahl. Nein,
auslöschen mußte er dieses Feuer in seinem Herzen, dunkel
mußte es für ihn sein dort, wo für andere Geschöpfe die
heiligen, reinen Flammen junger Liebe entzündet werden.
Für einen Menschen, der, wie er, elend und verkrüppelt war,
blühten solche Lebenswunder nicht, das hatte er sich selbst un-
zählige Male gesagt. Von allen Opfern, die ihm das Schicksal
auferlegte, war dieses das herbste und qualvollste, aber
er glaubte alle diese Regungen seines reichen und doch so
armen Herzens völlig niedergekämpft zu haben. Und er empfand es wie einen Glücksfall, daß das liebreizende, geistreiche Mädchen mit schwesterlichem Vertrauen an ihm hing.
Aber in unendlichen Schmerzen war diese Resignation in ihm
entstanden und — mit Entsetzen fühlte er, wie soeben, daß
er noch immer nicht die volle Herrschaft über sich erlangt
hatte.

Allerdings trug das Verhalten Jakob Bergers nicht
wenig dazu bei, seine Zweifel immer wieder aufs Neue zu
wecken, seine Vorsätze ins Wanken zu bringen. Er sah diesen
sich besonders zugethan, er bemerkte, daß er seinen Verkehr mit
Recha besonders begünstige, er wußte auch genau, daß er
einer Verbindung seines Kindes mit dem jungen Oberingenieur,
dem Recha augenscheinlich geneigt war, aufs Aeußerste wider-
streben würde. In der ersten Zeit, als sie beide in vollster
Unbefangenheit der Tochter des Hauses nahten, war dies
natürlich nicht der Fall gewesen. Recha scherzte und lachte
mit Martin, sie machten weite Spaziergänge mitsammen, er
interessirte sie für den Betrieb der Fabrik, wurde ihr Lehrer
im Reiten und andern körperlichen Uebungen, die damals
grade auch für die weibliche Jugend in Aufnahme kamen.
Und es war eine Freude, die beiden blühenden, gesunden Ge-
stalten neben einander zu sehen. An eine Herzensgefahr
dachte weder Jakob noch die kluge Marjam, so fern lag beiden
auch nur die Vorstellung, daß Recha einen Andersgläubigen
heirathen könnte. Sie war viel zu sehr in der Tradition der

Väter erzogen, sie wurzelte viel zu tief in der Familie, als
daß man überhaupt an so etwas hätte denken können. Martin
war eben nichts, wie ein liebenswürdiger Gesellschafter, frisch,
heiter, anregend. In seinem quellenden Lebensmuth so recht
der Gegensatz von dem, was bei jüdischen jungen Leuten als
charakteristisch galt. Er überlegte nicht viel, zeichnete sich auch
nicht durch besondere Subtilität und Feinsinnigkeit aus, dafür
war er herzhaft, stramm und kernig und betrachtete die schöne
Tochter seines Chefs nur als guten Kameraden — bis es
eines Tages anders kam.

Die Beziehungen zwischen Recha und Samuel waren
von vornherein ganz andere. Er trat dem geistig hoch-
begabten Mädchen bald wie ein Lehrer gegenüber und
während sie mit Martin in jugendlichem Frohsinn sich
amüsirte, suchte sie mit Samuel einen geistigen Ideenaustausch. Die Quellen seiner unerschöpflichen Gelehrsamkeit
und seines tiefen Denkens stets frisch sprudelnder Born wurden
ihres Geistes belebendes Element. Sie wurde niemals müde
ihm zuzuhören, wußte mit ihren Fragen ihn immer aufs Neue
anzuregen und durch die Lebendigkeit ihrer Auffassung ihn zu
stetig wachsendem, höherem Gedankenflug anzueifern. Er er-
schloß ihr die Schätze der Weltliteratur und weihte sie in die
Systeme der gewaltigen Denker ein, die in der Entwickelung
der Menschheit für die weiten Ziele der Kultur und Gesittung
maßgebend geworden waren. Er brachte ihr die Begriffe der
Logik bei, und die in ihr schlummernden edlen, seinen Regungen
gewannen Form und Gestaltung in genau präzisirten ethischen
Grundsätzen. Samuel Stern lehrte sie, nicht nur in
dämmernden Instinkten den Inhalt des Lebens zu empfinden,
sondern ihn zu erfassen, bewußt, klar in muthiger Erkenntniß.
Auch sich Rechenschaft über sich selbst zu geben, hatte sie von
ihm gelernt und daraus wurde es für sie zur Gewißheit, wie
sehr ihre Empfindungen im Laufe dieses für ihr Leben so
reichen und wichtigen Jahres sich gewandelt hatten. Sie erkannte, daß die tausend zarten, innigen Fäden, die sie mit
dem jungen Gelehrten verbanden, von anderer Art waren, als
die starken, festen, die sie zu Martin zogen. Hier war es
ein Gefühl von Vertrauen und Vertraulichkeit, dort war es
wie ein dunkles, geheimnißvolles Sehnen, wie die Einwirkung
einer Kraft, der sie unterlag, die stärker war als ihr Wille,

der sich dagegen sträubte, stärker als ihre Vernunft, die sie bedenklich machte und bange. Dann wieder durchdrang es ihr Inneres mit nie geahnter Seligkeit. Sie wußte, daß es die Liebe zum Manne sei, die von ihr Besitz genommen und mit diesem süßen Geheimniß flüchtete sie zu dem andern, für den sie die wärmste — schwesterliche Zuneigung hatte. Als sie zum ersten Male ihm darüber Andeutungen machte, erfaßte ein gewaltiger Schmerz seine Seele.

Er sah die täglich sich sicherer vollziehende Annäherung zwischen den beiden. Mit der ganzen Machtfülle einer souveränen Männlichkeit, mit der sieghaften Rücksichtslosigkeit thatkräftiger Naturen hatte Martin das holde Geschöpf an sich gefesselt und sie neigte sich ihm zu mit der scheuen und doch heißen Sinnlichkeit, die den Töchtern dieses Volkes einen so eigenartigen Reiz verleiht. Samuel hatte es wohl bemerkt, daß seit den letzten Tagen ein geheimes Einverständniß zwischen ihnen bestehe und diese Anzeichen konnten auch der Kurzsichtigkeit Jakob Bergers nicht länger entgehen und der plötzlich wachgewordenen Sorge Frau Marjams.

Um diesen Punkt bewegte sich daher auch das Gespräch, das sie an jenem Sabbathnachmittag miteinander führten.

„Ich verstehe nur nicht, was Recha sich dabei denkt, daß sie ihn so offenkundig bevorzugt, oder glauben Sie noch immer, liebe Frau Dr., daß es nur ein harmloses Spiel ist, wie es junge Leute mit einander treiben?"

Wenn er zu Marjam „Frau Dr" sagte, so war das immer ein Zeichen, daß ihn etwas ärgerte und er gab damit seinem Zweifel Ausdruck, ob sie das richtige thue, daß er sie einerseits an ihre Würde erinnerte, andererseits eine gewisse Distanz damit zwischen sich und ihr feststellte. Als Frau Dr. Schiff war sie zur Erziehung seines Kindes und Repräsentantin seines Hauses zu ihnen gekommen, eine Fremde, die große Pflichten und eine große Verantwortlichkeit übernommen hatte. Als „Marjam" war sie ihnen dann wie eine Zugehörige, eine Vertraute, eine nahe Verwandte geworden. Und so markirte er nur in besonders wichtigen, feierlichen und sehr seltenen Fällen die Grenze. Heute geschah es und „Frau Dr. Schiff" wußte, was dies zu bedeuten hatte.

Sie sah einen Augenblick stumm vor sich nieder, dann richtete sich ihr Auge auf Recha und Samuel Stern und

ohne daß sie die Worte hören kounte, die zwischen ihnen ge=
wechselt wurden, ahnte sie doch, wovon sie sprachen. Sie sah,
daß das junge Mädchen erregt war und daß er sie zu be=
schwichtigen suchte.

„Das glaube ich seit einigen Tagen auch nicht mehr,"
wendete sie sich danu zu Berger, „mehr als das, ich glaubte
es bestimmt zu wissen, daß sie den Ingenieur liebt."

Er fuhr aus seinem Fanteuil empor und sank danu mit
einem schweren Seufzer wieder zusammen.

„Gott behüte," rief er aus und leiser murmelte er:
„chasswe scholem," als könne er das Unheil sicherer ab=
wenden, wenn er in den geheiligten Lauten der Sprache
seines Volkes Gottes Hilfe anrief. „Sie sagen das so da=
hin, Frau Dr. Schiffen, als ob das gar nichts wäre? Die
Tochter von Jakob Berger, das Einckel von Reb Salme
Berger — seicher lewrocho[1] — aus Eibenschitz liebt einen
Ingenieur, einen Goj, weiter nichts, mir nichts, Dir nichts ...
sie liebt ihn! Eine ganz natürliche Sach' ... was haißt,
sie liebt ihn? Und er sie ... wie's im Buche steht, in de
Romane und in der Gartenlaube und in die französischen
Parlirbücher und weiter gar nix, blos sie liebt ihn ä Bischen."...
Wenn Jakob Berger zornig oder aufgeregt war, verfiel er
noch leicht in den Sprachgebrauch und Tonfall der Gasse,
während er sonst sich einer gebildeten Ausdrucks= und
Sprachweise mit gutem Erfolge befleißigte. Um sich aber
so recht von Herzen zu reden, bedurfte es der nachdrück=
lichen, intimen, bezeichnenden Worte, die seine Vorfahren
angewendet hätten in solchen Fällen.

„Weiter nix. Kleinigkeit! Mein Recha und so ä her=
gelaufener Ingenieur ... 's thut sich was! For ä Fabrik
is er gut, aber nix for Jakob Berger's „Eden". Ich ditte
sehr, liebe Madame Schiffen, ihr das zu erklären und begreif=
lich zu machen, wenn sie sich so weit vergessen sollte, das
glauben zu können. Ich kann mir's gar nich denken ...
ä jüdisch Kind und solche Ideen! ... Nur aus die modernen
Bücher hat sie die bekommen in „Simchos ha nefesch"[2] steht
oßer was von Liebe ... das kommt von der naimodischen
Bildung. ... Ich hätt's nicht zulassen sollen! Und wie ich

---

[1] Seligen Angedenkens. [2] „Seelenfreude."

mein Haus hab gehalten in guter Jidischkeit, hätt' ich auch mein einzig Kind erhalten sollen. Liebe Frau Dr. Schiffen . . . wenn sie nix gewußt hätt' von „seire"-Geschichten und von Lied, bevor man unter de Chuppe geht, und von „geistigen Verkehr mit gebildete Männer" und andere so übergespannte Dinge, hätt' ich heute nix solche Geseires zu erleben gebraucht und nix zu sehen und nix zu hören, daß meine Tochter liebt . . . was haißt liebt? Sie hätt' schon drei Jahre gekount verheirathet sein mit den ersten Partieen im ganzen Oesterreich. . . . Jiches und Geld und ä seinen Bocher. . . . Kleinigkeit! Jakob Berger's einzig Kind." . . . Er redete sich immer tiefer in seine Entrüstung hinein, so daß Marjam gar nicht zu Worte kam und dadurch Zeit gewann zu überlegen, wie sie die Angelegenheit zu behandeln habe, die auch sie mit schwerer Betrübniß erfüllte. Denn so weit war auch sie in ihren Aufklärungs- und Toleranzideen noch nicht gelangt, um die Ehe einer Jüdin mit einem Christen für möglich zu halten und für glücklich. Auch wäre ihr der Gedanke unfaßbar gewesen, daß Recha zum Christenthume hätte übertreten müssen. So sein gebildet ihr Geist auch geworden war an der Seite ihres edlen Mannes, so frei und modern und milde sie zu denken gelernt hatte, die Vorstellung, abtrünnig zu werden dem Glauben der Väter, hätte nie in ihrer Seele Raum finden können. Die reine Gotteslehre zu verleugnen und eine Religion abzuschwören, die ihr Volk durch die Jahrtausende erhalten und in unendlichen Leiden und heiligen Schmerzen mit sich getragen durch die ganze Erde, über die es verstreut war. Dieser Religion untreu zu werden, die oft nur der einzige Halt, die einzige Hoffnung war, die diese Aermsten hatten, wäre ihr ehrlos erschienen. Niemals hätte der Gedanke an eine Taufe einer beschönigenden, versöhnenden Auffassung bei ihr begegnen können. Und immer hob sie hervor, wenn von solchen Fällen die Rede war, daß die Glaubenstreue eine der höchsten sittlichen Forderungen sei, die ein geistig hochstehender, vornehmer Mensch zu erfüllen habe. Je befreiter in seinem Wesen und Denken, desto weniger dürfe er ein Bekenntniß mit dem andern vertauschen und müsse eher jedes persönliche Opfer bringen. Daß aber Recha, die sie liebte wie ein eigenes Kind, zu solchem Opfer, zu so tiefem

Leid auserkoren sein sollte, erfüllte ihr Herz mit unendlichem
Weh. War sie es nicht, die es gewünscht und befürwortet
hatte, daß Recha mit den beiden jungen Lente verkehrte . . .
vielleicht gerade weil sie vor- beiden sie sicher glaubte.
Samuel Stern schien durch seine Erscheinung, Martin Krumm=
bacher durch seine Religion jede Gefahr des Verliebens aus=
zuschließen. Und nun war das Unerwartete doch eingetreten. —
Sie suchte ihre Gedanken zu sammeln, noch gab sie nicht
jede Hoffnung auf. Es galt in erster Reihe den Vater zu
beruhigen, damit er durch einen jähen, übereilten Eingriff
nicht eine Katastrophe herbeiführe. Sie fürchtete die
rauhe, rücksichtslose Energie Martins, die erregte, leicht zur
Ueberreizung zu steigernde Stimmung Recha's. Daher sagte
sie jetzt, als Jakob Berger's Groll in hastiger Rede sich aus=
getobt zu haben schien:

„Es wäre ja sehr traurig, wenn Recha ernstlich daran
denken könnte, daß der Ingenieur ihr je etwas anderes werden
könnte, als ein lieber Jugendgefährte und Freund. Sollte
es der Fall sein, dann muß man mit Geduld und Nachsicht,
mit Liebe und Sanftmuth die kranke Seele zu heilen ver=
suchen. Jeder heftige, willkürliche Widerspruch würde sie nur
reizen und die Sache verschlimmern. Wir leben nicht mehr
in der Zeit, Herr Berger, in der man die Kinder zu blindem
Gehorsam zwang, sie zu willenlosen Werkzeugen unserer
Wünsche machte. Das Selbstbestimmungsrecht, das wir er=
beteten und erhofften für unsere Religionsgenossenschaft, für
unsere Gemeinden, ist auch jedem Einzelnen zu Gute gekommen.
Solche Segnungen lassen sich nicht beschränken und wie dürften
wir, innerhalb unserer Familien, das anwenden wollen, den
gleichen Zwang ausüben, unter dem unser Volk so schwer ge=
litten? Wir müssen sie die Fesseln lieben lehren, die das Ge=
setz ihnen auferlegt, nicht hassen, und freiwillig müssen sie die
Opfer bringen, die unser Glaube fordert.“

„Sie reden wie Jellinek in Schul, liebe Frau Marjam . . .“
sagte er schon etwas versöhnt, aber immer noch mit ironischem
Tone, „das ist Alles sehr schön und gut, aber nur gesagt,
nix gethan. Sie sehn doch, was dabei rauskommt. . . .
Wir haben Recha etwa nicht ihren freien Willen gelassen?
Sie hat nicht dürfen thun, was ihr Spaß macht? Sie hat

nicht gelernt Französisch und Mathematik und Fillosofieh und Littratur und gelesen Alles, was schön un theuer is? Un se is gar nich reingefahren nach Wien in die „Burg" und zu de Concerte? Un se hat nix reiten gelernt und kutschiren un anf'u Billard spielen un mit den Ball … was hat's genutzt? Ä jüdisch Kind! Se hat de Freiheit und nimmt sich die Freiheit, sich zu verlieben in ä Goj! Die Chochme[1] war groß, liebe Frau Doctor Schissen, und die Narrischkeit war grösser …"

„Recha hat sich erst zu bewähren und sie wird es thun."

Die Sicherheit und Bestimmtheit, mit der sie dies sagte, machte ihn zunächst stutzig und verfehlte nicht eine beruhigende Wirkung auf ihn auszuüben.

„Sie meinen wirklich?"

„Ich bin überzeugt davon, daß Recha stets den rechten Weg finden wird und daß sie, wenn auch unter Kämpfen und Leiden und Schmerzen, sich immer zu dem durchringen wird, was einer edlen und starken Natur würdig ist."

„Ich will aber nich, daß mein einzig Kind Schmerzen und Leiden und Kämpfe hat, wozu hab' ich das nöthig? Hab ich dazu gearbeitet Tag und Nacht und de Fabrik gebaut und de Villa?" erwiderte er mit kläglicher Stimme.

„Es liegt nicht in Ihrer Macht, dies zu verhindern, lieber Herr Berger, mit allem Reichthum nicht und mit allem Willen," sprach sie in leisem, etwas wehmüthigen Tone. „Leiden und Schmerzen und Kämpfe sind das Erbtheil der Menschheit und in uns selbst ruht, was sie hervorruft, in uns selbst ruht, wie man damit fertig wird. Große Seelen werden dadurch geläutert, kleine gehen daran zu Grunde. Recha wird nicht daran zu Grunde gehen. Und fragen Sie Samuel Stern, fragen Sie Ihre Tochter, fragen Sie wen immer von gebildeten jüdischen Jünglingen und Mädchen, ob Jemand unter ihnen ist, der das Recht der freien Entwicklung und Entschließung hingeben würde, um den Kämpfen auszuweichen, die die eigene Verantwortlichkeit unvermeidlich mit sich bringt? Die Erziehung und Ausbildung, die die Israeliten heute ihren Kindern geben können, Gott sei Dank, die modernen Wissenschaften, die sich ihnen erschlossen, machen

---

[1] Klugheit.

es natürlich, daß Zweifel und Fragen sich ihrem Geiste aufdrängen. Der erweiterte Horizont giebt ihnen neue Gesichtspunkte, der Zusammenhang mit der Welt drängt sie zu Vergleichen, dennoch fürchte ich nicht, daß dies den Jahrtausende alten Bau des Judenthums erschüttern könnte. Seine Grundpfeiler sind zu fest: der Glaube an den einzigen Gott, der starke Familiensinn, die Ehrfurcht und Pietät vor der Tradition."

Allmählig hatte ihre Stimme sich zu stärkerem Klange erhoben und wie im prophetischen Geist sprach sie die letzten Worte. Jacob Berger sah sie an, als wäre sie ihm eine ganz neue Erscheinung. Was mochte über diese sonst so zurückhaltende Frau gekommen sein? Da er nicht recht wußte, was er daraus zu machen hatte, vielleicht auch für den allzu hohen Schwung ihrer Ideen doch nicht das volle Verständniß besaß, erhob er sich von seinem Platze, um in das Haus zu gehen. Frau Marjam mochte ja möglicherweise Recht haben mit dem, was sie von der jüdischen Jugend sagte, und im Allgemeinen mochte das auch ganz gut und schön sein, für seinen besonderen Fall war er aber durchaus nicht überzeugt und er sagte daher, schon im Begriff sie zu verlassen:

„Ich muß Ihnen trotzdem sagen, Frau Marjam, wenn meine Tochter schon durchaus einen von die beiden jungen Leite mit den geistigen Ideenaustausch heirathen soll, so gebe ich sie eher Samuel Stern, wie dem Ingenieur. Stern is ä seiner Mensch und sehr klug im Geschäft, trotz seiner Fillesofieh und aus bekoweter[1]) Familie . . . man weiß wohin un woher und wegen dem Bischen Verdruß is er mir noch lieber, wie der Goj mit dem graden Rücken."

„Und glauben Sie, daß Herr Stern so über sich verfügen ließe? Glauben Sie, daß er Recha nehmen würde, wenn sie ihr aufgezwungen würde, ohne daß sie ihn liebt?"

„Schon wieder die Lied . . ." brummte er halblaut.

„Stern ist ein hochbedeutender Mensch. Ich erinnere mich unwillkürlich immer an das, was ich von Moses Mendelssohn gehört und gelesen habe, wenn ich sein Wesen

---

[1]) Ehrbarer.

und Wissen und Wirken bedenke. Eine Persönlichkeit, in derem schwachen Körper ein freier, vornehmer Geist lebt, eine Individualität . . ."

„Ich ditt' Sie, lassen Sie mich mit de Indiviwalitäten aus und wenn Sie Stern sprechen, sagen Sie ihm, ich lass' ihn bitten, er möchte vor Mairew[1] noch mal zu mir kommen." Damit ging er durch das Hauptportal in das Haus. Die nähergelegene Freitreppe ließ er unbenutzt, weil diese über die Veranda, auf der Recha und Stern saßen, in die Innenräume führte.

Dort hatte das junge Mädchen dem Freunde inzwischen unumwunden das Geständniß gemacht, wie sehr sie den Anderen liebe. Und der junge hochherzige Mann vermochte sich ihr zuzuwenden mit der reinsten Theilnahme, völlig unpersönlich. Seine Stärke, die ihm in den Stunden schwersten inneren Erlebens sein geistiges Gleichgewicht erhielt und die Harmonie und Würde seines Wesens zu erhabenem Ausdruck brachte, war der lautlose Triumph der Disciplin und unermüdlichen Arbeit, die er an sich vollzogen hatte. So konnte er auch auf Recha's Bekenntniß die ruhige, überlegte Antwort finden:

„Ich sah es wohl, was in Ihrem Herzen keimte und sproßte, aber ich glaubte mich nicht berechtigt, davon mit Ihnen zu sprechen, bis Sie selbst es verlangten. Und jetzt? Ich stehe zu Ihnen in den Sorgen und Erregungen, die das Ereigniß mit sich bringen muß, hier . . . in diesem Hause. Noch sehe ich zwar nicht, wie es möglich sein wird, Ihren Vater und Frau Marzam davon zu überzeugen, daß dem Gebote der Liebe andere Bedenken und Vorurtheile weichen müssen. Aber es muß geschehen!"

Sein bleiches Antlitz schien in diesem Augenblicke wie verklärt und er sah schön aus, als er seinem eigenen Leid diese Tröstungen für die Andere entrang.

Recha blickte ihn mit dankerfüllten Blicken an und reichte ihm stumm die Hand. Langsam rollten die Thränen über ihre Wangen und als jetzt Marjam hinzutrat und ihm den Auftrag des Hausherrn überbrachte, zu ihm zu kommen, sah

---

[1] Abendgebet.

er dem geliebten Mädchen fest und wie beschwichtigend in die
Augen, bevor er sich anschickte, ihren Vater aufzusuchen. Als
er die Terrasse verlassen hatte, sank Recha laut aufschluchzend
ihrer treuen Beschützerin in die Arme.

*

Jacob Berger hatte seinen Procuristen schon mit Ungeduld erwartet und als er eintrat, begrüßte er ihn mit den
Worten:

„Ich mache zwar keine Geschäfte am Schabbes, aber
was ich mit Ihnen zu sprechen hab', ist wichtig und muß
erledigt sein, bevor ich Habdala mache. Ich will Ruhe haben
in meinem Hause und die neuen Moden und gojischen Gebräuche von Verlieben und unglückliche Lieb' sollen nicht sein
unter meinem Dache . . .“

„Sie irren, Herr Berger, wenn Sie die Liebe und die
unglückliche Liebe für einen gojischen Gebrauch halten . . .
ich wüßte nicht, warum Liebesfreud und Leid nicht auch die
Herzen der israelitischen Jugend himmelaufjauchzend machen
sollte und zu Tode betrübt?“

Mit weit aufgerissenen Augen starrte Berger ihn an.
Darauf war er nicht vorbereitet gewesen. Samuel Stern
aber hatte mit einem Schlage Weg und Richtung erkannt,
um zum Ziele zu gelangen.

„Wer dürfte ihr dieses Recht der höchsten Seligkeit und
des tiefsten Wehs verbieten, verkümmern? So lange haben
die Juden gekämpft um ihre Rechte und ihr höchstes Menschen-
recht sollte man ihnen nicht gönnen? Das Glück der Liebe
adelt den Menschen, das Unglück läutert ihn und diese besten
Erziehungsmittel der menschlichen Natur sollte man ihnen
vorenthalten? Weil sie Juden und Jüdinnen sind, sollen sie
der köstlichsten Regungen nicht theilhaftig werden, die im
Herzen junger Menschen emporblühen? Soll die jüdische
Jugend nicht jung sein dürfen? Soll sie belastet mit einer
Jahrtausende alten Vergangenheit durch das Leben ziehen,
freudlos, mühselig, unlustig? Ohne das herrliche Gefühl des
eigenen, jungen, frohen Lebens . . . des Begehrens und
Wünschens und Hoffens? Soll Jung-Israel die Vergangenheit tragen als eine erdrückende Last, statt leicht wie ein

Blatt, ein rührendes, ruhmvolles Blatt von der Stand=
haftigkeit und Ausdauer seines Volkes? Und soll es die
Errungenschaften dieser geduldig ertragenen Leidenszeit als
Fluch empfinden, statt als Segen? Wofür unsere Väter ge=
kämpft haben und gelitten und was man uns endlich gewährt
hat, die Freiheit, die soll uns jetzt innerhalb unserer eigenen
Glaubensgenossenschaft beschränkt werden?"

Jacob Berger war ganz fassungslos. Aehnliches hatte
er heute schon gehört. Hatten denn die vortrefflichsten
Menschen, die er kannte, die gebildetsten und feinsten, die er
mit innerstem Stolze seinem Hause zugehörig wußte, sich
gegen ihn verschworen? Marjam und Stern! Sie ver=
theidigten Beide mit gleicher Wärme diese neuen Ideen, die
seinem Hause mit Unheil drohten. Diese Beiden, denen er
das größte Vertrauen schenkte, denen er ohne Besinnen sein
Hab und Gut, sein Haus, sein Kind überantwortet hätte?
Er fand keine Worte, um seinem Erstaunen Ausdruck zu
geben. Frau Marjam gegenüber war es noch gegangen,
aber dieser kleine schwache Mann stand vor ihm wie ein
Prophet, gewaltig durch den Geist seiner Verkündungen. Da
er ihm nichts zu erwidern wußte, fuhr Samuel fort:

„Wer dürfte das thun? Wo steht geschrieben, daß unsere
Jugend die Liebe nicht kennen dürfe?"

Jetzt endlich hatte Berger einen Anhaltepunkt gefunden.

„Die Lieb' . . ." sagte er noch immer etwas unsicher,
„die Lieb . . . wer sagt das? Warum soll sie nicht lieben
ihren Mann und ihre Kinder? Warum? Hat Euer Vater
Eure Mutter nich geliebt und Euch nich geliebt?"

Wie ein Anhauch von Schmerz zog es über Samuels Gesicht.

„Aber was Extras muß es sein? In ein fremden
Menschen muß man sich verlieben, anders nich . . . in ein
— Goj!" Er seufzte tief auf. Jetzt aber war er in seinem
Fahrwasser.

„Wenn sie sich partout verlieben muß, warum hat sie
sich nicht in Euch verliebt? . . . Ihr seid doch auch ein ge=
bildeter Mann und für den geistigen Ideenaustausch zum
wenigsten so gut wie der Ingenieur . . . mit tausend Freuden
hätt' ich „Ja" gesagt . . ."

Ein wehmüthiges Lächeln umspielte den Mund des jungen
Mannes. Da trat nun die Gewißheit vor ihn hin, die

Thatsache, daß sich kein Hinderniß in den Weg gestellt hätte, das herrliche Geschöpf sein zu nennen. Wie eine Versuchung umschlich es ihn mit geheimnißvollen Lockungen und Verheißungen ... wenn der Andere nicht im Wege stand ... wenn ... Und noch einmal unter den qualvollsten Zuckungen seines Herzens überwand er jede unlautere Regung und wuchs empor zu sieghafter Selbstbeherrschung.

„Ich danke Ihnen, Herr Berger, für dieses Wort und nimmer werde ich es vergessen. Sie können zählen auf mich in jeder Stunde meines Lebens, und das Glück Ihres Hauses ist mir theurer, als mein eigenes und weil es so ist, müssen Sie mir erlauben, mit Ihnen zu sprechen wie Jemand, der ein Anrecht hat, einzuwirken auf Ihre Entschließungen.“

Er gönnte sich eine kleine Pause der Sammlung, bevor er seinem flüchtigen Glückstraum unwiderruflich das Todesurtheil sprach.

„Sie sagten es selbst, lieber Herr Berger, daß auch ich gut genug sei für den „geistigen Ideenaustausch.“ Ich weiß, das Wort stammt von Frau Marjam, als sie für Fräulein Recha den Verkehr mit uns bei Ihnen befürwortete. Aber wenn Sie dieses Wort genau überlegen, so werden Sie darin auch die Antwort finden, warum das Herz Ihrer Tochter sich Martin Krummbacher zugewendet hat. In geistiger Freundschaft steht sie mir nahe, das kann ich mit Stolz sagen, aber das junge, warme, gesunde Blut begehrt noch Anderes. Und nun sehen Sie mich an. Bin ich der Mann, den ein blühendes, schönes Mädchen lieben kann? Und glauben Sie, ich würde es verantworten, ein solches an mich zu fesseln? Menschen wie ich bleiben unvermählt, wenn sie Ehre und Gewissen haben. Deshalb braucht mein Leben nicht trostlos zu sein. Es giebt so Vielerlei, was es lebenswerth macht. Die Wissenschaft, die Pflicht, die Menschenliebe. Es blühen Blumen für Jeden, wenn er sie nur zu finden weiß und ich werde mir mein Sträußlein schon pflücken. Eine Blüthe aber von so seltener Art, wie Ihr Kind, die ist bestimmt, einen hohen Baum zu schmücken, einen kraftvollen, starken, gesunden Stamm. Wundert es Sie, wenn Ihre Tochter sich dem prächtigen Martin zuneigt? Sie kennen ihn noch nicht. Er ist nicht nur in seinem Beruf ein tüchtiger Mann, er ist auch ein trefflicher Charakter. Treuherzig, offen,

schlicht, fröhlich und so voll schöner, gewinnender Mannes=
kraft . . ."

„Aber er ist ein Christ," stöhnte der tieferschütterte Jude.

„Merkwürdig, mir ist er nie wie ein Fremdling er=
schienen. Ich bekenne es offen, daß auch ich über dieses
Gefühl leider noch nicht ganz hinausgewachsen bin, sobald ich
mit Andersgläubigen zusammenkomme, daß es wie Scheu und
Zurückhaltung mich ihnen gegenüber oft befällt. Martin hat
mir nie solche Empfindungen eingeflößt. Er ist mir wie ein
längst Vertrauter, ein theurer Freund, dem ich rückhaltslos
mich geben kann, und was uns den Anderen gegenüber noch
zu kluger und bescheidener Reserve zwingt, daß wir noch nicht
lange als gleichberechtigt unter ihnen leben, fällt hier fort,
Martin erscheint mir wie Einer der Unsrigen."

„Was had ich von scheinen . . . er ist's doch nicht!"
jammerte der alte Mann. „Und ich will's auch nicht denken,
daß mein Kind, mein einzig Kind" . . .

Die Verzweiflung des Klagenden ging ihm nahe, aber
er hielt es für richtiger, diese Zweifel mit einem mal zu
lösen und zu beseitigen und sagte deshalb:

„Sie sprachen vorhin von der Liebe im Judenhaus, wie
es früher war. Sie fragten mich, ob mein Vater und meine
Mutter sich nicht geliebt haben? Und Sie ahnten nicht,
welche Wunde meines Herzens Sie damit rauh berührt hatten.
Sie kennen die Geschichte meiner Eltern, wie sie die Gasse sich
erzählte. Wie Kodele Stern und Lea Feiertag sich gern ge=
habt haben lange Jahre, bis endlich die Emanzipation ihnen
die Möglichkeit zur Ehe gab. So kannte auch ich diese Ge=
schichte, bis vor zwei Jahren, als ich zu Hause war, mir meine
Mutter ihren wahren Inhalt erzählte. Und so sollen Sie
diese Geschichte jetzt erfahren, denn sie ist lehrreich und ich
weiß, daß ich kein Unrecht thue, wenn ich sie Ihnen anver=
traue. Jawohl, mein Vater und meine Mutter haben sich
geliebt, wie nur zwei jungе, gesunde, blühende, kräftige
Menschen sich lieben können und da damals der Staat das
that, was Sie heute thun wollen, die Einwilligung versagen,
so gab es — Verirrung und Sünde im frommen, ehrbaren
Hause meines Großvaters. Als dieser davon erfuhr, brach
er zusammen. Seine Tochter verließ die Heimath und gab
draußen in der Fremde einem Knaben das Leben. — Das

Kind, bei einer jüdischen Hebeamme geboren, die sich mit
solchen, in jener Zeit der Knechtung menschlichen Willens und
menschlicher Triebe nicht seltenen Fällen befaßte, wurde am
8. Tage nach seiner Geburt in's Findelhaus gesteckt. Vorher
war es nach den Vorschriften unseres Glaubens „gejüdischt"
worden. Solche Dinge kamen damals häufiger vor, als die
Schulweisheit unserer Talmudgelehrten sich träumen ließ."

. Ein feines Lächeln zuckte durch seine Augen, als er
Hamlet's Worte auf die Juden der Gasse anwendete.

„Lea kehrte dann nach Hause zurück, siech und gebrochen.
Dem Vater aber waren alle Ereignisse, die vor seiner Er-
krankung lagen, völlig entschwunden, er war schwachsinnig geworden. Und als dann endlich kurz vor seinem Tode Kobele
Stern und Lea sich heirathen durften, da ging dies ohne
jede Einwirkung an ihm vorüber. Kobele Stern und Lea
traten in ihre Ehe, ein verbittertes, gramgebeugtes Paar, mit
herben Selbstklagen sich quälend. Körperlich welk, müde,
reizlos das früh verblühte Weib, kraftlos, gebrochen, abge-
arbeitet, unfroh der Mann. Ich bin die Frucht dieser Ehe!
Und wenn ich trotz meiner Gebrechlichkeit ihnen auch Freude
hätte bereiten können, sie gönnten es sich nicht, sie wagten es
nicht ihres Kindes sich zu freuen, denn sie gedachten stets des
Andern — des im Elend verlassenen!"

Jakob Berger saß da, die Hände auf den Tisch gestützt
und lauschte in athemloser Spannung. Nur hie und da gab
er in leisem Aufstöhnen ein Lebenszeichen von sich. Und
dann, ohne ein Wort zu sagen, ergriff er die Rechte des Erzählenden und drückte sie theilnahmsvoll. Das weckte diesen
aus augenblicklicher Versunkenheit. Die Erinnerungen seiner
Kindheit hatten ihn doch übermannt.

„Das waren die Räthsel meiner Jugend und ihre
Schmerzen" . . . fügte er mit leiser Stimme hinzu. „Meine
Mutter hat sie erst gelöst, als ich zu ihr kam, ein gereister
Mann, der die Wahrheit erfahren konnte, der die Wahrheit
verstand!"

„Und von dem Andern?"

„Hat man nie etwas erfahren. Er ist gewiß elend zu
Grunde gegangen an Leib und Seele. Darum hat meine
Mutter nie wieder gelacht und mein Vater ist vor der Zeit
alt geworden."

Mühselig hatte Berger sich von seinem Stuhl erhoden.

„Das war die Folge von dem unnatürlichen Gesetz. Nur der Staat war Schuld an dem Unglück. Eure Mutter war gewiß brav und daß Euer Vater ein ordentlicher Mann ist, das sieht man an dem Sohn," suchte er ihm freundliche Worte zu geben, „aber sie waren jung . . ."

„Und die andern sind jung, Herr Berger, heut . . ."

Seine Stimme hatte sich erhoden. Warnend und be=schwörend klang sein Ausruf. Erschüttert stand Jakob Berger vor ihm. Zitternd und bebend, als hätte ein Weckruf ihn aufgerüttelt aus dumpfem Schlummer, als wäre ein grelles Licht in das Dunkel seiner Vorurtheile gefallen.

„Aber was soll geschehen?" stöhnte er.

„Das läßt sich im Augenblick nicht bestimmen?"

„Soll meine Recha, mein einzig Kind, sich — schmadden?"[1]) Ein Schauer überlief seinen Körper bei dem Gedanken, daß seine Tochter getauft werden könnte.

„Beunruhigen Sie sich nicht schon jetzt mit so weitgehenden Vorstellungen" tröstete er ihn. „Das einzige, was ich von Ihnen verlange, ist, daß Sie nicht gewaltsam eingreifen in diese Herzensangelegenheit Ihrer Tochter. Lassen Sie den Sabbath in Ruhe und Frieden aus diesem Hause ziehen, heut wie immer, damit er in Freuden wiederkehre."

Berger winkte zustimmend mit der Hand. Er vermochte kein Wort hervorzubringen und machte nur noch eine verab= schiedende Geberde.

Als hierauf der Fürsprecher seines Kindes ihn verlassen hatte, stand er lange unbeweglich auf einem Flecke und blickte nachdenklich vor sich hin, endlich lispelte er halblaut, wie aus wirrem Ideengang sich zur Wirklichkeit zurückfindend: „Es wird bald Zeit, sein Mincha zu dawnen."[2])

---

[1]) Taufen. [2]) Beten.

Wie richtig Frau Marjam Recha beurtheilt hatte, zeigte sich in Dem, was zwischen ihnen sich abspielte, nachdem Stern die Veranda verlassen hatte.

Liebevoll hatte die treue Freundin das junge Geschöpf an sich gezogen und es zu beruhigen gesucht. Sie sprach kein Wort dabei, aber sie ließ das erregte Mädchen sich an ihrem Halse ausweinen, hielt sie sanft umschlungen und streichelte nur leise ihr weiches Haar. Allmählig besänftigte sich so Recha's Aufregung.

Das Schluchzen ließ nach und wie in Erschöpfung nach dem heftigen Ansturm ihrer Gefühle ließ sie sich niedergleiten auf einen niedrigen Schemel zu Marjams Füßen und barg den Kopf in ihrem Schoß.

„Recha, mein Liebling!" klang es gütig an ihr Ohr.

Sie verharrte in stummem Schmerz.

„Willst Du Dich mir anvertrauen? Mir, Deiner besten, treuesten Freundin? Du weißt, daß ich Dich liebe wie eine Mutter ihr Kind.". . . .

Sie hob ein wenig den Kopf empor, aber noch hielt sie das Gesicht geneigt wie in Scheu und Qual, als vermöchte sie nicht, sie anzublicken.

„Und wenn es Dir schwer fällt zu reden, darf ich das erste Wort an Dich richten? Vielleicht befreit es Deine Seele und löst Deine Zunge." Bejahend nickte Recha mit dem Kopf, aber zaghaft und schüchtern, als fürchte sie ihr Geheimniß preisgegeben zu sehen. Marjam sah nachdenklich auf sie hinab, dann wie in raschem Entschlusse sagte sie: „Du liebst, Recha! Du liebst Martin Krummbacher!"

Sie fuhr zusammen in jähem Erschrecken. Als wäre es etwas Neues, Unerwartetes, was vor sie hintrat und was sie im engen Herzenschrein bisher gehütet hatte, wie ein Heiligthum. Und dann allmählig wich die Zurückhaltung und erst leise und zögernd, dann mit wachsendem Entzücken löste das Geheimniß sich aus ihrem Herzen und sie erzählte mit schwärmenden Worten, was sich zwischen ihr und Martin zugetragen. Wie sie am vergangenen Montag gegen Abend, als der Vater mit Marjam nach Wien gefahren waren und Stern noch im Comtoir saß, einsam die schattigen Alleen des Gartens durchschritt. In ihrem stillen Gedanken weilte sie bei dem, was in den letzten Wochen in ihr Dasein getreten war und mit ahnungsvollem Bangen erfüllte es sie, daß in allem, was sie empfand, worüber sie sann, doch nur Eines war: Er!

Wie er kam und ging, wie er lachte und sprach, was er that und dachte. Das war der Inhalt ihres ganzen Denkens. Sie konnte sich darüber nicht täuschen und sie wollte es auch nicht, denn sie fand, daß es sie beglücke, so ganz nur in ihm zu leben. Und niemand ahnte und wußte es, denn es hatte sich ja nichts geändert in ihrem Verkehr. — Es war so, wie es immer war, äußerlich, nur in ihr war es anders! Dort keimte und blühte und sproßte ein köstliches, sonniges, duftendes Blüthenleben, wie Paradiesschönheit, wie Paradiesseligkeit! Und alle diese Blüthenkelche umschlossen nur einen zarten, holden Traum: Die Liebe! Und wiederum sah sie nur ihn, wie er kam und ging, wie er lachte und sprach, was er that und dachte . . . und dann setzte sie sich auf eine Bank unter einem mit Blüthentrauben übersäeten Akazienbaum. Schwere, süße Duftwolken umwogten sie. Die Luft war erfüllt von den betäubenden Gerüchen, die der blühende Garten in den Spätnachmittagstunden aushauchte. Sie hatte die Augen ge= schlossen. Alle Dichterworte, die die Liebe besangen, zogen durch ihre Seele und dann verharrte sie bei Gretchens stammelnder Seligkeit und flüsterte leise vor sich hin:

„Sein hoher Gang, sein' edle Gestalt,

Seines Mundes Lächeln, seiner Augen Gewalt

Und seiner Rede Zauberfluß". . . .

Zwei Arme hatten sie umschlungen, ein glühender Kuß preßte sich auf ihre Lippen und durchströmte ihren Körper mit ungeahnter Wonne. Sie hatte die Augen noch nicht ge= öffnet, als hielte ein herrlicher Traum sie umfangen. Der Traum, der emporgestiegen war aus all den Blüthenkelchen in ihrem Herzen und aus den Blüthenkelchen dieses Gartens und aus den Blüthenkelchen der Akazientrauben, die leise und kosend ihre Stirn gestreift hatten, als sie von den starken Armen so jäh sich emporgerissen fühlte und diese Arme hielten sie noch immer. Nun wußte sie, daß es Wirklichkeit war! Jetzt küßte er sie auf die Augen. Langsam, innig, als wolle er sie wecken zu höchster Seligkeit, als solle sie sehen lernen, daß die Wirklichkeit schön sei — schöner noch als der Traum. Und nun küßte er sie noch einmal und sagte ganz einfach: Du bist mein! Lange saßen sie dann noch Hand in Hand in wortloser Seligkeit, bis der niedersteigende Abend den Garten in nächtliches Dunkel zu hüllen begann. Und jetzt fuhr mit knirschendem Laut auf dem Kies des Vorplatzes ein Wagen

vor die Villa. Der Vater und Marjam mußten heimgekehrt
sein. Noch einmal umschloffen sie seine Arme, wieder preßte
er sie an sich und flüsterte leise: „am nächsten Samstag Abend
bitte ich Deinen Vater um seinen Segen".... Dann drückte
er einen Kuß auf das Ohr, als wolle er das süße Geheimniß
darin verschließen und enlließ sie aus seiner Umarmung. Sie
eilte dem Hause zu in glückseliger Berwirrung.

Die Nacht, die diesem Abende folgte, verbrachte sie schlaf=
los. Noch einmal durchlebte sie im Geiste das Entzücken der
letzten Stunden, danu aber schlich wie ein neidisches Gespenst
auch die Angst an sie heran. Was hatte sie gethan? An eines
Mannes Brust hat sie geruht, seinen Kuß geduldet, seine
Zärtlichkeit erwidert ... und diese Rechte hatte sie ihm ein=
geräumt, ohne des Vaters segnende Zustimmung, ohne der
mütterlichen Freundin gütigen Rath.... Das war nicht
Brauch unter den Töchtern Israels, sie sagte es sich wieder
und immer wieder. Und er? ... für ihn galten diese Sitten
nicht, denn er gehörte nicht zu ihnen. Wie in bangem Schrecken
durchdrang sie diese Vorstellung. Fürchterlich! Sie kanute die
Schranke, die sie von ihm trennte, sie mußte, daß sie schier
unüberbrückbar sei und trotzdem hatte sie seinen Liebesschwüren
gelauscht, seine Küsse getrunken und sich in seine starken Arme
geschmiegt.

Eine ganz andere trat sie am Morgen in den Kreis der
Ihren. Aber sie hoffte, daß man ihr die innere Wandlung
nicht ansehe....

Stillschweigend, nur hie und da sie liebevoll streichelnd,
hatte Marjam diesem Bekenntniß gelauscht. Sie hielt es nicht
für angemessen, ihr zu sagen, daß sie recht gut bemerkt habe,
daß etwas besonderes mit ihr vorginge und daß ihr ver=
ändertes Wesen auch dem Vater aufgefallen sei und er mit
ihr vorhin darüber gesprochen habe. Sie wollte sie nicht
beunruhigen und scheu machen und sagte daher nur:

„Samstag? Das ist heut."

Zitternd und bangend schmiegte sich Recha an sie. Sie
sah im Geiste, wie nach Schluß der Fabrik Martin zu ihrem
Vater treten würde, froh und sieghaft, ihrer Liebe sicher, um
ihre Hand zu begehren und wie ...

Mit lautem Aufschluchzen verhüllte sie ihr Antlitz.

„Er wird es niemals erlauben ... niemals! Was habe
ich gethan?" Was soll daraus werden... Marjam! Marjam!"

Sie richtete sich empor und blickte Marjam an, als diese auf ihre Frage nichts erwiderte, und was sie in ihren Augen fand, war so trostlos, daß sie aufs Neue ihr Gesicht in den Händen verbarg und leise schluchzte. Es war fürchterlich, daß die sonst so freidenkende, feinsinnige Frau ihr nichts Ermuthigendes zu sagen wußte. So gab es keine Hoffnung für sie, keinen Ausweg, denn daß sie dem geliebten Manne folgen könnte gegen den Willen des Vaters, kam ihr gar nicht in den Sinn.

Recha wußte, daß ihr Schicksal besiegelt sei, wenn die Frau, die sie so treu und innig liebte, nicht einen Anhaltepunkt, einen Schimmer von Hoffnung ihr zu geben vermochte. Und sie wußte auch, daß sie ihr Schicksal auf sich nehmen würde ohne Murren und Klagen, in still getragenen Schmerzen, wie eine Tochter des Volkes, dessen Größe in seiner Entsagungsfähigkeit und Opferfreudigkeit beruht. Immer leiser wurde ihr Weinen und hin und wieder zog ein Schauer durch ihre Glieder. Auch aus Marjam's Augen flossen Thränen und sanft glitt ihre Hand über das herabgeneigte Haupt des zu ihren Füßen sitzenden Mädchens. Was hätte sie ihr sagen können?

Warum war ihrem Liebling so Schweres beschieden?

Unendliche Betrübniß erfüllte ihre Seele, dann aber kam es wie in stolzer Genugthuung über sie, daß sie sich in Recha nicht getäuscht hatte. Und am richtigsten schien ihr jetzt, Recha mit sich allein ringen zu lassen, mit sich allein fertig zu werden ... nur Liebe wollte sie ihr geben, grenzenlose, zarte, treue Liebe. Unermüdliche Sorgfalt und Zärtlichkeit sollten sie umspielen, bis sie langsam, allmählig ihr Leid überwunden haben würde, um zu genesen.

So saßen sie lange stumm nebeneinander. Sie wußten nicht, wie spät es sei, aber der Tag verdämmerte bereits und im Westen blitzte der erste Stern auf, gerade über dem höchsten Schlot der Fabrik.

„Der Vater wird Habdala machen wollen," sagte endlich Frau Marjam.

Recha erhob sich müde, wie zerschlagen von ihrem niedrigen Sitze. Ihr Blick fiel auf den leuchtenden Stern, der über dem Gebäude stand, in dem der herrschte, dem ihr ganzes Leben gehörte. Langsam rollte eine Thräne die bleichen Wangen herab, dann richtete sie sich auf und als nähme sie Abschied von der Herrlichkeit des Lebens, sprach sie tonlos: „Es steht schon ein Stern am Himmel ..."

Marjam war neben sie getreten und sah sie mit thränen=
vollen Blicken an. Da raffte Recha sich auf, wie zu helden=
haftem Entschluß, und sagte mit fester, jetzt ganz klarer
Stimme:

„Ich werde meinem Vater keinen Kummer bereiten.
Ich werde dem Glauben meiner Väter treu bleiben!"

Wie ein Gelöbniß klang es hinaus in den stillen Abend
des zur Rüste gehenden Sabbaths.

*   *   *

Während so der fromme, reine Sinn eines edlen Mädchens
den geheiligten Satzungen des Glaubens und dem Gebote der
Elternliebe ein hehres Opfer zu bringen sich bereitete, hatten
in der Fabrik und im Hause sich inzwischen merkwürdige
Ereignisse vollzogen. Als Stern seinen Chef verlassen hatte,
in der Zuversicht, den Boden gelockert zu haben für die Aus=
saat der Duldung und Milde, welche die nächste Zeit schon
von ihm fordern würde, schritt er dem Fabrikgebäude zu. Er
sowohl als der Ingenieur hatten dort ihre Wohnungen.
Zimmer an Zimmer hausten sie. Es war etwas Eigen=
thümliches in den Beziehungen der beiden jungen Männer.
Der starke, große Ingenieur hatte ein Gefühl von beschützender,
weicher Zärtlichkeit für den kränklichen, schwächlichen Mann.
Es war rührend, wie zart und sanft er mit ihm umging.
Ordentlich leise und behutsam, wie eine Mutter mit einem
verzärtelten, ängstlich behüteten Kinde. Und es war geradezu
erstaunlich, wie er seiner derben, schwer zu beherrschenden
Natur diese liebevolle Sorgfalt abrang. Andererseits war es
Samuel, der durch seine feine, stille Art sänftigend auf Martins
Wesen einwirkte. Seine vornehme, durchgeistigte Lebens=
auffassung, seine weise, kluge Betrachtung der Dinge blieb
nicht ohne Einfluß auf die stürmische, impulsive Persönlichkeit
des Anderen.

Niemals hatte sich zwischen ihnen der Glaubensunterschied
als etwas Trennendes fühlbar gemacht. Sie lebten mit ein=
ander wie Freunde, die, wenn sie auch ganz verschieden ge=
artete Individualitäten waren, doch ein gemeinsames Band
umschloß. Als jetzt der junge Buchhalter, noch ganz erfüllt
von dem Gespräch mit Jacob Berger, an dem Zimmer des
Ingenieurs vorüberging, um in das seine zu gelangen, öffnete
dieser plötzlich die Thür und rief:

„Ich erwarte Sie mit Ungeduld, lieber Freund. Ich muß sie sprechen, ich habe Ihnen eine wichtige Mittheilung zu machen . . ."

„Jetzt? gleich?" Er trat auf die Schwelle des Zimmers. In diesem Augenblicke fühlte er erst, wie ihn die Unterredung angegriffen hatte, wie tief erregt er war und wie die Auseinandersetzungen der letzten Stunde in seinem Herzen nachzitterten. Gern hätte er in seinem Zimmer sich ausgeruht und in einsamer Ueberlegung alles dessen, was auf ihn eingestürmt war, sich gesammelt. Aber er kannte keine Rücksicht auf sich, wenn ein Anderer ihn rief und seiner bedurfte. Als daher Martin auf seine Frage antwortete: „Ja, sogleich!" kam er vollends in das Zimmer hinein und schloß die Thür hinter sich. Erschöpft ließ er sich auf einen Stuhl nieder. Gegen seine sonstige Gewohnheit merkte Krummbacher in seinem Eifer gar nicht, wie angegriffen er war.

„Rathen Sie einmal, was ich jetzt vorhabe? Und fällt es Ihnen nicht auf, daß ich die Fabrik schon verlassen habe? Nur Sie wollte ich vorher noch sprechen und deshalb wartete ich schon . . ." Er sprudelte die Worte lebhaft heraus. „Stern, Mensch, wenn Sie ahnten . . . nein, ich kann Ihnen gar nicht sagen . . . nein, ich muß Ihnen sagen . . ."

„Was ich ohnedies weiß . . . Sie wollen hinüber nach der Villa . . . mit Jacob Berger wollen Sie sprechen . . . und deshalb sind Sie früher aus der Fabrik fortgegangen . . . Sie wollten die letzte Stunde des Sabbaths benutzen, eine Mußestunde, eine Festesstunde — um bei ihm um Recha's Hand anzuhalten . . ."

Mit weiten, erstaunten Blicken sah ihn Martin an. Erschrocken beinahe, wie vor einem Wunder.

„Wieso? . . . Sind Sie ein Prophet, Stern? Wieso wissen Sie? . . ."

„Es ist nicht gar so schwer, Ihre offene Natur zu durchschauen, mein lieber Martin."

„Und so . . . Sie . . . Sie haben bemerkt . . . ich . . . Recha . . ."

„Ach ja!" Es klang wie wehmüthige Ironie. „Ich habe etwas gemerkt und — auch Andere."

Er fuhr jäh auf.

„Wer? Andere?"

„Herr Berger, lieber Freund, und Frau Marjam wohl auch."

„Und . . . ja und . . . weiß er, daß auch Recha . . ."
er stammelte in höchster Verwirrung diese Worte und dann,
wie zur Ruhe sich zwingend, brach er aus:

„Ach, Stern . . . Stern . . . lieber, guter Stern . . .
ich bin ja ein so grenzenlos glücklicher Mensch — ein so
grenzenlos unglücklicher! . . . Helfen Sie mir doch . . . Das
herrliche Mädchen liebt mich . . . ich werde es mir erobern
. . . aber, der Alte und . . . ja mit der Religion . . . ich
mache mir gar nichts daraus, das wissen Sie ja . . . und nie
habe ich mich wohler und heimischer gefühlt in meinem
Leben, als hier in diesem jüdischen Hause. Und es zog mich
zu Ihnen und es machte mir Freude, für unseren Chef, wenn
er auch ein Jude ist, zu arbeiten, und diese Frau Marjam ist
mir angenehm und das Alles war mir behaglich und sym=
pathisch. Dieses stille Familienglück und diese poetischen Feste.
So ein Schabbes und so ein Sederabend . . ." er sprach diese
Worte etwas fremdartig aus, „und die Feiertage mit ihren
Ceremonien und der Jom=Kippur . . . das Alles interessirte
mich und ich fühlte mich gar nicht fremd neben Euch und
mit alledem. Es war mir oft unbegreiflich, daß ich, ein
Christ, so warmen Antheil an Eurem Leben haben konnte,
an Euren Sitten und Bräuchen. Aber es war so und es
ist so . . . nun aber verstehe ich es. Ich liebe dieses Mädchen!
Ich liebe es heiß und innig . . . und in ihm verkörpert sich
mir die geheimnißvolle Anziehungskraft, die mich an dieses
jüdische Haus fesselt, die mich mit unsichtbaren Fäden an
Euch Alle band . . ."

Es lag etwas Weihevolles in seiner Stimme und Samuel
betrachtete ihn mit Rührung.

Und diesem schlichten, wahrhaftigen, treuherzigen Menschen
würden Vorurtheile sich in den Weg stellen, man würde ihm
die Pforte verschließen, durch die er Einlaß begehrte?! Er
konnte sich nicht verhehlen, daß Recha's Vater, wenn er auch
vielleicht weicher und nachdenklich gestimmt war, noch lange
nicht bereit sein würde, dem Andersgläubigen sein Kind zu
geben. Er mußte ferner, daß dabei tausenderlei Rücksichten
auf die Familie und auf die Gemeinde in Betracht kamen,
er kannte auch die Gesinnung Frau Marjam Schiff's, die
ihrer Pflegebefohlenen den Heroismus der Entsagung viel
wahrscheinlicher anpreisen würde, als das Recht der Liebe,
der Leidenschaft. Das Alles ging ihm im Fluge durch den Kopf,
als er Martin's Geständniß hörte und ihn so vor sich stehen

sah, zaghaft und unsicher fast, ihn, der sonst so muthig und
selbstbewußt war.

„Und glauben Sie, daß Jacob Berger mir seine Tochter
geben wird, freiwillig, nicht mit Gewalt? Daß er mir glauben
wird, wenn ich ihm sage, mir ist sie keine Fremde und ich
fühle mich nicht als Fremdling in Eurem Kreise? Und ich
werde sie lieben und hochhalten und ehren, wie Ihr die
Frauen haltet in Euren Familien ...“

Er hob die Stimme zu stärkerem Klang:

„Stern, wollen Sie mein Anwalt sein? Ich weiß nicht,
was über mich kommt. Ich habe den Muth verloren, der
mich noch vor einer Stunde beseelte, das Vertrauen zu mir
selbst. Ich ... ich ... in dem Augenblicke, wo ich mir all
die Innigkeit, die Zusammengehörigkeit so recht klar vorhielt,
die Euch Juden unter einander verbindet, fühlte ich es plötz=
lich wie lähmendes Entsetzen, und wenn die Anderen mich als
Fremdling empfänden? Wenn sie mich nicht mögen, wenn
sie mich von sich stießen ... ich ertrüge es nicht! Recha,
nein — das weiß ich, aber die Andern, die Andern! Ich
fürchte mich vor der Antwort ihres Vaters. Ich zaudere ...
ich könnte sein Nein nicht hören, seine Bedenklichkeit nicht
sehen! Das würde für immer in mir nachtönen, in Groll
und Schmerz — wenn man mich zurückwiese, mich, der
kommt mit so viel wahrer, warmer Sympathie. Niemals
käme mein verletzter Mannesstolz darüber hinaus — auch
wenn Recha mein Weib würde! Ich will nicht ein Geduldeter,
ein Fremdling unter Euch sein, denn ich fühle, daß ich es
nicht bin!“

Wie ein Aufschrei kamen diese Worte aus der Brust des
Erregten. Mahnend und besänftigend antwortete ihm der
aufs Tiefste Erschütterte:

„Beruhigen Sie sich, lieber Martin. Quälen Sie
sich nicht mit so trostlosen Befürchtungen. Ich werde
für Sie um Recha's Hand werben, ich will gern Ihr Für=
sprecher sein, mehr als das, ich habe mit Herrn Berger bereits
gesprochen.“

In dankbarer Freude ergriff der Ingenieur die Hand des
Sprechenden.

„O Sie ... Sie! Ich wußte es ja! Mein Gefühl
hat mich nicht getäuscht! Sie sind mir zugethan ... Ihnen
bin ich nicht fremd.“

„Nein, wahrlich nicht! Ein herzliches, inniges Empfinden zog mich stets zu Ihnen …"

„Dann lassen Sie mich in Ihnen meine Familie sehen und das … das sagen Sie Recha's Vater! Ich habe ohnedies keinen Anhang, ich stehe ganz allein in der Welt, ein Mensch, der aus sich selbst gemacht hat, was er ist und der sich ganz, ganz denen hingiebt, die er bittet: nehmt mich auf! Ganz und ohne Rückhalt, ohne Beziehungen zur Außenwelt, und darum könnte ich die Zurückweisung so schwer ertragen, weil ich mich darbringe mit allen Fasern meines Lebens und weil diese nach dem Boden lechzen, wo sie sich einsenken können und Wurzel fassen. Verstehen Sie mich nun? Ich bin ein Mensch, der Vater und Mutter nie gekannt hat, Bruder nicht und Schwestern, Angehörige und Gespielen."

Seine Stimme bebte und nur ruckweise, wie widerwillig entrang sich das Weitere seinen Lippen:

„Ich bin — — im Findelhause aufgewachsen … benannt nach dem Pater, der mir die Taufe gab und … und besäße ich nicht in diesem Medaillon das Bildchen einer Frau, die wahrscheinlich meine Mutter war, ich würde überhaupt manchmal daran zweifeln, daß ich geboren bin."

In die Bitterkeit dieses Hohnes mischte sich's wie schmerzliche Klage — er reichte das kleine unscheinbare Medaillon Samuel hin.

„Man hat es bei mir gefunden und es mir gelassen, wohl weil es werthlos war."

Jetzt erst gewahrte er, daß der kleine Mann aufgesprungen war, wie entgeistert vor ihm stand und mit zitternden Händen nach dem Bildchen griff.

„Das … das …" er suchtelte mit den Armen in der Luft, als suche er nach einem Stützpunkt … „das …" mit einem Aufschrei sank er auf den Stuhl zurück: „Martin … das … Du … das ist das Bild meiner Mutter …" und als hätte ihm dieses Wort Besinnung und Ruhe wiedergegeben: „Unserer Mutter!"

Es war eine Scene voll innerster Freude und ergreifender Wehmuth, die zwischen den beiden Brüdern sich nun abspielte. Mit thränenerfüllter Stimme erzählte der jüngere Bruder dem um einige Jahre älteren die traurige Leidensgeschichte der Eltern. Und Thränen überströmten das Antlitz des Zuhörenden.

„Und Du und Dein schwacher Körper sind das Opfer jener Schuld, die Andere an den Aermsten verbrochen haben …“ murmelte Martin ingrimmig. „Du hast gelitten für mich … geistig und körperlich … ich bin gesund und stark …“

„Und ich bin glücklich, weil ich Dich habe … so habe! Wer weiß, ob Du in der dumpfen Luft der Gasse so hättest werden können, wie draußen in der rauhen, frischen Luft, die Dir wohl oftmals scharf um die Nase wehte, dafür aber die Glieder stark machte und widerstandsfähig —“

„Und darum habe ich Dich so geliebt und hat's mich immer zu Dir gezogen …“

„Zu den Eltern muß ich Dich aber bringen … Dich und — sie!“

Dann saßen sie noch ein Weilchen stumm nebeneinander, als fehlten ihnen die Worte, das auszusprechen, was sie Beide bewegte. Endlich ermannte sich Samuel, erhob sich von seinem Platze und sagte:

„Jetzt aber laß uns Herrn Berger aufsuchen, um ihm die überraschende Wendung zu melden, welche die Angelegenheit genommen hat. Der Sabbath neigt sich seinem Ende zu und er wird bald Habdala machen.“

Arm in Arm schritten sie der Villa zu.

* * *

Im geräumigen Speisezimmer, das ebenso vornehm wie behaglich eingerichtet war, stand auf dem Tisch noch die Vespermahlzeit servirt. Es schien, als hätte der Hausherr ihr nicht besonders zugesprochen, denn die Schüsseln waren fast unberührt. Nur von der Barches war ein Stück abgeschnitten, wahrscheinlich um den üblichen Segensspruch über das sabbathliche Gebäck zu machen. Jacob Berger aber stand in einer Ecke des weiten Raumes, mit dem Gesicht gen Osten gewandt und verrichtete das Mairewgebet. Andächtig kamen die Worte über seine Lippen und mit leichten Bewegungen des Oberkörpers begleitete er die frommen, psalmodischen Sprüche. Die moderne, elegante Umgebung bildete einen seltsamen Contrast zu den durch die Tradition geheiligten ritualen Gebräuchen, die der religiöse Mann treu befolgte. Und es hatte etwas Rührendes inmitten der kostbaren Möbel, neben dem hohen Buffet, mit echten Porzellanen, Fayencen und Silber besetzt, einen kleinen Credenzschrank zu sehen mit dem Zinngeräth, das die altjüdische Stube schmückte. Berger hatte diesen Schrank aus der Gasse in Eibenschütz aus seines Vaters Wohnung hierher bringen lassen und hielt ihn wie ein Heiligthum. Auch der Speisetisch in der Mitte des Zimmers war mit weißem Tischtuch überdeckt und darauf standen die gleichen Gerichte, die einst das Vespermahl seiner Ahnen gebildet hatten. Fisch, Braten und Barches.

Sonst waren diese Mahlzeiten immer voll heiterer Lebendigkeit. Dem kleinen Familienkreis gesellte sich stets Samuel Stern, der den Sabbath hielt, und oft, wenn er von seiner Arbeit abkam, Martin Krummbacher. Für ihn hatte gerade die Feier dieser Stunde des verdämmernden Tages mit ihrer inneren Freudigkeit und Würde einen großen Zauber. Heute aber war Alles still um das Familienoberhaupt. Niemand war erschienen, sogar Frau Marjam und seine Tochter fehlten und er war ganz allein. Er hatte daher auch nur einige Bissen zu sich genommen, um den Brauch nicht zu brechen und mit stillem Seufzer das Tischgebet vor sich hingemurmelt. Dann erhob er sich, ließ seinen Blick über den Tisch gleiten und sah, daß auch zur Habdala Alles vorbereitet war. Eine wundervolle Gewürzbüchse, ein Meisterwerk altvenetianischer Silberarbeit und der vergoldete mit „koscherem" Wein gefüllte schwere Pokal standen auf einem fein ciselirten großen Tablett, daneben lag ein gedrehtes Wachskerzchen. Aber seine Tochter war nicht da, um ihm das Lichtlein zu halten. Hoch über ihren Kopf empor, in jugendlichem Uebermuth. Nach einem jüdischen Aberglauben damit die Höhe des Mannes zu bezeichnen, den sie als Bräutigam wünschte. Allwöchentlich wiederholte sie diesen Scherz in züchtiger Anmuth, denn sie wußte, daß es dem Vater ein Vergnügen bereitete, sagen zu können: „Kleinigkeit! Ein Riese muß es sein, gar nicht anders . . ." und wie er dann schmunzelnd und lachend sie auf die Stirne küßte. — Und heute?

Noch war sie überhaupt gar nicht da.

Er seufzte jetzt vernehmlich: — „Ein Ries'! Der Ingenieur is wirklich einer . . . so stark und groß. — Recha wird zur Habdala noch kommen." Dann trat er in die Ecke zum Gebet und mit tiefster Inbrunst wendete er sich an den Gott seiner Väter: „Schir, hamaalaus, hinei borachu ess Adanaj" — Preiset den Ewigen, Ihr Gott ergedenen — und am Schluß mit erhodener Stimme und in demuthvollster Innigkeit: „Owino malkenu hocheil olenu chajomim haboim likroosenu leacholaum" — O Vater und König, laß uns die Tage, deren Kommen wir gewärtigen, in Frieden beginnen. —

Unhörbar waren Samuel und Martin eingetreten. Der im Gebet vertiefte, mit abgewendetem Gesicht Dastehende hatte ihr Kommen überhört. Jetzt drehte er sich um und sah beide vor sich stehen. Leuchtenden Antlitzes, tief bewegt und doch freudig.

Und als sie ihm nun in fliegenden Worten, voll athemloser Erregung, erzählten, was sich zugetragen, da rief er mit jauchzender Stimme: „Schema Jisroel"... Höre, Israel unser Gott ist ein einziges, ewiges Wesen! und fügte leise den Segensspruch bei, der einer guten Nachricht gilt: „Gelobt seist Du, Gott unser Herr, Herr der Welt, der Güte und Wohlthat erweist!"... In diesem Augenblicke betrat Recha, auf dem Arm von Frau Marjam gestützt, das Zimmer. Sie sah bleich aus, aber sie war völlig gefaßt und kam, um den Vater zur „vollen Woch" zu begrüßen und ihm zu sagen, daß kein Kummer in sein Haus kommen würde durch sein Kind!

Aber es war, als wolle Gott ihr Opfer nicht annehmen, denn ehe sie recht wußte, was mit ihr geschah, war der Vater auf sie zugeeilt, hatte ihre Hand ergriffen, sie zu Martin hingeführt und zwischen Jubel und Rührung gesagt: „Ich gebe meinen Segen, werdet glücklich miteinander" und, als könne er nur in der Sprache seines Volkes seinem Herzen genugthun, fügte er hinzu: Jewo rechecho adanoj, wi jischmerecho — Der Herr segne Euch und gebe Euch seinen Frieden."...

Zwei starke Arme hatten das junge Mädchen umschlossen, das fast bewußtlos am Herzen des geliebten Mannes ruhte.

Hatte Gott ein Wunder gethan?

Was war geschehen?

Für das junge Paar bedurfte es keiner Worte, aber leise, wie in unterdrückter Freude und mit neckendem Tone, erzählte Jakob Berger Frau Marjam den Zusammenhang.

„Das war das jüdische Blut, das ihn hierherzog ... ein jüdisch Kind bleibt ein jüdisch Kind ... auch wenn es geschmadt is ... und die Rückkehr wird ihm gelobt zu Gott, nicht schwer werden. Der sonst so besonnene Mann war fast übermüthig vor Freude bei der glücklichen Lösung der schwierigen Frage.

Und dann machte Jakob Berger die „Habdala" mit lauter, preisender Stimme. Ihm zur Seite stand mit verklärtem Gesichtsausdruck Samuel Stern. Er hielt das Licht empor, dessen Schein ihn wie mit einer Gloriole umgab und er dachte daran, wie dieser Freudenschein auch aufflammen werde, da= heim bei seinen und seines Bruders alten Eltern, die noch immer in der Gasse wohnten, wenn sie auch frei war und offen für Alle.

Am Schlusse des Segensspruches entwand Recha, wie aus seligem Traum erwachend, sich des Bräutigams Arm, eilte zum Vater und küßte seine Hand. Dann trat sie zu Frau Marjam und umarmte sie in überströmender Dankbarkeit. Nachdenklich und befriedigt blickte der Vater auf diese Gruppe. Wie eine Mutter war sie seinem Kinde stets gewesen. Ein merkwürdiges Lächeln, weich und pfiffig, umspielte seinen Mund, als er an sie herantretend, sagte: „Gut Woch, liebe Frau Dr. Schiffen — aber nicht wahr, für uns bleiben Sie jetzt immer nur — Marjam!"

Vielleicht hat die Geschichte dieser zwei Sabbathnach= mittage noch eine Fortsetzung . . . Judengeschichten setzen sich fort von Geschlecht zu Geschlecht, von Generation zu Gene= ration . . . wie die urewige Geschichte dieses Volkes!

Druck von Rosenthal & Co., Johannisstr. 20.

Werthvolle Bücher

aus dem Verlage von

SIEGFRIED CRONBACH, Berlin.

Am Ende des Jahrhunderts. Rückschau auf 100 Jahre geistiger Entwickelung, à Band 1,50 M., geb. 2 M.

Bd. III. Bernfeld, Dr. S.: **Juden und Judenthum im 19. Jahrhundert.**

Jensen, Wilhelm,: **Die Juden zu Köln.** Novelle aus dem deutschen Mittelalter. Zweite durchgesehene Auflage. VIII, 278 S. 1897. Brosch. 3 M., eleg. geb. 4 M.

Jungmann, Max,: **Heinrich Heine ein Nationaljude.** Eine kritische Synthese. 48 S. 8⁰. 1896. Brosch. 0,75 M.

Kayserling, Dr. M.: **Christoph Columbus und der Antheil der Juden an den spanischen und portugiesischen Entdeckungen.** VII u. 162 S. 8⁰. 1894. Brosch. 3 M.

Lazarus, Nahida Ruth (Nahida Remy): **Das jüdische Weib.** Mit einer Vorrede von Prof. Dr. M. Lazarus. Dritte wohlfeile Auflage mit dem Portrait der Verfasserin. VI u. 328 S. Brosch. 4 M., eleg. geb. 5 M.

Lazarus, Nahida Ruth (Nahida Remy): **Ich suchte Dich.** Biographische Erzählung. 1898. Preis 3 M., geb. 4 M.

Renan. Ernest,: **Geschichte des Volkes Israel.** Autorisirte Ausgabe. Deutsch von E. Schaelsky. Vollständig in 5 Bänden. 421 S., 511 S., 510 S., 380 S., 408 S. gr. 8⁰. 1894/95. Brosch. 30 M., in Halbfranz geb. 41,25 M.

Wolff, Lion,: **Humoresken aus dem jüdischen Familienleben.** 85 S. 8⁰. 1 M.

Wolff, Lion,: **Israelitische Haus- und Familien-Chronik.** IX u. 113 S. gr. 4⁰. Hocheleg. geb. in Goldschnitt 12 Mk., in Kalbleder mit Goldschnitt und Schloss 15 M.

Zangwill, J.: **Der König der Schnorrer.** Humoreske. Autorisirte Ausgabe. Deutsch von Adele Berger. 193 S. 8⁰. 1897. Brosch. 2 M., geb. 2,50 M.

Zangwill, J.: **Kinder des Ghetto.** Autorisirte Ausgabe. Deutsch von Adele Berger. 2 Bände. Bd. I. XV. 410 S. Bd. II. 326 S. 1897. Brosch. 7,50 M. ord., eleg. geb. 10 M.

Dignowity's

Kronengarn.

Nähgarn,   Häkelgarn,

Stopfgarn.

Beste Qualitäten.

Vertreter: Heinrich Fraenkel jun.
Berlin C. Breitestr. 28.

Lightning Source UK Ltd.
Milton Keynes UK
UKHW010403120119
335297UK00011B/1170/P